普通高等教育国际经济与贸易专业系列教材

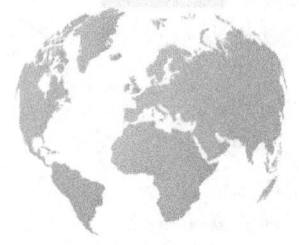

报 关 实 务

第3版

主　编　曲如晓
副主编　韩丽丽　刘　霞　曾燕萍
参　编　杨　修　王　叶　高　利
　　　　于晓宇　臧　睿　李　雪
　　　　张　旭

机械工业出版社

随着外贸的不断发展，企业对外贸人才的需求急剧增加，特别是了解国际贸易运作的具体程序和惯用做法、熟知报关制度的应用型人才。本书是根据国际贸易和国际物流发展的趋势，结合作者多年的教学经验以及对海关管理学科领域的深入研究编写而成的。

本书共十章，全面、系统地介绍了报关的基本概念、基本理论和报关操作技能，主要内容包括：海关概述、进出口国家管制、报关管理制度、一般进出口货物报关、保税进出口货物报关、其他货物报关、进出口商品归类、进出口税费、与报关相关的其他海关管理制度、进出口货物报关单填制实训等。

本书既可作为高等院校国际经济与贸易、商务英语、物流管理、电子商务等专业的教材，也可作为在涉外型企事业单位从事报关业务的管理人员、操作人员的参考用书。

图书在版编目（CIP）数据

报关实务/曲如晓主编. —3 版. —北京：机械工业出版社，2019.7
（2025.7 重印）

普通高等教育国际经济与贸易专业系列教材

ISBN 978-7-111-62982-5

Ⅰ.①报… Ⅱ.①曲… Ⅲ.①进出口贸易-海关手续-中国-高等学校-教材 Ⅳ.①F752.5

中国版本图书馆 CIP 数据核字（2019）第 114825 号

机械工业出版社（北京市百万庄大街 22 号 邮政编码 100037）
策划编辑：常爱艳　责任编辑：常爱艳　刘鑫佳
责任校对：炊小云　封面设计：鞠　杨
责任印制：常天培
河北虎彩印刷有限公司印刷
2025 年 7 月第 3 版第 8 次印刷
184mm×260mm・19.75 印张・487 千字
标准书号：ISBN 978-7-111-62982-5
定价：49.80 元

电话服务　　　　　　　　　网络服务
客服电话：010-88361066　　机 工 官 网：www.cmpbook.com
　　　　　010-88379833　　机 工 官 博：weibo.com/cmp1952
　　　　　010-68326294　　金 书 网：www.golden-book.com
封底无防伪标均为盗版　机工教育服务网：www.cmpedu.com

第 3 版前言

随着我国全面开放格局的快速形成、"一带一路"倡议的推进和贸易强国的建设,为适应新形势需要,中国海关大力深化改革,推行贸易便利化措施,进一步优化营商环境,出台了一系列改革措施和方案。从建立健全现代海关制度到区域通关一体化,从全国通关一体化改革再到全面深化关检深度融合改革,这些措施使海关相关工作流程发生了实质性变化。因此,为了反映近年来报关管理的最新变化,编者对第 2 版进行了修订。修订内容主要包括:

(1) 为加快转变政府职能,深化简政放权放管结合优化服务,2016 年 3 月海关总署审议通过了《全国通关一体化改革框架方案》;2017 年 7 月 1 日,全国通关一体化全面实施。全国海关通关一体化改革后,采用"一次申报、分步处置"的新型通关管理模式。因此,第一章增设了第四节"通关一体化改革",并对第四章"一般进出口货物的报关"进行了相应的修订和完善。

(2) 2018 年 3 月,国务院机关改革方案决定将出入境检验检疫管理职责和队伍划入海关总署,实行关检融合,使相关工作流程发生了实质性变化。例如,从 2018 年 8 月 1 日起,新版"进出口货物报关单"正式启用,原"报关单"、原"报检单"合并,录入项目由原来的 229 项精简融合为 105 项。因此,对第十章"进出口货物报关单填制实训"的相应内容进行了更新。

(3) 2015 年 3 月 7 日,国务院同意设立中国(杭州)跨境电子商务综合试验区。2016 年 1 月 6 日,国务院常务会议决定,在宁波、天津、上海、重庆、合肥、郑州、广州、成都、大连、青岛、深圳、苏州 12 个城市新设跨境电子商务综合试验区。2018 年 7 月 24 日,国务院同意在北京等 22 个城市设立跨境电子商务综合试验区。为了适应跨境电商业务报关的需要,将第四章第三节内容调整为"跨境电商零售进出口通关"。

(4) 随着海关改革进程的推进和海关监管方式的改变,在进出口报关的要求方面都有相应的变化,本次修订特别注意融入关务相关的新知识、新规范、新标准和新方法,如 2016 年海关总署决定全面推广实施以企业为单元的加工贸易监管模式,因此,相应对第五章第二节"保税加工货物的报关程序"进行了修订。再如,对第三章"报关管理制度"的相关内容也进行了修订。

本书由曲如晓担任主编,负责总纂。修订分工如下:第一章由曲如晓、杨修修订,第二章由杨修修订,第三章由王叶修订,第四章由高利、张旭修订,第五章由于晓宇、刘霞修订,第六章由臧睿、韩丽丽修订,第七章由李雪、刘霞修订,第八章由刘霞修订,第九章由张旭修订,第十章由曲如晓、曾燕萍修订。

由于编者水平有限,本书的修订难免有疏漏之处,恳请读者特别是任课教师和使用本书的同学们提出宝贵意见,以便于进一步完善。

为使用本书做教材的授课教师提供免费的教学 PPT 课件、习题库及答案、课后习题答案,请联系本书的责任编辑常爱艳索取:changay@126.com。

编　者

第 2 版前言

《报关实务》自 2010 年出版以来，在全国高校引起了一定的反响，许多院校将其作为国际经济与贸易专业的本科生教材或辅助参考书。2010 年以来，报关实务领域发生了一系列新的变化，如 2013 年《中华人民共和国海关法》的修订、2014 年《海关报关单位注册登记管理规定》的修订等。为了加快海关系统简政放权，根据国务院部署，自 2014 年起取消报关员资格统一考试，此后，中国报关协会充分发挥行业自律方面的作用，按照"自愿参加、市场检验、社会认可"的原则，适时开展报关业务知识和操作技能综合评价的水平测试。为了反映最近 5 年来报关实务的新变化，编者对第 1 版做了精心修订。具体地说，修订体现了以下特点：

第一，在保持原有教材框架体系的基础上，对一些重要章节进行了较大幅度的调整。例如，重新撰写了第三章的"报关注册登记制度"和"报关员报关管理制度"、第九章的"海关事务担保的适用"，修改后更好地反映了报关企业和报关人员管理制度的最新政策以及海关事务担保的最新发展。

第二，对涉及的数据和相关报关实务的政策法规都进行了更新，数据更新至 2015 年 3 月底。对第一章中的《中华人民共和国海关法》和《2015 年关税实施方案》、第二章中的《2015 年进口许可证管理货物分级发证目录》、第三章中的《海关报关单位注册登记管理规定》、第四章中的《中华人民共和国海关企业分类管理办法》、第七章中的《商品名称及编码协调制度》、第八章中的《中华人民共和国海关审定进出口货物完税价格办法》、第九章中的《中华人民共和国海关事务担保条例》等都进行了修改和更新。

第三，在各个章节增加了相关专栏。专栏的内容选取海关总署网站等最新案例和工作情况，如我国海关 2014 年侦办走私犯罪案件、2013 年中国海关知识产权保护状况等，结合相关的知识内容加强学生对报关实务的理解。

本书由曲如晓担任主编，负责总纂。修订工作分工如下：第一、二章由李婧修订，第三章由申萌修订，第四、五章由曲如晓修订，第六章由曾燕萍修订，第七章由刘霞修订，第八章由李世恒修订，第九章由杨修修订，第十章由于晓宇修订。

由于编者水平有限，本书的修订难免有疏漏之处，恳请读者特别是任课教师和使用本书的同学们提出宝贵意见，以便于今后进一步完善。

为使用本书做教材的授课教师提供免费的教学 PPT 课件、课后习题答案、习题库及其答案，请联系本书的责任编辑常爱艳索取：changay@126.com，01088379721。

编　者

第1版前言

目前我国外贸进出口总额已居世界第三位，快速发展的对外贸易需要更多通晓国际贸易有关法律和规则、了解国际贸易运作的具体程序和惯用做法、熟知报关制度的应用型人才。本书是根据国际贸易和国际物流发展趋势，结合多年的教学经验以及对海关管理学科领域的深入研究编写而成的。本书全面系统地介绍了我国海关的报关制度，包括报关的基础知识与流程、对外贸易管制与法规、报关企业管理、一般进出口货物和保税进出口货物的报关、进出口商品归类、进出口税费、报关单填写等内容。与其他同类书相比较，本书的特色主要体现在以下几个方面：

（1）前沿性。本书将海关报关的最新概念、前沿理论、政策法规与具体的操作流程都尽可能完美地结合在一起，让学生比较全面地掌握相关知识，以符合社会对报关人才的培养要求。

（2）通俗性。报关实务是海关法规在实践中的体现，内容繁杂，目前市场上大部分同类书只是对《海关法》条文的简单罗列，内容过于晦涩，学生理解困难。本书借鉴国外教材的编写经验，通过案例引导，在编写上采用流程图和表格的形式，并在每章中穿插了大量案例和资料，通俗易懂。

（3）应用性。根据报关实务课程的特点，本书以报关的整套流程为主线安排内容，结合实例，在整体上把握报关的流程，并注重实际操作能力的锻炼，每章都安排了练习题和技能实训题，以突出对基本理论、基本技能的掌握和操作能力的培养。

本书经过几年的试用，结合教学实践先后进行过多次修改，既可作为高等院校国际经济与贸易、商务英语、物流管理、电子商务等专业的教材，也可作为报关员的培训用书，对在涉外型企事业单位从事报关业务的管理人员、操作人员也有很高的参考价值。

本书由北京师范大学经济与工商管理学院的曲如晓教授担任主编，负责拟定大纲、统稿并修改，由魏浩、马建平和吴洁博士任副主编。本书编写人员分工如下：第一章由马建平编写，第二章由谢静编写，第三章由黄如松编写，第四章由陈小明编写，第五章由曲如晓编写，第六章由赵方荣编写，第七章由韩丽丽编写，第八章由魏浩、侯晓编写，第九章由吴洁编写，第十章由江铨编写。

在编写过程中，我们参阅了大量国内外相关教材和著作以及众多网站的内容，并引用了其中许多观点和资料，限于篇幅，不一一注明出处，在此一并表示感谢。由于编者水平有限，难免有疏漏和错误之处，敬请读者批评、指正。

编　者

目 录

第3版前言
第2版前言
第1版前言

第一章 海关概述 1
  第一节 海关的性质和任务 1
  第二节 海关权力 7
  第三节 海关的管理体制与机构 14
  第四节 通关一体化改革 18
  本章练习题 25

第二章 进出口国家管制 26
  第一节 进出口国家管制概述 26
  第二节 进出口国家管制的主要内容 28
  第三节 进出口许可管理制度 38
  本章练习题 50

第三章 报关管理制度 52
  第一节 报关概述 52
  第二节 报关单位报关管理制度 59
  第三节 报关员报关管理制度 68
  第四节 行业自律管理 72
  本章练习题 75

第四章 一般进出口货物报关 77
  第一节 一般进出口货物概述 77
  第二节 一般进出口货物的报关程序 79
  第三节 跨境电商零售进出口通关 88
  本章练习题 93

第五章 保税货物报关 95
  第一节 保税货物概述 95
  第二节 保税加工货物的报关程序 100
  第三节 保税物流货物的报关程序 109
  本章练习题 124

第六章 其他货物报关 125
  第一节 特定减免税货物的报关制度 125
  第二节 暂准进出境货物的报关制度 128
  第三节 进出口货物的转关制度 133
  第四节 过境、转运、通运货物的报关制度 136
  第五节 进出境运输工具的报关制度 139
  第六节 进出境行邮物品的报关制度 143
  第七节 其他特殊货物的报关制度 151
  本章练习题 157

第七章 进出口商品归类 159
  第一节 《商品名称及编码协调制度》 159
  第二节 《协调制度》归类总规则 163
  第三节 我国海关进出口商品分类目录 168
  第四节 进出口商品归类的海关行政管理 176
  本章练习题 180

第八章 进出口税费 182
  第一节 进出口税费概述 182
  第二节 进出口货物完税价格的确定 191
  第三节 进出口货物税率的确定 200
  第四节 进出口关税的征收 209
  第五节 进出口关税的减免、缴纳与退补 214

本章练习题…………………………… 229
第九章　与报关相关的其他海关管理
　　　　制度…………………………… 230
　第一节　海关事务担保制度………… 230
　第二节　知识产权海关保护制度…… 237
　第三节　通关中的违法行为及其
　　　　　责任追究…………………… 245
　第四节　与海关发生争议的解决
　　　　　途径………………………… 251
　第五节　海关稽查…………………… 257
　本章练习题…………………………… 264
第十章　进出口货物报关单填制
　　　　实训…………………………… 266
　第一节　进出口货物报关单概述…… 266
　第二节　进出口货物报关单填制

　　　　　规范………………………… 268
　第三节　报关单填制技巧及案例
　　　　　分析………………………… 291
　本章练习题…………………………… 301
附录……………………………………… 303
　附录A　中华人民共和国进口许可
　　　　　证申请表…………………… 303
　附录B　中华人民共和国出口许可
　　　　　证申请表…………………… 304
　附录C　中华人民共和国海关进口
　　　　　货物报关单………………… 305
　附录D　中华人民共和国海关出口
　　　　　货物报关单………………… 306
参考文献………………………………… 307

第一章 海关概述

本章学习目标

本章介绍了海关的基本概念和基础知识。通过本章的学习，学生应重点掌握海关的基本性质和任务、海关的权力、海关的组织机构和管理体制、海关的法律体系等内容。

本章关键词

海关的性质　海关的任务　海关权力　海关总署　直属海关　隶属海关　海关法律体系　通关一体化

中华人民共和国海关是国家的进出关境监督管理机关，是实行关衔制度的准军事化纪律部队，肩负着税收征管、打击走私、通关监管、加工贸易及保税监管、海关统计、海关稽查和口岸管理等职责。海关总署是我国海关的领导机关，是国务院下属的正部级直属机构。改革开放40余年来，中国海关与时俱进，顺应国内外形势发展需要，不断深化改革，实行"依法行政，为国把关，服务经济，促进发展"的工作方针，全力打造科学、文明、高效、廉洁的现代化海关，为我国的改革开放与社会主义现代化建设，为各国经济技术、人员的交流与合作，为经济全球化的发展和共赢，不断做出新的贡献。

第一节　海关的性质和任务

《中华人民共和国海关法》（以下简称《海关法》）第二条规定："中华人民共和国海关是国家的进出关境监督管理机关。海关依照本法和其他有关法律、行政法规，监管进出境的运输工具、货物、行李物品、邮递物品和其他物品，征收关税和其他税、费，查缉走私，并编制海关统计和办理其他海关业务。"《海关法》的这一规定明确界定了我国海关的性质与任务。

一、海关的性质

（一）海关是国家的行政机关

海关总署是国家行政机关之一，是国务院直属机构。海关代表国家依法独立行使行政管理权。凭借法律赋予的权力，海关对在特定范围内的社会经济活动进行监督管理，并对各种违法行为依法实施行政处罚，以确保这些社会经济活动符合国家法律规范的规定。

（二）海关是国家进出境监督管理机关

海关实施监督管理的范围是进出关境的活动。海关监督管理的对象是所有进出关境的运输工具、货物和物品。

关境（Customs Territory）也称"税境""海关境域""关税境域"或"关税领域"，是指一国海关法规可以全面实施的领域。一般而言，一国的关境与其国境（包括领陆、领水、领空）的范围是一致的，关境即国境。但是，也有一些国家和地区的关境与国境不一致。在设有自由区、自由港、保税区的国家，这些自由港、自由区及保税区不在该国的关境范围之内，被称为"关境以外的本国领土"，此时关境小于国境。相反，在缔结关税同盟的国家之间，相互不征收进出境货物的关税，关境包括了几个缔约国的领土，关境则大于国境。

我国的关境范围是除享有单独关境地位的地区以外的中华人民共和国的全部领域，包括领水、领陆和领空。目前，我国的单独关境有香港特别行政区、澳门特别行政区和台澎金马单独关税区。这些单独关境地区，各自实行单独的海关制度，因此，我国的关境小于国境。本书所称的"进出境"除特指外均指进出关境。

(三) 海关的监督管理是国家行政执法活动

海关的监督管理是保证国家的有关法律法规实施的行政活动。《海关法》是管理海关事务的基本法律规范，于1987年1月22日由第六届全国人民代表大会常务委员会第十九次会议通过，同年7月1日起实施。为了适应新的经济社会发展形势，2000年7月8日，第九届全国人民代表大会常务委员会第十六次会议审议通过了《关于修改〈中华人民共和国海关法〉的决定》，对《海关法》做了较大修订。修订后的《海关法》于2001年1月1日起实施。2013年12月28日，根据《全国人民代表大会常务委员会关于修改〈中华人民共和国海洋环境保护法〉等七部法律的决定》（第十二届全国人民代表大会常务委员会第六次会议通过），对《海关法》做出修改。其他有关法律是指由全国人民代表大会及其常务委员会制定的与海关监督管理相关的法律规范，主要包括《宪法》《对外贸易法》《进出口商品检验法》《文物保护法》《固体废物污染环境防治法》等。行政法规是指由国务院制定的法律规范，包括专门用于海关执法的行政法规和其他与海关管理相关的行政法规，如《进出口货物原产地条例》《海关行政处罚实施条例》《海关统计条例》三部与海关工作相关的行政法规。

海关事务属于中央立法事权，立法者为全国人民代表大会及其常委会以及国家最高权力机关的最高执行机关——国务院。除此以外，海关总署可以根据法律和国务院的法规、决定、命令制定规章，作为执法依据的补充。省、自治区、直辖市人民代表大会和人民政府不得制定海关法律规范，所制定的地方法规、地方规章也不能成为海关执法的依据。

二、海关的任务

《海关法》明确规定海关有四项基本任务：监管进出境的运输工具、货物、行李物品、邮递物品和其他物品（以下简称监管）；征收关税和其他税、费（以下简称征税）；查缉走私和编制海关统计。除此以外，海关还承担办理其他海关业务的职责，如知识产权海关保护是近年来不断加强的重要海关业务。

(一) 监管

海关监管是指海关运用国家赋予的权力，通过一系列管理制度与管理程序，依法对进出境运输工具、货物、物品及相关人员的进出境活动所实施的一种行政管理。海关监管是一项国家职能，其目的在于保证一切进出境活动符合国家政策和法律的规范，维护国家主权和利益。

根据监管对象的不同,海关监管分为进出口货物监管、进出境运输工具监管和进出境物品监管三大体系,每个体系都有一整套规范的管理程序与方法。

监管是海关最基本的任务,是各项任务的基础。除了通过审单、查验、放行等方式对进出口货物、进出境运输工具、物品实施监管外,海关监管还要执行(或监督执行)国家其他对外贸易管理制度的实施,如进出口许可制度、外汇管理制度、进出口商品检验检疫制度、文物管理制度等,从而在政治、经济、文化道德、公众健康等方面维护国家利益。

(二)征税

代表国家征收关税和其他税、费是海关的另一项重要任务。"关税"是指由海关代表国家,按照《海关法》《进出口关税条例》和《海关进出口税则》对准许进出口的货物、进出境物品征收的一种税。"其他税、费"是指海关在货物进出境环节,按照关税征收程序征收的有关国内税费,目前主要有增值税、消费税、船舶吨税、海关监管手续费等。

海关征税工作的基本法律依据是《海关法》《进出口关税条例》。海关通过执行国家制定的关税政策,对进出口货物、进出境物品征收关税,起到保护国内工农业生产、调整产业结构、组织财政收入和调节进出口贸易活动的作用。

(三)查缉走私

查缉走私是海关为保证顺利完成监管和征税等任务而采取的保障措施。查缉走私是指海关依照法律赋予的权力,在海关监管场所和海关附近的沿海沿边规定地区,为发现、制止、打击、综合治理走私活动而进行的一种调查和惩处活动。

走私是指进出境活动的当事人或相关人违反《海关法》及有关法律、行政法规,逃避海关监管,偷逃应纳税款、逃避国家有关进出境的禁止性或者限制性管理,非法运输、携带、邮寄国家禁止、限制进出口或者依法应当缴纳税款的货物、物品进出境,或者未经海关许可并且未缴应纳税款、交验有关许可证件,擅自将保税货物、特定减免税货物以及其他海关监管货物、物品、进境的境外运输工具在境内销售的行为。它以逃避监管、偷逃关税、牟取暴利为目的,扰乱经济秩序,冲击民族工业,腐蚀干部群众,毒化社会风气,引发违法犯罪,对国家危害极大,必须予以严厉打击。

《海关法》第五条规定:"国家实行联合缉私、统一处理、综合治理的缉私体制。海关负责组织、协调、管理查缉走私工作。"这一规定从法律上明确了海关打击走私的主导地位以及有关部门的执法协调。海关是打击走私的主管机关,查缉走私是海关的一项重要任务。海关通过查缉走私,制止和打击一切非法进出境货物、物品的行为,维护国家进出口贸易的正常秩序,保障社会主义现代化建设的顺利进行,保证国家关税政策的有效实施,保证国家关税和其他税、费的依法征收,保证海关职能作用的发挥。为了严厉打击走私犯罪活动,《海关法》第四条还规定:"国家在海关总署设立专门侦查走私犯罪的公安机构,配备专职缉私警察,负责对其管辖的走私犯罪案件的侦查、拘留、执行逮捕、预审。"据此,1999年我国组建了专司打击走私犯罪的海关缉私警察队伍,负责对走私犯罪案件的侦查、拘留、执行逮捕和预审工作,综合运用刑事执法与行政执法两种手段严厉打击走私。

根据我国的缉私体制,除了海关以外,公安、工商、税务、烟草专卖等部门也有查缉走私的权力,但这些部门查获的走私案件,必须按照法律规定统一处理。按照《海关法》第五条的规定,各部门查获的不构成走私罪的案件,一律交海关做行政处罚;各执法部门查获的走私罪嫌疑案件,一律移送海关侦查走私犯罪公安机构、地方公安机关,并依据案件管辖分工和法定程序办理;各部门查获的走私货物、物品和价款,一律交海关依法处理,海关按照国家有关规定,足额、及时上缴国库。

[专栏1-1]

2017年中国海关总署服务发展取得积极成效

积极支持"一带一路"倡议以及长江经济带等国家战略实施。围绕"一带一路"大力推进国际海关合作,积极参与国家主场外交,习近平总书记对中哈等农产品绿色通道建设成效予以充分肯定。加强与"一带一路"沿线国家海关通关协作,大力支持重要节点城市多式联运监管中心建设,在重庆、西安等国际铁路主要集装箱车站设立临时开放口岸,建立"中欧班列"通关协调机制,推动加入国际公路运输公约(TIR),促进跨境运输便利化。2017年,全国共计开行中欧班列3673列,同比(下同)增长116%;我国与"一带一路"沿线国家进出口7.37万亿元,增长17.8%,比全国进出口增速高约3.6个百分点。积极支持长江经济带发展,加大长江沿线对外开放口岸和海关特殊监管区域建设力度,完善海关通关协作机制。大力支持京津冀协同发展、开展支持雄安新区建设开放发展先行区研究。出台支持新一轮东北振兴等举措,支持区域经济协调发展。全力开展扶贫工作,助力打赢脱贫攻坚战。

大力推进简政放权。落实"放管服"改革部署和解决通关流程烦琐要求,大力推进"去繁就简",营造法治化、国际化、便利化营商环境。进一步取消行政审批2项,行政许可标准化测评全面达标。大力压缩海关通关时间,2017年海关进出口通关时间压缩37.5%,12月当月通关时间压缩比65.2%。大力清理、规范进出口环节涉企收费,2017年海关事业单位所属经济实体经营服务性收费2.18亿元,继续下降57.28%。积极推进免除查验没有问题企业吊装、移位、仓储等费用,为企业节约成本7亿元。开展集装箱进出口环节合规成本专项治理。

全力支持外贸稳增长调结构。认真落实国务院促外贸稳增长的政策措施,全力促进我国进出口贸易增长。大力支持跨境电子商务、市场采购、外贸综合服务等新业态发展,2017年跨境电商业务进出口总额增80.6%,市场采购贸易出口增长55.1%。推进加工贸易保税监管制度创新,探索建立自主备案、自主核报、自主缴税的信任管理模式;支持采购中心、分拨中心、研发中心、维修中心试点,支持加工贸易向产业链高端延伸;发挥"保税+"制度优势,鼓励服务外包、融资租赁、保税维修、展示交易、汽车平行进口等创新发展。发挥税收政策的促进作用,44项税则调整建议被采用,认真落实税收优惠政策,减免税款530.8亿元。贯彻国家自贸区战略部署,牵头做好自贸协定原产地规则及海关程序与贸易便利化章节的谈判和实施,帮助企业获得税款减让和贸易便利的"双红利",提升协定利用率。2017年已实施协定享惠进口7761亿元,增长36%;税款减让645亿元。积极开展政策研究与宏观经济分析,加大统计分析监测预警力度,管控虚假贸易有力有效。向中办、国办报送了一批高质量的报告、信息,获得中央领导批示55篇次。2017年,我国进出口总值27.79万亿元人民币,增长14.2%。

积极发挥牵头作用,务实推进口岸工作。积极发挥国务院口岸工作部际联席会议机制和联席会议办公室作用,口岸部门间的协作配合更加紧密。制定、出台口岸查验基础设施建设标准等多项制度,口岸管理更加规范。落实国家"十三五"口岸发展规划,报请国务院批准开放和扩大口岸 15 个，口岸开放布局更加合理。建立并启动口岸退出机制。口岸国际合作取得积极进展。

务实开展国际海关合作。成功举办金砖国家海关署长会晤，签署《金砖国家海关合作战略框架》，《厦门宣言》对海关合作予以高度评价。以"信息互换、监管互认、执法互助"（3M）为重点对外开展机制化合作，全年签署 24 份海关合作文件，海关合作被 12 次纳入国家最高级别对外合作成果。发挥中国海关担任世界海关组织（WCO）电子商务工作组主席作用，牵头制定 WCO 电子商务海关监管指南文件，积极参与"经认证的经营者"（AEO）等领域国际海关规则制定，中国海关在国际舞台的话语权和影响力不断提升。

（资料来源：海关总署网站。）

[专栏 1-2]

2018 年全国海关立案侦办走私犯罪案件 3601 起

2018 年全国海关立案侦办走私犯罪案件 3601 起，同比增长 10.8%。其中，立案侦办涉税走私犯罪案件 1782 起，案值 451.2 亿元，同比分别增长 12.9%、25.7%；侦办非涉税走私犯罪案件 1819 起，同比增长 8.8%。2018 年以来，全国海关紧紧围绕"洋垃圾"、濒危物种、农产品、重点涉税商品、枪支和毒品等"中央关注、社会关切、群众关心"的问题，深入开展"国门利剑 2018"联合专项行动，并取得了丰硕战果。

将打击"洋垃圾"走私作为一号工程，坚决打击"洋垃圾"走私。海关部署开展"蓝天 2018"打击"洋垃圾"走私专项行动，先后实施 5 轮次高密度、集群式、全链条集中打击。积极推进"大地女神"国际执法合作，构建全方位打私工作格局，坚决将"洋垃圾"堵截在国门之外。全年共立案侦办废物走私犯罪案件 481 起，查证涉案废物 155.1 万 t，分别增长 68%、78%，查获 23.17 万 t。

深入开展打击象牙、犀角、石首鱼等濒危物种走私专项行动，组织全国重点海关缉私部门两次发起打击濒危物种走私百日专项行动，严厉打击濒危物种走私。推动全面关停整治非法加工销售场所和网络交易平台，最大限度遏制濒危物种及制品的非法销售行为，消减走私源头动因。全年共侦办珍稀动植物及其制品走私犯罪案件 175 起，其中侦办牙走私犯罪案件 38 起，查获象牙及其制品 800kg。

组织开展打击大米等农产品走私"南宁—昆明"行动，坚持"市场倒查""打两头、挖幕后"等打击策略，严厉打击农产品走私。全年共侦办农产品走私犯罪案件 465 起，案值 102.5 亿元，其中侦办大米走私犯罪案件 25 起，案值 3 亿元。

组织开展打击陆路边境走私成品油专项行动，坚持陆海联动、协同作战，坚决遏制海（水）上偷运成品油走私势头。破获多起走私废钢、电子产品、汽车、洋酒大案，侦办多起利用跨境电商实施走私及走私加热不燃烧卷烟等案件，严厉打击重点涉税商品行业性、团伙性走私活动。全年共侦办涉税千万元以上走私犯罪案件 175 起，案值 343.4 亿元，其中侦办成品油走私犯罪案件 292 起，案值 66.5 亿元。

深入开展"国门勇士 2018"专项行动，从"打、控、建"三个层面部署推进战区协作、情报研判、合成作战，严密查缉行邮快件或"水客"渠道走私枪支入境违法犯罪活动，强化缉枪治爆专项打击。全力开展"融冰"和"禁毒 2018 两打两控"缉毒专项行动，对涉毒制、贩、运走私团伙实施全链条打击，保持高压态势。全年共侦办走私毒品犯罪案件 596

起,缴获各类毒品4610.1kg;侦办走私制毒物品犯罪案件8起,缴获易制毒化学品32.9t。

(资料来源:经济日报。)

（四）编制海关统计

海关统计是我国进出口货物贸易统计,是国民经济统计的重要组成部分,是国家制定外贸政策、宏观调控、实施海关严密高效管理工作的重要依据,是研究我国对外经济发展和国际经济贸易关系的重要资料。2005年《海关统计条例》的颁布,标志着海关履行统计职责、服务社会公众纳入法制化轨道。

海关统计是以实际进出口货物作为统计和分析对象,通过搜集、整理、加工处理进出口货物报关单或经海关核准的其他申报单证,对进出口货物的品种、数（重）量、价格、国别（地区）、经营单位、境外目的地、境内货源地、贸易方式、运输方式、关别等项目分别进行统计和综合分析,全面、准确地反映对外贸易的运行态势,及时提供统计信息和咨询,实施有效的统计监督,开展国际贸易统计的交流与合作,促进对外贸易的发展。根据《海关法》规定,编制海关统计是我国海关的一项重要任务。海关统计是国家进出口货物贸易统计,负责对进出中国关境的货物进行统计调查和分析,科学、准确地反映对外贸易的运行态势,实施有效的统计监督。海关总署按月向社会发布中国对外贸易基本统计数据,定期向联合国统计局、国际货币基金组织、WTO及其他有关国际机构报送我国对外贸易的月度和年度统计数据。海关定期编辑出版《中国海关统计》月刊和年鉴,积极为社会各界提供统计信息资料和咨询服务。

海关的四项基本任务是统一的、有机联系的整体。监管工作通过监管进出境运输工具、货物、物品的合法进出,保证国家有关进出口政策、法律、行政法规的贯彻实施,是四项基本任务的基础。征税工作所需的数据、资料等是在海关监管的基础上获取的,征税与监管有着十分密切的关系。缉私工作则是监管、征税的延伸,监管、征税工作中发现的逃避监管和偷逃关税的行为,必须运用法律手段制止和打击,确保前两项工作的有效进行。编制海关统计是在监管、征税工作的基础上完成的,它为国家宏观经济调控提供了准确、及时的信息,同时又对监管、征税等业务环节的工作质量起到检验把关的作用。随着我国对外经贸关系的不断深化发展,海关的职责和任务也会不断增加。

[专栏1-3]

2017年中国海关知识产权保护概况

中国海关2017年采取知识产权保护措施2.25万余次,实际扣留进出境侵权嫌疑货物1.91万余批,涉及货物4094万余件。海关扣留的货物涉及的知识产权类型包括商标专用权、专利权、著作权和与著作权有关的权利等,其中,涉及侵犯商标专用权的货物占侵权嫌疑总量的98.48%,涉及专利权保护的货物案值呈现持续增长态势,同比增长41.2%。

东部沿海地区是海关打击侵权的主战场,其中上海、深圳、宁波、厦门、杭州、天津、黄埔、南京等海关合计查处3920余万件,约占总量的96%;从侵权嫌疑商品种类看,以五金机械、烟草类为主,药品、其他机电类、服装的数量呈下降趋势。在进口环节,海关查处的涉嫌侵犯知识产权货物数量较去年同期增长20.7%,连续10年呈增长态势,商品主要是通信设备、服装鞋帽、箱包和药品。

此外,近年来跨境电子商务蓬勃兴起,极大拓展了企业进入国际市场的路径,海关全年在邮递、快件渠道共查处侵权案件批次 17700 余起。

（资料来源：海关总署网站。）

第二节 海关权力

为保证海关能充分履行自身的职能，有效维护国家的主权和利益，国家通过立法赋予海关许多具体权力。海关权力是指《海关法》和其他法律、行政法规赋予海关的对进出境运输工具、货物、物品的监督管理权。海关权力属于行政权，海关权力的行使有一定范围和条件，并应当接受执法监督。

一、海关权力的特点

（一）特定性

《海关法》第二条规定："中华人民共和国海关是国家的进出关境监督管理机关"，从法律上明确了海关享有对进出关境活动进行监督管理的行政主体资格，具有进出关境监督管理权。除海关外的其他任何机关、团体和个人都不具备行使海关权力的资格，也不享有这种权力。海关权力的特定性还体现在对海关权力的限制上，即这种权力只适用于进出关境监督管理领域，而不能用于其他场合。

（二）独立性和单方意志性

《海关法》第三条规定："海关依法独立行使职权，向海关总署负责"，明确了中国海关的垂直领导管理体制，海关行使职权时只对法律和上级海关负责，不受地方政府、其他机关、企事业单位或个人的干预。海关权力的单方意志性体现在，只要在《海关法》或其他法律、行政法规授权的范围内，即可直接行使，无须与海关管理相对人协商或征得其同意。

（三）强制性和效力先定性

海关行政行为是由海关代表国家、以国家名义所实施的。海关权力的行使以国家法律和国家机器为后盾，具有强制性。如果管理相对人不服从海关监督管理或妨碍海关行使职权，将受到相应的法律制裁。海关权力的效力先定性表现在海关行政行为一经做出，就应推定其为合法，对海关本身和海关管理相对人都具有约束力。例如，《海关法》第六十四条规定："纳税义务人同海关发生纳税争议时，应当缴纳税款，并可以依法申请行政复议；对复议决定仍不服的，可以依法向人民法院提起诉讼。"在没有被国家有权机关宣布为违法或无效之前，即使管理相对人认为海关的行政行为侵犯其合法权益，也应该遵守和服从。

（四）优益性

海关在行使职权时，依法享有一定的行政优先权和行政受益权。行政优先权是国家为保障海关有效行使职权而赋予海关职务上的优先条件；行政受益权是海关享受国家提供的各种物质优惠，如直属中央的财政经费等。

二、海关权力的内容

海关作为国家行政管理机关，除具有一般行政机关所必需的权力（如行政许可权、税费征收权、行政监督检查权、行政强制权、行政处罚权等）之外，海关作为进出境的监督管理机关，还具有一些特定的、独立的权力，包括行政裁定权、佩带和使用武器权、连续追缉权等特殊权力。根据《海关法》及有关法律、行政法规，具体来说，海关权力主要包括以下几个方面：

（一）行政许可权

行政许可权制约海关管理权限，促进海关管理的法制化进程。海关管理需按照行政许可进行，是海关依法行政的依据与保障。海关的行政许可权包括对企业报关权以及从事海关监管货物的仓储、转关运输货物的境内运输、保税货物的加工等业务进行许可审批，对报关员的报关从业资格进行审批等。海关系统主要行政许可事项如表1-1所示。

表1-1 海关系统行政审批系统公开目录（截至2018年9月）

项目编码	审批部门	项目名称	子项	审批类别	共同审批部门	审批对象	备注
23001	海关总署	报关企业注册登记	无	行政许可	无	企业	直属海关或其授权的隶属海关审批
23003	海关总署	出口监管仓库、保税仓库设立审批	1. 出口监管仓库设立审批	行政许可	无	企业	直属海关审批
			2. 保税仓库设立审批	行政许可	无	企业	直属海关审批
23004	海关总署	免税商店设立审批	无	行政许可	无	企业	海关总署审批
23005	海关总署	海关监管货物仓储审批	无	行政许可	无	企业	直属海关或隶属海关审批
23007	海关总署	小型船舶往来香港、澳门进行货物运输备案	无	行政许可	无	企业或公民个人	直属海关审批
23008	海关总署	承运境内海关监管货物的运输企业、车辆注册	无	行政许可	无	企业	主管海关审批
23010	海关总署	长江驳运船舶转运海关监管的进出口货物审批	无	行政许可	无	企业或公民个人	长江沿线各直属海关或其授权的隶属海关审批
23017	海关总署	保税物流中心（A型）设立审批	无	行政许可	无	企业	直属海关审批
23018	海关总署	保税物流中心（B型）设立审批	无	行政许可	财政部、税务总局、外汇局	企业	海关总署审批
26002	海关总署	从事进出境检疫处理业务的单位及人员认定	1. 从事进出境动植物检疫处理业务的单位认定	行政许可	无	事业单位、企业	直属海关审批
			2. 从事进出境检疫处理业务的人员认定	行政许可	无	公民个人	直属海关审批

（续）

项目编码	审批部门	项目名称	子项	审批类别	共同审批部门	审批对象	备注
26003	海关总署	口岸卫生许可证核发	无	行政许可	无	企业	主管海关审批
26004	海关总署	进境动植物产品的国外生产、加工、存放单位和出境动植物及其产品、其他检疫物的生产、加工、存放单位注册登记	1. 进境动物产品国外生产、加工、存放单位注册登记（包括进境后动物产品涉及单位）	行政许可	无	企业	海关总署审批
			2. 进境植物产品国外生产、加工、存放单位注册登记（包括进境后植物产品涉及单位）	行政许可	无	企业	海关总署审批
			3. 出境动物及其产品、其他检疫物的生产、加工、存放单位注册登记	行政许可	无	企业	直属海关审批
			4. 出境植物及其产品、其他检疫物的生产、加工、存放单位注册登记	行政许可	无	企业	直属海关审批
26005	海关总署	进境（过境）动植物及其产品检疫审批	1. 进境（过境）动物及其产品检疫审批	行政许可	无	企业或公民个人	海关总署或者经授权的直属海关审批
			2. 进境（过境）植物及其产品检疫审批	行政许可	无	企业或公民个人	海关总署或者经授权的直属海关审批
26006	海关总署	进口可用作原料的固体废物国外供货商及国内收货人注册登记	1. 进口可用作原料的固体废物国外供货商注册登记	行政许可	无	企业	海关总署审批
			2. 进口可用作原料的固体废物国内收货人注册登记	行政许可	无	企业	直属海关审批
26014	海关总署	进口食品生产企业注册和出口食品生产企业备案	1. 进口食品境外生产企业注册	行政许可	无	企业	海关总署审批
			2. 出口食品生产企业备案核准	行政许可	无	企业	主管海关审批

（续）

项目编码	审批部门	项目名称	子项	审批类别	共同审批部门	审批对象	备注
26020	海关总署	出入境特殊物品卫生检疫审批	无	行政许可	无	事业单位、企业、个人	直属海关审批
26021	海关总署	进出口商品检验鉴定业务的检验许可	无	行政许可			

（二）税费征收与减免权

税费征收与减免权是指以下权力：依法对进出口货物、物品征收关税及其他税费；根据法律、行政法规及有关规定，对特定地区、特定企业或有特定用途的进出口货物减征或免征关税；对经海关放行后的有关进出口货物、进出境物品，发现有少征或漏征税款的，可以依法予以补征、追征税款。

（三）行政强制权

行政强制权是海关保证其行政管理职能得到履行的基本权力，主要包括：

1. 检查权

海关有权检查进出境运输工具，检查有走私嫌疑的运输工具和有藏匿走私货物、物品嫌疑的场所，检查走私嫌疑人的身体。《海关法》第六条第一款规定，海关可以"检查进出境运输工具"；第四款规定："在海关监管区和海关附近沿海沿边规定地区，检查有走私嫌疑的运输工具和有藏匿走私货物、物品嫌疑的场所，检查走私嫌疑人的身体。"海关对进出境运输工具的检查不受海关监管区域的限制；对走私嫌疑人身体的检查，应在海关监管区和海关附近沿海沿边规定地区内进行；对有走私嫌疑的运输工具和有藏匿走私货物、物品嫌疑的场所，在海关监管区和海关附近沿海沿边规定地区内，海关人员可直接检查，超出这个范围，在调查走私案件时，须经直属海关关长或者其授权的隶属海关关长批准才能进行检查，但不能检查公民住处。

2. 查验权

海关有权查验进出境货物、物品。《海关法》第六条第一款规定，海关可以"查验进出境货物、物品"。

3. 查阅、复制权

《海关法》第六条第二款规定，海关可以"查阅进出境人员的证件"；第三款规定，海关可以"查阅、复制与进出境运输工具、货物、物品有关的合同、发票、账册、单据、记录、文件、业务函电、录音录像制品和其他资料"。

4. 查问权

海关有权对违反《海关法》或者其他有关法律、行政法规的嫌疑人进行查问，调查其违法行为。

5. 查询权

海关在调查走私案件时，经直属海关关长或其授权的隶属海关关长批准，可查询案件涉嫌单位和涉嫌人员在金融机构、邮政企业的存款、汇款。

6. 扣留权

海关在下列情况下可行使扣留权：

（1）对违反《海关法》或者其他有关法律、行政法规的进出境运输工具、货物和物品，以及与之有关的合同、发票、账册、单据、记录、文件、业务函电、录音录像制品和其他资料，可以扣留。

（2）在海关监管区和海关附近沿海沿边规定地区，对有走私嫌疑的运输工具、货物、物品和走私犯罪嫌疑人，经直属海关关长或者其授权的隶属海关关长批准，可以扣留；对走私犯罪嫌疑人，扣留时间不得超过 24 小时，在特殊情况下可以延长 24 小时。

（3）在海关监管区和海关附近沿海沿边规定地区以外，对其中有证据证明有走私嫌疑的运输工具、货物、物品，可以扣留。

海关对查获的走私罪案件，应扣留走私罪嫌疑人，并将其移送走私犯罪侦察机构。

7. 滞报、滞纳金征收权

海关对超过规定期限报关货物征收滞报金；对于逾期缴纳进出口税费的，征收滞纳金。

8. 提取货样、提取货物变卖权

根据《海关法》的规定，海关查验货物认为必要时，可以径行提取货样。在一般情况下，进口货物自运输工具申报进境之日起超过三个月未向海关申报的，海关可以提取并依法变卖处理。如果确属误卸或者溢卸的进境货物，经海关审定，由原运输工具负责人或者货物的收发货人自该运输工具卸货之日起三个月内，办理退运或者进口手续，必要时，经海关批准，可以延期 3 个月；逾期未办手续的，海关可以提取并依法变卖处理。进口货物收货人或其所有人声明放弃货物的，海关有权提取并依法变卖处理。海关依法扣留的货物、物品不宜长期保留的，经直属海关关长或其授权的隶属海关关长批准，可依法先行变卖等。

9. 强制扣缴和变价抵缴关税权

进出口货物的纳税义务人、担保人超过规定期限未缴纳税款的，经直属海关关长或者其授权的隶属海关关长批准，海关可以：①书面通知其开户银行或者其他金融机构从其存款内扣缴税款；②将应税货物依法变卖，以变卖所得抵缴税款；③扣留并依法变卖其价值相当于应纳税款的货物或者其他财产，以变卖所得抵缴税款。

10. 抵缴、变价抵缴罚款权

根据《海关法》规定，在特定情况下，"海关可以书面通知纳税义务人开户银行或者其他金融机构从其暂停支付的存款中扣缴税款，或者依法变卖所扣留的货物或者其他财产，以变卖所得抵缴税款"。海关也可将纳税义务人的保证金抵缴，或者将其被扣留的货物、物品、运输工具依法变价抵缴。

11. 连续追缉权

"进出境运输工具或者个人违抗海关监管逃逸的，海关可以连续追至海关监管区和海关附近沿海沿边规定地区以外，将其带回处理。"其中所称的逃逸，既包括进出境运输工具或者个人违抗海关监管，自海关监管区和海关附近沿海、沿边规定地区向内（陆地）一侧逃逸，也包括向外（海域）一侧逃逸。海关追缉时必须保持连续状态。

12. 稽查权

《海关法》第四十五条规定："自进出口货物放行之日起三年内或者在保税货物、减免税进口货物的海关监管期限内及其后的三年内，海关可以对与进出口货物直接有关的企业、单位的会计账簿、会计凭证、报关单证以及其他有关资料和有关进出口货物实施稽查。"根据《中华人民共和国海关稽查条例》，海关进行稽查时，可行使下列职权：查阅、复制被稽查人的账簿、单证等有关资料；进入被稽查人的生产经营场所、货物存放场所，检查与进出口活动有关的生产经营情况和货物；询问被稽查人的法定代表人、主要负责人员和其他有关人员与进出口活动有关的情况和问题；经海关关长批准，查询被稽查人在商业银行或者其他金融机构的存款账户。

（四）行政处罚权

对尚未构成走私罪的违法当事人处以行政处罚，包括：对走私货物、物品及违法所得处以没收；对有走私行为和违反海关监管规定行为的当事人处以罚款；对有违法情况的报关单位和报关员处以警告以及处以暂停或取消报关资格的处罚等。

（五）佩带和使用武器权

海关为履行职责，可以配备武器。海关工作人员佩带和使用武器的规定，由海关总署会同公安部制定，报国务院批准。1989年6月19日，海关总署、公安部联合发布《海关工作人员使用武器和警械的规定》，2011年又对其进行修订。根据规定，海关使用的武器包括轻型枪支、电警棍、手铐以及其他经批准列装的武器和警械。使用范围为执行缉私任务时。使用对象为走私分子和走私嫌疑人。使用条件必须是在不能制服被追缉逃跑的走私团体或遭遇武装掩护走私，不能制止以暴力劫夺查扣的走私货物、物品和其他物品，以及以暴力抗拒检查、抢夺武器和警械、威胁海关工作人员生命安全非开枪不能自卫时。"海关工作人员使用武器或者警械时，应当以制服对方为限度……开枪射击时，除特别紧迫的情况外，应当先口头警告或者鸣枪警告，对方一有畏服表现，应当立即停止射击。开枪射击造成人员伤亡的，应当保护现场，并立即向上级海关和当地公安机关报告。"

（六）其他行政处理权

1. 行政命令权

"海关准予从事有关业务的企业，违反本法有关规定的，由海关责令改正，可以给予警告，暂停其从事有关业务，直至撤销注册。"例如，对违反海关有关法律规定的企业，责令其限期改正、责令退运等。

2. 行政奖励权

《海关法》规定："任何单位和个人均有权对违反本法规定逃避海关监管的行为进行举报。""海关对举报或者协助查获违反本法案件的有功单位和个人，应当给予精神的或者物质的奖励。"

3. 行政裁定权

海关可以根据对外贸易经营者提出的书面申请，对拟进口或者出口的货物预先做出商品归类等行政裁定。

4. 行政立法权

行政立法权是指海关总署根据法律的授权，制定并颁布实施海关行政规章的权力。

5. 行政复议权

行政复议权是指有权复议的海关（海关总署、各直属海关）对相对人不服海关行政行为进行复议的权力。

[专栏1-4]

完善海关稽查制度　优化海关监管与服务

1997年国务院发布《中华人民共和国海关稽查条例》（以下简称《条例》），为海关稽查工作提供了明确的法律依据，中国海关正式建立稽查制度。近20年来，国家社会经济发生了巨大变化，《条例》修订势在必行。修订后的《条例》适应我国经济发展新常态，对贯彻依法行政、落实简政放权、实施海关全面深化业务改革、提高通关便利化水平具有重大意义，同时也对加强和规范海关稽查工作、切实发挥海关稽查为国把关、维护进出口秩序等方面作用提出了新的更高要求。

一是以《条例》修订为契机，完善海关稽查法律制度。《条例》是海关实施稽查的重要依据，随着此次《条例》修订完成，海关将认真听取社会和行政相对人的意见，坚持好使管用原则，及时制定出台一揽子配套规章制度，建立行政法规、部门规章、内部工作制度等多层级制度体系，使稽查工作进一步迈向法治和规范的轨道。特别是随着中国现代社会政治、经济的不断发展，社会经济生活各领域均发生了深刻变化，现代企业作为社会经济主体对海关执法不断提出新的需求。例如，随着社会诚信体系的建立和不断完善，我国大力推进政务诚信、商务诚信、社会诚信和司法公信建设，进出口企业急需海关提供自我纠错的机制和渠道；又如，随着企业管理理念、方法和手段的不断现代化，海关执法急需引入专业能力，企业也期盼借助第三方机构得到更专业的管理建议。类似这些需求均集中在这次《条例》修订中予以体现，在此基础上，还需要一系列配套制度规定对具体操作程序、权利义务等进行规范，以使修订后的《条例》得到全面、准确的落实。

二是以全员考核、持证上岗为抓手，提升海关稽查执法水平。政府行政部门执法工作不仅需要建立在完善的法律制度体系之上，更需要一批专业素质过硬的执法人员负责具体实施，保证法律制度落实到位。此次《条例》修订进一步体现了国家依法行政、简政放权的政策导向，严格了执法程序，明确了执法边际，减少了不必要的执法程序，同时也对执法人员的法制意识和执法素质提出了更高要求。在此基础上，海关将尽快组织一线执法人员开展专业培训，开展大规模的岗位练兵，使稽查人员准确理解立法原意，提高执法人员综合素质。同时按照"逢进必考、逢调必考"原则，对稽查执法人员实行执法资格考核全覆盖，建立稽查人员持证上岗制度，切实提高海关稽查执法整体水平，增强稽查执法人员自我规范、自我约束意识，防止出现稽查执法尺度不一、因人而异的现象，实现稽查执法公平、公正。

三是以严格执法程序、维护行政相对人权益为目标，强化海关稽查执法监督。阳光是最好的"消毒剂"和"防腐剂"，确保权力在阳光下运行是中央在新形势下对政府部门提出的基本要求。海关执法行为应当主动接受来自各方面的监督。此次《条例》修订着重对执法人员增设了相关义务，严格了执法程序，限定了执法范围，明确了执法依据，要求稽查人员严格依法行政，规范自由裁量权，防止不作为、乱作为，做到执法公平公正，这些都为海关稽查执法监督提供了必要条件。为了不断提高海关稽查执法水平，增强执法公信力，海关稽查执法不仅要接受政府内部监督，更应当接受社会外部监督。事前加强法律法规宣传，使企业和社会各界对相关法规变动有充分知情权；事中对行政相对人严格履行告知义务，使行政相对人在海关稽查执法中能够充分行使法律赋予的权利；事后真诚接受社会各界包括行业协会等非政府组织、媒体,以及个人的监督,提高海关稽查执法的透明度和公信力。

四是以信息共享、互联互通为手段,密切海关与各部门协同配合。政府各部门间协同治理,建立纵横交错、内外联结的协作机制是现代政府治理新趋势。现代信息技术飞速发展也为公共部门间信息的跨界共享和利用提供了良好的平台,海关作为执法部门,应主动适应多元化、信息化和网络化的全新政府治理模式,运用大数据优势,不断提高自身执法水平。此次《条例》修订明确海关根据稽查工作需要,可以向有关行业协会、政府部门和相关企业等收集特定商品、行业与进出口活动有关的信息。在今后具体落实中,海关将努力构建与工商、税务等各部门间的信息共享渠道,建立海关后续监管信息数据库,把大量的分析、评估工作在海关后台完成,尽量减少对企业正常生产经营活动的直接干预,同时与其他政府执法部门建立执法结果互认机制,减少重复执法,减轻企业负担。

(资料来源:海关总署网站。)

三、海关权力适用的区域范围

为履行好监督管理职能,国家通过立法形式赋予海关各项权力。不过,法律赋予海关的权力都有严格的区域条件限制。明确海关权力行使的区域范围是正确行使海关权力的重要条件。

(一)海关监管区

目前,我国海关监管区的具体范围包括:设立海关的对外开放口岸、保税工厂、保税仓库、外商投资企业、经济技术开发区、保税区等有海关监管业务的场所,以及未设立海关但经国务院批准的临时进出境地点。

(二)海关附近沿海沿边规定地区

根据《海关法》的规定,海关附近沿海沿边规定地区的范围由海关总署和国务院公安部门会同有关省级人民政府确定,确定原则为海关保有缉私等权力的边境或沿海设关地周围的一定区域。

第三节 海关的管理体制与机构

一、海关的领导体制

《海关法》规定:"国务院设立海关总署,统一管理全国海关","海关依法独立行使职权,向海关总署负责","海关的隶属关系,不受行政区划的限制"。将这种领导体制称为"集中统一的垂直领导体制"。

中华人民共和国成立以来,海关的领导体制几经变更。1949年10月25日,我国设立海关总署统一管理全国海关。1953年海关总署与对外贸易管理总局合并,归对外贸易部领导。1960年又改由对外贸易部的职能司——海关管理局领导。1980年,全国海关建制重新收归中央,恢复成立海关总署,直属国务院。我国海关组织机构经过多次变更与调整,目前海关机构的设置为海关总署、直属海关和隶属海关三级,形成了以海关总署为最高领导机构,各地海关依法独立行使职权的垂直领导体制。1998年,根据党中央、国务院的决定,由海关总署、公安部联合组建走私犯罪侦查局,设在海关总署,2003年更名海关总署缉私局。

中国海关实行关衔制度，关衔设五等十三级：

一等：海关总监、海关副总监；二等：关务监督（一级、二级、三级）；三等：关务督察（一级、二级、三级）；四等：关务督办（一级、二级、三级）；五等：关务员（一级、二级）。

二、海关的设关原则

中华人民共和国成立后相当长的一段时期内，我国海关机构基本上设在沿海城市及一些边境口岸，内陆省区一般不设海关。实行"改革开放"政策以来，随着开放地区的不断增加，我国对外经济贸易、科技文化交流迅速发展，内陆省份的外向型经济也发展较快。经国务院批准，许多开放城市、开放地区以及内陆省市相继设立海关机构，为我国对外经济贸易的发展和国际科技文化交流提供了极大的便利。

《海关法》以法律形式明确了海关的设关原则："国家在对外开放的口岸和海关监管业务集中的地点设立海关。海关的隶属关系，不受行政区划的限制。"对外开放的口岸是指由国务院批准，允许运输工具及所载人员、货物、物品直接出入国（关）境的港口、机场、车站，以及允许运输工具、人员、货物、物品出入国（关）境的边境通道。国家规定，在对外开放的口岸必须设置海关、出入境检验检疫机构。海关监管业务集中的地点是指虽非国务院批准对外开放的口岸，但是某类或者某几类海关监管业务比较集中的地方，如转关运输监管、保税加工监管等。这一设关原则为海关管理从口岸向内陆、进而向全关境的转化奠定了基础，同时也为海关业务制度的发展预留了空间。"海关的隶属关系，不受行政区划的限制"，表明了海关管理体制与一般性行政管理体制的区域划分无必然联系，如果海关监督管理需要，国家可以在现有的行政区划之外考虑和安排海关的上下级关系和海关的相互关系。

三、海关的组织机构

海关机构设置为海关总署、直属海关和隶属海关三级。隶属海关由直属海关领导，向直属海关负责；直属海关由海关总署领导，向海关总署负责。目前，我国海关组织机构的基本情况是：第1层级是海关总署；第2层级为直属海关单位，全国共有47个直属海关单位包括广东分署，天津、上海特派办，42个直属海关，2所海关院校；第3层级是各直属海关下辖的700多个隶属海关和办事处（含现场业务）。此外，我国海关还在布鲁塞尔、莫斯科、华盛顿和中国香港等地设有派驻机构。

（一）海关总署

海关总署是国务院主管海关监督管理和行政执法的职能部门，是国务院的直属机构，是海关系统的最高领导部门，在国务院的领导下统一管理全国海关。中央确定海关的工作方针是"依法行政，为国把关，服务经济，促进发展"。海关总署的基本任务是领导和组织全国各级海关正确贯彻实施《海关法》和国家有关法律、法规、行政规章和政策，积极发挥依法行政、为国把关的作用，促进和保障社会主义现代化建设。

海关总署的主要职责是：

（1）研究拟订海关各项业务工作的方针、政策、法律（草案）法规、规章，并检查、督促全国海关贯彻执行。

(2) 参与制定和修订《进出口关税条例》《海关进出口税则》，并组织贯彻实施。

(3) 领导全国海关依法监管进出境运输工具、货物和物品，严密制度，简化手续，加强后续管理，方便合法进出。

(4) 统一管理关税征收的减免事项。

(5) 组织领导全国海关的缉私工作。

(6) 处理有关纳税争议和对海关处罚决定的复议申请。

(7) 编制全国海关统计，开展统计分析和咨询服务。

(8) 组织研制、引进和开发、应用海关技术设施。

(9) 管理全国海关组织机构、人员编制、工资福利、专业培训、专业职务评定、署管干部任免。

(10) 组织领导全国海关的思想政治工作、社会主义精神文明建设。

(11) 管理全国海关经费、财务、车船、科技、固定资产和基本建设，并进行审计监督。

(12) 监督、检查全国海关工作人员执法守法情况，查处违纪案件。

(13) 拟订或参与拟订有关海关问题的国际条约和协定草案。

(14) 开展同有关国家（或地区）海关、世界海关组织（WCO）及有关国际机构的联系、交往与合作。

（二）直属海关

直属海关是指直接由海关总署领导，负责管理一定区域范围内海关业务的海关。目前直属海关共有 42 个，分布在全国 31 个省（自治区、直辖市）（不含香港、澳门、台湾地区）。直属海关就本关区内的海关事务独立行使职责，向海关总署负责。直属海关承担着在关区内组织开展海关各项业务和关区集中审单作业，全面有效地贯彻执行海关各项政策、法律、法规、管理和作业规范的重要职责。直属海关起着沟通海关总署与隶属海关的桥梁作用。直属海关的主要职责是：

(1) 对关区通关作业实施运行管理，包括执行总署业务参数、建立并维护审单辅助决策参数、对电子审单通道判别进行动态维护和管理、对关区通关数据和相关业务数据进行有效监控和综合分析。

(2) 实施关区集中审单，组织和指导隶属海关开展接单审核、征收税费、查验、放行等通关作业。

(3) 组织实施对各类海关监管场所、进出境货物和运输工具的实际监控。

(4) 组织实施贸易管制措施、税收征管、保税和加工贸易海关监管、企业分类管理和知识产权进出境保护。

(5) 组织开展关区贸易统计、业务统计和统计分析工作。

(6) 组织开展关区调查、稽查和侦查业务。

(7) 按规定程序及权限办理各项业务审核、审批、转报和注册备案手续。

(8) 开展对外执法协调和行政纠纷、争议的处理。

(9) 开展对关区各项业务的执法检查、监督和评估。

（三）隶属海关

隶属海关是指由直属海关领导，负责办理具体海关业务的海关，是海关进出境监督管理职能的基本执行单位，一般都设在口岸和海关业务集中的地点。隶属海关根据海关业务情况设立若干业务科室，人员从十几人到二三百人不等。根据各地海关业务的实际需要，在隶属海关下还可以设立下属海关。

隶属海关的职责是：

(1) 开展接单审核/征收税费、验估、查验、放行等通关作业。

(2) 对辖区内加工贸易实施海关监管。

(3) 对进出境运输工具及其燃料、物料、备件等实施海关监管，征收船舶吨税。

(4) 对各类海关监管场所实施实际监控。

(5) 对通关、转关及保税货物的存放、移动、放行或其他处置实施实际监控。

(6) 开展对运输工具、进出口货物、监管场所的风险分析，执行各项风险处置措施。

(7) 办理辖区内设立海关监管场所、承运海关监管货物业务的申请。

(8) 办理辖区内报关单位通关注册业务。

(9) 对辖区内特定减免税货物实施海关后续管理。

（四）海关缉私警察机构

海关缉私警察是专司打击走私犯罪活动的警察队伍。1998年，根据党中央、国务院的决定，由海关总署、公安部联合组建走私犯罪侦查局，设在海关总署。走私犯罪侦查局既是海关总署的一个内设局，又是公安部的一个序列局，实行海关总署和公安部双重领导、以海关领导为主的体制。走私犯罪侦查局在广东分署和全国各直属海关设立走私犯罪侦查分局，在部分隶属海关设立走私犯罪侦查支局。2003年1月，经国务院批准，海关总署走私犯罪侦查局更名为海关总署缉私局。更名后，各级海关缉私警察在原有的刑事执法职能基础上增加了行政执法职能。除海关调查部门在调查稽查过程中发现的走私违规案件继续由其查办外，其余各类走私违法犯罪案件均交由海关缉私警察查办。这次更名旨在主动适应我国加入WTO的新形势和新要求，全面贯彻落实国务院领导关于"海关要深化改革，进一步提高通关效率和监管水平"的一系列指示，是对海关缉私力量进行的一次整合，以更好地发挥海关打击走私的整体效能。

四、海关法律体系

海关法律体系是指调整海关管理关系的所有法律规范的总称，是海关对进出境活动实施监督管理的法律依据。我国海关法律体系源于《宪法》、其他相关法律、行政法规以及海关总署制定的部门规章、规范性文件和国际条约与协定。

(1) 法律。法律包括《海关法》《固体废物污染环境防治法》《著作权法》《商标法》《专利法》《海关关衔条例》等。

(2) 行政法规。行政法规包括《海关稽查条例》《海关统计条例》《世界博览会标志保护条例》《海关行政处罚实施条例》《进出口货物原产地条例》《知识产权海关保护条例》《进出口关税条例》《海关进出口税则》《货物进出口管理条例》《技术进出口管理条例》《海关审定进出口货物完税价格办法》等。

(3) 海关规章。海关规章包括《海关关于〈知识产权海关保护条例〉的实施办法》《海关进出口货物优惠原产地管理规定》《海关进出口货物减免税管理办法》《海关保税核查办法》《海关行政复议办法》《海关保税港区管理暂行办法》《海关办理行政处罚案件程序规定》《海关进出口货物商品归类管理规定》《海关统计工作管理规定》《海关报关员执业管理办法》《海关审定进出口货物完税价格办法》等。

[专栏 1-5]

把依法行政作为法治海关建设核心

海关是国家进出境监督管理部门，肩负着监管、征税、缉私和统计等重要职责，是具有行政执法和刑事执法双重权力的国家执法机关。贯彻落实好十八届四中全会精神，建设法治型海关，是海关服务国家发展战略、促进贸易便利化的必然要求。在海关法治建设中，应该坚持"五个必须"：

必须把党的领导作为法治海关建设的根本保证。党的领导是中国特色社会主义最本质的特征，是社会主义法治最根本的保证。必须将党的领导贯彻到海关立法、执法、守法的全过程中，将党的路线、方针、政策准确地体现在海关的立法、执法之中，确保不偏差、不走调。

必须把执法为民作为法治海关建设的本质要求。立"良法"，把保障人民的权利和进出口企业的利益作为海关立法的第一要义。在海关立法过程中要提高透明度、扩大参与度，充分听取管理相对人的意见；施"善治"，把保障群众行使监督权作为海关执法的主导原则，通过强化关企协作和社会监督，确保海关执法的严格规范、公平公正。

必须把依法行政作为法治海关建设的核心内容。海关作为国家执法机关，最根本的是要坚持依法行政，既要坚持"法定职责必须为"，履好职、尽好责，把好经济大门；又要明确"法无禁止皆可为"，尊重企业的主体地位，保障企业的合法权益。在简政放权的基础上划清海关权力的边界，公布"权力清单"，健全海关决策的机制，规范海关执法的要求，实现责任追究的落实。

必须把公平正义作为法治海关建设的价值追求。坚持以法治维护公平正义，要求我们必须把公正、公平、公开原则贯穿海关立法、执法全过程，建立一套体现权利公平、机会公平、规则公平的法律制度体系；大力加强海关统一规范性建设，逐步建立健全执法裁量管理体系、执法资格管理体系和执法程序管理体系。

必须把深化改革作为法治海关建设的重要基石。改革为表、法治为里，以法治引领改革、以改革推动法治，才能表里如一。当前，上海海关承接的自贸试验区海关监管服务制度创新和长江经济带区域通关一体化等两项重大改革，都必须用法治方式凝聚改革共识、推进改革进程、破解改革难题、提升改革成效。

（资料来源：法制日报 2015-1-22。）

第四节 通关一体化改革

为适应经济一体化的发展趋势，整合海关管理资源，为企业创造一个守法便利、统一规范、快捷高效的经济环境，我国海关开始探索打破行政区划和关区设置所造成的体制机制障碍，充分利用现代化、信息化手段，实现进口货物通关的一体化。2016年3月，海关总署审议通过了《全国通关一体化改革框架方案》（以下简称《方案》）。该《方案》的基础框架是构建了一体化通关管理格局，即全国通关一体化改革，提出通过重组机构和再造流程，破除业务条线和关区间障碍，建立风险防控、实施优化协同监管，构建结构扁平、管理集约、协调统一的全国海关一体化通关管理格局。2017年7月1日，海关总署启用风险防控中心和税收征管中心，实现全部运输方式和税则各章节的全覆盖。2017年8月22日起，取消区域一体化通关模式，全国通关一体化全面实施。

一、改革内容

（一）两个中心

两个中心是指风险防控中心和税收征管中心。在总署层面，设立总署直管的一级风险防控中心和税收征管中心，进一步强化决策指挥的"大脑"功能，强化对业务运行的直接指挥。建立两个中心的目的是实施集约化管理，充分发挥信息的集聚效应，集中全国海关的监管信息资源，整合全国海关风险分析研判处置作业，形成相互协调一体化的风险防控体系。具体内容可以归纳如下：

1. 风险防控中心

风险防控中心所要防控的安全准入风险主要包括毒品、文物、非法出版物、濒危动植物、洋垃圾等走私，侵权商品跨境流动，以及暴力恐怖主义等安全威胁行为。该风险防控中心的主要职责包括：融合风险与情报管理工作，广泛搜集、全面整合海关内外部信息资源，统筹管理物流监控、风险布控、选择查验、现场指挥、业务协调等，开展安全准入风险分析、研判和处置，指挥现场监管，发布业务运行状况报告。

海关风险防控中心由海关总署和直属海关两级风险防控中心组成。目前全国有三个一级风险防控中心。

（1）海关总署风险防控中心（上海）：承担空运货物的安全准入风险防控工作；负责空运渠道供应链企业的风险评估；负责报关单安全准入风险参数设置及后续处置；对接各税收征管中心，加载风险参数，统一下达放行前实货验估指令。

（2）海关总署风险防控中心（青岛）：承担全国水运货物（小型船舶水运货物除外）的安全准入准出风险防控工作，负责水运渠道供应链企业的风险评估，主要职责是分析水运货物是否存在禁限管制、侵权以及品名、规格、数量伪瞒报等安全准入风险。

（3）海关总署风险防控中心（黄埔）：负责全国陆运（公路、铁路运输）货物以及小型船舶水运货物（不含低值货物类快件）的安全准入风险防控，开展相关供应链企业风险分析和评估；承担公路风险作业系统和小型船舶系统风险管理模块的授权工作；探索开展全国加工贸易及保税领域非口岸进出境环节货物的安全准入风险防控。承担专项业务风险领域分析研究。

此外，直属海关风险防控中心又称"二级风险防控中心"，分设在42个直属海关。

2. 税收征管中心

税收征管中心是全国海关通关一体化改革所建立的"两中心"之一，主要按照商品和行业分工，对涉税申报要素的准确性进行验证和处置，重点防控报关数据中的涉及归类、价格、原产地等税收征管要素的税收风险，并根据审核情况对可能存在税收风险的，要求企业补充申报或下达放行后稽查指令。

根据"一次申报，分步处置"流程，税收征管作业主要在货物放行后实施。税收征管中心前置税收风险分析，按照商品分工，加工（研发）、设置参数、指令和模型；对少量存在重大税收风险且放行后难以有效稽（核）查或追补税的，实施必要的放行前排查处置；

对存在一定税收风险，但通过放行后批量审核、验估或稽（核）查等手段，能够进行风险排查处置及追补税的，实施放行后风险排查处置。

税收征管中心的作业单元是基于整个全国同行业和同类商品报关数据库，审核中可以通过设定品名、税号、经营单位、进出口口岸、进出口日期等不同的组合条件进行筛选，对批量数据实施横向、纵向的审核和对比。

税收征管中心的审核时以货物放行之后为主，同时开展前置的税收风险分析和参数设置，实施通关中的货物验估。

税收征管中心将在全国范围内选址设立若干，但与其所在地直属海关不构成隶属关系，即税收征管中心坐落于所在地，代表海关总署履行职责。税收征管中心作为海关总署加强对业务运行直接指挥的重要方式，突破了区域分工理念，确保全国范围内的执法统一。

目前全国有三个税管中心，包括海关总署税收征管中心（上海）、海关总署税收征管中心（广州）和海关总署税收征管中心（京津）。三个税管中心按照商品和行业进行分工。其中海关总署税收征管中心（上海）负责机电大类（机电、仪器仪表、交通工具类）等商品，包括税则共8章（第84~87章、89~92章）、2286个税号。海关总署税收征管中心（广州）负责化工大类（化工原料、高分子、能源、矿产、金属类等）商品，包括税则共30章（第25~29章、31~40章、68~83章）、2800个税号。海关总署税收征管中心（京津）负责农林、食品、药品、轻工、杂项、纺织类及航空器等商品，包括税则共58章（第1~24章、30章、41~67章、88章、93~97章）、3461个税号。

（二）三制度

"三制度"就是实施货物通关"一次申报、分步处置"、改革税收征管方式和实施优化协同监管。

1. 通关环节瘦身，实施"一次申报、分步处置"

"一次申报、分步处置"是指改变海关现行接受申报、审单、查验、征税、放行的串联式作业流程，基于舱单提前传输，通过风险防控中心、税收征管中心对舱单和报关单风险甄别和业务现场处置作业环节的前推后移，在企业完成报关和税款自报自缴手续后，安全准入风险主要在口岸通关现场处置，税收风险主要在货物放行后处置的新型通关管理模式。企业在货物通关时一次申报，海关在货物放行前、放行后分步处置，即在口岸处置安全准入风险，完成对货物的安全准入甄别后，先予放行；货物放行后，再由属地海关开展税收后续管理。

在"分步处置"管理模式上，第一步是由风险防控中心分析货物是否存在禁限管制、侵权以及品名、规格、数量伪瞒报等安全准入风险并下达布控指令，由现场查验人员实施查验，对于存在重大税收风险且放行后难以有效稽查或追补税的，由税收征管中心实施货物放行前的税收征管要素风险排查处置；需要在放行前验核有关单证、留存相关单证、图像等资料的，由现场验估岗进行放行前处置；需要实施实货验估的，由现场查验人员根据实货验估指令实施放行前实货验估处置。货物经风险处置后符合放行条件的可准予放行。第二步是由税收征管中心在货物放行后对报关单税收征管要素实施批量审核，筛选风险目标，统筹实施放行后验估、稽（核）查等作业。

2. 企业自报自缴，改革税收征管方式

自报自缴是指进出口企业、单位自主向海关申报报关单及随附单证、税费电子数据，并自行缴纳税费的行为。除涉及公式定价、特案（包括实施反倾销反补贴措施和保障措施）以及尚未实现电子联网的优惠贸易协定项下原产地证书或者原产地声明的不适用自报自缴模式外，其他均可适用。

税收征管方式改革，将强化企业如实申报、依法纳税的责任，推动税收征管申报要素的审查由集中在进出口通关环节向全过程转变，由逐票审查确定向抽查审核转变。

在前推方面，要发挥行政裁定、海关预归类预审价等优质公共服务和社会化预归类服务的协同作用。企业自报、自缴税款，海关受理后，不再开具税单进行缴款告知，由企业缴税后自行打印税单，办理税款缴付和担保。

在后移方面，归类、审价、原产地的人工专业审单作业后移，改变通关中逐票审核为放行后批量审核。放行前需要现场验估的，可通过取样、留像等手段存证后放行；税收稽查和其他合规性管理后移。

以上措施既有利于提高通关速度，明确征税纳税双方责任边界，又可强化企业申报责任。

在申报环节，进出口企业、单位在办理海关预录入时，应当如实、规范填报报关单各项目，利用预录入系统的海关计税（费）服务工具计算应缴纳的相关税费，并对系统显示的税费计算结果进行确认，连同报关单预录入内容一并提交海关。进出口企业、单位需在当日对税费进行确认，不予确认的，可重新申报。已在海关办理汇总征税总担保备案的进出口企业、单位，可在自主申报时选择"汇总征税"模式。

在税收缴纳环节，进出口企业、单位在收到海关通关系统发送的"报关单已受理/通关无纸化审结"回执后，自行办理相关税费缴纳手续。企业可根据不同的支付方式进行以下操作。

选择电子支付/电子支付担保模式的，进出口企业、单位可登录电子支付平台查询电子税费信息并确认支付。选择柜台支付模式的，进出口企业、单位在收到申报地海关现场打印的纸质税款缴款书后，到银行柜台办理税费缴纳手续。选择汇总征税模式的，海关通关系统自动扣减相应担保额度后，进出口企业、单位按汇总征税相关规定办理后续手续。

特别注意的是，选择电子支付/电子支付担保的进出口企业、单位应在电子税费信息生成之日起 10 日内，通过电子支付平台向商业银行发送税费预扣指令；未在上述期限内发送预扣指令的，电子支付/电子支付担保将转为柜台支付，进出口企业、单位需到海关现场打印税款缴款书。

3. 优化协同监管制度

协同监管制度改变了以往以关区为区块的监管模式，原来 42 个直属海关，每一个都是自成体系，所有业务都是一个海关完成。下一步按照全国不同的类型，建立若干功能型海关。通过海关的改革，提速货物通关，简化企业办事手续，降低成本，统一海关的执法。该制度主要针对隶属海关功能定位和机构设置的差别化，口岸海关将侧重运输工具、货物、物品、监管场所等监管，而主管海关（即进口人/出口人注册地海关）则侧重企业稽查、信用管理等后续监管和合规管理。同时将强化通关监管（即风控中心和税管中心）、稽查、缉私三支执行力量的协同监管，并分别有所侧重。

（1）口岸型海关。口岸型海关是指处在沿海、沿边出入国境的港口、车站、国界孔道，或国际机场、国际邮件互换局（交换站）的海关监管区和海关附近沿海沿边规定地区。口岸型海关主要负责"一次申报、分步处置"第一步处置的执行反馈，具体职责包括运输工具检查、货物查验和物品监管、现场验估（通关）、海关监管作业场所规范管理、口岸应急事务处理等。口岸型海关执行"两个中心"下达的查验（检查）、验估等指令，并将指令执行结果反馈"两中心"。口岸型海关更侧重于现场实际监管，突出正面拦截作用，重点承担口岸通关中的安全准入风险处置作业，压缩通关时间，降低物流成本。

（2）属地型海关。属地型海关是指处在非沿海、沿边及非国际机场、国际邮件互换局（交换站）、国际多式联运监管点上的海关，管辖出口岸型海关管辖范围以外的区域。属地型海关主要负责"一次申报、分步处置"的第二步处置的执行反馈，具体职责包括稽（核）查、企业管理、现场验估（后续）、减免税审核等。属地型海关执行"两中心"下达的报关单修撤、退补税、验估、稽（核）查等指令，并进行指令后续处置。根据工作需要，执行直属海关范围内稽查等后续管理专项任务。属地型海关侧重于后续监管和属地企业管理，发挥熟悉本地企业情况的优势，重点承接口岸通关后的税收风险处置作业，加强企业信用管理、稽（核）查等手段运用，积极反馈风险信息和处置建议，将属地管理结果以风险参数、布控指令建议等方式，作用于口岸型通关。

（3）综合型海关。综合型海关是指兼有口岸型海关和属地型海关业务的海关，管辖区域包含口岸型海关和属地型海关的管辖区域。综合性海关分为偏口岸综合型海关和偏属地综合型海关。偏口岸综合型海关一般是口岸型海关兼有属地管理职责，如保税港区海关。偏属地综合型海关一般是属地型海关兼有口岸通关职责，如特殊监管区域海关和市场采购、跨境电商等新型贸易业态所在地海关。

二、"单一窗口"建设

1. "单一窗口"的概念

"便利化"一词指的是使之方便或使之更方便，而这又恰好是贸易便利化的目标——促成贸易商、相关公共机构和政府的国际贸易流程和手续尽可能简单和高效。对于编制和呈递政府机构为执行进口、出口和转口相关法规所要求的种类繁多的资料和单证而言，简化和协调的需求尤其明显。这些要求对企业是一个沉重的负担，并可能对国际贸易的发展和效率构成一系列的障碍，特别是中小企业（SMEs）。

联合国贸易便利化和电子商务中心（UN/CEFACT）第33号建议书《建立单一窗口以加强贸易业和政府信息的有效交换的建议书与指南》（以下简称《指南》）提出，可以通过建立"单一窗口"解决这一问题，贸易相关的资料和/或单证一次性地在单一登记处提交，就可满足所有进口、出口和转口相关的监管规定。《指南》还建议参与其中的官方机构应当通过单一窗口协调对其各自的监管行为，并应考虑提供相应关税及税费的支付设施。

"单一窗口"是一项措施，使涉及贸易和运输的各个当事方在单一登记处递交标准资料和单证，以履行所有进口、出口和转口相关的监管规定。如果为电子信息，则只能一次性地提交各项数据。

2. "单一窗口"的三种模式

（1）单一管辖，收取资料，无论是书面还是电子，并将其向政府各个相关部门传递，协调监管以防在物流环节中不当受阻。例如，在瑞典的单一窗口中，海关就要为某些部门[主要为国家税务局（进口增值税）、瑞典统计局（贸易统计）、瑞典国家农业管理局和国家贸易署（进口许可证）］代行所选事务。

（2）针对资料收集和递送的单一自动系统（既面向官方，也面向民间），集成了跨境贸易相关电子数据的收集、使用和递送（及存储）。例如，美国所建立的一套程序，贸易商只需一次性提交标准数据，就会由系统进行处理并分送关注该项交易的机构。

（3）资料自动处理系统。贸易商通过这一系统，可以单独为一份申请书的处理和审批向不同部门提交电子化的贸易申报。在这一方式中，审批以电子方式从政府部门传输到贸易商的计算机。这一系统在新加坡和毛里求斯得到使用。而且，在新加坡的系统中，对关税和税费进行自动计算并从贸易商的银行账户中扣缴。在建立这类系统时，可能要对标准数据集的使用加以考虑，因其含有专门的身份识别机制，在进行所有相关交易之前都要预先进行识别和验证。

3. "单一窗口"的主导机构

建立和运行"单一窗口"的主导机构各国都各有不同，根据法律、政治和组织方面的情况而定。主导机构必须是一个非常有实力的组织，具有必不可少的洞察力、管辖权（法定）、政治背景、财务和人力资源，以及与其他关键部门的协调配合能力。在某些情况下，海关和口岸当局可能就是主导"单一窗口"开发和实施最适合的机构，其收取资料和单证，并处于边境要害位置。他们还可以成为"输入"端点，接收和协调相关信息流，实施各项跨境监管规定。然而，主导机构却并非必须是一个政府部门，它可以是一个民间实体，如商会；或半官方机构，如贸易理事会。但民间机构缺乏签发和受理资料和单证的法定授权和强制执行法规的权力。因此在某些场合，民间机构可能就有必要寻求有权进行处理的政府机构的正规支持。

4. 我国国际贸易的"单一窗口"建设

2016年10月14日，国务院口岸工作部际联席会议办公室印发了《国家口岸管理办公室关于国际贸易"单一窗口"建设的框架意见》，明确了全国"单一窗口"建设的指导思想、建设目标、基本原则、总体布局、建设内容、建设阶段和保障措施等，标志着国家层面"单一窗口"建设的顶层设计正式出台。

（1）应用服务功能建设上，中央层面统筹推进"单一窗口"基本功能建设，包括口岸执法与基本服务功能、跨部门信息共享和联网应用、与境外信息交换功能。

1）口岸执法与基本服务功能。该功能主要包括货物申报、运输工具申报、税费支付、贸易许可和原产地证书申领、企业资质办理、出口退税申报、查询统计等全流程服务功能，方便企业一次申报和业务办理，满足口岸管理相关部门的要求。

2）跨部门信息共享和联网应用。加强口岸管理相关部门数据的联网共享与综合利用，进一步提高口岸管理相关部门的联合执法和科学决策能力。

3）与境外信息交换功能。服务国家"一带一路"倡议，支持跨境联网合作，开展与"一带一路"沿线国家以及世界主要贸易伙伴国之间的信息互换与服务共享，实现与国际上"单一窗口"的互联互通。

地方层面拓展实施"单一窗口"特色服务功能，包括口岸政务服务功能、口岸物流服务功能、口岸数据服务功能、口岸特色应用功能。

1）口岸政务服务功能。推广应用"单一窗口"标准版，同时结合本地口岸通关业务特色需求，进一步提升和扩展项目的应用功能，建设本地口岸政务服务项目，如物流监管、特殊区域、港澳台贸易等。

2）口岸物流服务功能。结合本地口岸业务特点与需求，打通港口、机场、铁路、公路等物流信息节点，促进运输、仓储、场站、代理等各类物流企业与外贸企业的信息共享和业务协同，支持水、陆、空、铁及多式联运等多种物流服务方式，积极开展与地方各类物流信息平台的互联合作，推动外贸与物流联动发展。

3）口岸数据服务功能。以口岸管理相关部门的通关物流状态信息为基础，整合运输工具动态信息、集装箱信息、货物进出港和装卸等作业信息，形成完整的通关物流状态综合信息库，为企业提供全程数据服务，方便企业及时掌握通关申报的各环节状态。

4）口岸特色应用功能。发挥"单一窗口"信息资源、用户资源集聚优势，与金融、保险、电商、通信、信息技术等相关行业对接，为国际贸易供应链各参与方提供特色服务，有效支持地方口岸新型贸易业态发展。

（2）在标准体系建设上，主要包括数据简化和标准化、统一门户、统一认证、统一数据接口标准、统一数据管理规范、统一信息安全规范、统一运维保障体系。

1）数据简化和标准化。遵循国际贸易便利化领域相关国际及国家标准，遵照国际通行做法积极开展国际贸易数据简化和标准化，通过数据的获取、定义、分析、协调等反复过程，分层级、分内容、有步骤地实施数据协调与简化，形成定义明确并经简化处理的"单一窗口"数据元目录，并建立数据协调和简化长效工作机制。

2）统一门户。统一界面、统一标识、统一域名规范。整体命名为"中国国际贸易单一窗口"，各地平台面对企业的登录界面命名为"中国（××）国际贸易单一窗口"。

3）统一认证。统一"单一窗口"的用户管理和身份认证，分步实施，最终实现一次注册、全国通用。

4）统一数据接口标准。中央层面统一接口的管理与发布，参与各方应当向"单一窗口"统一开放接口标准，为"单一窗口"标准版的制定和推广应用提供必要的技术支持和指导。

5）统一数据管理规范。根据《国务院口岸工作部际联席会议成员单位数据共享与使用管理办法》，建立数据资源共享目录，建设多边交换的数据共享池，完善数据共享机制，做到数据授权使用和对外许可提供，在确保数据安全的前提下，"以共享为原则，不共享为例外"，全面推进各口岸管理部门间信息共享。

6）统一信息安全规范。口岸管理相关部门、"单一窗口"承建和运营单位要坚持"安全第一"原则，加强对系统、网络和数据的安全防护和应急管理，制定信息安全管理指南，明确"单一窗口"建设各方的权利和责任，签订安全管理协议，共同做好信息安全管理工作。

7）统一运维保障体系。充分依托电子口岸现有运维体系，建立健全一体化"单一窗口"运维保障机制，规范服务接入和服务标准，明确各方运维职责，实现各负其责、联合保障。

《国家口岸管理办公室关于国际贸易"单一窗口"建设的框架意见》提到，到2020年年底前，我国将实现"单一窗口"功能由口岸通关执法环节向前置和后续环节拓展，覆盖国际贸易链条各主要环节，实现与"一带一路"沿线主要国家"单一窗口"互联互通，使"单一窗口"成为中国全面参与塑造国际经济治理新格局的重要贸易基础设施。

本章练习题

一、不定项选择题

1. 根据我国《海关法》的规定，我国海关的执法范围是：
   A. 进出关境的行为　　　　　　B. 在关境内发生的行为
   C. 在关境外发生的行为　　　　D. 包括上述 3 项行为

2. 《海关法》第五条规定，"国家实行联合缉私、统一处理、综合治理的缉私体制"，在这一体制中，作为打击走私的主管机关，负责组织、协调、管理查缉走私工作的部门是：
   A. 军队　　　　B. 公安部门　　　　C. 海关　　　　D. 武警部队

3. 海关权力是为了保障海关职能的实现而由国家赋予海关的，海关权力的行使应限制在特定范围之内。请指出下列哪些权力应在特定的区域范围内行使？
   A. 海关对进出境运输工具的检查
   B. 海关对进出境货物、物品的检查
   C. 海关对走私嫌疑人身体的检查
   D. 海关对与进出口货物相关的单证资料的查阅和复制

4. 行政许可是指行政主体根据行政相对人的申请，通过签发许可证件或执照的形式，依法赋予特定的行政相对人从事某种活动或实施某种行为的权力或资格的行政行为。下列属于海关行政许可范围的行为有：
   A. 进出口企业对外贸易经营资格的审批
   B. 报关行报关资格的审批
   C. 保税货物的加工业务的开展
   D. 准许具备资质的企业从事进出口货物的转关运输

二、思考题

1. 我国海关的性质是什么？
2. 我国海关的基本任务是什么？
3. 我国海关权力有什么特点？包括哪些具体权力？
4. 我国海关的设关原则是什么？
5. 简述我国海关的组织体系及其相互关系。
6. 通关一体化的内容有哪些？

第二章 进出口国家管制

本章学习目标

本章介绍了我国进出口国家管制的相关概念以及具体管理措施。通过本章的学习，学生应当了解外贸管制所涉及的管理规定，重点掌握进出口贸易管制的主要内容、进出口许可管理制度等知识。

本章关键词

进出口国家管制　备案登记制度　进出口许可管理制度　收付汇管理制度　反倾销措施　反补贴措施　保障措施

第一节　进出口国家管制概述

一、进出口国家管制

进出口国家管制也称为对外贸易管制，是指一国政府为了国家的宏观经济利益、国内外政策需要及履行所缔结或加入的国际条约义务，确立实行各种对外贸易制度并采取有效管理和规范对外贸易活动的总称，简称"贸易管制"。进出口国家管制的核心是：充分发挥贸易管制的有利因素，尽量减少其不利因素，谋取国民利益的最大化。

进出口国家管制是政府的一种强制性行为，体现国家意志并以国家强制力为后盾，不仅是国家政府的重要职能，也是国家对外经济政策的具体体现。实行进出口国家管制的目的主要体现在三个方面。一是保护本国经济利益、发展本国经济。例如发展中国家实行进出口国家管制，主要就是为了保护本国的民族工业，建立与巩固本国的经济体系，通过进出口管制的各项措施，防止外国产品对本国市场的冲击并影响本国经济结构的独立性。二是推行本国的外交政策。各国政府出于政治或安全上的考虑，在不同时期，会对不同国家或不同商品实行不同的贸易管制措施。三是行使国家职能。进出口国家管制的强制性是国家为了保护本国环境和资源、保障国民人身安全、调控本国经济而行使国家管理职能的一个重要保证。

进出口国家管制通常有三种分类形式：按照管理目的分为进口贸易管制和出口贸易管制；按照管制手段分为关税措施和非关税措施；按照管制对象分为货物进出口贸易管制、技术进出口贸易管制和国家服务贸易管制。本书主要关注货物进出口贸易管制，也称为进出口货物的国家管制。

二、进出口国家管制的基本框架与法律体系

我国于 2001 年 12 月 11 日加入 WTO，这标志着我国全面融入国际经济体系，并且贸易

管制制度日益完善。目前，我国进出口国家管制这一制度主要由对外贸易经营者管理制度、进出口许可管理制度、进出境检验检疫制度、进出口货物收付汇管理制度、对外贸易救济制度以及其他有关的管理制度所组成。这些贸易管制制度的主要内容可概括为五个字："备""证""检""核""救"。"备"，即对外贸易经营资格的备案登记，它意味着我国对外贸易经营者在从事或参与对外贸易经营活动以前，须按规定向国务院对外贸易主管部门或者其委托的机构办理备案登记，否则海关不予办理进出口货物的验放手续。"证"，即货物、技术进出口的许可，即法律、行政法规规定的各种具有许可进出性质的证明，它是我国贸易管制的最基本手段，也是我国有关行政管理机构执行贸易管制与监督的重要依据。"检"，即商品质量的检验检疫、动植物检疫和国境卫生检疫，简称"三检"，它强调对货物的进出口实行必要的检验或检疫。"核"，即进出口收、付汇核销，它强调对实际进出口的货物与技术实行较为严格的收、付汇核销制度，以达到国家对外汇实施管制的目的，防止偷逃、偷套外汇。"救"，即贸易管制中的救济措施，它包括反倾销、反补贴和保障措施。

在该制度体系中，国家各相关部门根据各项法律法规的要求联合执法，共同对进出口货物实施管理。由于对外贸易管制是一种国家管制，它所涉及的法律渊源不包括地方性法规、规章以及地方条例和单行条例，只限于宪法、法律、行政法规、部门规章以及相关的国际条约。这些法律渊源以《中华人民共和国对外贸易法》（简称《对外贸易法》）为核心，以其他法律法规、规章制度及国际公约的相关规定为补充，形成了我国进出口国家管制的法律体系。

（一）法律

这是由全国人民代表大会及其常务委员会制定的。我国现行的与进出口国家管制有关的法律主要包括：《对外贸易法》《海关法》《进出口商品检验法》《进出境动植物检疫法》《固体废物污染环境防治法》《国境卫生检疫法》《野生动植物保护法》《药品管理法》《文物保护法》《食品安全法》等。

（二）行政法规

国家行政法规由国务院制定，是对国家法律条文的进一步阐述，也是国务院为了实施宪法和其他法律而制定的行政规范文件。我国现行的与进出口国家管制有关的行政法规主要包括：《货物进出口管理条例》《技术进出口管理条例》《进出口关税条例》《知识产权海关保护条例》《野生植物保护条例》《外汇管理条例》《核出口管制条例》《反倾销条例》《反补贴条例》《保障措施条例》等。

（三）部门规章

国务院各部门规章制度是由国务院各部门、部委根据法律和国务院的行政法规、决定和命令，在其行政管辖的范围内所发布的规范性文件。我国现行的与进出口国家管制有关的部门规章主要包括：《货物进口许可证管理办法》《货物出口许可证管理办法》《货物自动进口许可管理办法》《出口收汇核销管理办法》《进口药品管理办法》《放射性药品管理办法》《纺织品出口自动许可暂行办法》等。

此外，我国所签订的各类国际条约也是立法依据的渊源之一，国际条约是各国之间确立国际贸易关系立场的重要法律形式，是国家之间经济贸易关系的协调。这些国际条约主要包括：我国加入WTO所签订的有关双边或多边的各类贸易协定、《关于简化和协调海关业务制度的国际公约》（简称《京都公约》）、《濒危野生动植物种国际公约》（简称《华盛顿公约》）、《关于消耗臭氧层物质的蒙特利尔议定书》《关于麻醉品和精神药物的国际公约》《关于化学品国际贸易资料交换的伦敦准则》《关于在国际贸易中对某些危险化学品和农药采用事先知情同意程序的鹿特丹公约》(简称《鹿特丹公约》)、《控制危险废物越境转移及其处置的巴塞尔公约》以及《建立世界知识产权组织公约》等。

三、海关监管与进出口国家管制

进出口贸易的经营者或其代理人，在进出口活动中必须严格遵守各项法律、行政法规、部门规章等，并按照相应的管理要求办理进出口手续。在实施进出口国家管制制度时，国家的各相关部门必须协同配合，根据分工，共同对进出口进行管理，在这些部门中，海关具有特殊的管理地位并发挥特定的作用。

海关监管是实现进出口国家管制目标的重要手段。国家制定的各项贸易政策与相关管制措施能否得到切实的贯彻和落实，主要集中表现在进出境环节上。海关作为进出关境监督管理机关，依据《海关法》所赋予的权力，代表国家在口岸行使进出境监督管理职能。《海关法》第八条规定："进出境运输工具、货物、物品，必须通过设立海关的地点进境或出境。"第四十条规定："国家对进出境货物、物品有禁止性或限制性规定的，海关依据法律、行政法规、国务院的规定或者国务院有关部门依据法律、行政法规授权做出的规定实施监管。"从以上法律规定中可以看出，海关的监管是对进出关境"物"的监管，包括货物进出口贸易以及以货物为表现形式的技术进出口贸易，它们最终要通过进出境行为来实现。《海关法》规定进出境的行为只能发生在设有海关的地点，这保证了海关对货物的有效监督和管理。

海关监管也是进出口国家管制得以实现的一个重要环节。国家对进出口的管制是通过发放各类许可证件，海关在货物实际进出口时查验许可证件，以确定进出口货物是否合法合格，以此达到监管效力。虽然这些许可证件不是海关所颁发，但是海关具有审定货物是否需要证件以及所持有证件是否有效的裁定权力。所有国家的贸易管制政策措施，最终都要通过海关的监督核查来实现，只有当海关确认进出境的"物"合法合格之后，方可放行。具体地说，海关会根据进出口货物的收发货人、进出境运输工具的责任人及进出境货物的所有人所申报的内容、申报所提交的许可证件及其他单证（提单、发票、合同等），和货物的实际情况进行审核，只有"单"（包括报关单在内的各类报关单据及其电子数据）、"证"（各类许可证件及其电子数据）、"货"（实际进出口货物）三者相符时，即严格做到"单单相符""单货相符""单证相符""证货相符"，海关才可放行货物。

第二节　进出口国家管制的主要内容

进出口国家管制的主要内容包括：对外贸易经营者管理制度、货物和技术进出口许可管理制度、进出境检验检疫制度、进出口货物收付汇管理制度、对外贸易救济制度以及其他管理制度。本节将对前五部分内容一一进行介绍。

一、对外贸易经营者管理制度

（一）对外贸易经营资格管理制度

对外贸易经营者，是指依法办理工商登记或者其他执业手续，依照《对外贸易法》和其他有关法律、行政法规、部门规章的规定从事对外贸易经营活动的法人、其他组织或者个人。

对外贸易经营资格管理制度主要由进出口经营权管理制度和进出口经营范围管理制度组成。进出口经营权是指我国境内的法人、其他组织或者个人依法办理了备案登记后取得的对外签订进出口合同的资格；未按规定办理备案登记的，海关不受理其报关。进出口经营范围是指国家允许企业从事生产经营的具体商品类别和服务项目，具体体现在国家允许对外贸易经营者从事进出口经营活动的内容和方式上，外贸经营者只能在备案登记的经营范围内经营。

（二）备案登记制度

目前，我国对对外贸易经营者的管理实行备案登记制。也就是法人、其他组织或者个人在从事对外贸易经营前，必须按照国家的有关规定，按法定程序在国务院对外贸易主管部门备案登记，取得对外贸易经营资格后，方可在国家允许的范围内从事对外贸易经营活动。

备案登记不是审批，备案登记制度是深化对外贸易改革的一种体现。从事进出口业务的对外贸易经营者，应当向国务院商务主管部门或者其委托的机构办理备案登记，获得对外贸易经营资格，但法律、行政法规和国务院商务主管部门规定不需要备案登记的除外。备案登记的具体实施办法由国务院商务主管部门规定。对外贸易经营者在备案登记后，应当向海关办理注册登记，否则海关不予办理进出口货物的报关验放手续。对外贸易经营者可以接受他人的委托，在经营范围内代为办理对外贸易业务。

（三）国营贸易

对外贸易主管部门为对关系国计民生的重要进出口商品实行有效的宏观管理，对部分货物的进出口实行国营贸易管理。国营贸易是指由特定的法人企业或其他组织代表国家所从事的部分商品的进出口经营活动。实行国营贸易管理货物的进出口业务只能由经授权的企业经营，但国家允许部分数量的国营贸易管理货物的进出口业务由非授权企业经营的除外。实行国营贸易管理的货物和经授权经营企业的目录，由国务院外贸主管部门会同国务院其他有关部门确定、调整并公布。对未经批准擅自进出口国营贸易管理货物的，海关不予放行。

二、货物和技术进出口许可管理制度

进出口许可管理制度是指国家根据《货物进出口管理条例》《技术进出口管理条例》等相关法律、行政法规，对进出口贸易所实行的一种行政管理制度。货物、技术进出口许可管理制度是我国进出口许可制度的主体、核心内容，国家一般通过签发进出口许可证件来准许货物或技术的进出口。

货物、技术进出口许可管理制度是国家对外贸易管制中极其重要的管理制度。依据管制的程度，其管理范围包括禁止进出口货物和技术管理、限制进出口货物和技术管理、自由进出口货物和技术管理。

（一）禁止进出口货物和技术管理

为维护国家安全和社会公共利益，保护人民的生命健康，履行中华人民共和国所缔结或者参加的国际条约和协定，国务院对外贸易主管部门会同国务院有关部门，依照《对外贸易法》的有关规定，制定、调整并公布禁止进出口货物、技术目录。海关依据国家相关法律、法规对列入禁止进出口目录的商品实施监督管理。

1. 禁止进口货物和技术

列入国家公布的禁止进口目录以及其他法律、法规明令禁止或停止进口的货物，任何对外贸易经营者不得进口。

（1）禁止进口货物管理规定。我国政府明令禁止进口的货物包括：列入由国务院对外贸易主管部门或由其会同国务院有关部门制定的《禁止进口货物目录》的商品，国家有关法律、法规明令禁止进口的商品以及其他各种原因停止进口的商品。禁止进口货物种类如表2-1所示。

表2-1 禁止进口货物种类

禁止进口货物	列入《禁止进口货物目录》的商品（已公布6批）： （1）《禁止进口货物目录》（第一、六批），是从我国国情出发，为履行我国所缔结或者参加的与保护世界自然生态环境相关的一系列国际条约和协定而发布的，其目的是保护我国自然生态环境和生态资源，如国家禁止进口四氯化碳、犀牛角和虎骨等 （2）《禁止进口货物目录》（第二批），均为旧机电产品类，是国家对涉及生产安全（压力容器类）、人身安全（电器、医疗设备类）和环境保护（汽车、工程及车船机械类）的旧机电产品所实施的禁止进口管理 （3）《禁止进口货物目录》（第三、四、五批），所涉及的是对环境有污染的固体废物类，包括城市垃圾、医疗废物、含铅汽油淤渣等13个类别的废物
	国家有关法律、法规明令禁止进口的商品： （1）依据《固体废物污染环境防治法》，对未列入《限制进口类可用作原料的废物目录》以及《自动进口许可管理类可用作原料的废物目录》的废物，不符合环保规定的废物以及受放射性污染的废旧金属禁止进口 （2）依据《进出境动植物检疫法》，对来自疫区或不符合我国卫生标准的动物和动物产品禁止进口 其他： （1）禁止进口以CFC-12为制冷工质的汽车以及以CFC-12为制冷工质的汽车空调压缩机（含汽车空调器） （2）禁止进口和销售100W及以上普通照明白炽灯 （3）禁止进口旧服装 （4）禁止进口VIII因子制剂等血液制品 （5）禁止进口氯酸钾、硝酸铵

[专栏2-1]

两部门要求禁止进口携带日本等三国猪及制品

海关总署和农业农村部近日发布公告，鉴于保加利亚、日本、比利时出现猪瘟疫情，我国将禁止直接或间接从保加利亚、日本及比利时三国输入猪、野猪及其产品，停止签发从三国输入猪、野猪及其产品的《进境动植物检疫许可证》，撤销已经签发的《进境动植物检疫许可证》。

公告称，2018年8月31日，保加利亚官方向世界动物卫生组织（OIE）紧急通报，保加利亚瓦尔纳州（Varna）发生1起野猪非洲猪瘟疫情。9月9日，日本岐阜县发生1起古典猪瘟疫情。14日，比利时官方向世界动物卫生组织（OIE）紧急通报，该国境内发生2起非洲猪瘟疫情。

为保护我国畜牧业安全，防止疫情传入，根据《中华人民共和国海关法》《中华人民共和国进出境动植物检疫法》等有关法律法规的规定，两部门要求，禁止直接或间接从这三个国家输入猪、野猪及其产品，停止签发从这三个国家输入猪、野猪及其产品的《进境动植物检疫许可证》，撤销已经签发有效期内的《进境动植物检疫许可证》；自公告发布之日起启运的来自这三国的猪、野猪及其产品，一律做退回或销毁处理。

公告明确，公告前启运来自这三国的猪、野猪及其产品要加强检疫，经检疫合格后方可放行；禁止寄递或旅客携带来自这三国的猪、野猪及其产品入境，一经发现，一律做退回或销毁处理；途经我国或在我国停留的进境船舶、航空器和铁路列车等运输工具上，如发现有来自这三国的猪、野猪及其产品，一律做封存处理，且在我国境内停留或者运行期间，未经海关许可，不得启封动用。其废弃物、泔水等，一律在海关的监督下做无害化处理，不得擅自抛弃；对边防等部门截获的非法入境的来自这三国的猪、野猪及其产品，一律在海关的监督下做销毁处理。

据了解，非洲猪瘟是由非洲猪瘟病毒引起的猪的一种急性、热性、高度接触性动物传染病，猪主要通过接触病毒或者污染物或被感染的蜱叮咬后而感染，潜伏期为15天，世界动物卫生组织（OIE）将其列为法定报告动物疫病，我国将其列为一类动物疫病，是重点防控的外来病。非洲猪瘟不是人畜共患病，不感染人。

（资料来源：法制网。）

（2）禁止进口技术管理规定。根据《对外贸易法》《技术进出口管理条例》以及《禁止进口限制进口技术管理办法》的有关规定，国务院对外贸易主管部门会同国务院有关部门，制定、调整并公布禁止进口的技术目录。属于禁止进口的技术，不得进口。

为适应新形势下技术创新发展需要，深入实施创新驱动发展战略，进一步做好技术进出口管理和促进工作，2018年7月，商务部会同科技部等部委又再次启动《中国禁止进口限制进口技术目录》修订工作，并形成了《中国禁止进口限制进口技术目录》（修订稿），广泛争取社会各界意见。

2. 禁止出口货物和技术

对列入国家公布《禁止出口货物目录》的以及其他法律、法规明令禁止或停止出口的货物、技术，任何对外贸易经营者不得经营出口。

（1）禁止出口货物管理规定。我国政府明令禁止出口的货物主要有列入《禁止出口货物目录》的商品，国家有关法律、法规明令禁止出口的商品以及其他各种原因停止出口的商品。禁止出口货物种类如表2-2所示。

表2-2 禁止出口货物种类

禁止出口货物	列入《禁止出口货物目录》的商品（已公布5批）： （1）《禁止出口货物目录》（第一、三批），是从我国国情出发，为履行我国所缔结或者参加的与保护世界自然生态环境相关的一系列国际条约和协定而发布的，其目的是保护我国自然生态环境和生态资源。例如国家禁止出口四氯化碳、犀牛角和虎骨，禁止出口有防风固沙作用的发菜和麻黄草等植物 （2）《禁止出口货物目录》（第二批），主要是为了保护我国匮乏的森林资源，防止乱砍滥伐，如禁止出口木炭 （3）《禁止出口货物目录》（第四批），主要包括硅砂、石英砂以及其他天然砂 （4）《禁止出口货物目录》（第五批），包括无论是否经化学处理过的森林凋落物以及泥炭（草炭）
	国家有关法律、法规明令禁止出口的商品： 例如，依据《野生植物保护条例》，禁止出口未定名的或者新发现并有重要价值的野生植物；禁止出口劳改产品等

（2）禁止出口技术管理规定。根据《对外贸易法》《技术进出口管理条例》以及《禁止

出口限制出口技术管理办法》的有关规定，国务院对外贸易主管部门会同国务院有关部门，制定、调整并公布禁止出口的技术目录。属于禁止出口的技术，不得出口。

此外，为适应新形势下技术创新发展需要，深入实施创新驱动发展战略，进一步做好技术进出口管理和促进工作，根据《对外贸易法》和《技术进出口管理条例》的有关规定，商务部等部委于2018年发布实施了《禁止进口限制进口技术目录》和《禁止出口限制出口技术目录》(修订稿)。

(二) 限制进出口货物和技术管理

国务院对外贸易主管部门会同国务院有关部门，依照《对外贸易法》的规定，制定、调整并公布各类限制进出口货物、技术目录。海关依据国家有关法律、法规对限制进出口目录货物、技术实施监督管理。

1. 限制进口管理

国家实行限制进口管理的货物、技术，必须依照国家有关规定取得国务院对外贸易主管部门或者由其会同国务院有关部门许可，方可进口。

(1) 限制进口货物管理。目前，我国限制进口货物管理按照其限制方式划分为许可证件管理和关税配额管理。

1) 许可证件管理是指在一定时期内根据国内政治、工业、农业、商业、军事、技术、卫生、环保、资源保护等领域的需要，以及为履行中国所加入或缔结的有关国际条约的规定，以经国家各主管部门签发许可证件的方式来实现各类限制进口的措施。许可证件管理主要包括进口许可证、濒危物种进口、可利用废物进口、进口药品、进口音像制品、黄金及其制品进口等管理。国务院对外贸易主管部门或者国务院有关部门在各自的职责范围内，根据国家有关法律、法规及国际公约的有关规定签发上述各项管理所涉及的各类许可证件。

2) 关税配额管理是指在一定时期内（一般是1年），国家对部分商品的进口确定配额数量，对在配额数量内的进口商品适用关税配额税率，而对配额数量外的进口商品适用关税配额税率外税率。实行关税配额管理的产品有农产品及化肥等。一般情况下，关税配额税率优惠幅度很大，国家以该项政策作为成本杠杆，达到限制关税配额管理商品进口的目的。

(2) 限制进口技术管理。限制进口技术实行目录管理。根据《对外贸易法》《技术进出口管理条例》以及《禁止进口限制进口技术管理办法》的有关规定，国务院对外贸易主管部门会同国务院有关部门，制定、调整并公布限制进口的技术目录。属于目录范围内的限制进口的技术，实行许可证管理，未经国家许可，不得进口。

进口属于限制进口的技术，应当向国务院对外贸易主管部门提出技术进口申请。国务院对外贸易主管部门收到技术进口申请后，应当会同国务院有关部门对申请进行审查。技术进口申请经批准的，由国务院对外贸易主管部门发给"中华人民共和国技术进口许可意向书"，进口经营者取得意向书后，可以对外签订技术进口合同。进口经营者签订技术进口合同后，应当向国务院对外贸易主管部门申请技术进口许可证。经审核符合发证条件的，由国务院对外贸易主管部门颁发技术进口许可证，凭以向海关办理进口通关手续。

目前，列入《中国禁止进口限制进口技术目录》(第一批) 中属限制进口的技术包括生物技术、化工技术、石油炼制技术、石油化工技术、生物化工技术和造币技术等技术领域。

经营限制进口技术的经营者在向海关申报进口手续时必须主动递交技术进口许可证，否则经营者将承担为此造成的一切法律责任。

2. 限制出口管理

国家实行限制出口管理的货物、技术，必须依照国家有关规定取得国务院对外贸易主管部门或者由其会同国务院有关部门许可，方可出口。

（1）限制出口货物管理。对于限制出口货物管理，《货物进出口管理条例》规定：国家规定有数量限制的出口货物，实行配额管理；其他限制出口货物，实行许可证件管理；实行配额管理的限制出口货物，由国务院对外贸易主管部门和国务院有关经济管理部门按照国务院规定的职责划分进行管理。目前，我国货物限制出口按照其限制方式划分为出口配额限制、出口非配额限制。

1）出口配额限制是指在一定时期内为建立公平竞争机制、增强我国商品在国际市场的竞争力、保障最大限度的收汇，维护我国产品的国际市场利益，国家对部分商品的出口数量直接加以限制的措施。即规定一定时期内（一般是1年）部分商品出口数量的总额，经国家批准获得配额的允许出口，否则不得出口。出口配额限制是国家通过行政管理手段达到对一些重要商品以规定绝对数量方式限制出口的目的。

出口配额限制有两种管理形式。一是出口配额许可证管理，它是国家对部分商品的出口，在一定时期内（一般是1年）规定数量总额，经国家批准获得配额的允许出口，否则不准出口的配额管理措施。二是出口配额招标管理，它是国家对部分商品的出口，在一定时期内（一般是1年）规定数量总额，采取招标分配的原则，经招标获得配额的允许出口，否则不准出口的配额管理措施。

2）出口非配额限制是指在一定时期内根据国内政治、军事、技术、卫生、环保、资源保护等领域需要，以及为履行我国所加入或缔结的有关国际条约的规定，以经国家各主管部门签发许可证件的方式来实现的各类限制出口措施。目前，我国非配额限制管理主要包括出口许可证、濒危物种出口许可、敏感物项出口许可以及军品出口许可等管理。

（2）限制出口技术管理。根据《对外贸易法》《技术进出口管理条例》《生物两用品及相关设备和技术出口管制条例》《核两用品及相关技术出口管制条例》《导弹及相关物项和技术出口管制条例》《核出口管制条例》以及《禁止出口限制出口技术管理办法》等有关规定，限制出口技术实行目录管理，国务院对外贸易主管部门会同国务院有关部门，制定、调整并公布限制出口的技术目录。属于目录范围内的限制出口的技术，实行许可证管理；未经国家许可，不得出口。

我国目前限制出口技术目录主要是依据《核出口管制清单》《生物两用品及相关设备和技术出口管制清单》《导弹及相关物项和技术出口管理清单》等制定的《两用物项和技术出口许可证管理目录》以及《禁止出口限制出口技术目录》。

出口属于上述限制出口的技术，应当向国务院对外贸易主管部门提出技术出口申请，经国务院对外贸易主管部门审核批准后取得技术出口许可证件，凭以向海关办理出口通关手续。

经营限制出口技术的经营者在向海关申报出口手续时必须主动递交相关技术出口许可证件，否则经营者将承担为此而造成的一切法律责任。

（三）自由进出口货物和技术管理

除上述国家禁止、限制进出口货物、技术外的其他货物、技术，均属于自由进出口范围。自由进出口货物、技术的进出口不受限制，基于监测进出口情况的需要，国家对部分属于自由进出口的货物实行自动进出口许可管理,对自由进出口的技术实行技术进出口合同登记管理。

三、进出境检验检疫制度

进出境检验检疫制度是指由国家进出境检验检疫部门依据我国有关法律和行政法规以及我国政府缔结或参加的国际条约、协定,对进出境的货物、物品及其包装物、交通运输工具、运输设备和进出境人员实施检验检疫监督管理的法律依据和行政手段的综合。其国家主管部门是国家质量监督检验检疫总局。国家质量监督检验检疫总局根据对外贸易需要,公布调整《出入境检验检疫机构实施检验检疫的进出境商品目录》,对列入该目录和其他法律、法规需要进行检验检疫的货物,进出口收发货人或其代理人在办理进出口报关手续前,须向口岸检验检疫机构报检。

进出境检验检疫制度是我国进出口管制制度的重要组成部分,其目的是维护国家声誉和对外贸易有关当事人的合法权益,保证国内的正常生产,促进对外贸易健康发展,保护公共安全和人民生命财产安全等,是国家主权的具体体现。

(一) 进出境检验检疫制度的组成和范围

我国商品检验的种类分为法定检验、合同检验、公正检验和委托检验。进出境检验检疫的范围主要是法定检验,凡列入法检目录的商品实施强制性检验,进出口货物的收发货人在办理通关手续前,向口岸检验检疫部门申请商品检验。进出境检验检疫制度内容包括:进出口商品检验制度、进出境动植物检疫制度以及国境卫生监督制度。

1. 进出口商品检验制度

进出口商品检验制度是根据《进出口商品检验法》(简称《商检法》)及其《实施条例》的规定,国家质量监督检验检疫总局及其口岸进出境检验检疫机构对进出口商品进行品质、质量检验和监督管理的制度。商品检验机构实施进出口商品检验的内容包括商品的质量、规格、数量、重量、包装以及是否符合安全、卫生的要求。实行进出口商品检验制度的目的是保证进出口商品的质量,维护对外贸易有关各方的合法权益,促进对外经济贸易关系的顺利发展。对法律、行政法规、部门规章规定有强制性标准或者其他必须执行的检验标准的进出口商品,依照法律、行政法规、部门规章规定的检验标准检验;法律、行政法规未规定有强制性标准或者其他必须执行的检验标准的,依照对外贸易合同约定的检验标准检验。

2. 进出境动植物检疫制度

进出境动植物检疫制度是根据《进出境动植物检疫法》及其《实施条例》的规定,国家质量监督检验检疫总局及其口岸进出境检验检疫机构对进出境动植物、动植物产品生产、加工、存放过程实行动植物检疫的进出境的监督管理制度。实行进出境检验检疫制度的目的是防止动物传染病、寄生虫病和植物危险性病、虫、杂草以及其他有害生物传入、传出国境,保护农、林、牧、渔业生产和人体健康,促进对外经济贸易的发展。口岸进出境检验检疫机构实施动植物检疫监督管理的方式有:实行注册登记、疫情调查、检测和防疫指导等。其管理主要包括:进境检疫、出境检疫、过境检疫、进出境携带和邮寄检疫以及进出境运输工具检疫等。

3. 国境卫生监督制度

国境卫生监督制度是指进出境检验检疫机构根据《国境卫生检疫法》及其《实施细

则》，以及国家其他的卫生法律、法规和卫生标准，在进出口口岸对进出境的交通工具、货物、运输容器以及口岸辖区的公共场所、环境、生活设施、生产设备所进行的卫生检查、鉴定、评价和采样检验的制度。实行国境卫生监督制度是为了防止传染病由国外传入或者由国内传出，实施国境卫生检疫，保护人体健康。其监督职能主要包括：进出境检疫、国境传染病检测、进出境卫生监督等。

相关情况见表2-3。

表2-3　进出口商品检验、进出境动植物检疫和国境卫生监督制度比较

	进出口商品检验	进出境动植物检疫	国境卫生监督
法律依据	《商检法》及相关法规	《进出境动植物检疫法》及相关法规	《国境卫生检疫法》《食品安全法》及相关法规
检查重点	进出口商品的质量、规格、重量、包装以及是否符合安全和卫生要求	进出境动植物有无传染性疾病、寄生虫病或有无携带有害生物	进出境交通工具、货物、运输容器及口岸辖区的公共场所、环境、生活设施、生产设备的卫生检查、鉴定评价和采样检验
检查要求	法定检验及非法定检验	法定检验	法定检验

（二）进出境货物检验检疫工作程序

法定检验检疫的进出境货物，在报关时必须提供报关地进出境检验检疫机构签发的"入境货物通关单"，海关凭"入境货物通关单"验放；或者是"出境货物通关单"，海关凭"出境货物通关单"验放。

入境货物检验检疫工作程序是：①法定检验检疫入境货物的货主或其他代理人首先向卸货口岸或到达站的出入境检验检疫机构报检；②检验检疫机构受理报检，转施检部门签署意见，计收费，对来自疫区的、可能传播传染病、动植物疫情及可能夹带有害物质的入境货物的交通工具或运输包装实施必要的检疫、消毒、卫生除害处理后，签发"入境货物通关单"（入境废物、活动物等除外），供报检人办理海关通关手续；③货物通关后，入境货物的货主或其代理人需在检验检疫机构规定的时间和地点到指定的检验检疫机构联系对货物实施检验检疫，经检验检疫合格的入境货物签发"入境货物检验检疫证明"放行，经检验检疫不合格的入境货物签发处理通知书，需要索赔的签发检验检疫证书。

出境货物检验检疫工作程序是：法定检验检疫出境货物的发货人或其代理人向检验检疫机构报检，检验检疫机构受理报检和计费后，转检验或检疫部门实施检验检疫。对产地和报关地相一致的出境货物，经检验检疫合格的，签发"出境货物通关单"。对产地和报关地不一致的出境货物，出具"出境货物换证凭单"，由报关地检验检疫机构换发"出境货物通关单"，作为海关核放货物的依据；经检验检疫不合格的，签发"出境货物不合格通知单"。

四、进出口货物收付汇管理制度

进出口货物收付汇管理制度是指根据有关规定，对外贸易经营者在外贸经营活动中，

必须依照国家有关规定结汇、用汇。国家外汇管理局、中国人民银行及国务院其他有关部门，依据国务院《外汇管理条例》及其他有关规定，对包括经常项目外汇业务、资本项目外汇业务、金融机构外汇业务、人民币汇率的生成机制和外汇市场等领域实施监督管理。进出口货物收付汇管理是我国实施外汇管理的主要手段，也是外汇管理制度的重要组成部分。

国家为了保障银行结汇、售汇制度的执行，保证充足的外汇来源，打击逃、套汇行为，满足用汇需要，在货物的进出口过程中，实行较为严格的收、付汇核销制度。

（一）进口货物付汇管理

进口货物付汇管理是国家为了防止汇出外汇而实际不进口商品的逃汇行为的发生，而通过海关对货物的实际监管，监督付汇进口并对进口单位实行进口付汇核销的一种管理制度。企业在进口付汇前需向付汇银行申请国家外汇管理局统一制发的"进口付汇核销单"，凭以办理付汇。货物进口后，进口单位或其代理人凭海关出具的"进口货物报关单"付汇证明联向国家外汇管理局指定银行办理付汇核销。"进口付汇核销单"和"进口货物报关单"是进口付汇核销的凭证。

（二）出口货物收汇管理

出口货物收汇管理是指国家外汇管理部门根据国家外汇管制的要求，通过海关对出口货物的监管，对出口单位的收汇是否按规定上缴国家而进行监督的一种管理制度，其法律依据是国家有关部门制定的《出口收汇核销管理办法》。国家实施该制度是为了制止出口的企业将外汇截留境外，提高收汇率。国家外汇管理局制发"出口收汇核销单"，由货物的发货人或其代理人填写，外汇管理部门凭海关签注的"出口收汇核销单"和"出口货物报关单"出口收汇。"出口收汇核销单"是出口收汇核销的凭证。

五、对外贸易救济制度

我国于2001年12月11日加入WTO，WTO允许成员方在进口产品倾销、补贴和过激增长而对国内产业造成损害的情况下，可以使用反倾销、反补贴和保障措施手段以保护国内产业不受损害。为充分利用WTO规则，维护国内市场的国内外商品的自由贸易和公平竞争秩序，我国依据WTO《反倾销协议》《补贴与反补贴措施协议》《保障措施协议》以及我国《对外贸易法》的有关规定，制定颁布了《中华人民共和国反倾销条例》《中华人民共和国反补贴条例》以及有关针对保障措施的有关规定。

反倾销、反补贴和保障措施都属于贸易救济措施。前两者针对价格歧视，保障措施针对进口产品激增，它们的目的都是要限制外国进口产品在我国市场上的恶意竞争和不公平竞争，防止经济和市场受到损害。

（一）反倾销措施

我国依据WTO《反倾销协议》以及《中华人民共和国反倾销条例》实施反倾销措施。反倾销措施包括临时反倾销措施和最终反倾销措施。

1. 临时反倾销措施

临时反倾销措施是指进口方主管机构经过调查，初步认定被指控产品存在倾销，并对国内同类产业造成损害，据此可以依据WTO所规定的程序进行调查，在全部调查结束之前，采取临时性的反倾销措施，以防止在调查期间国内产业继续受到损害。

临时反倾销措施有两种形式：一是征收临时反倾销税；二是要求提供现金保证金、保函或者其他形式的担保。征收临时反倾销税由商务部提出建议，国务院关税税则委员会根据其建议做出决定，由商务部予以公告。要求提供现金保证金、保函或者其他形式的担保，由商务部做出决定并予以公告。海关自公告实施之日起执行。

临时反倾销措施实施的期限，自临时反倾销措施决定公告规定实施之日起，不超过 4 个月；在特殊情形下，可以延长至 9 个月。

2. 最终反倾销措施

对终裁决定确定倾销成立并由此对国内产业造成损害的，可以在正常的海关税费之外征收反倾销税。具体由商务部提出建议，国务院关税税则委员会根据其建议做出决定，由商务部予以公告。海关自公告规定实施之日起执行。

（二）反补贴措施

反补贴与反倾销的措施相同，也分为临时反补贴措施和最终反补贴措施。

1. 临时反补贴措施

初裁决定确定补贴成立并由此对国内产业造成损害的，可以采取临时反补贴措施。临时反补贴措施采取担保（现金保证金或保函）或征收临时反补贴税的形式。

采取临时反补贴措施，由商务部提出建议，国务院关税税则委员会根据其建议做出决定，由商务部予以公告。海关自公告规定实施之日起执行。

临时反补贴措施实施的期限，自临时反补贴措施决定公告规定实施之日起，不超过 4 个月。

2. 最终反补贴措施

在为完成磋商的努力没有取得效果的情况下，终裁决定确定补贴成立并由此对国内产业造成损害的，征收反补贴税。

征收反补贴税由商务部提出建议，国务院关税税则委员会根据其建议做出决定，由商务部予以公告。海关自公告规定实施之日起执行。

（三）保障措施

根据 WTO《保障措施协议》的有关规定，保障措施分为临时保障措施和最终保障措施。

1. 临时保障措施

临时保障措施是指在紧急情况下，如果延迟会造成难以弥补的损失，进口方与成员方之间可不经磋商而采取临时保障措施。临时保障措施的实施期限不得超过 200 天，并且此期限计入保障措施总期限。

临时保障措施应采取增加关税形式。如果事后调查不能证实进口激增对国内有关产业已经造成损害或损害威胁，则征收的关税应立即退还。

2. 最终保障措施

最终保障措施可以采取提高关税、数量限制和关税配额形式。但保障措施应仅在防止或救济严重损害的必要限度内实施。

保障措施的实施期限一般不超过 4 年，如果仍需以保障措施防止损害或救济损害的产业，或有证据表明该产业正在进行调整，则可延长实施期限。但保障措施全部实施期限（包括临时保障措施期限）不得超过 10 年。

相关情况见表 2-4。

表 2-4　3 种贸易救济措施的区别

	反倾销措施	反补贴措施	保障措施
适用对象	不公平竞争或不公平贸易	不公平竞争或不公平贸易	公平贸易下数量激增的进口产品
具体条件	客观上存在低价倾销并且已经达到相当大的幅度，对我国造成了实质性损害以及倾销与损害之间存在因果关系	进口产品因得到政府经济性补贴或财政性支持而具有价格上的竞争优势，导致我国同类产品及其生产行业受到损害	进口产品的数量激增极大地挤占了我国同类产品的市场份额并造成不利影响
实施形式	保证金、保函、价格承诺或者其他形式的担保等	保证金、保函、价格承诺或其他形式的担保等	加征关税、数量限制或者关税配额等
实施期限	临时反倾销措施决定公告实施之日起，不超过 4 个月，可延长至 9 个月	临时反补贴措施决定公告实施之日起，不超过 4 个月	临时措施的实施期限不超过 200 天，最终保障措施一般不超过 4 年，延长也不得超过 10 年

第三节　进出口许可管理制度

进出口许可证管理、自动进口许可证管理和纺织品临时出口管理是货物进出口管理制度的重要组成部分，其归口管理部门为商务部。

一、进出口许可证管理

下面就许可证的具体管理措施和报关规范做进一步阐述。

（一）概述

进出口许可证管理是指由商务部或者会同国务院其他有关部门，依法制定并调整进出口许可证管理目录，以签发进出口许可证的形式对该目录商品实行的行政许可管理。

进出口许可证管理是中国货物进出口许可管理制度的核心内容，是国家限制进出口的一种最主要的管理形式，分为进口许可证管理和出口许可证管理。凡属于进出口许可证管理的货物（列入《进口许可证管理货物目录》或《出口许可证管理货物目录》的货物），对外贸易经营者应当在进出口前按规定向指定的发证机构申领进出口许可证，海关凭进出口许可证接受申报和验放，国家另有规定的除外。

进出口许可证的归口管理部门是商务部，负责制定进出口许可证管理办法及规章制度，监督、检查进出口许可证管理办法的执行情况，处罚违规行为。商务部会同海关总署制定、调整和发布年度《进口许可证管理货物目录》及《出口许可证管理货物目录》，商务部负责制定、调整和发布年度《出口许可证管理货物分级发证目录》《进口许可证管理货物分级发证目录》。

进口许可证是进出口许可证管理制度中具有法律效力，用来证明对外贸易经营者经营列入国家《进口许可证管理货物目录》商品合法进口的证明文件，是海关验放该类货物的重要依据。出口许可证是进出口许可证管理制度中具有法律效力，用来证明对外贸易经营者经营列入国家《出口许可证管理货物目录》商品合法出口的证明文件，是海关验放该类货物的重要依据。

(二) 管理范围

1. 进口许可证

我国 2018 年实行进口许可证管理的商品有重点旧机电产品和消耗臭氧层物质两类。其中，对重点旧机电产品实行了进口许可证管理，对消耗臭氧层物质实行进口配额许可证管理，由商务部发证机构实行分级发证。

重点旧机电产品包括化工设备、金属冶炼设备、工程机械、起重运输设备、造纸设备、电力及电气设备、食品加工及包装设备、农业机械、印刷机械、纺织机械、船舶、硒鼓等 12 大类 90 个商品编号的旧产品。国家对进口以上所列各类重点旧机电产品实行许可证管理，商务部许可证局负责签发进口许可证。

消耗臭氧层物质包括三氯氟甲烷（CFC-11）、二氯二氟甲烷（CFC-12）、二氯四氟乙烷（CFC-114）或它们的混合物等 49 个商品编号的商品。从事消耗臭氧层物质的进出口单位应当每年在 10 月 31 日前，向国家消耗臭氧层物质进出口管理机构申请下一年度进出口配额。在年度进出口配额指标内，进出口单位需要进出口消耗臭氧层物质的，应向国家消耗臭氧层物质进出口管理机构申请领取进出口受消耗臭氧层物质审批单。申请获准的进出口单位应当持审批单，向所在地省级商务主管部门所属的发证机构申请领取消耗臭氧层物质进出口许可证。在京中央企业向国务院商务主管部门授权的发证机构申请领取消耗臭氧层物质进出口许可证。审批单有效期为 90 日，不得超期或者跨年度使用。

2. 出口许可证

我国 2018 年实行出口许可证管理的商品有 44 种，分别实行出口配额或出口许可证管理，具体如下：

实行出口配额管理的货物包括活牛（对港澳出口）、活猪（对港澳出口）、活鸡（对香港出口）、小麦、玉米、大米、小麦粉、玉米粉、大米粉、甘草及甘草制品、蔺草及蔺草制品、磷矿石、药料用麻黄草（人工种植）、煤炭、原油、成品油（不含润滑油、润滑脂、润滑油基础油）、锯材、棉花、白银。对外贸易经营者需凭配额文件申领出口许可证；出口甘草及甘草制品、蔺草及蔺草制品的，凭配额招标中标文件申领出口许可证。以加工贸易方式出口本款所列货物的，凭配额文件、货物出口合同申领出口许可证。其中，出口甘草及甘草制品、蔺草及蔺草制品的，凭配额招标中标文件、海关加工贸易进口报关单申领出口许可证。

实行出口许可证管理的货物包括活牛（对港澳以外市场）、活猪（对港澳以外市场）、活鸡（对香港以外市场）、牛肉、猪肉、鸡肉、天然砂（含标准砂）、矾土、镁砂、滑石块（粉）、萤石（氟石）、稀土、锡及锡制品、钨及钨制品、钼及钼制品、锑及锑制品、焦炭、成品油（润滑油、润滑脂、润滑油基础油）、石蜡、部分金属及制品、硫酸二钠、碳化硅、消耗臭氧层物质、柠檬酸、维生素 C、青霉素工业盐、铂金（以加工贸易方式出口）、铟及铟制品、摩托车（含全地形车）及其发动机和车架、汽车（包括成套散件）及其底盘等。对外贸易经营者需按规定申请取得出口许可证。其中，消耗臭氧层物质的货样广告品需凭出口许可证出口。以一般贸易、加工贸易、边境贸易和捐赠贸易方式出口汽车、摩托车产品的，需按规定的条件申请取得出口许可证；以工程承包方式出口汽车、摩托车产品的，凭中标文件等材料申领出口许可证。以上述贸易方式出口非原产于中国的汽车、摩托车产品的，凭进口海关单据和货物出口合同申领出口许可证。以加工贸易方式出口本款所列货物的，除另有规定以外，凭有关批准文件、海关加工贸易进口报关单和货物出口合同申领出口许可证。其中，申领润滑油、润滑脂、润滑油基础油等成品油出口许可证，需提交省级商务主管部门申请函；出口除润滑油、润滑脂、润滑油基础油以外的成品油的，免于申领出口许可证。

（三）报关规范

1. 进口许可证

进口许可证的有效期为1年，当年有效。因故在有效期内未使用及未使用完的，经营者应当在进口许可证有效期内向原发证机构提出申请，发证机构根据其具体情况重新签发进口许可证，进口许可证有效期最长不超过次年3月31号，未办理相应手续的许可证逾期自行失效，海关不予放行。

进口许可证一经签发，不得擅自更改证面内容。如需更改，经营者应当在许可证有效期内提出更改申请，并将许可证交回原发证机构，由原发证机构重新换发许可证。

进口许可证管理实行"一证一关"管理。一般情况下进口许可证为"一批一证"，如要实行"非一批一证"，应当同时在进口许可证备注栏内打印"非一批一证"字样。"一证一关"是指进口许可证只能在一个海关报关；"一批一证"是指进口许可证在有效期内一次报关使用；"非一批一证"是指进口许可证在有效期内可多次报关使用，但最多不超过12次，由海关在许可证背面"海关验放签注"栏内逐批签注核减进口数量。

对进口实行许可证管理的大宗、散装货物，溢装数量按照国际贸易惯例办理，即报关进口的大宗、散装货物的溢装数量不得超过进口许可证所列进口数量的5%，其中原油、成品油溢装数量不得超过其许可证所列数量的3%。不实行"一批一证"制的大宗、散装货物，每批货物进口时，按其实际进口数量进行核扣，最后一批进口货物进口时，其溢装数量按该许可证实际剩余数量并在规定的溢装上限5%内计算，其中原油、成品油在溢装上限3%内计算。

2. 出口许可证

出口配额的有效期为当年12月31日前（含12月31日），另有规定者除外，经营者应当在配额有效期内向发证机构申领出口许可证。出口许可证的有效期不得超过6个月，且有效期截止时间不得超过当年12月31日。商务部可视具体情况，调整某些货物出口许可证的有效期。出口许可证应当在有效期内使用，逾期自行失效。

出口许可证管理实行"一证一关""一批一证"和"非一批一证"管理。"一证一关"是指出口许可证只能在一个海关报关；"一批一证"是指出口许可证在有效期内一次报关使用；"非一批一证"是指出口许可证在有效期内可以多次报关使用，但最多超不过12次，由海关在"海关验放签注"栏内逐批签注出运数。

下列情况实行"非一批一证"管理，签发出口许可证时应在备注栏内注明"非一批一证"：①外商投资企业出口许可证管理的货物；②补偿贸易项下出口许可证管理的货物；③其他在《出口许可证管理货物目录》中规定实行"非一批一证"的出口许可证管理货物。

溢装货物应当为大宗、散装货物。溢装数量按照国际贸易惯例办理，即报关出口的大宗、散装货物的溢装数量不得超过出口许可证所列出口数量的5%，其中原油、成品油溢装数量不得超过其许可证所列数量的3%。不实行"一批一证"制的大宗、散装货物，每批货物出口时，按其实际出口数量进行核扣，最后一批出口货物出口时，其溢装数量按该许可证实际剩余数量并在规定的溢装上限5%内计算,其中原油、成品油在溢装上限3%内计算。

二、自动进口许可证管理

(一)概述

自动进口许可证是我国自动进口制度中具有法律效力,用来证明对外贸易经营者经营某些商品并合法进口的证明文件,是海关验放该类货物的重要依据。

属于自由进出口管理的货物,进出口不受限制,但国家为了能及时检测此类货物进出口的实际情况,以利于进行宏观调控,保护民族经济利益,对部分属于自由进出口的货物实行自动进口许可证管理,其实质并非许可,而是一种进口登记证明。

自动进口许可证管理的归口部门是商务部,商务部根据监测货物进口情况的需要,调整并公布《自动进口许可管理货物目录》,凡列入目录的自由进出口货物需凭"中华人民共和国自动进口许可证"通关。

(二)适用范围

依据《对外贸易法》《货物进出口管理条例》《货物自动进口许可管理办法》《机电产品自动进口许可实施办法》等法律、行政法规和规章,商务部和海关总署公布《2019年自动进口许可管理货物目录》,自2019年1月1日起执行。

2019年实施自动进口许可证管理的货物包括非机电类货物、机电类货物两大类,分为两个管理目录。

目录一为非机电类货物,包括牛肉、猪肉、羊肉、肉鸡、鲜奶、奶粉、木薯、大麦、高粱、大豆、油菜籽、植物油、食糖、玉米酒糟、豆粕、烟草、二醋酸纤维丝束、原油、成品油、化肥。

目录二为机电类货物,包括由商务部许可证局发证的机电类货物,有烟草机械、移动通信产品、卫星广播及电视设备及关键部件、汽车产品(小客车、小轿车、越野车及其发动机)、飞机(中、大、特大型航空器)、船舶(大型客、货轮)等。

商务部授权地方、部门机电产品进出口办公室发证的货物包括肉鸡、植物油、铜精矿、煤、铁矿石、钴土矿、成品油、氧化铝、钢材、工程机械、印刷机械、纺织机械、金属冶炼及加工设备、金属加工机床、电气设备、汽车产品(中、大型客、货车及其车身、底盘等)、飞机(直升机、无人驾驶航空飞行器等)、船舶(原油船、成品油船等)、医疗设备等。

(三)报关规范

自动进口许可证有效期为6个月,但仅限公历年度内有效。

自动进口许可证项下货物原则上实行"一批一证"管理,对部分货物也可实行"非一批一证"管理。对实行"非一批一证"管理的,在有效期内可以分批次累计报关使用,但累计使用次数不得超过6次。海关在自动进口许可证原件"海关验放签注"栏内批注后,海关留存复印件;最后一次使用后,海关留存正本。同一进口合同项下,收货人可以申请并领取多份自动进口许可证。

海关对散装货物溢装数量在货物总量5%以内的予以免证验放;对原油、成品油、化肥、钢材4种大宗货物的散装货物溢装数量在货物总量3%以内予以免证验放。对"非一批一证"进口实行自动进口许可管理的大宗散装商品,每批货物进口时,按其实际进口数量核扣自动进口许可证额度数量；最后一批货物进口时，其溢装数量按该自动进口许可证实际剩余数量并在规定的允许溢装上限内计算。

三、其他进出口许可管理制度

除进出口许可证管理和自动进口许可证管理外，废物、濒危物种、药品、黄金、两用物项和技术及其他货物的进出口管理也是货物进出口管理制度中重要的组成部分。

（一）进口废物管理

1. 概述

进口废物管理是国务院环境保护行政主管部门根据《固体废物污染环境防治法》和《废物进口环境保护管理暂行规定》等法律法规，对进口废物所实施的禁止、限制以及自动许可措施的总和，其归口部门是生态环境部。这里所称废物是指《固体废物污染环境防治法》管理范围内的废物，即在生产建设、日常生活和其他活动中产生的污染环境的废弃物质。

为了防止固体废物污染环境，保障人体健康，我国对进口废物实施禁止、限制以及自动许可管理。生态环境部（原国家环境保护部）公告2015年第70号发布《限制进口类可用作原料的固体废物环境保护管理规定》，该规定适用于列入《限制进口类可用作原料的固体废物目录》中固体废物进口的环境保护管理。

废物进口单位或者废物利用单位直接向生态环境部提出废物进口申请，由生态环境部审查批准，取得生态环境部签发的"进口废物批准证书"后才可组织进口。"进口废物批准证书"是废物合法进口的证明文件，也是海关验放货物的重要依据。

2. 应用范围

国家生态环境部、商务部、发改委、海关总署制定和公布了《禁止进口固体废物目录》《限制进口类可用作原料的固体废物目录》《非限制进口类可用作原料的固体废物目录》，实施分类目录管理。2019年1月，生态环境部、商务部、发改委、海关总署联合印发调整进口废物管理目录的公告，将废钢铁、铜废碎料、铝废碎料等8个品种固体废物从《非限制进口类可用作原料的固体废物目录》调入《限制进口类可用作原料的固体废物目录》。《进口废物管理目录》已经调整过三次。2017年，将生活来源废塑料、未经分拣废纸、废纺织品、钒渣等4类24种固体废物调整为禁止进口。2018年调整了第二、第三批目录：将废五金、废船、废汽车压件、冶炼渣、工业来源废塑料等16种固体废物调整为禁止进口，自2018年12月31日起执行；将不锈钢废碎料、钛废碎料、木废碎料等16种固体废物调整为禁止进口，自2019年12月31日起执行。

（二）濒危物种进出口管理

1. 概述

为了挽救珍贵、濒危动植物种，保护、发展和合理利用野生动植物资源，维护自然生态平衡，我国根据《濒危野生动植物种国际贸易公约》《中华人民共和国森林法》《中华人民共和国野生动物保护法》《中华人民共和国野生植物保护条例》等法律法规的规定，根据《濒危野生动植物种国际贸易公约》的约束，依法对受保护的珍贵、濒危野生动植物及其产品实施进出口管理，其主要归口部门为中华人民共和国濒危物种进出口管理办公室（简称濒管办），该部门会同国家其他部门依法制定或调整《进出口野生动植物种商品目录》。

2. 适用范围

凡进出口列入《进出口野生动植物种商品目录》的野生动植物或其产品，必须严格按照有关法律、行政法规的程序进行申报和审批，并在进出口报关前取得国家濒管办或其授权的办事处签发的相应证明，方可向海关办理进出口手续。

《进出口野生动植物种商品目录》可以分为两大部分：属于《濒危野生动植物种国际贸易公约》成员国（地区）应履行保护义务的物种及其产品；属于我国自主规定管理的野生动植物及其产品。

3. 报关规范

不论以何种方式，凡列入《进出口野生动植物种商品目录》属于《濒危野生动植物种国际贸易公约》成员国（地区）应履行保护义务的物种的进出口通关，必须要事先申领"濒危野生动植物种国际贸易公约允许进出口证明书"（简称"公约证明"）。

不论以何种方式，凡列入《进出口野生动植物种商品目录》属于我国自主规定管理的野生动植物及其产品的进出口通关，必须事先申领"中华人民共和国濒危物种进出口管理办公室野生动植物允许进出口证明书"（简称"非公约证明"）。

"公约证明""非公约证明"均实行"一批一证"制度。

对于进出口列入《进出口野生动植物种商品目录》中适用"公约证明""非公约证明"管理的《濒危野生动植物种国际贸易公约》附录及国家重点保护野生动植物以外的其他列入商品目录的野生动植物及相关货物或物品和含野生动植物成分的纺织品，均须事先申领由国家濒危物种进出口管理办公室指定机构进行认定并出具的"物种证明"，报关单位凭以办理报关手续。

"物种证明"分为"一次使用"和"多次使用"。"一次使用"的证明有效期自签发之日起不得超过6个月。"多次使用"的证明只适用于同一物种、同一货物类型、在同一报关口岸多次进出口的野生动植物。有效期截至发证当年12月31日。持证人须于1月31日之前将上一年度使用多次"物种证明"进出口有关野生动植物标本的情况汇总上报发证机关。

（三）进出口药品管理

1. 概述

进出口药品管理是指为了加强对药品的监督管理，保证药品质量，保障人体用药安全，维护人民身体健康和用药合法权益，国家市场监督管理总局依照《中华人民共和国药品管理法》、有关国际公约以及国家其他有关法律，对进出口药品实施监督管理的行政行为。其归口部门为国家市场监督管理总局。

进出口药品管理是我国进出口许可管理制度的重要组成部分，属于国家限制进出口管理范畴，实行分类和目录管理，即将药品分为进出口麻醉药品、进出口精神药品以及进口一般药品。国家市场监督管理总局会同国务院对外贸易主管部门对上述药品依法制定并调整管理目录，以签发许可证件的形式对其进出口加以管制。

目前我国公布的药品进出口管理目录有：《进口药品目录》《精神药品管制品种目录》《麻醉药品管制品种目录》和《生物制品目录》。规定药品必须经由国务院批准的允许药品进口的口岸进口，这些口岸有北京、天津、上海、大连、青岛、成都、武汉、重庆、厦门、南京、杭州、宁波、福州、广州、深圳、珠海、海口、西安和南宁这19个城市。

2. 适用范围

凡进出口列入《精神药品管制品种目录》的进出口药品，无论是什么单位，以何种贸易方式，有何种用途，在办理进出口报关手续以前，需要取得国家市场监督管理总局核发的精神药品进出口许可证，凭"精神药品进口准许证"或"精神药品出口准许证"向海关办理通关手续。凡进出口列入《麻醉药品管制品种目录》的进出口药品，无论是什么单位，以何种贸易方式，有何种用途，在办理进出口报关手续以前，需要取得国家市场监督管理总局核发的麻醉药品进出口许可证，凭"麻醉药品进口准许证"或"麻醉药品出口准许证"向海关办理通关手续。

对除上述特定药物以外的其他一般性药品，国家实行目录管理。进口列入《进口药品目录》的药品，应当取得口岸药品检验所签发的"进口药品通关单"，并向海关办理验放手续。

"进口药品通关单"还适用于进口列入《生物制品目录》的药品、首次在中国境内销售的药品以及进口暂未列入《进口药品目录》的原料药的单位，这些单位必须遵守《药品进口管理办法》中的各项有关规定，主动到各口岸药品检验所报检。

3. 报关规范

精神药品的进出口准许证实行"一批一证"制度，证面内容不得自行更改，如需更改，应到国家食品药品监督管理总局办理换证手续。

麻醉药品的进出口准许证实行"一批一证"制度，证面内容不得自行更改，如需更改，应到国家市场监督管理总局办理换证手续。

"进口药品通关单"仅限在该单注明的口岸海关使用，并实行"一批一证"制度，证面内容不得更改。一般药品出口目前暂无特殊的管理要求。

[专栏2-2]

北京海关：连破十三起走私象牙制品入境案——打击濒危物种走私战果显著

日前，李××在经北京首都机场口岸入境时，因涉嫌走私珍贵动物制品被北京海关缉私局立案侦查。据悉，李××在入境时选择了无申报通道通关，但海关旅检关员却在其托运行李中发现两件象牙制品。经鉴定，上述象牙制品为象牙牙尖，总重量约为2.5kg，总价值超过10万元。

这是北京海关近期立案侦办的13起走私濒危物种制品入境案之一。今年以来，北京海关将打击濒危物种走私作为"头号战役"，深入开展"国门利剑2018""百日会战""夜鹰"等专项行动，共收缴象牙、羚羊角、狼牙、豹皮等濒危物种制品277件，其中象牙制品158件、重17kg，打掉多个走私犯罪团伙，有效切断了走私犯罪通道，彰显了中国重信守诺的负责任大国形象。

据介绍，这13起象牙走私案的犯罪嫌疑人均为中国籍，大多为赴非洲旅游、商务、务工人员。当前，非洲国家虽然普遍履行《濒危野生动植物种国际贸易公约》（CITES），全面禁止涉及非洲野生大象的国际贸易，但由于当地象牙较为便宜，在巨额利益的驱动下，犯罪嫌疑人往往心存侥幸，采取行李箱夹带、夹藏、藏匿等方式将象牙走私入境。

国务院办公厅于2016年年底发布了《国务院办公厅关于有序停止商业性加工销售象牙及制品活动的通知》，要求在2017年12月31日前全面停止商业性加工销售象牙及制品活动、公安、海关、工商、林业等部门按照职责分工，加强执法监管，继续加大对违法加工销售、运输、走私象牙及其制品等行为的打击力度，重点查缉、摧毁非法加工窝点，阻断市场、网络等非法交易渠道。

该通知的发布实施，表明了我国政府遏制象牙买卖、拯救非洲大象的决心。然而，在政府有序制止加工销售象牙制品的同时，黑市对象牙的需求仍旧旺盛，推动了象牙价格上涨，高额的利润让不法分子不惜以身试法、铤而走险。据统计，近两年来，北京海关共查办涉嫌走私濒危物种制品案29起，其中涉嫌走私象牙案22起，占比75%，收缴象牙及其制品94.3kg。

"象牙制品即便在国外可以自由买卖，但也不能随意将其携带入境，否则将承担相应法律后果。"北京海关缉私局负责人提醒广大游客及海外务工人员，象牙及其制品属于《濒危野生动植物种国际贸易公约》附录Ⅰ的保护物种，根据公约及我国《野生动植物保护法》等规定，除有上述公约组织签发的相关允许进出口证明书外，任何贸易方式或者携带、邮寄象牙及其制品进出境的行为都是被禁止的。

（资料来源：海关总署网站。）

（四）黄金及其制品进出口管理

1. 概述

进出口黄金管理是指中国人民银行、商务部依据《中华人民共和国金银管理条例》等有关规定，对进出口黄金及其制品实施监督管理的行政行为。

中国人民银行总行为黄金及其制品进出口的管理机关，具体规定为：进出口黄金及其制品，企业应事先向中国人民银行申领"黄金及其制品进出口准许证"（加工贸易除外）。

2. 适用范围

列入中国人民银行、海关总署联合发布的《黄金及其产品进出口管理目录》的黄金及其制品，主要包括：氰化金、氰化金钾（含金40%）、其他金化合物、非货币用金粉、非货币用未锻造金、非货币用半制成金、货币用未锻造金（包括镀铂的金）、金的废碎料、镶嵌钻石的黄金制首饰及其零件、镶嵌濒危物种制品的金首饰及零件、其他黄金制首饰及其零件、金制工业用制品、金制实验室用制品黄金表带（按重量计含量80%以上）、黄金表壳（按重量计含量80%以上）等。

3. 报关范围

"黄金及其制品进出口准许证"是我国进出口许可管理制度中具有法律效力，用来证明对外贸易经营者经营黄金及其制品合法进出口的证明文件，是海关验放该类货物的重要依据。

（五）两用物项和技术进出口许可证管理

1. 概述

两用物项和技术是指《核出口管制条例》《核两用品及相关技术出口管制条例》《导弹及相关物项和技术出口管制条例》《生物两用品及相关设备和技术出口管制条例》《监控化学品管理条例》《易制毒化学品管理条例》及《有关化学品及相关设备和技术出口管制办法》中所规定的相关物项及技术。商务部是全国两用物项和技术进出口许可证的归口管理部门，负责制定两用物项和技术进出口许可证管理办法及规章制度，监督、检查两用物项和技术进出口许可证管理办法的执行情况，处罚违规行为。

为便于对上述物项和技术的进出口实施管制，商务部和海关总署依据上述法规颁布了《两用物项和技术进出口许可证管理办法》，并联合发布《两用物项和技术进出口许可证管理目录》，对列入目录的两用物项及技术的进出口统一实行两用物项和技术进出口许可证管理。

2. 应用范围

2018 年两用物项和技术进出口许可证管理目录，分为《两用物项和技术进出口许可证管理目录》和《两用物项和技术出口许可证管理目录》。其中，进口放射性同位素需按照《放射性同位素与射线装置安全和防护条例》和《两用物项和技术进出口许可证管理办法》有关规定，报生态环境部审批后，在商务部配额许可证事务局申领"两用物项和技术进口许可证"。进口经营者持"两用物项和技术进口许可证"向海关办理进口手续。

《两用物项和技术进口许可证管理目录》范围：第一类为监控化学品，包括可作为化学武器的化学品、可作为生产化学武器前提的化学品、可作为生产化学武器主要原料的化学品等三类，以及上述三类监控化学品的生产技术和专用设备，共 69 种。第二类为易制毒化学品，共 48 种。第三类为放射性同位素，共 10 种。

《两用物项和技术出口许可证管理目录》范围：第一类为核出口管制清单所列物项和技术，共 159 种；第二类为核两用品及相关技术出口管制清单所列物项和技术，共 204 种；第三类为生物两用品及相关设备和技术管制清单所列物项和技术，共 144 种；第四类为监控化学品管理条例名录所列物项，共 69 种；第五类为有关化学品及相关设备和技术出口管理清单所列物项和技术，共 37 种；第六类为导弹及相关物项和技术出口管理清单所列物项和技术，共 186 种；第七类为易制毒化学品，共 65 种；第八类为无人驾驶航空飞行器、飞艇等部分两用物项和技术，共 6 种。

（六）音像制品进口管理

1. 概述

国家对出版、制作、复制、进口、批发、零售音像制品，实施许可制度。音像制品成品进口业务由经批准的音像制品成品进口经营单位经营；未经批准，任何单位或者个人不得经营音像制品成品进口业务。各级海关在职责范围内负责音像制品进口的监督管理工作。

2. 管理范围

（1）进口音像制品，即从国外进口音像制品和进口用于出版、批发、零售、出租（包括利用信息网络出版）及其他用途的音像制品，包括录有内容的录音带、录像带、唱片、激光唱盘和激光视盘等。

（2）音像制品用于广播电视播放的，适用于电视法律和行政法规。

（3）国家禁止进口有下列内容的音像制品：反对宪法确定的基本原则的；危害国家统一、主权和领土完整的；泄漏国家秘密、危害国家安全或者损害国家荣誉和利益的；煽动民族仇恨、民族歧视，破坏民族团结，或者侵害民族风俗、习惯的；宣扬邪教、迷信的；扰乱社会秩序，破坏社会稳定的；宣扬淫秽、赌博、暴力或者教唆犯罪的；侮辱或者诽谤他人，侵害他人合法权益的；危害社会公德或者民族优秀文化传统的；有法律、行政法规和国家规定禁止的其他内容的。

3. 报关规范

音像制品进口单位凭进口音像制品批准文件到海关办理母带（母盘）或者音像制品成

品的进口手续，海关凭有效的"音像制品进口批准单"办理验放手续；对随机器设备同时进口以及进口后随机器设备复出口的记录操作系统、设备说明、专用软件等内容的音像制品，海关凭进口单位提供的合同、发票等有效单证验放。

（七）化学品首次进境及有毒化学品管理

1. 概述

"化学品首次进境"是指外商或其代理人向我国出口其未曾在我国登记过的化学品，即使同种化学品已有其他外商或其代理人在我国进行了登记，仍被视为化学品首次进境。

"有毒化学品"是指进入环境后通过环境蓄积、生物累积、生物转化或化学反应等方式损害健康和环境，或者通过接触对人体具有严重危害和具有潜在危险的化学品。

为了保护人体健康和生态环境，加强化学品首次进口和有毒化学品进出口的环境管理，原国家环境保护局会同海关总署和原外经贸部，根据《关于化学品国际贸易资料交换的伦敦准则》，联合制定了《化学品首次进口及有毒化学品进出口环境管理规定》，同时发布了《中国禁止或严格限制的有毒化学品名录》，对首次进口化学品和进出口有毒化学品进行监督管理。归口管理部门为原国家环境保护局，即现在的生态环境部。

2. 适用范围

生态环境部在审批有毒化学品进出口申请时，对符合规定的发给准许进出口的"有毒化学品进（出）口环境管理放行通知单"，该通知单是用来证明对外贸易经营者经营列入《中国禁止或严格限制的有毒化学品名录》的化学品合法进出口的证明文件，是海关验放该类货物的重要依据。

生态环境部在审批化学品首次进口环境管理登记申请时，对符合规定的、准予化学品环境管理登记并发给准许进口的"化学品进口环境管理登记证"，该证是用来证明对外贸易经营者经营属首次进口的化学品（不包括食品添加剂、医药、兽药、化妆品、放射性物质）已接受国家登记管理的证明文件，是海关验放该类货物的重要依据。

3. 报关规范

实行"一批一证"制度，每份通知单在有效期内只能报关使用一次。

（八）农药进出口管理

1. 概述

进出口农药登记证明是国家农业主管部门会同国务院对外贸易主管部门依据《农药管理条例》和《鹿特丹公约》，制定《中华人民共和国进出口农药登记证明管理名录》（简称《农药目录》），对进出口农药实行目录管理的进出口许可证件。其国家主管部门是农业部。

2. 适用范围

对列入《中华人民共和国进出口农药登记证明管理名录》的农药，相应经营者应事先向农业部农药检定所申领"进出口农药登记证明"，凭以向海关办理进出口报关手续。

对一些既可用作农药，也用作工业原料的商品，如果企业以工业原料用途进出口，则企业不需办理"进出口农药登记证明"。对此类商品，进出口通关时海关不再验核"进出口农药登记证明"，改凭农业部向进出口企业出具的加盖"中华人民共和国农业部农药审批专用章"的"非农药登记管理证明"验放。

3. 报关规范

"进出口农药登记证明"实行"一批一证"制,证面内容不得更改,如需变更,须在有效期内将原证交回农业部农药检定所,并申请重新办理"进出口农药登记证明"。

(九) 兽药进口管理

兽药进口管理是指农业农村部依据《兽药进口管理办法》,对进口兽药实施的监督管理。受管理的兽药是指用于预防、治疗、诊断畜禽等动物疾病,有目的地调节其生理技能并规定作用、用途、用法、用量的物质。其主管部门为农业部。

申报进口兽药、人畜共用的兽药,报关单位凭农业部指定的口岸兽药监察所在"进口货物报关单"上加盖的"已接受报验"的印章办理有关验放手续。对进口的兽药,因企业申报不实或伪报用途所产生的后果,企业应承担相应的法律责任。

2016年11月1日起,农业农村部会同海关实施"进口兽药通关单联网"核查试运行。试运行期间,农业农村部对进口单位申领"进口兽药通关单"审核批准后,将签发的"进口兽药通关单"电子数据通过监管证件联网核查系统传输至海关,同时核发纸质"进口兽药通关单"。报关单位采用无纸方式向海关申报的,海关通过联网核查方式验凭"进口兽药通关单"电子数据并办理报关手续,报关单位可以免于交验纸质"进口兽药通关单"。

(十) 进出境现钞管理

进出境现钞管理是指国家主管部门对进出境在流通中使用的人民币和外币(包括各种面额的纸币和硬币)实施的管理。其中外币现钞的调出调入由国家外汇管理局管理,人民币现钞调出调入由中国人民银行管理。

银行办理外币现钞进出口业务时,报关单位凭银行填制的、由外汇管理局核发的"银行调运外币现钞进出境许可证"向海关办理通关手续;对人民币现钞进出境的,报关单位凭中国人民银行货币金银局的批件向海关办理通关手续。外币现钞进出境仅限在北京、上海、福州、广州、深圳口岸报关。

[专栏2-3]

男子携带超量港币入境被查获 海关详解出入境旅客携带货币规则

2013年9月6日,杭州海关隶属萧山机场海关从1名前往澳门的中国籍男子行李中查获超量港币现钞,共计30万港元整。杭州海关自2013年3月开展"加强进出境旅客行李物品监管专项行动"以来,已查获旅客违规携带货币案件214起,其中出境101起,入境113起,查获超量携带货币折合人民币共计7000余万元。

据介绍,9月6日下午3点左右,海关旅检关员正在为一架来自澳门的入境航班办理旅客通关手续。这名中国籍男子选择了无申报通道通关,但他携带的行李箱在过机时显示了异常图像。经开箱检查,海关关员在行李箱中找到了一个鼓鼓囊囊的深色塑料袋,打开后竟是一捆捆的港币,经现场清点,共计30万港元整,远超国家规定可以随身携带进出境货币现钞数额。随即,海关依法暂扣了这批港币现钞。

2013年3月以来,杭州海关开展的"加强进出境旅客行李物品监管专项行动",旨在严厉打击超量携带货币出入境等走私违法行为,通过在旅检现场设置咨询台、张贴宣传海报开展各类政策宣讲,促进旅客守法自律。经过专项治理,该关查获超量携带货币走私案件数量明显下降,旅客主动申报意识明显提高。

据海关介绍，进出境人员携带货币现钞规定主要依据《中华人民共和国国家货币出入境管理办法》（国务院令第108号）、《人民币管理条例》（国务院令第280号）等法律法规。作为国家进出境监督管理机关，海关依据《中华人民共和国海关法》，对出入境旅客携带货币现钞实施监管，落实相关政策规定。

根据现行规定，国家对旅客携带人民币现钞出、入境均实施限额管理，限额为2万元人民币以内；对旅客携带外币现钞入境，如果折合超过5000美元，旅客在入境时应如实向海关申报。而对旅客携带外币现钞出境的，如果携带外币现钞金额等值5000美元以上，海关凭银行或外汇管理部门出具的"携带外汇出境许可证"验核放行。

旅客出境时向海关申报携带外币现钞超过等值5000美元，但不能提供"携带外汇出境许可证"的，海关只放行等值5000美元的外币现钞，超过部分予以退运；对携带超过等值5000美元外币现钞且未向海关申报，也不能提供"携带外汇出境许可证"的，海关对超出的部分暂予扣留，并依照《海关法》《海关行政处罚实施条例》等法律法规进行处罚。

（资料来源：海关总署网站。）

相关情况见表2-5。

表2-5 其他进出口许可管理制度

	主管部门	有关法律法规	目录管理	通关凭证
进口废物管理	生态环境部	1.《固体废物污染环境防治法》 2.《废物进口环境保护管理暂行规定》	1.《限制进口类可用作原料的固体废物目录》 2.《自动进口许可管理类可用作原料的废物目录》	1. 进口废物批准证书 2. 入境货物通关单
濒危物种进出口管理	濒危物种进出口管理办公室	1.《濒危野生动植物种国际贸易公约》 2.《中华人民共和国森林法》 3.《中华人民共和国野生动物保护法》 4.《中华人民共和国野生植物保护条例》	《进出口野生动植物种商品目录》	公约证明、非公约证明或物种证明
进出口药品管理	国家市场监督管理总局	《中华人民共和国药品管理法》	1.《进口药品目录》 2.《精神药品管制品种目录》 3.《麻醉药品进口管制品种目录》 4.《生物制品目录》	精神药品进口准许证、麻醉药品进口准许证或进口药品通关单
黄金及其制品进出口管理	中国人民银行	《中华人民共和国金银管理条例》	《黄金及其产品进出口管理目录》	黄金及其制品进出口准许证

(续)

	主管部门	有关法律法规	目录管理	通关凭证
两用物项和技术进出口许可证管理	商务部	1.《中华人民共和国核出口管制条例》 2.《中华人民共和国核两用品及相关技术出口管制条例》 3.《中华人民共和国导弹及相关物项和技术出口管制条例》等	《两用物项和技术进出口许可证管理目录》	两用物项和技术进出口许可证
音像制品进口管理	文化和旅游部	1.《音像制品管理条例》 2.《音像制品进口管理办法》	—	音像制品进口批准单
化学品首次进境及有毒化学品管理	生态环境部	1.《关于化学品国际贸易资料交换的伦敦准则》 2.《化学品首次进口及有毒化学品进出口环境管理规定》	《中国禁止或严格限制的有毒化学品名录》	1. 化学品进口环境管理登记证 2. 有毒化学品进（出）口环境管理放行通知单
农药进出口管理	农业农村部	1.《中华人民共和国农药管理条例》 2.《鹿特丹公约》	《中华人民共和国进出口农药登记证明管理名录》	进出口农药登记证明
兽药进口管理	农业农村部	《兽药进口管理办法》	—	指定的口岸兽药监察所在"进口货物报关单"上加盖"已接受报验"的印章
进出境现钞管理	国家外汇管理局、中国人民银行	—	—	银行调运外币现钞进出境许可证

本章练习题

一、不定项选择题

1. 下列属于贸易管制所涉及的法律渊源的有（　　）。
   A. 宪法　　　　　　　　　　　　　　　B. 法律
   C. 行政法规　　　　　　　　　　　　　D. 地方性法规、规章
   E. 相关的国际条约
2. 《货物进出口管理条例》根据管理的不同需要，把进出口货物分为（　　）。
   A. 禁止进出口货物　　　　　　　　　　B. 限制进出口货物

C. 鼓励进出口货物 D. 自由进出口货物
3. 我国目前对对外贸易经营者的管理实行（　　）。
A. 自由进出口 B. 备案登记制
C. 登记和核录制 D. 审批制

二、思考题
1. 简述我国进出口货物国家管制的基本框架。
2. 比较反倾销措施、反补贴措施和保障措施。

三、案例题
2018年1月中旬，张某随企业商务考察团远赴非洲。张某看到当地市场上有象牙出售，且价格不贵，1000多元人民币就可以买一根中等大小的象牙，而在国内要花上万元，甚至几万元。于是在考察结束回国前，张某在当地市场上购得5根大小不等的象牙，锯断后放入行李中。当张某在上海虹桥机场入境时，推着行李车从海关绿色通道通行，海关通过技术检查设备发现了其行李物品中的象牙。张某携带象牙入境行为构成了走私珍贵动物及其制品罪，被判处有期徒刑1年，缓刑1年，并没收了其携带进境的5根象牙。

张某在海关调查期间，多次申辩不知法律规定，不知道哪些物品是禁止带入国境的，更没有想到象牙属国家保护动物物种范围。他以为象牙在国外市场上可以随意买卖，出境也未受限制，就认为我国也不会禁止其进境，且他带回国的目的是收藏、馈赠，并非想以此牟利，所以不认为自己的行为违反了规定，更没有想到竟然还构成了犯罪。

问：张某的申辩理由为什么不能成立？

（资料来源：海关总署网。）

第三章 报关管理制度

本章学习目标

通过本章的学习，学生应掌握报关的一些基础知识，如报关、报关单位、报关活动相关人的概念以及报关分类等。报关单位与报关员的报关管理制度是本章的重点，应予以足够重视。

本章关键词

报关　报关员　报关单位　报关活动相关人　报关行业协会

第一节　报关概述

一、报关概念

报关是与进出境运输工具货物和物品的进出境密切相关的职业服务行为。在国际贸易和国际交往中，存在着大量的运输工具、货物和物品进出境的活动，通过设立海关的地点进出境并依法办理海关手续是国际通行规则，也是进出境运输工具负责人、进出口货物收发货人和进出境物品所有人应尽的义务。

我国《海关法》第八条规定："进出境运输工具、货物、物品，必须通过设立海关的地点进境或者出境。"因此，运输工具、货物、物品等的进出境要由其所有人或者其代理人向海关申报，并交验规定的单证，请求办理进出境通关手续。另外，《海关法》第九条规定："进出口货物，除另有规定的外，可以由进出口货物收发货人自行办理报关纳税手续，也可以由进出口货物收发货人委托海关准予注册登记的报关企业办理报关纳税手续。进出境物品的所有人可以自行办理报关纳税手续，也可以委托他人办理报关纳税手续。"第十四条规定："进出境运输工具到达或者驶离设立海关的地点时，运输工具负责人应当向海关如实申报，交验单证，并接受海关监管和检查。"概括而言，根据《海关法》，报关是指进出境运输工具负责人、进出口货物收发货人、进出境物品的所有人办理进出境手续及相关海关事务的全过程。

二、报关分类

（一）运输工具报关、物品报关与货物报关

由于海关对进出境运输工具、物品、货物的监管要求各不相同，报关可以分为运输工具报关、物品报关和货物报关三类。

1. 运输工具报关

运输工具作为货物、人员及其携带物品的进出境载体，其报告主要是向海关直接交验随附的、符合国际商业惯例、能反映运输工具进出境合法性及其所承运货物、物品情况的合法证件、清单和其他运输单证，报关程序较为简单。

根据《海关法》的相关规定，所有进出中国关境的运输工具必须经由设有海关的港口、空港、车站、国界孔道、国际邮件交换局及其他可以办理海关业务的场所申报进出境。

进出境运输工具主要包括国际运营的各种境内境外船舶、车辆、航空器和驮畜等。运输工具负责人或其代理人在运输工具进出关境时，均应按照海关规定进行申报，其报关的主要内容有：

1）运输工具名称，进出境的时间、航次。
2）运输工具进出境时所载运货物情况，包括过境货物、转运货物、通运、溢短卸（装）货物的基本情况。
3）运输工具服务人员名单及其自用物品、货币、金银情况。
4）运输工具所载旅客情况。
5）运输工具所载邮递物品、行李物品的情况。

另外，其他需要向海关申报的情况也需要向海关说明，如因不可抗力被迫在未设海关的地点停泊、降落或者抛掷、起卸货物等情况。

运输工具报关时还需提交运输工具从事国际合法性运输必备的相关证明文件，如船舶国籍证书、吨税证书、海关监管簿、签证簿等，必要时还需出具保证书或保证金。

进出境运输工具负责人或其代理人向海关申报完成后，有时还需应海关的要求配合海关检查。最后，经海关审核确认符合海关监管要求时，进出境运输工具报关才算完成，这时，才可以上下旅客、装卸货物。

2. 进出境物品报关

进出境物品是指个人携带或托运进出境的行李物品和邮递进出境的物品。《海关法》第四十六条规定："个人携带进出境的行李物品、邮寄进出境的物品，应当以自用、合理数量为限，并接受海关监管。"进出境物品由于其非贸易性质，且一般限于"自用，合理数量"，报关手续也较为简单。

"自用、合理数量"对于行李物品与邮递物品而言含义并不相同，前者中的"自用"指的是进出境旅客本人自用、馈赠亲友而非为出售或出租，"合理数量"指的是海关根据进出境旅客旅行目的和居留时间所规定的正常数量；而后者中的"自用、合理数量"则指的是海关对进出境邮递物品规定的征、免税限制。在自用、合理数量之内的进出境物品可享受免税待遇。

（1）进出境行李物品的报关。

世界上大多数国家的海关法律对旅客进出境都采用"红绿通道"制度。"红绿通道"又称申报（Goods to Declare）通道和无申报（Nothing to Declare）通道，即旅客进出境申报时，可以在分别以红色和绿色作为标记的两种通道中进行选择。具体情况见表3-1。

我国海关已实施该制度，并规定从2005年7月1日起，对所有在中华人民共和国关境内的航空口岸进出境的旅客，无论走绿色通道还是走红色通道，均应主动出示按规定填写的

"进出境旅客行李物品申报单"。未按规定向海关申报的进出境旅客,将依据《海关法》和《海关行政处罚实施条例》予以处罚。

表 3-1 绿色通道和红色通道的区别

绿色通道	适用于携带物品在数量和价值均不超过免税限值、限量,并且无国家禁止或限制进出境物品的旅客。因此,如果旅客所携运物品合法,且数量合理在免税额度以内,无须申报,可直接走绿色通道出入境
红色通道	适用于携带有"绿色通道"适用物品以外的其他物品的旅客。此时,旅客必须填写"进出境旅客行李物品申报单"或海关规定的其他申报单证,在进出境地向海关做出书面申报

(2) 进出境邮递物品的报关。

特殊的邮递运输方式决定了进出境邮递物品的申报方式。根据《万国邮政公约》的规定(我国是《万国邮政公约》的签约国),进出口邮包必须由寄件人填写"报税单"(小包邮件填写"绿色标签"),列明所寄物品的名称、价值、数量,向邮包寄达国家的海关申报。进出境邮递物品的"报税单"和"绿色标签"随同物品通过邮政企业或快递公司呈递给海关。根据进出境个人邮递物品应以自用、合理数量为限这一原则,海关规定了个人每次邮寄物品的限值、免税额和禁止、限制邮寄物品的品种。

3. 进出境货物的报关

相对前两种报关来说,进出境货物报关较为复杂,主要包括一般进出口货物、保税货物、暂准进出境货物、特定减免税货物、过境、转运和通运货物及其他进出境货物的报关。根据海关监管的要求,保税货物、暂准进出境货物以及特定减免税货物在向海关申报前和海关放行后还需办理其他海关手续。

另外,根据海关规定,进出境货物的报关业务应由依法取得报关员从业资格并在海关注册登记的报关员办理。

进出境货物的报关业务包括:①按照规定如实申报进出口货物的商品编码、实际成交价格、原产地及相应优惠贸易协定代码等,并办理填制报关单、提交报关单证等与申报有关的事宜。②申请办理缴纳税费和退税、补税事宜。③申请办理加工贸易合同备案、变更和核销及保税监管等事宜。④申请办理进出口货物减税、免税等事宜。⑤办理进出口货物的查验、结关等事宜。⑥办理应当由报关单位办理的其他事宜。

(二) 自理报关和代理报关

从委托关系的角度,报关可以分为自理报关和代理报关两种形式。进出口货物收发人自行办理报关手续称为自理报关,自理报关单位必须具有对外贸易经营权和报关权;接受进出口货物收发货人的委托,代理办理报关手续的称为代理报关。

代理报关根据承担的法律责任不同又可以分为直接代理报关和间接代理报关。直接代理报关是指报关企业接受委托人的委托,以委托人的名义办理报关业务的行为。间接代理报关是指报关企业接受委托人的委托,以报关企业自身的名义向海关办理报关业务的行为。

直接代理报关与间接代理报关的区别在于:在直接代理报关中,报关企业(代理人)报关行为的法律后果直接作用于进出口货物收发货人(委托人);而在间接代理报关中,报关企业(代理人)应当承担与进出口货物收发货人(委托人)自理报关时所应当承担的相同的法律责任。目前,我国报关企业大多采取直接代理形式报关,间接代理报关主要用于经营快件业务的营运人等国际货物运输代理企业。

三、报关的形式

（一）有纸报关与无纸报关

有纸报关，也称为纸质报关，是指进出口货物的收发货人、受委托的报关企业，按照《中华人民共和国海关进出口货物报关单填制规范》（以下简称《报关单填制规范》）的规定填制纸质报关单，使用"单一窗口"，向海关报送报关单电子数据，并备齐随附单证，向海关当面递交纸质报关单履行申报义务的方式。

无纸报关，也称为电子报关，是指进出口货物的收发货人、受委托的报关企业通过"单一窗口"，按照《报关单填制规范》的规定，向海关报送报关单电子数据并且备齐上传随附单证的申报方式。无纸报关是利用现代信息技术，采取互联网方式，对进出口货物电子申报数据进行自动处理的一种先进的报关方式，具有数据处理自动化程度高、通关速度快、成本低等特点。

（二）口岸报关与一体化报关

口岸报关，是指在货物的实际进出境地海关办理报关手续；一体化报关，是指可以在全国任一海关办理报关手续，全国报关如一关的新报关模式。

（三）逐票报关与集中报关

逐票报关，是指根据《中华人民共和国海关进出口货物申报管理规定》进出口货物收发货人按照进出口货物每次进出口时的实际状态，根据规范要求，填制"中华人民共和国海关进出口货物报关单"，逐票逐次向海关进行申报，这是一种常规的通关方式。

集中报关，是指根据《中华人民共和国海关进出口货物集中申报管理规定》，经海关备案后，进出口货物收发货人在同一口岸多批次进出口规定范围内货物，先以"中华人民共和国海关进出口货物集中申报清单"申报货物进出口，再以报关单集中办理海关手续，这是一种特殊的通关方式。

适用集中报关的进出口货物主要包括：

1）图书、报纸、期刊类出版物等时效性较强的货物。
2）危险品或者鲜活、易腐、易失效等不宜长期保存的货物。
3）公路口岸进出境的保税货物。

（四）提前报关与运抵报关

提前报关，是指进出口货物的收发货人、受委托的报关企业取得提（运）单或载货清单（舱单）数据后，装载货物的进境运输工具启运后、运抵海关监管场所前，向海关进行进口货物申报，出口货物运抵海关监管场所前三日内，向海关申报；进出口货物的收发货人、受委托的报关企业应当如实申报并且向申报海关提交有关随附单证、进出口货物批准文件及其他需提供的证明文件，以及对申报内容的真实性、准确性、完整性和规范性承担相应法律责任。

运抵报关，是指进出口货物的收发货人、受委托的报关企业取得提（运）单或载货清单（舱单）数据后，并且装载货物的进境运输工具运抵海关监管场所后，向海关进行进口货物申报。

采取提前报关，由于将整个报关时间向前推，使进出口货物的收发货人、受委托的报关企业在货物未运抵前就可以实现向海关申报，缩短货物置港时间，因此，可以有效降低企业物流成本、加快港区物流流转并且帮助企业提高货物通关时效。

四、报关的变革和发展

按照海关的改革进程，报关经历了一系列变革：口岸报关，转关申报，属地申报、口岸验放，属地申报、属地验放，区域通关一体化及全国通关一体化等。

（一）口岸报关

口岸报关是指在货物的实际进出境地海关办理报关手续，这种报关模式是进出口企业运用最多、最普遍的报关模式之一。

口岸报关包括进口报关和出口报关，出口报关所需清关单据包括：发票、装箱单、合同（以上三项均由发货人提供正本）、报关委托书、报检委托书（发货人提供）、出口收汇核销单（发货人提供，出处：外汇管理局）及手写/打印报关单校验稿（报关时报关行制单使用）。

（二）转关申报

转关申报，即企业进出境货物在转关运输基础上按照海关总署（海关总署公告2017年第48号）《关于规范转关运输业务的公告》及《中华人民共和国海关关于转关货物监管办法》的要求，在属地海关办理通关手续的一种申报模式。海关总署2017年第48号公告的出台，严格限制了符合转关运输的条件。根据规定，目前仅多式联运货物，经海关批准后的进口固体废物，易受温度、静电、粉尘等自然因素影响或者因其他特殊原因影响的，不宜在口岸海关监管区实施查验的符合海关要求的进出口货物以及邮件、快件、暂时进出口货物（含ATA单证册项下货物）、过境货物、中欧班列载运货物、市场采购方式出口货物、跨境电子商务零售进出口商品、免税品以及外交、常驻机构和人员公用物品，其收发货人可按照现行相关规定向海关申请办理转关手续，开展转关运输。

（三）属地申报、口岸验放

属地报关是指在报关单位的企业注册地直属海关关区内办理报关手续。2006年以来，海关启动了全面深化区域通关的业务改革，首先实施了跨关区的"属地申报、口岸验放"的通关模式。"属地申报、口岸验放"通关模式是海关为服务和促进经济发展，适应全球经济一体化进程和国内区域性经济圈快速发展，进一步简化海关手续，提高通关效率的一项重大举措，是促进对外经济贸易和现代国际物流发展的一种新的通关模式。

这种模式下，对于符合海关规定条件的企业，可在其注册地海关履行申报义务，海关在口岸放行环节履行其监督检查管理的职责。符合海关规定条件的企业进出口货物时，还可自主选择向"属地"（企业注册地直属海关关区内）海关任一海关单位申报的报关方式，货物由实际进出境地的口岸海关办理货物验放手续，从而简化海关手续、提高通关效率、降低通关成本。

"属地申报、口岸验放"通关模式为企业带来以下便利：

（1）为企业就近通关提供了便利，缩减企业往返两地报关的时间和费用。

（2）口岸海关与属地海关之间不需办理转关运输手续，不受海关监管车辆的限制，企业可自主安排运输时间和运输路线，降低企业的物流成本。

（3）企业可以根据经营需要自主选择报关地和货物进出境验放口岸，自主性强，有利于企业合理安排生产经营和对外商贸活动，便捷企业通关。

（4）把通关流程分解为属地海关、口岸海关两地分工管理，通过现代科技信息技术打造新的通关作业链，真正实现跨关区报关的"一次申报、一次查验、一次放行"，可以提高物流速度。

（四）属地申报、属地验放

2013年11月后，"属地申报、口岸验放"通关模式进一步拓展为"属地申报、属地验放"通关模式，即结合海关企业信用管理措施，收发货人为高级认证类企业且报关企业为一般信用类以上企业进出口货物时，可自主选择向属地海关申报，并在属地海关办理货物放行手续。自2014年5月1日起，经营单位为一般认证企业且申报单位为一般信用企业以上进出口货物，除布控查验货物外，也可适用"属地申报、属地放行"通关模式。

（五）区域通关一体化

"区域通关一体化"简单说就是"多地通关，如同一关"，我国推进进程如下：

自2014年7月1日始，海关逐步推行区域通关一体化。首先，在北京、天津、石家庄海关启用区域通关一体化通关方式。2014年9月，在上海、南京、杭州、宁波、合肥、南昌、武汉、长沙、重庆、成都、贵阳、昆明海关启动长江经济带海关区域通关一体化改革，并首先在长三角地区海关启用区域通关一体化通关方式，之后逐步扩大到长三角其他地区海关；同年12月，区域通关一体化扩大到长江经济带所有海关。同一时期，在广州、深圳、拱北、汕头、黄埔、江门、湛江海关（以下简称广东地区海关）启动区域通关一体化改革，实现广东地区通关作业一体化。

2015年上半年，先后在青岛、济南、郑州、太原、西安、兰州、银川、西宁、乌鲁木齐、拉萨十个海关（以下称丝绸之路经济带海关）启动丝绸之路经济带海关区域通关一体化改革。同时，将福州、厦门、南宁、海口海关关区也纳入广东地区通关作业一体化。为服务振兴东北规划，在大连、沈阳、长春、哈尔滨、呼和浩特、满洲里六个海关（以下称东北地区海关）启动东北地区海关区域通关一体化改革。

至此，全国42个关区完成各自区域通关一体化的建设，为下一步实施"全国通关一体化"战略做好了全面且扎实的准备工作。

（六）全国通关一体化

"全国通关一体化"是指可以在全国任一海关办理报关手续，全国报关如一关的新报关模式。

根据《海关全面深化改革总体方案》精神，全国通关一体化改革是海关全面深化改革的核心任务，其结构支撑是"两中心、三制度"，即建设风险防控中心、税收征管中心，实施"一次申报、分步处置"，改革税收征管方式，优化协同监管。

"一次申报、分步处置"是通关流程再造的核心内容，改变海关接受申报、审单、查验、征税、放行的"串联式"作业流程，由企业完成报关和税款自报自缴；安全准入风险主要在口岸通关现场处置，税收风险主要在货物放行后处置（已缴纳税款或提供有效担保），在开展安全准入和税收风险防控时充分考虑企业信用。

五、报关活动相关人

经营海关监管货物仓储业务的企业、保税货物的加工企业、转关运输货物的境内承运人等虽然不办理报关业务，但是它们的生产经营活动和报关活动有着密切的关系，并承担着相应的海关义务和法律责任，人们把这些企业、单位称为报关活动相关人。

报关活动相关人的类型如图3-1所示。

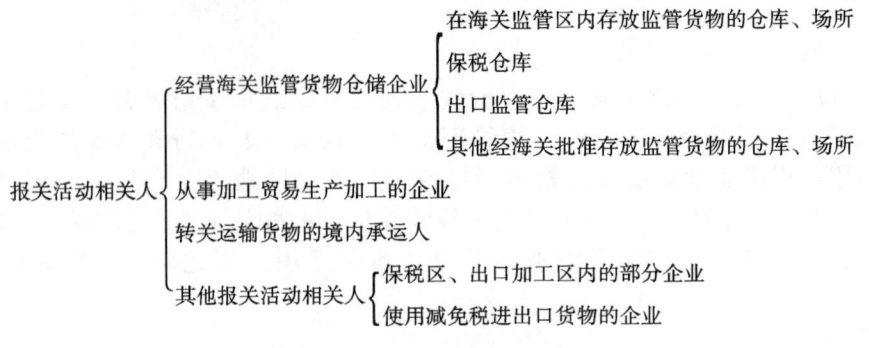

图 3-1　报关活动相关人的类型

（一）经营海关监管货物仓储企业

目前，经营海关监管货物仓储业务的企业，可分为以下几种类型：

（1）在海关监管区内存放监管货物的仓库、场所。一般存放海关尚未放行的进口货物和已办理申报、放行手续尚待装运离境的出口货物。

（2）保税仓库。主要存放经海关监管现场放行后，存放在经海关批准设立的保税仓库中，按海关对保税仓库监管规定，由海关继续监管的货物。

（3）出口监管仓库。专门存放已向海关办完全部出口手续的出口货物。

（4）其他经海关批准存放监管货物的仓库、场所。

经营储存海关监管货物的仓储企业必须经海关批准，办理海关登记注册手续。其仓储的海关监管货物必须按照海关的规定收存、交付。在保管期间，除不可抗力外，造成海关监管货物损毁或者灭失的，仓储企业应承担相应的纳税义务和法律责任。

（二）从事加工贸易生产加工的企业

从事加工贸易生产加工的企业本身具有法人资格，它们接受加工贸易经营单位的委托，按照经营单位与外商签订的加工贸易合同的规定，将进口料件加工成成品，然后交由其委托人即经营单位，由委托人办理相应的成品出口手续。

一般来说，从事加工贸易生产加工的企业可分成两类。一类是纯粹的受其他企业委托进行生产加工的企业，本身无进出口经营权，更无报关权，是纯粹的报关活动的相关人。在这种情况下，企业须向海关办理保税加工的注册登记手续，接受海关监管，视为报关活动的相关人。另一类是除了受其他企业委托进行生产加工外，自身也有对外生产加工贸易合同的企业。在这种情况下，海关视其为加工贸易经营单位，即报关单位。

（三）转关运输货物的境内承运人

转关运输货物属于海关监管货物，其境内承运人须经海关批准，并办理海关注册登记手续。转关运输货物的境内承运人是指经海关批准从事转关运输的企业，其运输工具和驾驶人员须向海关注册登记并应具备密封装置和加封条件。

所以虽然报关活动相关人不属于报关单位，在一般情况下，并不需要负责报关及纳税，但是由于报关活动相关人的生产经营活动和海关的监管货物密切相关，所以它和报关单位一样，其生产经营活动必须要得到海关许可，并办理海关注册登记手续。

当报关活动相关人的生产经营违反《海关法》和其他有关法律、行政法规时，要承担相应的行政、刑事法律责任。例如，在运输期间，转送运输货物损毁或者灭失，除不可抗力外，报关活动相关人应承担相应的纳税义务和法律责任。

(四) 其他报关活动相关人

其他报关活动相关人是指保税区、出口加工区内的部分企业以及使用减免税进口货物的企业等。

六、报关行业协会

中国报关协会（China Customs Brokers Association，CCBA）是经中华人民共和国民政部注册，由地方报关协会、报关企业、报关单位及个人自愿结成的非营利性的具有法人资格的全国性行业组织，是我国唯一的全国性报关行业组织。中国报关协会受民政部和海关总署双重管理，其登记管理机关为民政部，业务主管单位为海关总署。

中国报关协会建立的宗旨是为报关单位服务，为政府服务。其主要职责是：配合政府部门加强对中国报关行业的管理，规范报关行为；维护、改善报关市场的经营秩序；培训报关人员；促进会员间的交流与合作，依法代表本行业利益，保护会员的合法权益；加强与国际间的交流与合作，促进中国报关服务行业的健康发展。

报关行业协会是海关与企业沟通的桥梁。中国报关协会自2002年12月11日成立以来，制定并实施了一系列的法律法规，如《报关行业自律准则》《报关员公约》等，为行业自律机制的创建打下了较好的基础，并使报关质量大幅度提高。

七、报关管理制度

报关管理制度是指海关依法对报关单位和报关员的报关资格审定、批准及对其报关行为进行规范和有效管理的业务制度。报关管理制度实施的目的是：加强对报关单位及其报关员的主体资格管理；规范报关行为；明确报关单位、报关员的法律地位和法律责任。它的根本作用在于确保海关对进出境运输工具、货物、物品的监管，征收税费，查缉走私，编制统计和办理其他海关业务任务的顺利完成。它是海关实现进出境监督管理职能、维护国家进出口经济贸易活动正常秩序的重要保证。本章第二节与第三节将分别阐述报关单位报关管理制度与报关员报关管理制度。

第二节　报关单位报关管理制度

一、报关单位的概念和分类

报关单位是指依法在海关注册或经海关批准，向海关办理进出口货物报关纳税等海关事务的法人或其他组织。《海关法》第十一条规定："进出口货物收发货人、报关企业办理报关手续，必须依法经海关注册登记。"因此，依法在海关注册或经海关批准是法人或其他组织的法定要求。

报关单位具有以下几个基本特征：

（1）依法在海关注册登记。必须依法在海关注册登记后方可向海关办理报关业务。这是成为报关单位的前提条件。

（2）必须在中国境内。报关单位必须是中华人民共和国境内的法人、其他组织或者个人，这就表示境外的企业、其他组织或者个人均不能成为报关单位。所谓境内，即法人或者其他组织必须是在中国关境内依法成立。

（3）报关单位是一个集合概念。

《海关法》将报关单位划分为两种类型，即进出口货物收发货人（自理报关单位）和报关企业（代理报关单位），其中报关企业又可分为专业报关企业和代理报关企业。相关情况如图3-2所示。

$$
报关单位\begin{cases} 进出口货物收发货人——自理报关 \\ 报关企业\begin{cases} 专业报关企业 \\ 代理报关企业 \end{cases} 代理报关 \end{cases}
$$

图3-2 报关单位的划分

（一）进出口货物收发货人（自理报关单位）

进出口货物收发货人是指依照《对外贸易法》，向国务院对外贸易主管部门或者其委托的机构办理备案登记，直接进口或出口货物的中华人民共和国关境内的法人、其他组织或者个人。其重要的特征为拥有进出口经营权，经向海关备案登记后，只能为本单位的进出口货物报关。进出口货物的收发货人主要有贸易型、生产型、仓储型的企业等。从所有制结构来看，收发货人主要包括国有企业、外商投资企业、民营企业和集体企业，具有企业数量多、但报关单量相对较小等特点。进出口货物收发货人自行办理报关业务称为自理报关。

有一些单位，如境外企业、新闻、经贸机构、文化团体等依法在中国境内设立的常驻代表机构，少量货样进出境的单位，国家机关、学校、科研院所等组织机构，临时接受捐赠、礼品、国际援助的单位，国际船舶代理企业等，需要从事非贸易性进出口活动，又没有取得对外贸易经营者备案登记表的，在进出口货物时，海关也视其为进出口货物收发货人，并办理相应的临时注册登记手续。经海关注册登记后，这些单位就成为特殊的收发货人，获得临时报关权，报关范围仅限于本单位进出口非贸易性物品。

（二）报关企业（代理报关单位）

报关企业是指按照规定经海关准予注册登记，接受进出口货物收发货人的委托，以进出口货物收发货人的名义或者以自己的名义，向海关办理代理报关业务，从事报关服务的境内企业法人。报关企业属于代理报关单位。

报关企业的形成是出于专业化的需要，因为进出境运输工具、货物、物品的报关专业化较强，特别是进出境货物的报关相当复杂，一些运输工具负责人、进出口货物收发货人或者物品的所有人不具备自行办理报关的能力时，必须委托代理人代为报关。此时，代理报关的企业必须严格按照报关委托合同执行。

根据法律行为责任的不同，代理报关又可分为直接代理报关和间接代理报关。直接代理报关是指报关企业接受进出口货物收发货人的委托，以收发货人的名义办理报关业务的行为。间接代理报关是指报关企业接受进出口货物收发货人的委托，以报关企业自身的名义向海关办理报关业务的行为。前者，报关企业报关行为的法律后果直接作用于收发货人；后者，报关企业应当承担与收发货人相同的法律责任。另外，需要注意的是没有外贸经营权的报关企业只能接受进出口货物收发货人的委托报关。

目前从事报关服务的报关企业主要有两类：一类是主要经营国际货物运输代理、国际运输工具代理等业务，兼营进出口货物代理报关业务的国际货物运输代理公司等；另一类是主要经营代理报关业务的报关公司或报关行。

专业报关企业目前开展的主要业务类型有：代理报关、报检、查验、换单，代为办理海关征免税证明、加工贸易备案与核销等业务。另外，有些企业也提供一些质检服务，例如代为熏蒸处理、3C证明、旧机电备案等。为了提高通关服务的含金量，越来越多的专业报关企业介入物流衍生服务和咨询服务。目前，专业报关企业所服务客户的行业主要集中在纺织服装、塑料橡胶、机电、食品饮料、化工等行业，但是根据产品类型来划分其部门和岗位的专业报关企业非常少，大多数专业报关企业按照服务区域、客户划分来设置部门，根据业务流程来设置岗位。而从国外报关企业的经验来看，成熟报关企业为增强其专业性，往往会依照产品类型设置报关师来进行复核和把关，这对我国报关企业的发展模式有一定的借鉴作用。

二、报关注册登记制度

报关注册登记制度是指进出口货物收发货人、报关企业依法向海关提交规定的注册登记申请材料，经注册地海关依法对申请注册登记材料进行审核，准予其办理报关业务的管理制度。

2014年3月13日，海关总署下发了新修订的《中华人民共和国海关报关单位注册登记管理规定》（海关总署令221号，简称《报关单位注册登记管理规定》），该规定由《海关对报关单位注册登记管理规定》（海关总署第127号）、《海关对报关员记分考核管理办法》（海关总署第119号）和《海关报关员执业管理办法》（海关总署第146号）三部行政规章合并修订而成。

2017年11月20日经海关总署署务会议审议通过的《关于公布〈海关总署关于移改部分规章的决定〉的令》（海关总署令第235号）出台，旨在为进一步深化海关"简政放权、放管结合、优化服务"改革，在保证海关有效监管、精准监管的同时，推动通关及相关作业流程"去繁就简"。去除不必要的制度性成本，营造良好营商环境。

以上修订的《报关单位注册登记管理规定》的变化主要体现在：取消报关员的注册登记，改为以报关名义对其所从属从业人员进行备案；取消报关企业分支机构注册登记行政许可，进一步方便企业并降低企业成本，降低报关企业注册门槛；取消注册资本、报关员人数等条件限制，简化报关企业注册登记程序，将报关企业行政许可与注册程序合二为一，同时减少审批层级，大幅简化报关企业注册提交材料。

新修订的《报关单位注册登记管理规定》的实施意义在于：一是充分体现了国务院转变职能、简政放权的精神和要求，实施后将有利于发挥市场在资源配置中的决定性作用，降低就业门槛，释放就业活力，激发创业热情，将对报关服务市场起到较大的促进作用；二是大幅降低了报关企业注册登记门槛标准（取消了150万元注册资本和报关员人数限制）、取消了报关企业关区内分支机构注册登记行政许可，简化了注册登记手续，这些都将降低报关企业的经营成本，有利于促进企业发展；三是扩大了企业自主用人权利，增加了报关企业的管理责任，增加了报关协会行业自律的管理责任，今后对报关企业的管理将会更多地由报关协会实行行业自律管理。

根据该规定，报关单位的注册登记管理主要有进出口收发货人注册登记、报关企业注册登记，以及报关单位注册登记换证、变更登记与注销登记，和临时注册登记共四种类型。

（一）进出口货物收发货人注册登记

进出口货物收发货人应当按照规定到所在地海关办理报关单位注册登记手续。进出口货物收发货人注册登记属于备案性质，不属于行政许可。凡有权从事对外贸易经营活动的境内法人、其他组织和个人（个体工商户）均可直接向其所在地海关办理注册登记。

进出口货物收发货人申请注册登记时，应当提交的文件材料包括：

（1）"报关单位情况登记表"。

（2）营业执照副本复印件以及组织机构代码证书副本复印件。

（3）对外贸易经营者备案登记表复印件或者外商投资企业（台港澳侨投资企业）批准证书复印件。

（4）其他与注册登记有关的文件材料。

注册地海关依法对申请注册登记材料进行核对。经核对申请材料齐全、符合法定形式的，应当核发"中华人民共和国海关报关单位注册登记证书"。至此，进出口货物收发货人具有了报关权，可以在全国各口岸为自身货物的进出口办理报关，在海关的管理中被定位为自理报关单位。

除海关另有规定外，进出口货物收发货人"中华人民共和国海关报关单位注册登记证书"长期有效。

（二）报关企业注册登记

报关企业（代理报关单位）是专业性的报关单位，所以其办理报关注册登记的手续和条件相对复杂。报关企业主要包括报关行、国际货物运输公司等。

1. 报关企业注册登记许可

报关企业注册登记属行政许可范畴，未经许可不得报关。基于便民、高效的原则，报关企业注册登记行政许可改为后置的做法，以及2014年公布施行的《报关单位注册登记管理规定》，采用于两步并一步的简化做法，即可在申请行政许可的同时办理注册登记。

根据《报关单位注册登记管理规定》，报关企业应当具备下列条件：具备境内企业法人资格条件；法定代表人无走私记录；无因走私违法行为被海关撤销注册登记许可记录；有符合从事报关服务所必需的固定经营场所和设施；海关监管所需要的其他条件。

（1）报关企业注册登记许可申请的流程。申请人应当到所在地海关提出申请并递交申请注册登记许可材料。直属海关应当对外公布受理申请的场所。《报关单位注册登记管理规定》降低了报关企业注册登记的准入门槛，取消了原报关企业需要150万元人民币注册资本、报关员不少于5名的限制；取消了报关人员准入门槛。

提出申请时应提交的材料包括："报关单位情况登记表"；企业法人营业执照副本复印件以及组织机构代码证书副本复印件；报关服务营业场所所有权证明或者使用权证明；其他与申请注册登记许可相关的材料。申请人按照上述规定提交的复印件，应当同时向海关交验原件。

申请人可以委托代理人提出注册登记许可申请。申请人委托代理人代为提出申请的，应当出具授权委托书。

对申请人提出的申请，海关应当根据下列情况分别做出处理：申请人不具备报关企业注册登记许可申请资格的，应当做出不予受理的决定；申请材料不齐全或者不符合法定形式的，应当当场或者在签收申请材料后五日内一次告知申请人需要补正的全部内容，逾期不告知的，自收到申请材料之日起即为受理；申请材料仅存在文字性或者技术性等可以当场更正的错误的，应当允许申请人当场更正，并且由申请人对更正内容予以签章确认；申请材料齐全、符合法定形式，或者申请人按照海关的要求提交全部补正申请材料的，应当受理报关企业注册登记许可申请，并做出受理决定。

所在地海关受理申请后，应当根据法定条件和程序进行全面审查，并且于受理注册登记许可申请之日起20日内审查完毕。直属海关未授权隶属海关办理注册登记许可的，应当自收到所在地海关报送的审查意见之日起20日内做出决定。直属海关授权隶属海关办理注册登记许可的，隶属海关应当自受理或者收到所在地海关报送的审查意见之日起20日内做出决定。

经海关审查，申请人的申请符合法定条件的，海关应当依法做出准予注册登记许可的书面决定，并送达申请人，同时核发"中华人民共和国海关报关单位注册登记证书"。申请人的申请不符合法定条件的，海关应当依法做出不准予注册登记许可的书面决定，并且告知申请人享有依法申请行政复议或者提起行政诉讼的权利。

（2）报关企业分支机构注册登记许可。报关企业在取得注册登记许可的直属海关关区外从事报关服务的，应当依法设立分支机构，并且向分支机构所在地海关备案。报关企业在取得注册登记许可的直属海关关区内从事报关服务的，可以设立分支机构，并且向分支机构所在地海关备案。报关企业分支机构可以在备案海关关区内从事报关服务。备案海关为隶属海关的，报关企业分支机构可以在备案海关所属直属海关关区内从事报关服务。报关企业对其分支机构的行为承担法律责任。

申请分支机构注册登记许可的报关企业应当符合的条件包括：报关企业自取得海关核发的"中华人民共和国海关报关单位注册登记证书"之日起满2年；报关企业自申请之日起最近2年未因走私受过处罚。同时，报关企业每申请一项跨关区分支机构注册登记许可，应当增加注册资本人民币50万元。

报关企业跨关区设立的分支机构拟取得注册登记许可的，应当具备的条件包括：符合境内企业法人分支机构设立条件；报关员人数不少于3名；有符合从事报关服务所必需的固定经营场所和设施；分支机构负责人应当具有5年以上从事对外贸易工作经验或者报关工作经验；报关业务负责人、报关员无走私行为记录。

报关企业设立分支机构应当向其分支机构所在地海关提交下列备案材料："报关单位情况登记表"；报关企业"中华人民共和国海关报关单位注册登记证书"复印件；分支机构营业执照副本复印件以及组织机构代码证书副本复印件；报关服务营业场所所有权证明复印件或者使用权证明复印件；海关要求提交的其他备案材料。

海关比照报关企业注册登记许可程序规定做出是否准予跨关区分支机构注册登记许可的决定。

（3）报关企业及其跨关区分支机构注册登记许可期限。报关企业注册登记许可期限为2年。被许可人需要延续注册登记许可有效期的，应当办理注册登记许可延续手续。

报关企业分支机构备案有效期为2年，报关企业分支机构应当在有效期届满前30日到分支机构所在地海关办理换证手续。

(4) 报关企业注册登记许可的变更和延续。

1) 变更。报关企业的企业名称、法定代表人发生变更的，应当持"报关单位情况登记表""中华人民共和国海关报关单位注册登记证书"、变更后的工商营业执照或者其他批准文件及复印件，以书面形式到注册地海关申请变更注册登记许可。

报关企业分支机构企业名称、企业性质、企业住所、负责人等海关备案内容发生变更的，应当自变更生效之日起30日内，持变更后的营业执照副本或者其他批准文件及复印件，到所在地海关办理变更手续。所属报关人员备案内容发生变更的，报关企业及其分支机构应当在变更事实发生之日起30日内，持变更证明文件等相关材料到注册地海关办理变更手续。

对被许可人提出的变更注册登记许可申请，注册地海关应当参照注册登记许可程序进行审查。经审查符合注册登记许可条件的，应当做出准予变更的决定，同时办理注册信息变更手续。经审查不符合注册登记许可条件的，海关不予变更其注册登记许可。

2) 延续。报关企业及其分支机构需要延续注册登记许可的，应当在有效期届满40天前向海关提出延续申请并递交海关规定的材料。这些材料包括：注册登记许可延续申请书；企业法人营业执照复印件；报关业务分析、报关差错情况及原因；"报关单位情况登记表"；海关认为应当提交的其他资料。报关企业应当在办理注册登记许可延续的同时办理换领"中华人民共和国海关报关单位注册登记证书"手续。

海关应当参照注册登记许可程序在有效期届满前对报关企业的延续申请予以审查。经审查认定符合注册登记许可条件，以及法律、行政法规、海关规章规定的延续注册登记许可应当具备的其他条件的，应当依法做出准予延续2年有效期的决定。

海关应当在注册登记许可有效期届满前做出是否准予延续的决定。有效期届满时仍未做出决定的，视为准予延续，海关应当依法为其办理注册登记许可延续手续。海关对不再具备注册登记许可条件，或者不符合法律、行政法规、海关规章规定的延续注册登记许可应当具备的其他条件的报关企业，不准予延续其注册登记许可。

(5) 报关企业注册登记许可的撤销、注销和监督。

1) 撤销。有下列情形之一的，做出注册登记许可决定的直属海关，根据利害关系人的请求或者依据职权，可以撤销注册登记许可：海关工作人员滥用职权、玩忽职守做出准予注册登记许可决定的；超越法定职权做出准予注册登记许可决定的；违反法定程序做出准予注册登记许可决定的；对不具备申请资格或者不符合法定条件的申请准予注册登记许可的；依法可以撤销注册登记许可的其他情形。

被许可人以欺骗、贿赂等不正当手段取得注册登记许可的，应当予以撤销。海关依照规定撤销注册登记许可时，可能对公共利益造成重大损害的，可不予撤销。

2) 注销。有下情形之一的，海关应当依法注销注册登记许可：有效期届满未申请延续的；报关企业依法终止的；注册登记许可依法被撤销、撤回，或者注册登记许可证件依法被吊销的；由于不可抗力导致注册登记许可事项无法实施的；法律、行政法规规定的应当注销注册登记许可的其他情形。

3) 监督。报关企业违法从事报关服务且超出了违法行为发生地的直属海关的管辖区，此时该海关应当依法将报关企业的违法事实及处理结果抄送给有权管辖的直属海关。

当海关依法对报关企业从事报关活动及其经营场所进行监督和实施检查，依法查阅或者要求报关企业报送有关材料时，报送企业应当积极配合，如实提供有关情况和材料。

另外，上级海关应当加强对下级海关实施注册登记许可的监督检查，及时纠正注册登记许可实施中的违法行为。

2. 报关企业注册登记手续

报关企业申请人获得直属海关注册登记许可后，应当到工商行政管理部门办理许可经营项目登记。在工商行政管理部门登记后，自该登记之日起90日内，报送企业应到本企业所在地海关办理注册登记手续。逾期，海关将不予注册登记。

注册登记流程如下：

（1）报关企业申请办理注册登记，应当提交的文件材料包括：①直属海关注册登记许可文件复印件；②企业法人营业执照副本复印件（分支机构提交营业执照）；③税务登记证书副本复印件；④银行开户证明复印件；⑤组织机构代码证书副本复印件；⑥"报关单位情况登记表"；⑦"报关单位管理人员情况登记表"；⑧报关企业与所聘报关员签订的用工劳动合同复印件；⑨其他与报关注册登记有关的文件材料。

（2）注册地海关依法对报送企业提交的申请注册登记的文件材料进行核对。对申请材料齐全、符合法定形式的申请人，注册地海关应核发"报关企业登记证书"。凭此证书，报关企业就可以办理报关业务。

（三）报关单位注册登记换证、变更登记和注销登记

1. 换证

海关规定，"报关企业登记证书"有效期限为2年，"收发货人登记证书"有效期限为3年。报关企业在登记证书有效期满之前，应当办理注册登记许可延期手续和换领报关企业报关登记证书手续。

进出口货物收发货人办理换证手续时应当向注册地海关递交的文件材料包括：①企业法人营业执照副本复印件（个人独资、合伙企业或者个体工商户提交营业执照）；②对外贸易经营者登记备案表复印件（法律、行政法规或者商务部规定不需要备案登记的除外）；③"中华人民共和国外商投资企业批准证书""中华人民共和国台、港、澳、侨投资企业批准证书"复印件（限外商投资企业提交）；④"报关单位情况登记表"；⑤"报关员情况登记表"（无报关员的免提交）；⑥"报关单位管理人员情况登记表"。

2. 变更登记

进出口货物收发货单位名称、企业性质、企业住所、法定代表人（负责人）等海关注册登记内容发生变更的或者报关企业取得变更登记许可后，应当自批准变更之日起30日内，向注册地海关提交变更后的工商营业执照或者其他批准文件及复印件，办理变更手续。

3. 注销登记

报关单位有下列情形之一，应当以书面形式向注册地海关报告，海关在办结有关手续后，依法办理注销注册登记手续：①破产、解散、自行放弃报关权或者分立成两个以上新企业的；②被工商行政管理部门注销登记或吊销营业执照的；③丧失独立承担责任能力的；④报关企业丧失注册登记许可的；⑤进出口货物收发货人的对外贸易经营者备案登记表或者外商投资企业批准证书失效的；⑥其他依法应当注销注册登记的情形。

(四) 临时注册登记

临时注册登记单位在向海关申报前，应当向所在地海关办理备案手续，特殊情况下可以向拟进出境口岸或者海关监管业务集中地海关办理备案手续。办理临时注册登记，应当持本单位出具的委派证明或者授权证明及非贸易性活动证明材料。

临时注册登记的，海关可以出具临时注册登记证明，但是不予核发注册登记证书。

临时注册登记有效期最长为 1 年，有效期届满后应当重新办理临时注册登记手续。

三、报关单位的报关行为规则

(一) 进出口货物收发货人的报关行为规则

可以将进出口货物收发货人的报关行为规则概括为以下几条：

（1）在海关办理注册登记后，虽然可以在中华人民共和国关境内各个口岸或者海关监管业务集中的地点办理本单位的报关业务，但是不能代理其他单位报关。

（2）在自行办理报关业务时，一般来说，应当通过本单位所属的报关员向海关办理，不过，也可以委托海关准予注册登记的报关企业，由报关企业所属的报关员代为办理报关业务。

（3）不得委托未取得注册登记许可、未在海关办理注册登记的单位或者个人办理报关业务。

（4）在办理报关业务时，向海关递交的纸质"进出口货物报关单"必须加盖本单位在海关备案的报关专用章。

（5）应对本单位所属报关员的报关行为承担相应的法律责任。若本单位所属的报关员离职，应当自报关员离职之日起 7 日内向海关报告并将报关员证件交由注册地海关予以注销。如果报关员离职时，未交还报关员证件，本单位应当在报刊上声明作废，并向注册地海关办理注销手续。

报关单位、报关人员违反法律法规规定、构成走私行为、违反海关监管规定行为或者其他违反《海关法》行为的，由海关依照《海关法》和《海关行政处罚实施条例》的有关规定予以处理；构成犯罪的，依法追究刑事责任。

(二) 报关企业的报关行为规则

1. 报关企业报关服务的地域范围

当报关企业依法取得海关的注册登记许可后，根据该许可，可以在直属海关关区内各口岸或者海关监管业务集中的地点从事报关服务，但是报关企业应当在拟从事报关服务的这些地点依法设立分支机构，并在直属海关备案。

当报关企业需要在注册登记许可区域以外从事报关服务时，应当在从事报关服务地依法设立分支机构，并且应向拟注册登记地海关申请报关企业分支机构注册登记许可。当报关企业分支机构获得拟注册登记地海关的注册登记许可后，才可在所在地口岸或者海关监管业务集中的地点从事报关服务。此时，报关企业对其分支机构的行为承担法律责任。

2. 报关企业从事报关服务应当履行的义务

当报关企业从事报关服务时，应当履行如下义务：

（1）遵守法律、行政法规、海关规章的各项规定，依法履行代理人职责，配合海关监管工作，不得违法滥用报关权。

(2) 依法建立账簿和营业记录。真实、正确、完整地记录其受委托办理报关业务的所有活动，详细记录进出口时间、收发货单位、报关单号、货值、代理费等内容，完整保留委托单位提供的各种单证、票据、函电，接受海关稽查。

(3) 报关企业应当与委托方签订书面的委托协议，委托协议应当载明受托报关企业名称及地址、委托事项、双方责任、期限、委托人的名称及地址等内容，由双方签章确认。

(4) 报关企业接受进出口货物收发货人的委托，办理报关手续时，应当承担对委托人所提供情况的真实性、完整性进行合理审查的义务。审查内容包括：①证明进出口货物的实际情况的资料，包括进出口货物的名称、规格、用途、产地、贸易方式等；②有关进出口货物的合同、发票、运输单据、装箱单等商业单据；③进出口所需的许可证件及随附单证；④海关要求的加工贸易手册（纸质或电子数据的）及其他进出口单证等。报关企业未对进出口货物收发货人提供情况的真实性、完整性履行合理审查义务或违反海关规定申报的，应当承担相应的法律责任。

(5) 报关企业不得以任何形式出让其名义，供其他人办理报关业务。

(6) 对于代理报关的货物涉及走私违规情事的，应当接受或者协助海关进行调查。

3. 其他规则

(1) 报关企业办理报关业务时，向海关递交的纸质"进出口货物报关单"必须加盖本单位在海关备案的报关专用章。报关企业的报关专用章仅限在其标明的口岸地或者海关监管业务集中地使用，每一口岸地或者海关监管业务集中地报关专用章应当只有1枚。

(2) 报关企业应对本单位所属报关员的报关行为承担相应的法律责任。若本单位所属的报关员离职，应当自报关员离职之日起7日内向海关报告并将报关员证件交由注册地海关予以注销。如果报关员离职时，未交还报关员证件，本单位应当在报刊上声明作废，并向注册地海关办理注销手续。

(3) 报关单位有权向海关查询其办理的报关业务情况。

四、报关单位的法律责任

报关单位在办理报关业务时，应遵守国家有关法律、行政法规和海关的各项规定，并对所申报货物、物品的品名、规格、价格、数量等的真实性、合法性负责，承担相应的法律责任。报关单位若违反《刑法》，则依法追究刑事责任；报关单位若违反《海关法》，则按《海关行政处罚实施条例》的有关规定处理。

根据《报关单位注册登记管理规定》，报关单位有下列情形之一的，海关予以警告，责令其改正，可以处1万元以下罚款：报关单位企业名称、企业性质、企业住所、法定代表人（负责人）等海关注册登记内容发生变更，未按照规定向海关办理变更手续的；向海关提交的注册信息中隐瞒真实情况、弄虚作假的。

根据《海关行政处罚实施条例》，报关单位的法律责任如下：

(1) 报关单位在办理报关业务的过程中，进出口货物的名称、税则号列、数量、规格、价格、贸易方式、原产地、启运地、运抵地、最终目的地或者其他应当申报的项目未申报或者申报不实的，分别依照下列规定予以处罚：①有违法所得的，没收违法所得；②影响海关统计准确性的，予以警告或者处1000元以上1万元以下罚款；③影响海关监管秩序的，予以警告或者处1000元以上3万元以下罚款；④影响国家许可证件管理的，处货物价值5%

以上30%以下罚款；⑤影响国家税收征收的，处漏缴税款30%以上2倍以下罚款；⑥影响国家外汇、出口退税管理的，处申报价格10%以上50%以下罚款。另外，报关企业对委托人所提供情况的真实性未进行合理审查，或者因工作疏忽致使发生以上情形的，可以对报关企业处货物价值10%以下罚款，暂停其6个月以内从事报关业务或者执业；情节严重的，撤销其报关注册登记。

（2）报关企业有下列情形之一的，责令改正，给予警告，可以暂停其6个月以内从事报关业务：①拖欠税款或者不履行纳税义务的；②报关企业出让其名义供他人办理进出口货物报关纳税事宜的；③有需要暂停其从事有关业务或者执业的其他违法行为的。另外，如果报关企业被海关暂停从事有关业务，恢复从事有关业务1年内再次发生以上情形的，海关可以撤销其注册登记。海关可以撤销其注册登记的情形还有以下两种：①1年内3人次以上被海关暂停执业的；②有需要撤销其注册登记的其他违法行为的。

（3）报关企业非法代理他人报关或者超出海关准予的从业范围进行报关活动的，责令改正，处5万元以下罚款，暂停其6个月以内从事报关业务；情节严重的，撤销其报关注册登记。

（4）报关单位向海关工作人员行贿的，撤销其报关注册登记，并处10万元以下罚款；构成犯罪的，依法追究刑事责任，并不得重新注册登记为报关企业。

（5）未经海关注册登记从事报关业务的，予以取缔，没收违法所得，并处10万元以下罚款。

（6）提供虚假资料骗取海关注册登记的，撤销其注册登记，并处30万元以下罚款。

第三节　报关员报关管理制度

2013年10月28日，海关总署发布《关于改革报关员资格管理制度的公告》，根据国务院简政放权、转变职能关于进一步减少资质资格类许可和认定的有关要求，海关总署结合群众路线教育实践活动，经过深入调研和广泛征求意见，决定改革现行报关从业人员资质资格管理制度，取消报关员资格核准审批，对报关人员从业不再设置门槛和准入条件。目前，相关法律法规修订工作正在进行中，新的管理制度将在法律法规完成修订并对外公布后实施。今后，报关从业人员由企业自主聘用，由报关协会自律管理，海关通过指导、督促报关企业加强内部管理实现对报关从业人员的间接管理。这一做法符合简政放权、转变职能的要求以及行政审批制度改革的方向，同时有利于降低就业门槛，释放就业活力，营造就业创业的公平竞争环境。基于此，海关总署决定自2014年起不再组织报关员资格全国统一考试。

2013年10月28日，第十二届全国人民代表大会常务委员会第六次会议通过对《海关法》做出修改。原《海关法》第十一条第一款规定："进出口货物收发货人、报关企业办理报关手续，必须依法经海关注册登记。报关人员必须依法取得报关从业资格。未依法经海关注册登记和未依法取得报关从业资格的人员，不得从事报关业务。"修改为："进出口货物收发货人、报关企业办理报关手续，必须依法经海关注册登记。未依法经海关注册登记，不得从事报关业务。"同时在其他条款中将"报关员"修改为"报关人员"。

2014年3月实施的《报关单位注册登记管理规定》将报关人员界定为："报关人员，是指经报关单位向海关备案，专门负责办理所在单位报关业务的人员。"实际上，报关员和报关人员这两个概念并没有本质区别，只是从不同角度所进行的界定。从报关职业角度，报关从业人员统称为报关员；从法律角度，统称为报关人员。为了便于表述，本教材所述的报关员即指新修订《海关法》中所指的报关人员。

一、报关员的备案

报关单位所属人员从事报关业务的，报关单位应当到海关办理备案手续，海关予以核发证明。海关收取"报关单位情况登记表"，并验证核实拟备案报关人员有效身份证件原件后，核发"报关人员备案证明"。

修订后的《报关单位注册登记管理规定》对报关员备案的规定如下：

（1）明确由报关单位所属报关员办理海关有关手续。基于报关员资格核准审批和报关员注册登记许可的取消，考虑到报关员的报关行为是基于报关单位的授权，并以报关单位的名义来办理的，因此在修订中明确报关员由其所属报关单位为其办理海关相关手续，报关员与所属报关单位的劳动合同关系的真实性和有效性由报关单位负责，在"报关员情况登记表"中注明并加盖公章确认。

（2）简化报关员备案的条件和材料。修订后报关员备案已无门槛，并且提交的材料也大幅减少，报关单位只需凭备案表和报关员身份证即可办理报关员备案。

（3）取消报关员证，改为核发报关员卡。报关员卡即报关员的身份凭证，也是用来办理报关业务的，实行卡、证二合一。

（4）增加报关单位对报关员的法律责任。报关员在办理报关业务时的违法行为，报关单位要承担相应的法律责任并受到处罚，从而进一步强化报关单位对所属报关员的管理。海关可以将报关单位的报关业务情况以及所属报关员的执业情况予以公布。

（5）取消了报关员记分考核管理，不再对报关员进行记分，改为对企业的差错进行记录。取消报关员记分管理30分上限，但对报关单位办理海关业务中出现的报关差错仍然予以记录，并且公布记录情况的查询方式。

二、报关水平测试

为进一步加强报关行业自律，提升报关从业人员职业素养，提高报关质量，服务企业选人、用人和职业院校后备人才培养工作，根据中国报关协会章程，制定了《中国报关协会报关水平测试办法》。报关水平测试，是中国报关协会对参试人员报关基础知识及报关业务技能水平进行的综合评价与定量分析。自2014年开始，报关水平测试取代报关员资格考试。

报关水平测试依据《报关服务作业规范》《报关服务质量要求》等行业标准，按照《报关水平测试大纲》要求，设置测试标准和测试要素并对参试者颁发"报关水平测试成绩分析报告书"。中国报关协会成立报关水平测试工作委员会，对测试工作进行决策、指导。委员会下设办公室，具体实施测试工作。

地方报关协会负责所在地区报关水平测试相关的组织协调工作。报关水平测试实行公平、公开、公正、诚信的原则，采取自愿参加、统一报名、统一命题、统一测试、统一评分标准、统一阅卷核分的方式进行。

1. 报关水平测试的报名条件

报名参加测试的人员应当符合下列条件：具有中华人民共和国国籍或持有有效"港澳

居民来往内地通行证"的港澳居民和"台湾居民来往大陆通行证"的台湾居民；年满16周岁，具有完全民事行为能力；具有高中毕业证书或同等学力，包括高中、中专、技校、职高的应届毕业生。

有下列情形之一的，不得报名参加测试，已经办理报名手续的，报名无效：因刑事犯罪受过处罚的；因在报关活动中向海关工作人员行贿，被海关依法处理的；在测试中发生作弊行为，被宣布测试结果无效的。

2. 报名手续与报告书

测试采取网上报名、网上缴费的方式。经网上报名成功的考生，应在规定时间内自行从网上打印准考证。考生凭准考证参加测试。

测试结束后2个月内发布测试结果。考生应当自测试结果发布之日起6个月内向所在地考试点申领"报关水平测试成绩分析报告书"。考生对测试结果有异议的，可在测试结果发布之日起2个月内申请对本人试卷卷面各题已得分数的计算、合计、登录是否有误进行核查。核查结果通知本人后，不进行再次核查。

申领"报关水平测试成绩分析报告书"时，应当提交下列材料：本人身份证件；准考证。

"报关水平测试成绩分析报告书"由中国报关协会统一制作，在全国范围内有效，有效期3年。"报关水平测试成绩分析报告书"在有效期内损毁、遗失的，可申请补发。已经取得报关员资格证书的人员，可不再参加报关水平测试。

三、报关员的业务范围

作为从事报关业务的专门人员，有权以所属报关单位的名义执业，办理报关业务。报关从业人员可以办理的业务包括以下几个方面：

（1）如实申报进出口货物的商品编码、商品名称、规格型号、实际成交价格，原产地及相应优惠贸易协定代码等报关单有关项目，并办理填制报关单，提交报关单证等与申报有关的事项。

（2）申请办理缴纳税费和退税、补税事宜。

（3）申请办理加工贸易合同备案（变更）、深加工结转、外发加工、内销、放弃核准、余料结转、核销及保税监管等事宜。

（4）申请办理进出口货物减税、免税等事宜。

（5）协助海关办理进出口货物的查验、结关。

报关从业人员有权对违反国家规定，逃避海关监管的行为进行举报，有权对海关及其工作人员违法违纪行为进行控告、检举。报关从业人员有权向海关查询其办理的报关业务情况。

四、报关员的权利和义务

（一）报关员的权利

根据《海关报关员执业管理办法》第二十七条的规定，报关员享有下列权利：①以所在报关单位名义执业，办理报关业务；②向海关查询其办理的报关业务情况；③拒绝海关工作人员的不合法要求；④对海关对其做出的处理决定享有陈述、申辩、申诉的权利；⑤依法申请行政复议或者提起行政诉讼;⑥合法权益因海关违法行为受到损害的,依法要求赔偿;⑦参加执业培训。

(二) 报关员的义务

根据《海关报关员执业管理办法》第二十八条的规定,报关员应当履行以下义务:①熟悉所申报货物的基本情况,对申报内容和有关材料的真实性、完整性进行合理审查;②提供齐全、正确、有效的单证,准确、清楚、完整地填制海关单证,并按照规定办理报关业务及相关手续;③海关查验进出口货物时,配合海关查验;④配合海关稽查和对涉嫌走私违规案件的查处;⑤按照规定参加直属海关或者直属海关授权组织举办的报关业务岗位考核;⑥持"报关员证"办理报关业务,海关核对时,应当出示;⑦妥善保管海关核发的"报关员证"和相关文件;⑧协助落实海关对报关单位管理的具体措施。

五、报关员行为规范

根据《海关报关员执业管理办法》有关规定,报关员需要遵守下列行为规范:

(1) 报关员应当在一个报关单位执业。

(2) 报关企业及其跨关区分支机构的报关员,应当在所在报关企业或者跨关区分支机构的报关服务的口岸地或者海关监管业务集中的地点执业。进出口货物收发货人的报关员,可以在中华人民共和国关境内的各口岸地或者海关监管业务集中的地点执业。

(3) 报关员应当在所在报关单位授权范围内执业。报关员应当按照报关单位的要求和委托人的委托依法办理下列业务:①按照规定如实申报进出口货物的商品编码、商品名称、规格型号、实际成交价格、原产地及相应优惠贸易协定代码等报关单有关项目,并办理填制报关单、提交报关单证等与申报有关的事宜;②申请办理缴纳税费和退税、补税事宜;③申请办理加工贸易合同备案(变更)、深加工结转、外发加工、内销、放弃核准、余料结转、核销及保税监管等事宜;④申请办理进出口货物减税、免税等事宜;⑤协助海关办理进出口货物的查验、结关等事宜;⑥应当由报关员办理的其他报关事宜。

六、报关员的法律责任

报关员违反法律规定,构成走私或者违反海关监管规定行为的,由海关依照《海关法》和《海关行政处罚实施条例》的有关规定予以处理;构成犯罪的,依法追究刑事责任。

根据《海关报关员执业管理办法》的有关规定,报关员有下列情形之一的,海关予以警告,责令其改正,并可以处人民币2000元以下的罚款:

(1) 有关报关员执业禁止的下列行为:

1) 故意制造海关与报关单位、委托人之间的矛盾和纠纷。

2) 假借海关名义,以明示或者暗示的方式向委托人索要委托合同约定以外的酬金或者其他财物、虚假报销。

3) 同时在2个或者2个以上报关单位执业。

4) 私自接受委托办理报关业务,或者私自收取委托人酬金及其他财物。

5) 将"报关员证"转借或者转让他人,允许他人持本人"报关员证"执业。

6) 涂改"报关员证"。

7) 其他利用执业之便谋取不正当利益的行为。

(2) 当海关注册内容发生变更,报关员未按照规定向海关办理变更手续的行为。

第四节 行业自律管理

一、中国报关协会介绍

中国报关协会(China Customs Brokers Association,简称CCBA)成立于2002年12月,是由地方报关协会、在海关注册的报关单位和个人自愿结成的非营利性质的具有法人资格的全国性行业组织。其宗旨是:配合政府部门加强对我国报关行业的管理和维护,改善报关市场的经营秩序,促进会员间的交流与合作,依法代表本行业利益,保护会员的合法权益,促进我国报关服务行业的健康发展。

中国报关协会的业务范围是:指导协调、行业自律、培训考试、信息交流、咨询服务、出版刊物、国际合作,具体如下:

(1) 贯彻《海关法》及国家有关法律法规和政策,协助政府部门加强对报关行业的自律管理。

(2) 调查研究各有关方面对报关行业的要求,综合分析报关市场的供求关系和发展趋势,为会员提供信息咨询服务,同时向有关部门反映会员的意见和要求,为政府制定行业发展规划和管理政策提出建议。

(3) 规范行业行为,提倡行业道德操守。

(4) 接受国家主管的委托授权,制定报关服务行业标准,规范报关作业程序,促进通关效率的提高。

(5) 代表本行业协调与有关业务主管部门、企业的工作关系,反映会员的建议和要求,协助解决有关问题,维护会员的合法权益。

(6) 协调、指导地方报关协会的业务开展和工作交流。

(7) 经国家主管部门委托授权,组织报关从业人员的职业等级评定、颁发证书,组织报关业人员的培训,编写培训教材,提高报关从业人员素质及报关经理人的经营管理水平。

(8) 收集、整理、发送报关行业的信息,组织相关的研讨、论坛、展示活动,依据国家规定出版会刊及专业刊物、创办网站。

(9) 代表本行业参加国际性同行业组织,出席有关国际会议,与国际和地区的同行业组织建立业务联系,促进国际合作与交流。

(10) 兴办与宗旨、业务相关的实体。

(11) 经有关政府主管部门批准,对报关企业和报关从业人员进行表彰、奖励。

(12) 承担政府部门、相关团体和会员委托的工作。

二、地方报关协会介绍

地方报关协会是由当地报关单位、相关社会团体及个人自愿结成的自律性、具有法人资格的非营利性报关行业组织。由于报关业务的特殊性,地方报关协会业务所覆盖的地区往往与当地海关的关区相吻合,所在地相应的民政部门是地方报关协会的登记管理机关。地方报关协会的章程,如业务范围、会员管理、组织机构等,基本与中国报关协会章程一致。目前，全国已经成立的地方报关协会有北京、上海、天津、厦门、福州等几十个。其中，北京、天津、大连、山东、上海、江苏、广州、深圳八家地方协会还是中国报关协会的常务理事单位。其他地方协会一般是中国报关协会理事单位。

三、企业如何配合报关协会落实行业自律管理

（一）倡导和推动行业自律

2003年12月，中国报关协会成立之初，就制定并在协会第一届理事会第二次全体会议上审议通过了《报关行业自律准则（试行）》。2013年，为贯彻落实《民政部关于开展行业自律与创建活动的通知》精神，健全报关行业自律规约，完善行业自律内容，中国报关协会对其进行了修订，修订后共分七章三十五条，其主要内容如下：

1. 一般原则

报关单位和报关从业人员应诚信守法、崇尚专业、自律规范、务实创新。报关单位应当积极引进先进的管理理念、管理方法和技术手段，不断提高内部管理水平。

报关单位和报关从业人员应自觉遵守国家法律法规，不得超出有关法律法规和规章规定的范围从事经营活动，不得有逃避国家贸易管制和偷逃税等走私、违规行为，不得索贿，也不得行贿执法人员。

报关从业人员应当积极参加海关、报关协会或其授权单位组织的各类岗前培训、在职培训，并坚持在职自学，以达到熟悉国家相关法律法规、税务、外贸、商品知识，熟练掌握海关法律法规、海关业务制度，办理海关手续的技能，保持自身的专业能力。

报关单位和报关从业人员应当主动配合有关行政执法机关执行公务，据实举报违法行为，自觉抵制和纠正行业不正之风，维护报关行业形象。

2. 报关业务规范

报关单位开展报关业务，应依法到海关办理注册登记，领取"报关注册登记证书"，在证书有效期届满需延期的，应及时办理换证手续。

报关单位和报关从业人员应当以国家管理部门核准的方式和范围从事经营，不得以任何形式出借、出租、转让报关权，不得非法代理他人报关或者超出业务范围进行报关活动。

报关单位应当建立健全内部监督机制，加强制度建设，以完善、有效、切实可行的制度来规范对报关业务、报关从业人员的管理，努力提高工作质量和效率，同时，报关单位还应当健全账册，依法保存报关业务记录和报关单证。

报关企业承接报关业务，应当由具有专业技能的报关员具体承办。报关企业和报关从业人员应当切实对委托方提供的单证等报关资料的真实性、完整性进行合理审查，并据此按照《报关单填报规范》填制报关单，承担相应的法律责任，不得承接单证不真实、资料不齐全的报关业务。

3. 对委托人的责任

报关企业和报关从业人员应当以服务、诚信为本，热心为委托方排忧解难，如实回答委托方对委托事项的询问，高质量、高效率地完成报关业务。

报关单位及报关从业人员应使用由中国报关协会制定的全国规范统一格式的纸质或电子委托书/协议，委托双方应当本着自愿、平等、互利的原则签订该协议。明确双方的责任、权利和义务，标明报关收费数额，并履行承诺。报关企业和报关从业人员应当为委托方保守

商业秘密，不得利用该商业秘密为自己或他人谋取不正当利益。

除国家法律、法规另有规定或者国家执法机关有要求外，报关企业和报关从业人员不得以任何形式向他人提供虚假保函或报关所需的证明材料。报关企业和报关从业人员不得虚假宣传，欺骗委托方，不得虚构事实增加委托方的开支，不得向委托方索取报关服务费以外的非法利益。

4. 对同行的责任

报关单位和报关从业人员应当遵守公共关系准则，保持同行间良好的工作关系，合法执业，公平竞争，不得捏造、散布虚假事实，损害同行的商业信誉，不得以虚假宣传、免收服务费用和不正当的低廉价格，以及在账外暗中给付他人佣金、回扣等不正当竞争方式招揽报关业务，不得做损害同行间利益的事情。

报关单位应当严格遵守《中华人民共和国劳动合同法》及有关规定。与报关从业人员签订劳动合同，不得损害报关从业人员的合法权益。

报关从业人员应当信守职业道德，爱岗敬业，不得损害受雇企业的合法利益，不得随意违约离职，不得同时在两家或者两家以上的报关单位从业。

5. 奖励与惩戒

报关企业和报关从业人员遵守上述准则，对提高报关质量做出突出贡献的，中国报关协会可将其评为"全国优秀报关企业"或"全国优秀报关员"，并予以通报表彰。

对涉嫌违反上述准则行为的报关单位和报关从业人员，中国报关协会调查属实后，可对其提出警告或予以通报批评。

报关单位和报关从业人员有下列行为之一的，根据情节轻重，中国报关协会经常务理事会会长会议批准，可以对其在业内通报批评，是会员的将予以除名，或将有关材料提供给相关执法机关：

1）违反国家有关法律法规的。
2）违反中国报关协会章程和准则，并造成恶劣影响的。
3）进行不正当竞争，扰乱报关市场秩序的。
4）严重违反中国报关协会制定的委托书/协议，侵害对方利益，造成恶劣影响的。

（二）推动行业标准和行业规范的建设

1. 推动报关员职业等级建设

报关员职业等级建设是报关行业管理的重要内容。2006年9月，中国报关协会作为新职业建议人正式向原劳动和社会保障部成功申报报关员职业，报关员职业被正式纳入国家职业分类体系。2007年12月，中国报关协会组织草拟的《报关员国家职业标准（试行）》经原劳动和社会保障部、海关总署联合对外颁布。2010年3月，人力资源和社会保障部正式批复海关总署成立职业技能鉴定指导中心，依托中国报关协会开展报关员职业技能鉴定工作。至此，开展报关员职业等级考评的各项准备工作已日趋成熟。

2. 推动报关行业服务标准的建设

行业服务标准是配合海关管理、开展行业自律、维护行业利益的有效措施。2010年，海关总署正式批准制定"报关服务作业规范"的立项。"报关服务作业规范"作为报关行业服务标准的组成部分，有力地推动了整个报关行业服务标准的制定和实施工作，促进了整个行业的健康有序发展。2011年1月，海关总署发布《报关服务作业规范》。2013年9

月,海关总署发布《报关服务质量要求》作为海关行业标准,该标准与《报关服务作业规范》互补,共同为提高报关质量、服务水平以及优化通关环境和提高通关效率服务。

3. 推行统一规范的委托书/协议

为了规范报关代理服务,明确委托人和代理人的职责、权利、义务,中国报关协会拟定了规范的委托书/协议的纸质格式,并于2004年12月在全国统一推行。该委托书/协议已经成为代理报关服务的重要法律文书和进出口货物海关申报的随附单证之一。格式化的委托书/协议的使用,从申报源头上规范了报关行为,对委托人和代理人界定法律责任、防范经营风险有着重要的意义,很好地配合了海关对申报的管理工作。

自2018年3月25日起,纸质格式的报关委托书进入历史,电子报关委托书正式上线使用。

本章练习题

一、不定项选择题

1. 根据《海关法》的规定,(　　)是海关对进出境物品监管的基本原则,也是对进出境物品报关的基本要求。
   A. 合理在境内使用原则　　　　B. 合法进出境原则
   C. 自用、合理数量原则　　　　D. 不再转让原则

2. 根据《海关法》的规定,中华人民共和国海关是(　　)性质的机关。
   A. 司法机关　　B. 税收机关　　C. 监察机关　　D. 监督管理机关

3. 进出境的报关范围可以分成(　　)。
   A. 一般进出口、保税进出口、暂准进出口和其他进出口报关
   B. 进出口收发货人、报关单位、报关员的报关
   C. 进出境运输工具、进出口货物、进出境物品的报关
   D. 自理报关和代理报关

4. 既是报关员权利,也属于报关员义务的是(　　)。
   A. 在所在报关单位执业,办理报关业务
   B. 参加执业培训
   C. 协助落实海关对报关单位管理的具体措施
   D. 申请行政复议或提起行政诉讼

5. 根据海关对报关企业和报关员的有关管理规定,报关行为中(　　)不符合海关关于报关资格和报关范围的规定。
   A. 自理报关单位代理其他企业(单位)报关
   B. 自理报关单位委托报关企业报关
   C. 报关企业受外商投资企业的委托报关
   D. 报关企业为本企业进出口的货物报关

6. 准确无误地预录入进出口货物报关单位和报关数据,配合海关查验,对货物进行税则归类,计算税费,缴纳税费,提货,提供报关事宜咨询服务等项工作,是属于(　　)的基本业务范围。
   A. 进出口企业　　B. 海关　　C. 专业报关企业　　D. 银行

7. 进出口货物收发货人是指(　　)。
   A. 向海关办理报关手续的人员
   B. 在海关注册登记的转关运输企业
   C. 办理进出口货物运输、保险的收发货单位

D. 直接进出口货物的单位或者个人

二、简答题
1. 什么是报关？什么是报关单位？
2. 简述报关单位的法律责任。
3. 申请分支机构注册登记许可的报关企业应当符合哪些条件？
4. 报关员有哪些权利？承担哪些义务？

第四章 一般进出口货物报关

本章学习目标

通过学习本章,学生应能掌握我国一般贸易进出口货物的报关程序,了解报关的概念和报关的三个阶段,并熟悉跨境电商进出口通关的相关内容。

本章关键词

一般进出口货物　报关阶段　进出口申报　配合查验　缴税纳费　提取或装运货物　跨境电商

第一节　一般进出口货物概述

一、基本概念

（一）一般进出口货物的概念

一般进出口货物是指在进出口环节缴纳了应征的进出口税费并办结了所有必要的海关手续,海关放行后不再进行监管的进出口货物。

一般进出口货物是按照海关监管方式划分的进出口货物,是海关的一种监管制度的体现,是相对于保税货物、暂准进出口货物、特定减免税货物而言的。它是指在报关过程中,只经过进出口申报、配合查验、缴税纳费、提取或装运货物这些正常手续进出境并结关,而没有经过前期准备阶段和后续核销阶段的进出口货物。

（二）一般进出口货物的特征

一般进出口货物的特征有三：

（1）在进出境时缴纳进出口税费。一般进出口货物的收发货人按规定缴纳税费。

（2）进出口时提交相关的许可证。需要提交许可证的,要提交许可证。

（3）海关放行即办理结关手续。对一般进出口货物来说,海关放行即意味着海关手续已经全部办结,海关不再监管。一般进出口货物报关程序由四个环节构成,即申报、配合查验、缴税纳费、提取或装运货物。

（三）一般进出口货物的范围

一般进出口货物的范围如下：

（1）不享受特定减免税或不准予保税的一般贸易进口货物。

（2）转为实际进口的原保税进口货物。

（3）转为实际进口或出口的原暂准进出境货物。

(4) 易货贸易、补偿贸易的进出口货物。易货贸易是买卖双方之间进行的货物或劳务等值或基本等值的直接交换。补偿贸易是交易的一方在对方提供信贷的基础上，进口设备或技术，而用向对方返销进口设备或技术所生产的直接产品或相关产品或其他产品或劳务所得的价款分期偿还进口价款的一种贸易做法。

(5) 不准予保税的寄售代销贸易货物。寄售是一种委托代售的贸易方式，寄售人（卖方或者货主）先将准备销售的货物运往国外寄售地，委托当地代销人按照寄售协议中的条件和办法代为销售。

(6) 承包工程项目实际进出口货物。

(7) 边境小额贸易进出口货物。

(8) 外国驻华商业机构进出口陈列用的样品。

(9) 外国旅游者小批量订货出口的商品。

(10) 随展览品进境的小卖品。

(11) 实际进出口货样广告品。

(12) 免费提供的进口货物。免费提供的进口货物有三类：①外商在经济贸易活动中赠送的进口货物；②外商在经济贸易活动中免费提供的试车材料等；③我国在境外的企业、机构向国内单位赠送的进口货物。

二、报关阶段

报关即进出口货物的收发货人、进出境运输工具的负责人、进出境物品的所有人或者他们的代理人向海关办理货物、物品、运输工具进出境手续及相关海关事务的全过程。

报关按时间先后分为三个阶段：前期准备阶段、进出境阶段、后续核销阶段。其中进出境阶段含有四个作业环节：申报、配合查验、缴纳税费、提取货物或装运货物。一般进出口货物的报关程序不包含前期准备阶段和后续核销阶段。

（一）报关程序的前期准备阶段

前期准备阶段是指进口收货人、出口发货人或其代理人在货物进出境以前，向海关办理进出口货物合同、许可等备案手续的过程。

前期准备阶段的适用范围：①保税储存进境货物；②保税加工进境货物；③特定减免税进出口货物；④暂准进出口货物。

（二）报关程序的进出境阶段

进出境阶段是进出口货物收、发货人或其代理人在进口货物进境时、出口货物出境时，向海关办理进出境手续、提取或装运货物手续的过程。

进出境阶段适用于所有的进出境货物：①一般进出口货物；②保税进出口货物；③特定减免税进出口货物；④暂准进出口货物；⑤其他进出境货物。

报关程序进出境阶段的四个基本环节：①进出口申报；②配合查验；③缴税纳费；④提取进口货物和装运出口货物。

（三）报关程序的后续核销阶段

后续核销阶段是进口货物的收货人、出口货物的发货人或其代理人在货物进出境储存、加工、装配、使用后，在规定的期限内，按规定的要求，向海关办理上述进出口货物核销、销案、申请解除海关监管的过程。

后续核销阶段的适用范围：前期准备阶段中经过备案、申领登记手册或减免税证明的货物。

前期准备阶段中的货物在进境时有条件减免进口关税，进境完成特定的使用目的后，都有一个最终的去向。在后续核销阶段中，进口货物收货人、出口货物发货人或其代理人应向海关报告原进境货物的特定使用情况和最终去向，申请办结海关手续。

各种贸易形式的报关阶段如表4-1所示。

表4-1 各种贸易形式的报关阶段

报关阶段 货物的类别	前期准备阶段（进出境前办理相应的海关手续）	进出境阶段（进出境时需要实际办理的基本海关手续的四个环节）	后续核销阶段（进出境后需要继续办理）
一般进出口货物	—	进出口申报（海关决定是否受理申报）、配合查验（海关决定是否查验、决定查验的形式和查验方法）、缴纳税费（海关决定征、减、缓、免税费）、提取进口货物或装运出口货物（海关签印放行）	—
保税进出口货物	加工贸易备案和申领手册		核销
特定减免税进出口货物	申领减免税证明		解除海关监管
暂准进出口货物	展览品进境备案		销案
出料加工等其他货物	"出料加工"备案		销案

第二节　一般进出口货物的报关程序

各国一般进出口货物的报关程序一般分为两种。一种是标准的法律程序，在该程序下严格遵循进出口申报→配合查验→缴税纳费→提取或装运货物，各环节不能延迟，不能改变，这是一种正式的法律制度，也称为一般报关程序。另一种报关法律程序称为简化或便捷法律制度，这是在一般报关法律制度的基础上做了某种简化、延迟或省略而形成的。

我国采用报关自动化系统进行作业处理后，海关利用电子通关系统，可实现无纸审单、放行。中国国际贸易单一窗口（http://www.singlewindow.cn）是为国际贸易提供"一站式"在线办理的窗口，是全国通关一体化的重要依托和平台，货物申报、舱单申报、运输工具申报、许可证件申领、原产地证书申领、企业资质办理和查询统计等只需要通过国际贸易"单一窗口"标准版一个平台即可完成。在实行全国海关通关一体化之后，通过过程更简便、高效和统一。一般进出口货物的通关流程可分为进出口申报→配合查验→缴纳税费→提取或装运货物，进一步通关流程可细分为电子申报、集中审单、现场通关—接单、现场通关—查验、现场通关—税费征收、现场通关—单证放行、口岸通关—实货放行、签发进出口货物报关单、取货或装运九大环节。下面以一般进出口货物的四大环节为主线进行介绍。

一、进出口申报

（一）电子申报

电子申报这一步骤的主要内容是：货物的收、发货人或其代理人根据《中华人民共和国海关进出口货物报关单填制规范》和海关监管、征税、统计等要求，录入电子报关数据，并通过网络传输方式向海关传输电子数据，进行电子申报。

我国《海关法》规定，进口货物的收货人、出口货物的发货人应向海关如实申报，交验进出口许可证件和有关单证。申报的内容主要包括进出口货物的经营单位、收发货单位、申报单位、运输方式、贸易方式、贸易国别以及货物的实际状况。货物的实际状况主要包括货物的名称、规格型号、数量/重量、价格等内容。

1. 申报前的准备工作

申报前的准备工作主要有以下六点：

（1）进口须接到进口提货通知，出口须备齐出口货物。

（2）委托报关者须办理报关委托，代理报关者须接受报关委托。

（3）准备报关单证，包括基本单证、特殊单证、预备单证。

（4）在实际进出口行为中，如遇《海关进出口税则》无法确定的疑难归类商品，可事先向当地海关的关税部门申请归类咨询或申请《中华人民共和国海关商品预归类决定书》。

（5）填制报关单及其他报关单证。

（6）报关单预录入。报关单预录入是指在实行报关自动化系统处理进出口货物报关单的海关，报关单位或报关人将报关单上申请的数据、内容录入电子计算机，并将数据、内容传送到海关报关自动化系统的工作。

2. 准备申报单证

申报单证可以分为主要单证和随附单证两大类。其中，主要单证就是报关单，报关单是由报关员按照海关规定格式填制的申报单。随附单证包括基本单证、特殊单证和预备单证。基本单证是指与进出口货物直接相关的商业和货运单证，主要包括发票、装箱单、提（装）货凭证、出口收汇核销单、进出口货物征免税证明。特殊单证是指国家有关法律规定实行特殊管理的证件，主要包括配额许可证管理证件和其他各类特殊管理证件。预备单证是指供海关认为必要时查阅或收取的单证，包括合同、货物原产地证明、委托单位的工商营业执照证书、账册资料及其他有关单证。

准备申报单证的基本原则是：基本单证、特殊单证、预备单证必须齐全、有效、合法；报关单填制必须真实、准确、完整；报关单与随附单证数据必须一致。海关为深入推进通关作业无纸化改革，一些单据在申报时可不向海关提交，海关审核时如需要再提交。

3. 申报的期限

出口货物报关期限与进口货物的报关期限是不同的。出口货物的申报期限为货物运抵海关监管区后、装货的24小时以前。至于装货24小时以前到什么程度，是2天还是5天，或是更长，可由报关人视口岸的仓储能力自定，海关一般不予过问。进口货物的申报期限为自装载货物的运输工具申报进境之日起14日内。经海关批准准予集中申报的进口货物，自装载货物的运输工具申报进境之日起1个月内办理申报手续。申报期限的最后一天是法定节假日或休息日的，顺延至法定节假日或休息日后的第一个工作日。如果在法定期限内没有向海关办理申报手续，海关将征收滞报金。

进口货物的收货人自运输工具申报进境之日起超过3个月未向海关申报的，其进口货物由海关提取，并依法变卖处理。所得价款在扣除运输、装卸、储存等费用和税款后尚有余款的，自货物依法变卖之日起1年内，经收货人申请，予以发还；其中属于国家对进口有限制性的规定，应当提交许可证件而不能提供的，不予发还。逾期无人申请不予发还的，上缴国库。

确定申报时间是否在合理的申报期限内，申报日期的确定尤为重要。申报日期是指申报数据被海关接收的日期，自该日起，申报数据产生法律效力。不同的报关形式，申报日期的确定不同。仅以电子数据报关单方式申报，或先电子数据报关单申报后提交纸质报关单的，申报日期为海关计算机系统接收申报数据时记录的日期；若电子数据报关单被退回，重新申报的，申报日期以海关重新接收申报的日期为准；若是仅提供纸质报关单申报，或先纸质报关单申报后补报电子数据的，以海关在纸质报关单上登记的日期为申报日期。

4. 申报前看货取样

进口货物的收货人向海关申报前，因确定货物的品名、规格、型号、归类等原因，可以向海关提出查看货物或提取货样的书面申请。海关审核同意的，派员到场监管。如果当事人自己放弃行使看货取样的权利，由此产生的法律后果，由收货人自己承担。

《海关法》规定，进口货物的收货人经海关同意，可以在申报前查看货物或者提取货样。需要依法检验的货物，应当在检验合格后提取货样。收货人申报前向海关提出查看货物、提取货样的申请应具备一定的条件，如果货物进境已有走私违法嫌疑并被海关发现，海关将不予同意。同时，只有在通过外观无法确定货物的归类等情况下，海关才会同意提取货样。法律对收货人借查看货物或提取货样之机进行违法活动也有严厉的规定。

5. 如实申报

《海关法》规定，进口货物的收货人、出口货物的发货人应当向海关如实申报。

所谓"如实申报"，是指进出口货物收发货人在向海关申请办理货物通关手续时，按照规定的报关单，真实、准确地填报与货物有关的各项内容。从法律意义上来说，申报对收、发货人意味着向海关报告进出口货物的情况，申请按其填报的内容办理相关的通关手续，并承诺履行该项海关手续对货物及收发货人所规定的一切义务。收发货人在申报时必须向海关提供一切辨认货物及货物使用的管理法规定所必需的法律要件，并对这些法律要件的真实性、完整性和准确性负全部责任。

6. 申报的修改和撤销

货物自申报后海关接收时起，申报单证即产生法律效力，对当事人具有约束力。海关在接收申报后，报关单证及其内容不得修改和撤销。确有正确理由的，如由于计算机技术等方面的原因导致电子数据错误，海关在办理出口货物的放行手续后由于装运、配载等原因造成原申报货物部分或全部退关，需要修改或撤销申报单证及其内容的，经海关同意，方可修改或撤销。进出口货物收发货人或其代理人申请修改或者撤销进出口货物报关单的，应该向海关提交"进出口货物报关单修改/撤销申请表"，并相应提交相关单证。

（二）集中审单

集中审单这一步骤的主要内容是：第一，报关人向海关递交报关单后，海关接收报关、审单。海关计算机系统根据预先设定的各种参数对电子报关数据的规范性、有效性和合法性进行电子审核，审核结果将通过现场大屏幕显示器或计算机网络等通信手段通知申报人。第二，通关管理处审单中心对需人工审单的报关单数据进行人工审核，并将审核结果通知申报人。我国海关建立了三位一体的审单作业系统。审单作业系统包括计算机电子审单、直属海关审单中心专业化审单和隶属海关现场接单审核，它们是既分工协作又相互制约的报关单证和数据处理系统。通关管理处审单中心自收到电子报关数据之时起，一般一个工作日内完成对报关单电子数据的审核工作，并根据审核结果发送审结、退单等信息。

1. 电子审单

电子审单，是指海关收到报关单电子数据，通过计算机系统对报关企业及报关员进行资格认证后，开始进入计算机自动审核程序，所有报关单数据按预先设定的相关审单参数数据进行审核和筛选。审核结果分为：不接受申报；接受申报；转为人工专业审核；转为现场复核验放通道；交由现场海关进行接单审核/征收税费处理。

2. 电子专业化审单

电子专业化审单，是指以贸易管制措施、税费征管、贸易及业务统计等有关法规为依据，对报关单的商品归类、监管条件、完税价格、征免税规定（方式）及其他项目进行审核，确定其是否正确、合法、有效；根据各业务职能部门设定的通关风险预警提示（指导性通关风险布控），结合现场实际情况及自己的分析，借助调阅风险数据库数据辅助决策，采取相应的风险处置措施；根据各业务部门的预定式通关风险布控（指令性通关风险布控）指令，采取相应的风险处置措施。电子专业化审单的审核结果有以下三种情况：

（1）符合计算机自动审核条件的，计算机自动完成审证环节的全部作业，向现场海关下达作业指令，同时向申报人发出"到现场海关办理货物验放手续"的回执或通知。

（2）对因申报不规范而不能通过计算机综合审核的报关单数据，计算机自动退单，向申报人发出回执或通知，并在回执或通知中注明退单原因。

（3）需人工审核的报关单数据，计算机将按设定的派单条件，将报关单数据派入通关管理处审单中心相应的人工审单岗位，同时向申报人员发出"等待处理"的回执或通知。

3. 人工审单

专业审单关员根据相关作业规范、系统提示的重点审核内容等，对报关单进行人工审核，并根据审核情况确定报关单后续处置方式：

（1）审核通过的，审结报关单。

（2）审核认为需转至本审单分中心其他岗位或其他审单分中心的，进行"内转"操作；认为需转至申报地海关接单现场的，进行"外转"操作。

（3）审核认为需企业补充资料或沟通协商的，进行"挂起"操作。

（4）审核认为需查验的，可下达布控指令。

（5）审核不通过的，选择"退单"，并告知企业退单原因。

（三）接单

审结后的报关单转申报地海关接单现场。接单这一步骤的主要内容是：

（1）申报人到现场海关接单窗口或派单窗口（一些业务量较大的现场）递交书面单证，办理单证审核手续。

（2）海关验核申报人的报关资格，验核通过的，现场接单关员进行接单。有派单窗口的现场派单人员，则核对书面单证是否齐全并分派接单窗口。

（3）现场接单关员验核书面单证。主要审核书面单证的各项内容是否单单（报关单与随附单证）、单机（报关单与电子数据）相符；对申报价格、商品归类等项目进行复核；按作业要求对有关单证进行批注，如发现单证不齐全、不合法，及时查明原因。

二、海关查验

在海关审单环节，审查的是"单单相符"；在查验环节，查验的是"单货相符"。进出口货物，除海关总署特准免验的以外，都应该接受海关查验。但为方便大量正常货物的进出境，海关一般根据进出境货物的风险状况区别对待，有选择地确定被查货物。

（一）布控查验

申报地海关可在人工审单、现场接单环节下达布控指令，或使用"查验设定"功能下达布控指令，也可以在查验环节下达布控指令。在通关一体化下，报关单被布控查验后，企业可自主选择在口岸地或申报地实施查验。

1. 选择在口岸地查验

（1）申报地海关告知企业货物需查验。

（2）企业至口岸地海关查验部门办理查验手续。

（3）口岸地海关根据企业申请安排查验计划，按现有规定细化查验指令，并实施查验，查验完毕后录入查验结果。

2. 选择在申报地查验

（1）申报地海关告知企业货物需查验。

（2）企业向申报地海关提出转运分流申请。

（3）申报地海关审核同意后，通知口岸地海关办理跨关区转运分流。

（4）口岸地海关同意转运分流的，企业至口岸地海关办理转运分流手续，按转关方式将货物转往申报地海关。

（5）转关运抵后，申报地海关按现有规定细化查验指令，并实施查验，查验完毕后录入查验结果。

（二）查验的基本做法

（1）申报人持查验通知单、报关单备用联、提单场站收据、海运提单、发票、装箱单（复印件），到现场海关查验受理部门办理查验计划（一般当日安排第二天的查验计划），申报人员应做好查验准备。

（2）海关对需要查验的货物实施现场查验。进口货物的收货人、出口货物的发货人或其代理人应派员到场协助查验，协助查验人员应出示有效证件并负责搬移货物、开拆和重封货物的包装，当海关对相关单证或货物有疑问时应负责解答。法律还规定当海关认为必要时，可以径行开验、复验或者提取货样。

（3）海关查验完毕后，报关员应向海关关员索要"海关进出境货物查验记录单"，特别要注意记录单上的记录内容是否与实际相符。其中的重点内容是：开箱具体情况；货物残损情况及造成的原因；提取货样情况；查验结论。若上述内容的记录符合实际，应当场签字。

查验进出口货物，一般在设有海关的码头、机场、车站的仓库或场院等海关监管场所进行。对于某些特殊货物，如散装货物、大宗货物、危险品和鲜活易腐商品，为了加速验放，也可以在船边等现场进行查验。如果要求海关在海关监管场所以外的地方进行查验，应当事先报请海关同意，海关按规定收取规费。

（三）查验方式

（1）彻底查验。彻底查验即对货物逐件开箱、开包查验，逐一将货物所有情况（品种、规格、数量、重量、原产地等）与报关单详细核对。

（2）抽查。抽查即按一定比例或一定排序，对货物进行选择性的查验。

（3）外形查验。外形查验即对货物的包装、唛头进行验核，适用于大型机器设备、大宗原材料等不易搬运、移动，但堆放整齐、比较直观的货物。

（4）径行开验。径行开验是指海关在进出口货物收发货人或其代理人不在场的情况下自行开拆货物进行查验。海关行使"径行开验"的权利时，应当通知货物存放场所的管理人员或其他见证人到场，并由其在海关的查验记录上签字。

（5）复验。海关认为必要时，可以依法对已经完成查验的货物进行复验，即二次查验。海关复验时，进出口货物收发货人或其代理人仍然应当到场。可以复验的四种情况为：①经初次查验未能查明货物的真实属性，需要对已查验货物的某些性状做进一步确认的；②货物涉嫌走私违规，需要重新查验的；③进出口收发货人对海关查验结论有异议，提出复验要求并经海关同意的；④其他海关认为必要的情形。海关还借助地磅、X光机等设备对货物进行查验。

（四）海关查验中被损坏货物的赔偿

海关在查验进出口货物时，损坏被查验的货物，应当赔偿实际损失。海关赔偿的范围仅限于在实施查验过程中，由于海关关员的责任造成被查验货物损坏的直接经济损失，其他损失不包括在海关赔偿范围之内。直接经济损失的金额根据损坏货物及其部件的受损程度确定，或根据修理费确定。此时，由海关关员如实填写"海关查验货物、物品损坏报告书"并签字，一式两份，查验关员和当事人各留一份。双方共同商定货物的受损程度或修理费用，以海关审定的完税价格为基数，确定赔偿金额。赔款一律用人民币支付。

办理要求海关赔偿查验中被损坏货物的流程是：

（1）要求海关出具"海关检验货物、物品损坏报告书"，以确认货物损坏情况。

（2）持"海关检验货物、物品损坏报告书"向海关提出赔偿的请求，并确定赔偿的金额。

（3）在规定的期限内向海关领取赔偿金。进出口货物的收、发货人或其代理人在海关查验时对货物是否受损坏未提出异议，事后发现货物有损坏的，海关不负赔偿责任。

（五）查验后补充申报

补充申报是指进出口货物的收发货人、受委托的代理报关企业依照海关有关行政法规和规章的要求，在进出口货物报关单以外采用补充申报单的形式，向海关进一步申报货物完税价格、商品归类、原产地等所需信息的行为。海关要求企业进行补充申报是为了进一步确定货物完税价格、商品归类、原产地等所需信息。

海关查验货物，要求补充申报的，收发货人、代理报关公司应在5个工作日内，按海关行政法规提交"进出口货物价格补充申报表""进出口货物商品归类补充申报单"，对申报内容进行有效补充，但不得与报关单申报的内容相抵触。申报人通过系统向海关申报电子数据补充申报单。海关审核后，打印补充申报单，签名盖章后递交现场海关。未按要求补充申报的，海关根据已掌握的信息确定完税价格。

三、缴纳税费

传统的逐票税费征收这一步骤的主要内容是：

（1）进出口货物收（发）货人或其代理人将报关单及随附单证提交给货物进出境地指定海关，海关对报关单进行审核，需要查验的货物先由海关查验、然后核对计算机计算的税费，开具税款缴款书和收费票据。

（2）进出口货物收（发）货人或其代理人持税款缴款书和收费票据，到海关指定的银行缴纳税费。当然也可以办理网上缴税和付费，进出口货物收（发）货人或其代理人根据海关发出的电子税款缴款书和收费票据，通过网络向指定银行进行税费的电子支付。

（3）海关对缴纳的税费进行核销。进出口货物收（发）货人或其代理人一旦收到银行缴款成功的信息，即可报请海关办理货物放行手续。

符合汇总征税资质的企业选择汇总征税的，在企业提供税收担保的基础上，进口货物在通关时海关不打印税单征税，而是在企业提供的税收担保额度内，通过核扣保额度的方式先予办理货物放行手续，企业于次月第5个工作日前对前一月已行应税货物集中缴纳税款，海关集中打印税单。符合自报自缴的适用范围的，企业可以在申报环节自行选择"自报自缴"模式，利用预录入系统的海关计税（费）服务工具计算应缴纳的相关税费，并对系统显示的税费计算结果进行确认，连同报关单预录入内容一并提交海关。

四、提取或装运货物

（一）单证放行

单证放行这一步骤的主要内容是：接单现场的单证复核关员对电子报关数据、书面单证及批注情况进行复核，对于情况正常、未设定查验的，办理单证放行手续，并在提货单或运单上加盖"单证专用章"及"工号章"，报关单备用联和提货单退还货主或其代理人；对已设定查验的，直接在提货单或运单上加盖"单证专用章"和"工号章"，报关单备用联和提货单退还货主或其代理人。

（二）海关放行

海关放行是指海关接受进出口货物的申报，审核电子数据报关单和纸质随附单证，查验货物、征收税费或接受担保以后，对进出口货物做出结束海关进出境现场监管的决定，允许进出口货物离开海关监管现场的工作环节。

对于一般进出口货物，放行时进出口货物的收、发货人或其代理人已经办理了所有申报、纳税手续，因此，海关放行即等于结关。结关是"办结海关手续"的简称，是指进出口货物的收、发货人或其代理人向海关办理完进出口货物通关的所有手续，履行了法律规定的与进出口有关的义务。有关货物一旦办理海关结关手续，海关就不再进行监管。

从收、发货人的角度看，放行只是海关在报关单及有关单证上签盖放行章并将其退还收、发货人的一种形式，然而在实际操作上，放行必须以海关审单和查验完毕并办理了征税手续或提供担保的手续作为前提条件。对于违反进出口政策、法令规定，尚未缴纳应缴纳的税款，以及海关总署指示不准放行的进出口货物，海关均不予以放行。

在电子申报方式下，海关做出放行决定时，通过计算机将"海关放行"电子数据发送给进出口货物收、发货人或其代理人、海关监管货物的保管人。进出口货物收、发货人及其代理人从计算机上自行打印海关通知放行的凭证，凭以提取进口货物或将出口货物运到运输工具上离境。无查验货物的，由申报地海关完成放行作业，口岸地海关根据电子理货信息完成报关单自动放行操作。查验正常的，由查验地海关录入查验处理结果，并完成放行作业。如报关单尚未完成相关通关手续的，由申报地海关办结通关手续，并完成放行作业。查验异常的，由申报地海关进行查验后续处理，并通知口岸地海关录入查验处理结果；如需放行的，由申报地海关完成放行作业。

(三) 签发进出口货物报关单证明联

签发进出口货物报关单证明联这一步骤的主要内容是：申报人到业务现场办理报关单证明联的签证手续。进出口货物放行后，海关向申报人签发进口付汇证明联和加工贸易海关核销联。进出口货物报关单证明联自海关受理企业申请之日起一般3日内签发。

进出口货物收、发货人或其代理人如要海关签发有关的货物进口、出口证明联的均可向海关提出申请。常见的报关单证明主要有：

1. 进口付汇证明

对需要在银行或国家外汇管理部门办理进口付汇核销的进口货物，报关员应向海关申请签发进口货物报关单付汇证明联。海关对符合条件的，在报关单上签名，加盖海关的"验讫章"，作为进口付汇证明联给报关员。同时，通过中国电子口岸向银行和国家外汇管理部门发送证明联电子数据。

2. 出口收汇证明

对需要在银行或国家外汇管理部门办理出口收汇核销的出口货物，报关员应向海关申请签发出口货物报关单收汇证明联。海关对符合条件的，在报关单上签名，加盖海关的"验讫章"，作为出口收汇证明联给报关员。同时，通过中国电子口岸向银行和国家外汇管理部门发送证明联电子数据。

3. 出口收汇核销单

对需要办理出口收汇核销的出口货物，报关员申报时还应当向海关递交外汇管理部门核发的出口收汇核销单。海关放行货物后，由海关关员在出口收汇核销单上签名，加盖海关的"单证章"。发货人凭出口货物报关单收汇证明联和出口收汇核销单办理出口收汇核销手续。

4. 出口退税证明

对须办理出口退税的出口货物，报关员应当向海关申请签发出口货物报关单出口退税证明联。海关对符合条件的，予以签发并在证明联上签名，加盖海关的"验讫章"，交报关员。同时，通过中国电子口岸向国家税务机构发送证明联电子数据。

5. 进口货物证明书

对进口汽车、摩托车等，报关员应当向海关申请签发进口货物证明书，进口货物收货人凭以向国家交通部门办理汽车、摩托车牌照的申领手续。

海关放行汽车、摩托车后，向报关员签发进口货物证明书。同时，将进口货物证明书上的内容通过计算机系统发送给海关总署，再传输给国家交通管理部门。

一般进口货物的报关程序见表4-2。

表4-2 一般进口货物的报关程序

进出口申报	1. 填写进口货物报关单（一般贸易一式四份） 2. 提供法定单证 3. 随附货运商业单证 4. 减免税免验证明
配合查验	1. 派员会同海关查验货物 2. 负责搬运、开箱及检毕恢复原样

(续)

缴税纳费	1. 答复征税部门提问或提供文件 2. 凭缴款通知书到银行缴纳关税、其他税
提取或装运货物	1. 凭"报关员证"及领单凭据领取放行单及其他发还单证 2. 到海关监管仓库提货

[专栏4-1]

一般货物进出口案例

深圳中海天华餐饮连锁企业从香港迅达不锈钢制品公司进口一批原产于马来西亚的不锈钢餐刀和其他不锈钢制品（属于法检商品，列入《自动进口许可管理目录》），货物总价值20000元，进口关税税率为15%。运载该批货物的运输工具2013年5月26日从深圳口岸申报进境，收货人于2013年6月1日向深圳海关传送报关单电子数据，海关当天受理。该公司发现该批货物有多处申报差错，必须要撤销原电子数据报关单，故向海关申报并经海关审核同意于2013年6月2日撤销原电子数据报关单，并于6月20日重新向海关申报，海关当天受理申报并发出现场交单通知，收货人6月21日向海关提交了相应的纸质单证。经海关审核报关单并查验货物无误后，海关根据申报的货物计算税费，并打印纳税缴款书和收费票据。凭海关签发的缴税通知书和收费单据在限定的时间内向指定银行缴纳税费，凭加盖有海关放行章戳记的进口提货凭证提取进口货物，并办理货物装上运输工具离境的手续。

（1）进行货物申报。准备申报单证：报关单、基本单证（进口提货单、商业发票、装箱单等）、特殊单证（进出口许可证、加工贸易手册、原产地证明等）。申报前看货取样：收货人提出申请，海关同意并派员现场监管。海关开具取样记录和取样清单，收货人签字确认。确定进口货物的品名、规格、型号，了解货物的状况。然后进行电子数据申报提交纸质报关单和随附单证：进口货物应当在进境地海关申报，因此申报地点为深圳，运载进口货物运输期限为运输工具申报进境之日起14天内（从运输工具申报进境之日起的第二天开始算），由于运载该批货物的运输工具2013年5月26日从深圳口岸申报进境，因此该货物的申报期限为2013年6月9日之内。对于电子数据报关单被退回，重新申报的，申报日期为海关接受重新申报的日期。该货物的申报日期为6月21日。

（2）配合海关检查。查验地点：深圳海关监管区。查验方法：彻底查验或抽查，人工查验或设备查验。查验时间：海关以书面形式提前通知，正常工作日。主要负责搬运货物、开箱、封箱。回答提问，提供有关单证。协助海关提取需要作进一步检验、化验或鉴定的货样，收取海关开具的取样清单。确认查验结果，在海关进出境货物查验记录单上签字。

（3）缴纳税费。对于经海关审核必须撤销原电子数据报关单重新申报产生滞报的，滞报金的征收以撤销之日起第15日为起始日，由于海关审核同意于2013年6月2号撤销原电子数据报关单，因此申报期限为2013年6月17日之前，收货人6月21日向海关提交了相应的纸质单证，逾期4天，滞报金为（20000×4×0.00005）元=4元，滞纳金50元起征，因此不用缴纳滞纳金。经海关审核报关单，并查验货物无误后，海关根据申报的货物计算税费打印纳税缴款书和收费票据。凭海关签发的缴税通知书和收费单据在限定的时间内（收到缴款书后15日内）向指定银行缴纳税费或在网上进行电子支付。

（4）提取或装运货物。由海关在提货凭证或出口装运凭证上加盖海关放行章。实行无纸通关的海关，根据海关放行的报文，自行打印放行凭证。凭以提取货物离境。凭加盖有海关放行章戳记的进口提货凭证提取进口货物。申请签发报关单证明联主要有：进口付汇证明联以及进口货物证明书。

（资料来源：https://wenku.baidu.com/view/a015ccfa9a6648d7c1c708a1284ac850ac020432.html。）

第三节　跨境电商零售进出口通关

一、跨境电商零售进出口概述

（一）跨境电商含义

跨境电子商务是指分属不同关境的交易主体，通过电子商务平台达成交易、进行支付结算，并通过跨境物流送达商品、完成交易的一种国际商业活动。

（二）跨境电商业务模式

我国跨境电子商务主要分为企业对企业（即B2B）和企业对消费者（即B2C）的贸易模式。B2B模式下，企业运用电子商务以广告和信息发布为主，成交和通关流程基本在线下完成，本质上仍属传统贸易，已纳入海关一般贸易统计。B2C模式下，我国企业直接面对国外消费者，以销售个人消费品为主，物流方面主要采用航空小包、邮寄、快递等方式，其报关主体是邮政或快递公司，目前大多未纳入海关登记。

（三）跨境电商服务试点

为了通过有效的手段将国外质优价廉的商品引入国内销售，充分满足国民消费需求、引导消费回流、扩大内需，国家于2012年5月8日下发《关于组织开展国家电子商务示范城市电子商务试点专项的通知》（发改办高技【2012】1137号），正式启动电子商务的发展试点工作。

2012年8月11日，国家发展改革委办公室又下发了《关于开展国家电子商务试点工作的通知》（发改办高技【2012】2218号），将杭州、郑州、宁波、上海、重庆5个城市列为首批"跨境贸易电子商务服务试点城市"。随后，多个城市获批跨境电商零售进出口业务试点资格或跨境电商零售出口业务试点资格，不同城市获批业务类型不尽相同。

2016年1月12日，国务院再次发布《国务院关于同意在天津12个城市设立跨境电子商务综合试验区的批复》（国函【2016】17号），同意天津市等12个城市设立跨境电子商务综合试验区，"以更加便捷高效的新模式释放市场活力，吸引大中小企业集聚，促进新业态成长，推动大众创业、万众创新，增加就业，支撑外贸优进优出、升级发展"。

2018年7月24日，国务院同意在北京市等22个城市设立跨境电子商务综合试验区。

二、跨境电商零售进出口业务类型

1. 网购保税进口

网购保税进口是指符合条件的电子商务企业或平台与海关联网，电子商务企业将整批商品运入海关特殊监管区域或保税物流中心（B型）内并向海关报关，海关实施账册管理。境内个人网购区内商品后，电子商务企业或平台将电子订单、支付凭证、电子运单等传输给海关，电子商务企业或其代理人向海关提交清单，海关按照跨境电子商务零售进口商品征收税款，验放后账册自动核销。

2. 直购进口

直购进口是指符合条件的电子商务企业或平台与海关联网，境内个人跨境网购后，电子商务企业或平台将电子订单、支付凭证、电子运单等传输给海关，电子商务企业或其代理人向海关提交清单，商品以邮件、快件方式运送，通过海关邮件、快件监管场所入境，按照跨境电子商务零售进口商品征收税款。

3. 特殊区域出口

特殊区域出口是指符合条件的电子商务企业或平台与海关联网，电子商务企业把整批商品按一般贸易报关运入海关特殊监管区域，企业实现退税；对于已入区退税的商品，境外网购后，海关凭清单核放，出区离境后，海关定期将已放行清单归并形成出口报关单，电商凭此办理结汇手续。

4. 一般出口

一般出口是指符合条件的电子商务企业或平台与海关联网，境外个人跨境网购后，电子商务企业或平台将电子订单、支付凭证、电子运单等传输给海关，电子商务企业或其代理人向海关提交申报清单，商品以邮件、快件方式运送出境。跨境电商综试区海关采用"简化申报，清单核放，汇总统计"方式通关，其他海关采用"清单核放，汇总申报"方式通关。

三、跨境电商零售进出口通关流程

海关总署批复同意的《中国（杭州）跨境电子商务综合试验区海关监管方案》明确了跨境电商零售进出口通关流程。

（一）出口通关流程

1. 申报

电子商务企业（以下简称"电商企业"）或个人、物流企业应在电子商务出口货物申报前，分别向海关提交订单、支付、物流等信息。订单信息应包括订单号、运单号、商品名称、数量、金额等信息，支付信息应包括支付金额等信息，物流信息应包括运单号、承运货物的订单号、运抵国等。

以电商企业对企业（以下简称"B2B"）模式出口的货物，电商企业应向海关提交"中华人民共和国海关出口货物报关单"（以下简称"出口货物报关单"）或"中华人民共和国海关出境货物备案清单"（以下简称"出境备案清单"），办理出口货物通关手续。"出口货物报关单"及"出境备案清单"中相应增加"电子商务"字段，以示区分跨境电子商务出口货物。

以电商企业对个人（以下简称"B2C"）模式出口的货物，电商企业应向海关提交"中华人民共和国海关跨境贸易电子商务进出境货物申报清单"（以下简称"货物清单"），办理出口货物通关手续，海关不再将"货物清单"汇总成"出口货物报关单"或"出境备案清单"，"货物清单"数据在放行结关后纳入统一的海关数据归口管理。对不涉及出口征税、出口退税、许可证件管理且金额在人民币5000元以内的电子商务出口货物，电商企业可以按照《进出口税则》4位品目进行申报；对超过5000元以及涉及出口征税、出口退税、许可证件管理的电子商务出口货物，按现行通关管理规定办理通关手续。

电商企业需修改或者撤销"货物清单"的，按照海关现行进出口货物报关单修改或者撤销有关规定办理。

以 B2B 模式出口货物的转关手续，按照海关现行货物转关管理规定办理；以 B2C 模式出口货物的转关手续，采用直接转关方式，品名以总运单形式输入"跨境电子商务商品一批"，并附商品清单，出口货物舱单按照总运单进行管理和核销。

除特殊情况外，"出口货物报关单"、"出境备案清单"和"货物清单"应采取通关无纸化作业方式进行申报。

2. 查验

海关按照现行风险管理和查验管理规定的要求，通过利用信息技术等手段，对出口货物进行布控和查验，同时实施不限时间、不限频率的机动查验。海关实施查验时，电商企业、海关监管场所经营人应按照有关规定提供便利，配合海关查验。电商企业、物流企业、海关监管场所经营人发现涉嫌违规或走私行为的，应主动报告海关。

3. 征税

以 B2B、B2C 模式出口的货物，出口关税及出口环节代征税按照现行规定征收。

4. 放行

电子商务出口货物的查验、放行手续应在海关监管场所内实施。

电子商务出口货物放行后，电子商务企业应按照规定接受海关后续管理。

以 B2B 模式出口的货物发生退换货等情况，按照海关现有规定办理；以 B2C 模式出口的货物发生退换货等情况，退运货物应通过原出口的海关监管场所退回，并接受海关监管。

（二）进口通关流程

1. 申报

电商企业或个人、支付企业、物流企业应在电子商务进口货物、物品申报前，分别向海关提交订单、支付、物流等信息。订单信息应包括订单号、运单号、商品名称、数量、金额等，支付信息应包括支付类型、支付人、支付金额等，物流信息应包括运单号、承运物品的订单号、收件人、启运地等。

以 B2B 模式进口的货物，电商企业应向海关提交"中华人民共和国海关进口货物报关单"（以下简称"进口货物报关单"）或"中华人民共和国海关进境货物备案清单"（以下简称"进境备案清单"）办理进口货物通关手续。"进口货物报关单"及"进境备案清单"中应相应增加"电子商务"字段，以示区分跨境电子商务进口货物。

以 B2C 模式进口的物品，物品所有人或者其委托的电商企业、物流企业应向海关提交"中华人民共和国海关跨境贸易电子商务进出境物品申报清单"（以下简称"物品清单"），采取"物品清单"方式办理电子商务进口物品通关手续。

电商企业、物流企业或个人需修改或者撤销"物品清单"，按照海关现行的进出口货物报关单修改或者撤销等有关规定办理。

以 B2B 模式进口货物的转关手续，按照海关现行的货物转关管理规定办理，其中进境指运地为特殊监管区域或保税物流中心的，按照直接转关方式办理；以 B2C 模式进口物品的转关手续，采用直接转关方式，品名以总运单形式输入"跨境电子商务商品一批"，并随附物品清单，进口货物舱单按照总运单进行管理和核销。

除特殊情况外，"进口货物报关单"、"进境备案清单"和"物品清单"应采取通关无纸化作业方式进行申报。

2. 查验

海关按照现行风险管理和查验管理规定的要求，通过利用信息技术等手段，对进口货物、物品进行布控和查验，同时实施不限时间、不限频率的机动查验。海关实施查验时，电商企业或个人、海关监管场所经营人应按照有关规定提供便利，配合海关查验。电商企业或个人、物流企业、海关监管场所经营人发现涉嫌违规或走私行为的，应主动报告海关。

3. 征税

以 B2B 模式进口的货物，进口关税及进口环节代征税按照现行规定征收；以 B2C 模式进口的物品，以实际成交价格作为完税价格，按照行邮税计征税款。

海关凭电商企业或其代理人出具的保证金或保函按月集中征税。

4. 放行

电子商务进口货物、物品的查验、放行均应在海关监管场所内实施。

电子商务进口货物、物品放行后，电商企业应按照规定接受海关后续管理。

以 B2B 模式进口的货物发生退换货等情况，按照海关现行规定办理；以 B2C 模式进口的物品发生退换货等情况，退运物品应通过原进口的海关监管场所退回，并接受海关监管。

（三）特殊监管区域或保税物流中心保税进出境货物、物品的监管和进出区管理

电子商务进出口货物、物品在特殊监管区域或保税物流中心辅助管理系统上备案商品料号级账册，实施料号级管理。

B2B 模式通过特殊监管区域或保税物流中心进出口的电子商务货物，按照本监管方案规定的进出口通关作业流程办理申报、查验、征税和放行手续。

B2C 模式电子商务进口物品，一线进特殊监管区域或保税物流中心，申报、查验和放行手续按现有规定办理，二线出特殊监管区域或保税物流中心，按照本监管方案规定的进口通关作业流程办理申报、查验、征税和放行手续。

B2C 模式电子商务出口货物，二线进特殊监管区域或保税物流中心，申报、查验、征税和放行手续按现有规定办理，一线出特殊监管区域或保税物流中心，按照本监管方案规定的出口通关作业流程办理申报、查验和放行手续。

四、跨境电商零售进出口监管

海关总署发布的 2018 年第 194 号公告《关于跨境电子商务零售进出口商品有关监管事宜的公告》，明确了对跨境电商零售进出口商品监管工作的相关事宜。

（一）参与跨境电商零售进出口业务的企业

参与跨境电子商务业务的企业包括参与跨境电子商务业务的电子商务企业、电子商务交易平台企业、支付企业、物流企业等。

（二）跨境电商零售进出口业务相关平台

目前，业内主要出现了三种跨境电子商务服务平台，它们分别是跨境电子商务通关服务平台、跨境电子商务公共服务平台以及跨境电子商务综合服务平台。

虽然这三种平台都服务于传统中小型外贸企业及跨境进出口电商企业，但却是分别由海

关、政府和企业建设的,在整个进出口流程中把控着不同的环节,承担着不同的职能。三种平台之间相互联系,形成信息数据之间的统一交换和层层传递。

三类跨境电子商务服务平台对比见表4-3。

表4-3 三类跨境电子商务服务平台对比

平台名称	概念解读	服务对象	监管部门	建设意义
跨境电子商务通关服务平台	为外贸企业进出口通关提供便利服务的系统平台	传统中小型外贸企业、跨境进出口电商企业	海关总署、地方海关	应对当前外贸订单碎片化趋势明显,小包裹、小订单急剧增多,政策空缺,无监管实施的对策之一
跨境电子商务公共服务平台	对接各政府部门监管统计系统的公共信息平台	传统中小型外贸企业、跨境进出口电商企业	国检局、国税局、外管局、外经贸委、商委、经信委等政府部门	沟通政府职能部门、对接海关通关服务平台,是政府职能部门面向外贸企业的服务窗口
跨境电子商务综合服务平台	囊括了金融、通关、物流、退税、外汇等代理服务	传统中小型外贸企业、中小型跨境电子商务企业、跨境电子商务平台卖家	由企业建设	为中小型外贸企业和个人卖家提供一站式服务,属于新兴的代理服务行业

(资料来源:亿邦动力。)

(三)跨境电商零售进出口海关监管方式

1. 电子商务(9610)

海关总署公告2014年第12号明确:增列海关监管方式代码"9610",全称"跨境贸易电子商务",简称"电子商务",适用于境内个人或电子商务企业通过电子商务交易平台实现交易,并采用"清单核放、汇总申报"模式办理通关手续的电子商务零售进出口商品(通过海关特殊监管区域或保税监管场所一线的电子商务零售进出口商品除外)。

2. 保税电商(1210)

海关总署公告2014年第57号明确:增列海关监管方式代码"1210",全称"保税跨境贸易电子商务",简称'保税电商'。适用于境内个人或电子商务企业在经海关认可的电子商务平台实现跨境交易,并通过海关特殊监管区域或保税监管场所进出的电子商务零售进出境商品(海关特殊监管区域、保税监管场所与境内区外(场所外)之间通过电子商务平台交易的零售进出口商品不适用该监管方式)。

海关总署公告2018年第194号明确:对适用"网购保税进口"进口政策的商品,按照个人自用进境物品监管,不执行有关商品首次进口许可批件、注册或备案要求(特殊情形除外)。

3. 保税电商A(1239)

海关总署公告2016年第75号明确:增列海关监管方式代码"1239",全称"保税跨境贸易电子商务A",简称"保税电商A"。适用于境内电子商务企业通过海关特殊监管区域或保税物流中心(B型)一线进境的跨境电子商务零售进口商品。

海关总署2018年第194号公告明确:适用"网购保税进口A"(监管方式代码1239)

进口政策的商品,按《跨境电子商务零售进口商品清单(2018 版)》尾注中的监管要求执行。

五、跨境电商零售进出口税收政策

(一)跨境电商零售进口税收政策

财政部、海关总署、国家税务总局于 2018 年 11 月 29 日联合发布《关于完善跨境电子商务零售进口税收政策的通知》(以下简称《通知》)。《通知》明确,自 2019 年 1 月 1 日起,调整跨境电商零售进口税收政策,提高享受税收优惠政策的商品限额上限,扩大清单范围。主要调整内容如下:

(1)将跨境电子商务零售进口商品的单次交易限值由人民币 2000 元提高至 5000 元,年度交易限值由人民币 20000 元提高至 26000 元。

(2)完税价格超过 5000 元单次交易限值但低于 26000 元年度交易限值,且订单下仅一件商品时,可以自跨境电商零售渠道进口,按照货物税率全额征收关税和进口环节增值税、消费税,交易额计入年度交易总额,但年度交易总额超过年度交易限值的,应按一般贸易管理。

(3)已经购买的电商进口商品属于消费者个人使用的最终商品,不得进入国内市场再次销售;原则上不允许网购保税进口商品在海关特殊监管区域外开展"网购保税+线下自提"模式。

(二)跨境电商零售出口税收政策

财政部、税务总局、商务部、海关总署于 2018 年 9 月 28 日联合发布《关于跨境电子商务综合试验区零售出口货物税收政策的通知》,自 2018 年 10 月 1 日起,跨境电子商务综合试验区(以下简称"综试区")内的跨境电子商务零售出口(以下简称"电子商务出口")货物税收政策调整如下:

对综试区电子商务出口企业出口未取得有效进货凭证的货物,同时符合下列条件的,试行增值税、消费税免税政策:

1)电子商务出口企业在综试区注册,并在注册地跨境电子商务线上综合服务平台登记出口日期、货物名称、计量单位、数量、单价、金额。

2)出口货物通过综试区所在地海关办理电子商务出口申报手续。

3)出口货物不属于财政部和税务总局根据国务院决定明确取消出口退(免)税的货物。

本章练习题

一、不定项选择题

1. 某批进口货物,自载运货物的运输工具申报进境之日起,已超过 3 个月,收货人或其代理人仍未向海关申报。这种情况海关应采取下列( )的方式处理。

A. 将货物提取变卖,价款扣除各项费税后,余款保存 1 年,经收货人申请可以发还,逾期无人申请的上缴国库

B. 将货物扣留,待收货人或其代理人报关时罚款处理

C. 将货物没收,全部变价上缴国库

D. 将货物扣留,待收货人或其代理人报关时,除按日征收滞报金外,加处罚款

2. 进出口货物收发货人或其代理人在办理完毕提取进口货物或装运出口货物的手续后，如有需要，可以向海关申请签发有关货物的进口、出口证明。海关签发的常见证明主要有（　　）。

A. 进口货物报关单（付汇证明联）和出口货物报关单（收汇证明联）

B. 出口货物报关单（出口退税证明联）

C. 进口货物报关单（进口货物证明联）

D. 进口货物证明书

3. 关于海关接受申报的时间，下列表述正确的是（　　）。

A. 经海关批准单独以电子数据报关单形式向海关申报的，以海关计算机系统接受申报时记录的日期为申报日期

B. 经海关批准单独以纸质报关单形式向海关申报的，海关关员在报关单上签字表示接受申报的日期为海关接受申报的日期

C. 在先以电子数据报关单向海关申报，后以纸质报关单向海关申报的情况下，海关接受申报的时间以海关接受纸质报关申报的时间为准

D. 在采用电子和纸质报关单申报的一般情况下，海关接受申报的时间以海关接受电子数据报关单申报的时间为准

4. 进出口货物申报后确有正当理由的，经海关同意可修改或撤销申报。下列表述中（　　）情况可以修改或撤销货物报关单。

A. 由于计算机技术方面的原因而导致电子数据错误的

B. 海关在办理出口货物的放行手续后，由于装运、配载原因造成原申报货物部分或全部退关的

C. 海关已经决定布控、查验的进出口货物

D. 发送单位或申报单位有关人员在操作或书写上的失误，且未发现有走私违规或者其他违法嫌疑的

5. 下列关于进、出口货物申报期限的表述正确的是（　　）。

A. 进口货物的收货人应当自货物进境之日起 14 日内，向海关申报

B. 进口货物的收货人应当自装载货物的运输工具申报进境之日起 14 日内，向海关申报

C. 出口货物的发货人除海关特准外，应当在货物运抵海关监管区后、装货的 24 小时以前向海关申报

D. 出口货物的发货人除海关特准外，应当在货物运抵海关监管区装货后的 24 小时向海关申报

6. 进出口货物收发货人或其代理人配合海关查验的工作主要包括（　　）。

A. 负责搬移货物，开拆和重封货物的包装

B. 回答查验关员的询问

C. 负责提取海关需要做进一步检验、化验或鉴定的货样

D. 签字确认查验记录

二、判断题

1. 某企业向当地海关申报进口一批烤面包机，货物已运抵海关监管区内的仓库，海关根据情报，在没有通知该公司的情况下，由仓库人员陪同对这批货物进行了查验，发现该批货物是高档音响器材。该企业以海关查验时报关员不在场为由，拒绝承认查验结果。因此，当地海关不得以此对其进行处罚。（　　）

2. 在一般情况下，进出口货物收发货人或其代理人应当先以电子数据报关单形式向海关申报，海关接受并审结电子数据报关单后，进出口货物收发货人或其代理人应当自接到海关"现场交单"或者"放行交单"通知之日起 10 日内，持打印的纸质报关单，备齐规定的随附单证并签名盖章，到货物所在地海关提交单证并办理相关海关手续。（　　）

三、思考题

一般进出口货物的报关程序由哪几个阶段组成？其主要内容是什么？

第五章
保税货物报关

本章学习目标

本章介绍了我国保税货物的进出口报关制度。通过本章的学习，学生应当了解我国保税货物报关的基本程序，重点掌握保税加工方式下电子账册报关的基本要求以及保税物流货物的监管和报关要点。

本章关键词

保税加工　保税物流　进出区外发加工　电子账册　保税仓库　保税区

保税制度是一项特殊的海关业务制度，即对那些在境内从事特定方式储存或加工的进口货物，在尚未确定最终流向的前提下，给予在海关监管之下暂免纳税的待遇。享有免税待遇的这些货物叫作保税货物。

保税制度最早产生于中世纪诸侯分立的欧洲，众多公国划地为境，设立关卡，对进入关卡的货物征收关税。转口贸易中的商品在进入某公国时，往往是将该国作为贸易中转地，而并非在该国销售，也同样需要缴纳进口税费，这种局面严重制约了转口贸易的发展。于是，一些公国从发展本国航运业出发，在转口贸易货物入境时，保留对其税款的征收，直至该货物确定最终流向时再做相关处理。由于这种措施大大减轻了转口贸易商货物流转的成本，于是转口贸易商纷纷以该国作为转口贸易的中转地，相应促进了该国航运业的发展。在16世纪中期，意大利的里窝那（意大利西北部热那亚湾的一个港口）成为世界上第一个实行保税制度的城市，并产生了最初的保税形式——保税储存制度。

经过几百年的发展和完善，保税制度不再仅仅局限于原来的转口贸易，而是被不同国家根据其需要适用于不同贸易方式中的货物，如加工贸易、寄售维修贸易等。

近年来随着我国加工贸易的飞速发展，保税货物管理成为我国进出口货物管理的一个重要内容。

第一节　保税货物概述

一、保税货物的含义与特征

（一）保税货物的含义

按照《海关法》第一百条的定义，保税货物是指经海关批准未办理纳税手续进境，在境内储存、加工、装配后复运出境的货物。该定义以法律形式确定了保税货物的含义。

（二）保税货物的特征

（1）保税货物须经过海关批准，才可以在进境阶段享受保留征税的优惠。这说明保税货物的进境和一般进出口货物不同，它具有一个前期阶段，即必须先得到海关批准，这一阶段即为申请保税及保税货物的备案阶段。海关批准保税的范围包括批准成立保税仓库、保税工厂、保税集团；海关接受加工贸易备案，核发登记手册，包括核发电子的或纸质的登记手册，实际上就是在行使批准保税的权力；保税区和出口加工区是由国务院审批的，但是具体批准这些区域的某些进口货物的保税，仍是海关的权力，也属于海关批准保税的范围。

（2）保税货物经过海关批准进境阶段可以暂缓纳税，原因是保税货物在境内储存、加工、装配后又复运出境，而并未留在境内，对境内同等货物的销售流通未造成影响。

（3）既然暂缓纳税的待遇建立在保税货物必须能够保证复运出境的基础上，所以保税货物从进境起到出境止的这段过程都处于海关监管之下，它在境内的储存、加工、装配都必须受到海关的监管。未经过海关的批准，任何人不得擅自处理保税货物。人民法院或其他行政执法部门决定处理保税货物时，应当责令当事人办结海关手续。

需要强调的是，保税货物只是在税收上享有相应的优惠待遇，在进出口许可管制、检验检疫管制等其他方面，如果没有法律的特别规定，其待遇和一般进出口货物是相同的，即必须符合国家许可进出口管制、检验检疫管制等外贸管制制度。

二、保税货物的分类

按照《海关法》对保税货物定义的描述，保税货物可以分为保税加工货物和保税物流货物，如图5-1所示。

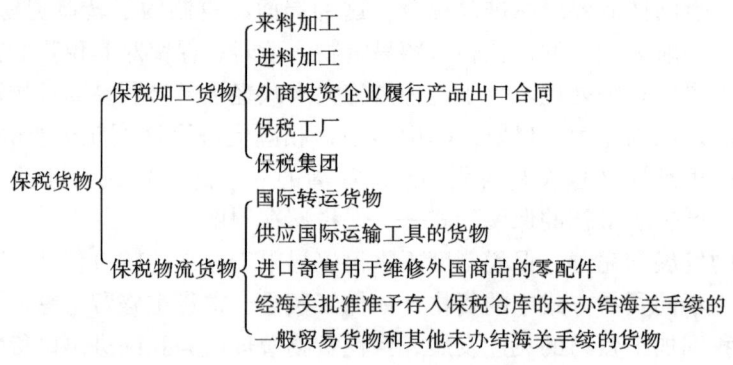

图5-1　保税货物的分类

（一）保税加工货物

1. 保税加工

保税加工是指进口货物在海关监管下经过加工、装配后复出口的一种保税形式。其具体形式如下：

（1）来料加工。来料加工是指进口料件由境外企业提供，经营企业不需要付汇进口，按照境外企业的要求进行加工或者装配，只收取加工费，制成品由境外企业销售的经营活动。

（2）进料加工。进料加工是指进口料件由经营企业付汇进口，制成品由经营企业外销出口的经营活动。

（3）外商投资企业履行产品出口合同。这是外商投资企业经营的来料加工和进料加工的统称。

（4）保税工厂。保税工厂是专门从事保税加工的工厂，由前三种模式发展而来。

（5）保税集团。保税集团是指经海关批准，由一个具有进出口经营权的企业负责，组织关区内同行业若干个加工企业，对进口料件进行多层次、多道工序连续加工，并享受全部保税的企业联合体。

2. 保税加工货物的含义

保税加工货物是指经海关批准未办理纳税手续进境，在境内加工、装配后复运出境的货物，包括：专为加工、装配出口产品而从国外进口且海关准予保税的原材料、零部件、元器件、包装物料、辅助材料；用进口保税料件生产的成品、半成品；在保税加工生产过程中产生的副产品、残次品、边角料和剩余料件。

保税加工货物也称加工贸易保税货物。加工贸易俗称"两头在外"的贸易，是料件从境外进口在境内加工装配后将成品运往境外的贸易。

3. 保税加工货物的特征

（1）料件进口时暂缓缴纳进口关税及进口环节海关代征税，除另有规定外，成品出口时无须缴纳关税。

（2）除另有规定外，料件进口时免予交验进口许可证件。凡属许可证件管理的成品出口时，必须交验许可证件。

（3）进出境海关现场放行但并未结关。

4. 海关对保税加工货物的监管模式

海关对保税加工货物的监管模式有两大类：一类是非物理围网的监管模式；另一类是物理围网的监管模式，包括出口加工区和跨境工业园区，采用电子账册管理。

物理围网是指由海关对专门划定区域内开展保税加工业务实施封闭式管理，目前，主要适用于保税区、出口加工区、保税港区、综合保税区等海关监管的特殊区域企业开展加工贸易。在该模式下，海关对加工贸易企业实行联网监管，以企业为海关监管单元，以核查企业电子底账作为海关监管的主要手段，不实行银行保证金台账管理。

非物理围网监管的模式是计算机联网监管。这是一种高科技的监管方式，主要是应用计算机将海关和加工贸易企业联网，建立电子账册或电子化手册，备案、进口、出口、核销，全部通过计算机进行。这种监管方式科学严密，企业通关便捷高效，受到普遍欢迎，成为海关对保税加工货物监管的主要模式。这种监管又可以分为电子账册、电子化手册和以企业为单元的加工贸易监管模式（简称新监管模式）三种模式。

5. 海关对保税加工货物监管的基本特征

（1）商务审批。加工贸易业务必须经过商务主管部门审批，然后才能进入海关备案程序。

（2）备案保税。国家规定，加工贸易料件经海关批准才能保税进口。海关批准保税是通过受理备案来实现的。凡是准予备案的加工贸易料件可以暂不办理纳税手续，即保税进口。海关受理加工贸易料件备案的原则是：

1）合法经营。申请保税的料件或申请保税的形式或保税申请人本身不属于国家禁止的范围,并且获得有关主管部门的许可,有合法进出口的凭证。

2)复运出境。申请保税的货物流向明确,进境加工、装配后的最终流向表明是复运出境,并且申请保税的单证能够证明进出基本是平衡的。

3)可以监管。申请保税的货物无论在进出口环节,还是在境内加工、装配环节,海关都可以监管,不会因为某种不合理因素造成监管失控。

(3)纳税暂缓。国家规定,专为加工出口产品而进口的料件,按实际加工复出口成品所耗用料件的数量准予免缴进口关税和进口环节增值税、消费税。这里所指的免税,是指用在出口成品上的料件可以免税。但是在进口料件时由于无法确知用于出口成品的料件的实际数量,因此无法免税。海关只有先准予保税,在产品实际出口并最终确定使用在出口成品上的料件数量后,再确定征免税的范围,然后再由企业办理纳税手续。因此,保税加工的料件纳税时间被推迟到了加工成品出口后。也正是因为这个原因,保税加工货物(出口加工区除外)经批准内销要征收缓税利息。

(4)监管延伸。海关对保税货物的监管在时间和地点上都必须延伸。地点延伸是指保税加工的料件离开进境地口岸海关监管场所后进行加工、装配的地方,都是海关监管的场所。时间延伸是指保税加工的料件在进境地被提取,不是海关监管的结束,而是海关保税监管的开始,海关一直要监管到加工、装配后复运出境或者办结正式进口手续为止。

准予保税的期限是指经海关批准保税后在境内加工、装配、复运出境的时间限制。纸质手册管理的保税加工期限原则上不超过 1 年,经批准可以延长,延长的最长期限原则上也是 1 年。联网监管模式中纳入电子账册管理的料件,保税期限从企业的电子账册记录第一批料件进口之日起到该电子账册被撤销止。出口加工区和珠海园区保税加工的期限,原则上是从加工贸易料件进区到加工贸易成品出区办结海关手续止。

申请核销的期限是指加工贸易经营人向海关申请核销的最后日期。纸质手册和电子化手册管理的保税加工报核期限是在手册有效期到期之日起或最后一批成品运出后 30 天内。电子账册管理的保税加工报核期限,一般以 180 天为 1 个报核周期,首次报核是从海关批准建立电子账册之日起算,满 180 天后的 30 天内报核;以后则从上一次的报核日期起算,满 180 天后的 30 天内报核。在出口加工区经营保税加工业务的企业每 180 天向海关申报 1 次保税加工货物的进出境、进出区的实际情况。

(5)核销结关。保税加工货物经过海关核销后才能"结关"。保税加工货物的报核必须如实申报实际单耗。保税加工的料件进境后要进行加工、装配,改变原进口料件的形态,复出口的商品不再是原进口的商品。这样向海关的报核,不但要确认进出数量是否平衡,而且还要确认成品是否由进口料件生产。在报核的实践中,数量往往是不平衡的,正确处理报核中发生的数量不平衡问题,是企业报核必须解决的问题。

(二)保税物流货物

1. 保税物流货物的含义

保税物流货物是指经海关批准未办理纳税手续进境,在境内储存后复运出境的货物,也称作保税仓储货物。已办结海关出口手续尚未离境,经海关批准存放在海关专用监管场所或特殊监管区域的货物,也带有保税物流货物的性质。保税物流货物在境内储存后的流向除出境外,还可以留在境内按照其他海关监管制度办理相应的海关手续,如保税加工、正式进口等。

保税物流货物可以分为两种：

（1）储存后复运出境的保税货物，包括国际转运货物和供应国际运输工具的货物。国际转运货物主要是指转口贸易货物。该货物实际进入我关境，在境内储存后，再运往国外。供应国际运输工具的货物主要是指从境外进口在保税仓库存储的供应给国际运输船舶、航空器在国际运输途中所需要的燃料、物料。

（2）储存后进入国内市场的保税货物，包括进口寄售用于维修外国商品的零配件，和经海关批准准予存入保税仓库的未办结海关手续的一般贸易货物和其他未办结海关手续的货物。进口寄售用于维修外国商品的零配件在进口时，海关批准进入保税仓库，缓办纳税手续，等到实际维修使用时，对于在保修期内的出库可以免税，对于在保修期外的出库则要征税。经海关批准准予存入保税仓库的未办结海关手续的一般贸易货物和其他未办结海关手续的货物主要是指境内厂商购买进口，但未确定最终用途的，因此进口时无法确定是否完税，如何完税，只有在确定用途后才能办结海关手续的进口货物。

2. 保税物流货物的特征

（1）进境时暂缓缴纳进口关税及进口环节海关代征税，复运出境免税，内销应当缴纳进口关税和进口环节海关代征税，不征收缓税利息。

（2）除国家另有规定外，进出境时免予交验进出口许可证件。

（3）进境海关现场放行不是结关，进境后必须进入海关保税监管场所或特殊监管区域，运离这些场所或区域必须办理结关手续。

3. 海关对保税物流货物监管的基本特征

（1）设立审批。保税物流货物必须存放在经过法定程序审批设立的专用场所或者特殊区域，主要有：①保税仓库、出口监管仓库、保税物流中心 A 型、保税物流中心 B 型。要经过海关审批，并核发批准证书，凭批准证书设立及存放保税物流货物。②保税物流园区、保税区、保税港区。要经过国务院审批，凭国务院同意设立的批复设立，并经海关等部门验收合格才能存放保税物流货物。未经法定程序审批同意设立的任何场所或者区域都不得存放保税物流货物。

（2）准入保税。保税物流货物报关，在任何一种监管模式下，都没有备案程序，而是通过准予进入来实现批准保税。这样，准予进入成为海关保税物流货物监管目标之一。这个监管目标只有通过对专用场所或者特殊区域的监管来实现。

（3）纳税暂缓。凡是进境进入保税物流监管场所或特殊监管区域的保税物流货物，在进境时都可以暂不办理进口纳税手续，等到运离海关保税监管场所或特殊监管区域时才办理纳税手续。这同保税加工货物相似，但是保税加工货物（特殊监管区域内的加工贸易货物和边角料除外）内销征税时要征收缓税利息，而保税物流货物在运离海关保税加工场所或特殊监管区域时不需同时征收缓税利息。

（4）监管延伸。这主要包括监管地点和监管时间的延伸：①监管地点延伸，是指进境货物从进境地海关监管现场，已办结海关出口手续尚未离境的货物从出口申报地海关现场，延伸到专用监管场所或者特殊监管区域。②监管时间延伸，是指保税仓库存放保税物流货物的时间是 1 年，可以申请延长，延长的时间最长为 1 年；出口监管仓库存放保税物流货物的时间是 6 个月，可以申请延长，延长的时间最长为 6 个月；保税物流中心 A 型存放保税物流货物的时间是 1 年，可以申请，延长的时间最长为 1 年；保税物流中心 B 型存放保税物流货物的时间是 2 年,可以申请延长,延长的时间最长为 1 年;保税物流园区、保税区、保税港区存放保税物流货物的时间没有限制(见表 5-1)。

表 5-1 保税物流货物监管时间一览表

类 型	存放保税物流的时间
保税仓库	1 年,可申请延长,延长的时间最长为 1 年
出口监管仓库	6 个月,可申请延长,延长的时间最长为 6 个月
保税物流中心 A 型	1 年,可申请延长,延长的时间最长为 1 年
保税物流中心 B 型	2 年,可申请延长,延长的时间最长为 1 年
保税物流园区	没有限制
保税区	没有限制
保税港区	没有限制

(5)运离结关。根据规定,保税物流货物报关同保税加工货物一样有报核程序,有关单位应当定期以电子数据和纸质单证向海关申报规定时段内保税物流货物的进、出、存、销等情况。但是实际"结关"的时间,除外发加工和暂准"运离"(维修、测试、展览等)需要继续监管以外,每一批货物运离保税监管场所或者特殊监管区域,都必须根据货物的实际流向办结海关手续;办结海关手续后,该批货物就不再是"运离"的专用监管场所或者特殊监管区域范围的保税物流货物。在这里规定时间的报核已经不具备最终办结海关手续的必要程序。

第二节 保税加工货物的报关程序

保税加工货物是经海关批准未办理纳税手续进境,在境内加工、装配后复运出境的货物。如前所述,海关对保税加工货物的监管模式有两大类,下面就对各种监管模式下的保税加工货物的报关程序进行详细介绍。

加工贸易手册经历了早期纯纸质手册、海关电子化纸质手册、现在的无纸化(电子化)通关手册三个阶段。目前,无纸化通关手册全面应用,企业在向海关办理加工手册设立时,海关不再核发纸质手册(或者所核发的纸质手册仅作为报核时的手册凭证)。企业办理通关手册设立后,海关核发加工手册号及手册的登记信息,企业凭以办理通关手续。

海关对加工贸易企业联网监管,是指海关通过计算机网络从实行全过程计算机管理的加工贸易企业提取监管所必需的财务、物流、生产经营等数据,与海关计算机管理系统相连接,从而实施对保税货物监管的一种模式,也被称为电子围网监管模式。

目前,用电子围网对保税加工货物实施监管有三种模式:建立电子账册管理;建立电子化手册管理;以企业为单元的加工贸易监管模式管理。电子账册管理是以企业整体加工贸易业务为单元实施对报税加工货物的监管。电子化手册管理则仍然以企业的单个贸易合同为单元实施对保税加工货物的监管,但不再使用纸质手册。以企业为单元的加工贸易监管模式下的保税加工货物报关程序改变以合同为单元的传统监管模式,建立符合企业生产特点的加工贸易监管模式,逐步推行以企业为单元,以账册为主线,以企业物料编码(料号)或《协调制度》编码(项号)为基础,周转量控制、定期核销的加工贸易监管模式。

一、电子账册管理下的保税加工货物报关程序

（一）电子账册管理概述

电子账册的建立要经过保税加工联网企业的申请和审批、加工贸易业务的申请和审批、建立电子账册和商品归并关系三个步骤。

（1）保税加工联网企业的申请和审批。具备规定的相关条件的加工贸易企业可以向所在地直属海关申请加工贸易联网监管。申请联网监管的企业应当向海关提供规定的有关单证。经经营企业所在地直属海关审核，符合条件、单证具备的加工贸易企业，主管海关制发"海关实施加工贸易联网监管通知书"。

（2）加工贸易业务的申请和审批。联网企业的加工贸易业务由商务主管部门审批，商务主管部门总体审定联网企业的加工贸易资格、业务范围和加工生产能力。商务主管部门收到联网企业申请后，对非国家禁止开展的加工贸易业务予以批准，并签发"联网监管企业加工贸易业务批准证"。

（3）建立电子账册和商品归并关系。包括以下两个方面：①建立电子账册。联网企业凭商务主管部门签发的"联网监管企业加工贸易业务批准证"向所在地主管海关申请建立电子账册。海关以商务主管部门批准的加工贸易经营范围、年生产能力等为依据，建立电子账册，取代纸质手册。②建立商品归并关系。商品归并关系，是指海关与联网企业根据监管的需要按照中文品名、《协调制度》编码、价格、贸易管制等条件，将联网企业内部管理的"料号级"商品与电子账册备案的"项号级"商品归并或拆分，建立一对多或多对一的对应关系。

（二）报关程序

1. 备案

（1）"经营范围电子账册"备案。企业凭商务主管部门的批准证通过网络向海关办理"经营范围电子账册"备案手续，备案内容为：①经营单位名称及代码；②加工单位名称及代码；③批准证件编号；④加工生产能力；⑤加工贸易进口料件和成品范围（商品编码前4位）。

企业的加工贸易经营范围、年生产能力等发生变更时，经商务主管部门批准后，企业可通过网络向海关申请变更，海关予以审核通过，并收取商务主管部门出具的"联网监管企业加工贸易业务批准证变更证明"等相关书面材料。

（2）"便捷通关电子账册"备案。企业可通过网络向海关办理"便捷通关电子账册"备案手续。"便捷通关电子账册"的备案内容由海关规定，其他部分可同时申请备案，也可分阶段申请备案，但料件必须在相关料件进口前备案，成品和单耗关系最迟在相关成品出口前备案。

"便捷通关电子账册"的最大周转金额、核销期限等需要变更时，企业应向海关提交书面申请，海关批准后由海关直接变更。"便捷通关电子账册"的基本情况表内容、料件、成品发生变化的，包括料件、成品品种、单耗关系的增加等，只要未超出经营范围和加工能力，企业不必报商务主管部门审批，可通过网络直接向海关申请变更。

2. 进出口报关

（1）进出境货物报关。使用"便捷通关电子账册"办理报关手续，企业应先根据实际进出口情况，生成归并前的报关清单，通过网络发送到中国电子口岸。联网企业进出口保税

加工货物，应使用企业内部的计算机，采用计算机原始数据形成报关清单，经中国电子口岸自动归并后生成报关单，向海关申报。

联网企业备案的进口料件和出口成品等内容，是货物进出口时与企业实际申报货物进行核对的电子底账，因此申报数据与备案数据应当一致。联网企业可根据需要和海关规定分别选择有纸报关方式或者无纸报关方式申报。

（2）深加工结转货物报关。联网企业深加工结转报关与纸质手册管理下的保税加工货物深加工结转报关一样。

（3）其他保税加工货物报关。联网企业以内销、结转、退运、放弃、销毁等方式处理保税进口料件、成品、副产品、残次品、边角料和受灾货物的报关手续与纸质手册管理下的其他保税加工货物报关一样。后续缴纳税款时，同样要缴纳缓税利息。

3. 报核和核销

（1）企业报核。海关对联网企业实行定期或周期性的报核制度。一般规定180天为1个报核周期。首次报核期限，从电子账册建立之日起180天后的30天内；以后报核期限，从上次报核之日起180天后的30天内。企业必须在规定的期限内完成报核手续，确有正当理由不能按期报核的，经主管海关批准可以延期，但不得超过60天。联网企业报核分预报核和正式报核两个步骤。

（2）海关核销。海关核销的基本目的是掌握企业在某个时段所进口的各项保税加工料件的使用、流转、损耗的情况，确认是否符合平衡关系。海关除了对书面数据进行必要的核算外，还会根据实际情况进行盘库。

二、电子化手册管理下的保税加工货物报关程序

（一）电子化手册管理简介

电子化手册系统是海关适应当前加工贸易新形势、新发展的需要，从简化手续、方便企业的角度出发，运用现代信息技术和先进的管理理念，以加工贸易手册为管理对象，在加工贸易手册备案、通关、核销等环节采用"电子化手册+自动核算"的模式取代现有的纸质手册，并逐步通过与相关部委的联网取消纸质单证作业，最终实现"电子申报、网上备案、无纸通关、无纸报核"的新监管模式。

（二）电子化手册管理的特点

（1）以合同（订单）为单元进行管理。

（2）企业通过网络向商务主管部门和海关申请办理合同审批和合同备案、变更等手续。

（3）纳入加工贸易银行保证金台账制度管理。

（4）纳入电子化手册的加工贸易货物进口时全额保税。

（5）无须调度手册，凭身份认证卡实现全国口岸的报关。

（三）电子化手册的建立

电子化手册建立的基本程序和电子账册一样，都要经过加工贸易经营企业的联网监管申请和审批、加工贸易业务的申请和审批、建立商品归并关系和电子化手册三个步骤。

（四）电子化手册的报关程序

1. 备案

电子化手册的备案分为合同式和分段式两种。合同式备案，除了不申领纸质手册外，其

他要求同纸质手册管理基本一致。分段式备案是指将电子化手册的相关内容分为合同备案和通关备案两部分，分别备案，通关备案的数据建立在合同备案数据的基础上。

电子化手册备案时，海关审核要求与对纸质手册的审核要求完全一致。电子化手册审核通过后，系统自动生成手册编号。

企业办理合同备案变更手续要通过中国电子口岸向主管海关发送合同备案变更数据，并提供企业的变更申请与商务部门出具的"联网监管企业加工贸易业务批准证变更证明"，以及相关单证材料。如果通关备案已通过，则合同备案变更通过后，系统将对通关备案的数据自动进行变更。

2. 进出口报关

电子化手册管理下的联网监管企业的保税加工货物报关和纸质手册方式一样，适用进出口报关程序的，也有进出境货物报关、深加工结转货物报关和其他保税加工货物报关三种情况。可以参照纸质手册管理的内容。

如属异地报关的，本地企业将报关单补充完整后，将报关单上载，通过异地报关企业下载报关单数据，进行修改、补充后向海关申报。异地报关的报关单被退单，而且涉及修改标题商品信息的，应该由本地企业从清单开始修改，并重新上载报关单，异地下载后重新申报；如仅需修改表头数据的，则可在异地直接修改报关单表头信息后，直接向海关申报。

3. 报核和核销

海关对电子化手册核销的基本目的是掌握企业在某本电子化手册下所进口的各项加工贸易保税料件的使用、流转、损耗的情况，确认是否符合平衡关系。

电子化手册采用的是以企业合同（订单）为单元的管理方式，一个企业可以有多本电子化手册，海关根据加工贸易合同的有效期限确定核销日期，对实行电子化手册管理的联网企业进行定期核销管理。海关对通过核销核算的电子化手册进行结案处理，并打印结案通知书交付企业。

三、以企业为单元的加工贸易监管模式（以下简称"新监管模式"）下的保税加工货物报关程序

（一）新监管模式简介

新监管模式是改变以合同为单元的传统监管模式，建立符合企业生产特点的加工贸易监管模式，逐步推行以企业为单元，以账册为主线，以企业物料编码（料号）或 HS 编码（项号）为基础，周转量控制、定期核销的加工贸易监管模式。

海关总署于 2017 年 7 月 13 日发布《关于以企业为单元加工贸易监管模式改革试点的公告》（海关总署公告 2017 年第 29 号），自 2017 年 8 月 1 日起，在 9 个海关实施"以企业为单元加工贸易监管模式"改革试点。首批试点地区为部分与自贸试验区相关的天津、沈阳、杭州、武汉、拱北、重庆、成都海关辖区和具备改革基础的南京、黄埔海关辖区。同时明确了各海关可结合关区实际先行试点或者全国海关统一版信息化系统上线后全面开展试点两种方式。

2018 年 2 月 26 日，海关总署发布《关于以企业为单元加工贸易监管模式改革扩大试点的公告》（海关总署公告 2018 年第 19 号），将以企业为单元模式试点海关范围扩充到天津、呼和浩特、满洲里、沈阳、长春、哈尔滨、上海、南京、杭州、宁波、合肥、厦门、南昌、

青岛、郑州、武汉、广州、深圳、拱北、黄埔、湛江、南宁、重庆、成都、西安、乌鲁木齐共26个海关。扩大试点海关范围后，各试点海关统一适用全国统一版的信息化系统开展试点工作。

（二）新监管模式的特点

1. 适应现代企业经营管理方式

新监管模式顺应企业生产经营实际，解决海关以合同为单元监管与企业生产实际脱节的问题，建立一套包括前期账册设立、中期过程管理、后期核报管理在内的企业规范申报要求和自律管理规范等基本制度。

2. 简化加工贸易海关监管手续

新监管模式简化并规范了企业从设立到核销全过程的申报流程，减少了申报单证，提高了企业业务办理效率，降低了企业经营成本。

3. 优化关企双方的权利义务

新监管模式进一步规范企业申报，强化企业申报责任，实现企业守法便利、违法必究，同时通过实施海关风险管理，提高海关监管效能，推进关企良性互动。

（三）实行新监管模式的企业所具备的条件

（1）海关信用等级为一般认证及以上的。

（2）海关信用等级为一般信用企业，且企业内部加工贸易货物流和数据流透明清晰，逻辑链完整，耗料可追溯，满足海关监管要求的。

（四）新监管模式的主要内容

实施新监管模式的企业，按照以下方式开展相关业务：

（1）账册设立。企业可以根据行业特点、生产规模、管理水平等因素选择以料号或项号设立账册；账册的最大进口量为《加工贸易企业经营状况及生产能力证明》所载生产能力，即进口料件对应金额。

（2）核销周期。企业可以根据生产周期，自主选择合理核销周期，并按照现有规定确定单耗申报环节，自主选择单耗申报时间。

（3）外发加工。企业开展外发加工业务时，不再报送收发货清单，同时应保存相关资料、记录备查。

（4）集中内销。企业应于每月15日前对上月发生的内销保税货物，在依法提供税收担保的前提下，集中办理纳税手续，但不得跨年。

（5）深加工结转。企业在办理深加工结转手续时，应于每月月底前对上月深加工结转情况进行集中申报，不再报送收发货记录，同时应保存相关资料、记录备查。

（6）剩余料件结转。企业应在核报前，以剩余料件结转方式处置实际库存。

四、出口加工区货物报关程序

（一）出口加工区概述

1. 含义与功能

出口加工区是指经国务院批准在境内设关的，由海关对保税加工贸易进出口货物进行封闭式监管的特定区域。出口加工区原则上应当设立在已经国务院批准的现有经济技术开发区内。出口加工区的主要功能是加工贸易，以及为区内加工贸易服务的储运业务。

2. 海关监管

加工区是海关监管的特定区域。加工区与境内其他地区之间设置符合海关监管要求的隔离设施及闭路电视监控系统，在进出区通道设立卡口。

海关在加工区内设立机构，并依照有关法律、行政法规，对进出加工区的货物及区内相关场所实行24小时监管。区内企业建立符合海关监管要求的电子计算机管理数据库，并与海关实行电子计算机联网，进行电子数据交换。从境外运入出口加工区的加工贸易货物全额保税。出口加工区内企业从境外进口的自用的生产、管理所需设备、物资，除交通车辆和生活用品外，予以免税。

出口加工区运往区外的货物，海关按照对进口货物的有关规定办理报关手续，并按制成品征税。如属于许可证件管理商品，还应向海关出具有效的进口许可证件。

境内区外进入出口加工区的货物视同出口，办理出口报关手续，除属于取消出口退税的基建物资外，可以办理出口退税手续。

（二）报关程序

出口加工区内企业在进出口货物前，应向出口加工区主管海关申请设立电子账册。企业凭经海关审核通过的电子账册办理进出境货物和进出区货物的报关手续。

1. 出口加工区与境外之间进出货物报关

出口加工区与境外之间进出货物报关实行备案制，由收、发货人或其代理人填写"进、出境货物备案清单"，向出口加工区海关报关。对于跨关区进出境的出口加工区货物，一般按转关运输中的直转转关方式办理转关；对于同一直属海关关区内进出境的出口加工区进出境货物，一般按直通式报关。按转关运输中直转转关方式转关的报关程序如下：

（1）境外货物运入出口加工区。货物到港后，收货人或其代理人向口岸海关录入转关申报数据，并持"进口转关货物申报单""汽车载货登记簿"向口岸海关物流监控部门办理转关手续；口岸海关审核同意企业转关申请后，向出口加工区海关发送转关申报电子数据，并对运输车辆进行加封。

货物运抵出口加工区后，收货人或其代理人向出口加工区海关办理转关核销手续，出口加工区海关物流监控部门核销"汽车载货登记簿"，并向口岸海关发送转关核销电子回执；同时收货人或其代理人录入"出口加工区进境货物备案清单"，向出口加工区海关提交运单、发票、装箱单、电子账册编号、相应的许可证件等单证办理进境报关手续；出口加工区海关审核有关报关单证，确定是否查验，对不需查验的货物予以放行，对需查验的货物，由海关实施查验后，再办理放行手续，签发有关备案清单证明联。

（2）出口加工区货物运出境外。发货人或其代理人录入"出口加工区出境货物备案清单"，向出口加工区海关提交运单、发票、装箱单、电子账册编号等单证办理出口报关手续，同时向出口加工区海关录入转关申报数据，并持"出口加工区出境货物备案清单""汽车载货登记簿"向出口加工区海关物流监控部门办理出口转关手续；出口加工区海关审核同意企业转关申请后，向口岸海关发送转关申报电子数据，并对运输车辆进行加封。

货物运抵出境地海关后，发货人或其代理人向出境地海关办理转关核销手续，出境地海关核销"汽车载货登记簿"，并向出口加工区海关发送转关核销电子回执；货物实际离境后，出境地海关核销清洁载货清单并反馈出口加工区海关，出口加工区海关凭以签发有关备案清单证明联。

2. 出口加工区与境内区外其他地区之间进出货物报关

这类报关有两点基本准则：运往区外，视同进口；运自区外，视同出口。

(1) 出口加工区运往境内区外货物的报关。出口加工区运往境内区外的货物，由区外企业录入"进口货物报关单"，凭发票、装箱单以及有关许可证件等单证向出口加工区海关办理进口报关手续。进口报关结束后，区内企业填制"出口加工区出境货物备案清单"，凭发票、装箱单、电子账册编号等单证向出口加工区海关办理出区报关手续。

货物经出口加工区海关查验放行后，出口加工区海关分别向区外企业核发"进口货物报关单"进口付汇证明联，向区内企业核发"出口加工区出境货物备案清单"收汇证明联。

(2) 境内区外运入出口加工区货物的报关。境内区外运入出口加工区的货物，由区外企业录入"出口货物报关单"，凭购销合同（协议）、发票、装箱单等单证向出口加工区海关办理出口报关手续。出口报关结束后，区内企业填制"出口加工区进境货物备案清单"，凭发票、装箱单、电子账册编号等单证向出口加工区海关办理进区报关手续。

货物经出口加工区海关查验放行后，出口加工区海关分别向区外企业核发"出口货物报关单"收汇证明联和出口退税证明联，向区内企业核发"出口加工区进境货物备案清单"付汇证明联。

(3) 出口加工区出区深加工结转货物报关。出口加工区货物出区深加工结转是指加工区内企业按照《中华人民共和国海关对出口加工区监管的暂行办法》和《中华人民共和国海关出口加工区货物出区深加工结转管理办法》的有关规定，将本企业加工生产的产品直接或者通过保税仓库转入其他出口加工区、保税区等海关特殊监管区域内及区外加工贸易企业进一步加工后复出口的经营活动。

出口加工区企业开展深加工结转时，转出企业凭出口加工区管委会批复，向所在地的出口加工区海关办理海关备案手续后方可开展货物的实际结转；对转入其他出口加工区、保税区等海关特殊监管区域的，转入企业凭其所在区管委会的批复办理结转手续；对转入区域外加工贸易企业的，转入企业凭商务主管部门的批复办理结转手续。

对结转至海关特殊监管区域外的加工贸易企业的货物，海关按照对保税加工进口货物的有关规定办理手续，结转产品如果属于加工贸易项下进口许可证件管理商品的，企业应当向海关提供相应的有效进口许可证件。对转入特殊监管区域的，转出、转入企业分别在自己的主管海关办理结转手续。对转入特殊监管区域外加工贸易企业的，转出、转入企业在转出地主管海关办理结转手续。对转入特殊监管区域的深加工结转，除特殊情况外，比照转关运输方式办理结转手续；不能比照转关运输方式办理结转手续的，在主管海关提供相应的担保后，由企业自行运输。对转入特殊监管区域外加工贸易企业的深加工结转报关程序，按海关规定的相关程序进行报关。

(三) 监管和报关要点

(1) 加工区与境外之间进、出的货物，除国家另有规定外，不实行进出口许可证件管理。国家禁止进出口的货物，不得进出加工区。因境内技术无法达到产品要求，需将国家禁止出口或统一经营商品运至加工区内进行某项工序加工的，应报经商务主管部门批准，海关比照出料加工管理办法进行监管，其运入加工区的货物，不予签发"出口退税报关单"。

(2) 出口加工区区内企业开展加工贸易业务不实行"加工贸易银行保证金台账"制度，适用电子账册管理，实行备案电子账册的滚动累加、核扣，每180天核销1次。

(3) 对加工区运往境内区外的货物，按进口货物报关，如属许可证件管理的，出具有效的进口许可证件，缴纳进口关税、增值税、消费税，免交付缓税利息。

(4) 从境内区外进入加工区的货物视同出口，办理出口报关手续。其出口退税，除法律、法规另有规定外，按照以下规定办理：从境内区外运进加工区供区内企业使用的国产机器、设备、原材料、零部件、元器件、包装物以及建造基础设施，加工企业和行政管理部门生产、办公用房所需合理数量的基建物资等，按照对出口货物的管理规定办理出口报关手续，海关签发"出口退税报关单"。境内区外企业凭"报关单出口退税联"向税务部门申请办理出口退（免）税手续。

(5) 出口加工区内企业在需要时，可将有关模具、半成品运往区外进行加工，经加工区主管海关的关长批准，由接受委托的区外企业向加工区主管海关缴纳货物应征关税和进口环节增值税等值的保证金或银行保函后，方可办理出区手续。加工完毕后，加工产品应按期运回加工区，区内企业向加工区主管海关提交运出加工区时填写的"委托区外加工申请书"及有关单证，办理验放核销手续。加工区主管海关办理验放核销手续后，应及时退还保证金或撤销银行保函。

(6) 出口加工区区内企业经主管海关批准，可在境内区外进行产品的测试、检验和展示活动。测试、检验和展示的产品，应比照海关对暂时进口货物的管理规定办理出区手续。出口加工区区内使用的机器、设备、模具和办公用品等，需运往境内区外进行维修、测试或检验时，区内企业或管理机构应填写"出口加工区货物运往境内区外进行维修查验联系单"，向主管海关提出申请，并经主管海关核准、登记、查验后，方可将机器、设备、模具和办公用品等运往境内区外维修、测试或检验。运往境内区外维修、测试或检验的机器、设备、模具和办公用品等，应自运出之日起 2 个月内运回加工区。因特殊情况不能如期运回的，区内企业应于期满前 7 天内向主管海关说明情况，并申请延期。申请延期以 1 次为限，延长期限不得超过 1 个月。运往境内区外维修的机器、设备、模具和办公用品等，运回区内时，要以海关能辨认其为原物或同一规格的新零件、配件或附件为限，更换新零件、配件或附件的，原零件、配件或附件应一并运回区内。

出口加工区报关程序总结见表5-2。

表5-2 出口加工区报关程序总结

报关情形	要求	具体的要求/步骤
进出境报关	报关填写	"进、出境货物备案清单"
	跨关区进出境	直转转关方式办理转关
	同一直属海关关区内进出境	直通式报关
进出区报关（与境内区外其他地区）	出口加工区运往境内区外货物报关（出）步骤：先区外企业办理进口报关手续，后区内企业办理出区报关手续	1. 区外企业录入"进口货物报关单"，向出口加工区海关办理进口报关手续 2. 区内企业填制"出口加工区出境货物备案清单"，向出口加工区海关办理出区报关手续 3. 向区外企业签发"进口货物报关单"进口付汇证明联；向区内企业签发"出口加工区出境货物备案清单"收汇证明联

（续）

报关情形	要 求	具体的要求/步骤
进出区报关（与境内区外其他地区）	境内区外运入出口加工区货物报关（入区）步骤：先区外企业办理出口报关手续，后区内企业办理进区报关手续	1. 区外企业录入"出口货物报关单"，向出口加工区海关办理出口报关手续 2. 区内企业填制"出口加工区进境货物备案清单"，向出口加工区海关办理进区报关手续 3. 向区外企业签发"出口货物报关单"收汇证明联和出口退税证明联，向区内企业签发"出口加工区进境货物备案清单"付汇证明联
	将本企业加工生产的产品直接或通过保税仓库转入其他出口加工区、保税区等海关特殊监管区域内及区外加工贸易企业进一步加工后复出口	1. 对转入其他出口加工区、保税区等海关特殊监管区域的，转入企业凭其所在区管委会的批复办理结转手续 2. 对转入特殊监管区域外加工贸易企业的，转入企业凭商务主管部门的批复办理结转手续 3. 对转入特殊监管区域的，转出、转入企业分别在自己的主管海关办理结转手续 4. 对转入特殊监管区域外加工贸易企业的，转出、转入企业在转出地主管海关办理结转手续

五、珠海园区进出货物报关程序

（一）珠海园区概述

珠澳跨境工业区是指经国务院批准设立，在我国珠海经济特区和澳门特别行政区之间跨越珠海和澳门关境线，由珠海海关和澳门海关共同监管的海关特殊监管区域。它由珠海园区和澳门园区两个部分组成。珠海园区具备从事保税物流、保税加工和国际贸易的功能。

珠海园区实行保税区政策，与中国关境内的其他地区之间进出货物在税收方面实行出口加工区政策。

（二）报关程序

1. 珠海园区与境外之间进出货物报关

珠海园区与境外之间进出货物应当向珠海园区主管海关申报。海关对珠海园区与境外之间进出货物报关实行备案制管理，由货物的收、发货人或其代理人填写"进、出境货物备案清单"，向海关备案。珠海园区与境外之间进出的货物不实行进出口配额、许可证件管理。

2. 珠海园区与境内区外之间进出货物报关

海关对珠海园区与境内区外之间进出货物的监管分为出区和进区两种情况。珠海园区内货物运往区外视同进口，由区内企业填制"出境货物备案清单"向珠海园区主管海关办理申报手续，区外收货人或其代理人填制"进口货物报关单"向珠海园区主管海关办理申报手续。区内企业跨关区配送货物或者异地企业跨关区到珠海园区提取货物，可以在珠海园区主管海关办理申报手续，也可以按照规定在异地企业所在地海关办理申报手续。海关按照货物进口的有关规定办理手续。需要征税的，按照货物出区时的实际状态征税；属于许可证件管理商品的，区内企业或者区外收货人还应当向海关出具进口许可证件。

货物从境内区外进入珠海园区视同出口。

第三节 保税物流货物的报关程序

一、保税仓库货物的报关程序

（一）保税仓库概述

1. 保税仓库的含义

保税仓库是指经海关批准设立的专门存放保税货物及其他未办结海关手续货物的仓库。

经海关批准可以存入保税仓库的货物有：①加工贸易进口货物；②转口货物；③供应国际航行船舶和航空器的油料、物料和维修用零部件；④供维修外国产品所进口寄售的零配件；⑤外商进境暂存货物；⑥未办结海关手续的一般贸易进口货物；⑦经海关批准的其他未办结海关手续的进境货物。

2. 保税仓库的分类

我国大体上有三种保税仓库：

（1）公用型保税仓库。公用型保税仓库由主营仓储业务的中国境内独立企业法人经营，专门向社会提供保税仓储服务。

（2）自用型保税仓库。自用型保税仓库由特定的中国境内独立企业法人经营，仅存储本企业自用的保税货物。

（3）专用型保税仓库。专门用来存储具有特定用途或特殊种类商品的保税仓库称为专用型保税仓库，包括液体危险品保税仓库、备案保税仓库、寄售维修保税仓库和其他专用保税仓库。

3. 保税仓库的设立

设立保税仓库需具备的条件：①经工商行政管理部门注册登记，具有企业法人资格；②具有专门存储保税货物的营业场所。

企业申请设立保税仓库的，应向仓库所在地主管海关提交书面申请，提供能够证明具备要求条件的有关文件，由主管海关受理并报直属海关审批。

（二）报关程序

1. 进库报关

货物在保税仓库所在地进境时，除国家另有规定的外，免领进口许可证件，由收货人或其代理人办理进口报关手续，海关进境现场放行后存入保税仓库。

货物在保税仓库所在地以外其他口岸入境时，经海关批准，收货人或其代理人可以按照转关运输的报关程序办理手续，也可以直接在口岸海关办理异地传输报关手续。

2. 出库报关

保税仓库货物出库可以出现进口报关和出口报关两种情况。保税仓库货物出库根据情况可以逐一报关，也可以集中报关。

（1）进口报关。保税仓库货物出库转进口的，应当经海关批准，按照进口货物的有关规定办理相关手续：①保税仓库货物出库用于加工贸易的，由加工贸易企业或其代理人按加工贸易货物的报关程序办理进口报关手续；②保税仓库货物出库用于可以享受特定减免税的特定地区、特定企业和特定用途的，由享受特定减免税的企业或其代理人按特定减免税货物的报关程序办理进口报关手续；③保税仓库货物出库进入国内市场或使用于境内其他方面的，由保税仓库经营企业按一般进口货物的报关程序办理进口报关手续；④保税仓库内的寄售维修零配件申请以保修期内免税出仓的，由保税仓库经营企业办理进口报关手续，填制"进口货物报关单"。

（2）出口报关。保税仓库货物为转口或退运到境外而出库的，保税仓库经营企业或其代理人按一般出口货物的报关程序办理出口报关手续，但可免缴纳出口关税，免交验出口许可证件。

（3）集中报关。保税货物出库批量少、批次频繁的，经海关批准可以办理定期集中报关手续。

3. 流转报关

保税仓库与海关特殊监管区域或其他海关保税监管场所往来流转的货物，按转关运输的有关规定办理相关手续。保税仓库和海关特殊监管区域或其他海关保税监管场所在同一直属关区内，经直属海关批准，可不按转关运输方式办理。保税仓库货物转往其他保税仓库的，应当各自在仓库主管海关报关，先进口，后出口。

（三）报关要点

（1）保税仓库所存货物的储存期限为1年，如因特殊情况需要延长储存期限，应向主管海关申请延期，经海关批准可以延长，延长的期限最长不超过1年。在特殊情况下，延期后货物存储超过2年的，由直属海关审批。

（2）保税仓库所存货物是海关监管货物，未经海关批准并按规定办理有关手续，任何人不得出售、转让、抵押、质押、留置、移作他用或者进行其他处置。

（3）货物在仓库储存期间发生损毁或者灭失，除不可抗力原因外，保税仓库应当依法向海关缴纳损毁、灭失货物的税款，并承担相应的法律责任。

（4）保税仓库货物可以进行包装、分级分类、加刷唛码、分拆、拼装等简单加工，不得进行实质性加工。

（5）保税仓库经营企业应于每月前5个工作日内，以电子数据和书面形式向主管海关申报上一个月仓库收、付、存情况，并随附有关的单证，由主管海关核销。

二、出口监管仓库货物的报关程序

（一）出口监管仓库概述

1. 含义

出口监管仓库，是指经海关批准设立，对已办结海关出口手续的货物进行存储、保税货物配送、提供流通性增值服务的海关专用监管仓库。

出口监管仓库分为出口配送型仓库和国内结转型仓库。出口配送型仓库是指存储以实际离境为目的的出口货物的仓库。国内结转型仓库是指存储用于国内结转的出口货物的仓库。

2. 存放货物的范围

经海关批准可以存入出口监管仓库的货物有：①一般贸易出口货物；②加工贸易出口货物；③从其他海关特殊监管区域、场所转入的出口货物；④其他已办结海关出口手续的货物。

出口配送型仓库还可以存放为拼装出口货物而进口的货物，以及为改换出口监管仓库货物包装而进口的包装材料。

出口监管仓库不得存放下列货物：①国家禁止进出境货物；②未经批准的国家限制进出境货物；③海关规定不得存放的货物。

3. 出口监管仓库的设立

出口监管仓库的设立，首先应符合海关规定的以下条件：

（1）已经在工商行政管理部门注册登记，具有企业法人资格。

（2）具有进出口经营权和仓储经营权。

（3）具有专门存储货物的场所，其中出口配送型仓库的面积不得低于2000m^2，国内结转型仓库的面积不得低于1000m^2。

（二）报关程序

出口监管仓库货物报关，大体可以分为进仓报关、出仓报关、结转报关和更换报关。

1. 进仓报关

出口货物存入出口监管仓库时，发货人或其代理人应当向主管海关办理出口报关手续，填制"出口货物报关单"。按照国家规定应当提交出口许可证件和缴纳出口关税的，必须提交出口许可证件和缴纳出口关税。提交报关必需单证和仓库经营企业填制的"出口监管仓库货物入仓清单"。根据海关总署公告2018年第85号《关于出口监管仓库货物出入仓清单有关事项的公告》规定，对已使用保税核注清单（或核增核扣表）办理出口监管仓库货物出入仓手续的，无须向海关提交"出口监管仓库货物入仓清单"、"出口监管仓库货物出仓清单"。

对经批准享受入仓即退税政策的出口监管仓库，海关在货物入仓办结出口报关手续后予以签发"出口货物报关单"退税证明联；对不享受入仓即退税政策的出口监管仓库，海关在货物实际离境后签发"出口货物报关单"退税证明联。

2. 出仓报关

出口监管仓库货物出仓可能出现出口报关和进口报关两种情况。

（1）出口报关。出口监管仓库货物出仓货物出口时，仓库经营企业或其代理人应当向主管海关申报，提交报关必需的单证，并提交仓库经营企业填制的"出口监管仓库货物出仓清单"；根据海关总署2018年第85号《关于出口监管仓库货物出入仓清单有关事项的公告》规定，对已使用保税核注清单（或核增核扣表）办理出口监管仓库货物出入仓手续的，无须向海关提交"出口监管仓库货物入仓清单"、"出口监管仓库货物出仓清单"。入仓没有签发"出口货物报关单"退税证明联的，出仓离境海关按规定签发"出口货物报关单"退税证明联。

（2）进口报关。出口监管仓库货物转进口的，应当经海关批准，按照进口货物的有关规定办理相关手续：①用于加工贸易的，由加工贸易企业或其代理人按加工贸易货物的报关程序办理进口报关手续；②用于可以享受特定减免税的特定地区、特定企业和特定用途的，由享受特定减免税的企业或其代理人按特定减免税货物的报关程序办理进口报关手续；③进入国内市场或使用于境内其他方面的，由收货人或其代理人按一般进口货物的报关程序办理进口报关手续。

3. 结转报关

经转入、转出方所在地主管海关批准，并按照转关运输的规定办理相关手续后，出口监管仓库之间，出口监管仓库与保税区、出口加工区、保税物流园区、保税物流中心、保税仓库等特殊监管区域、专用监管场所之间可以进行货物流转。

4. 更换报关

对已存入出口监管仓库因质量等原因要求更换的货物，经仓库所在地主管海关批准，可以更换货物。被更换货物出仓前，更换货物应当先行入仓，并应当与原货物的商品编码、品名、规格型号、数量和价值相同。

（三）监管和报关要点

（1）出口监管仓库必须专库专用，不得转租、转借给他人经营，不得下设分库。

（2）出口监管仓库经营企业应当如实填写有关单证、仓库账册，真实记录并全面反映其业务活动和财务状况，编制仓库月度进、出、转、存情况表和年度财务会计报告，并定期报送主管海关。

（3）出口监管仓库所存货物的储存期限为 6 个月。如因特殊情况需要延长储存期限，应在到期之前向主管海关申请延期，经海关批准可以延长，延长的期限最长不超过 6 个月。

（4）出口监管仓库所存货物是海关监管货物，未经海关批准并按规定办理有关手续，任何人不得出售、转让、抵押、质押、留置、移作他用或者进行其他处置。

（5）货物在仓库储存期间发生损毁或者灭失，除不可抗力原因外，保税仓库应当依法向海关缴纳损毁、灭失货物的税款，并承担相应的法律责任。

（6）经主管海关同意，可以在出口监管仓库内进行品质检验、分级分类、分拣分装、印刷运输标志、改换包装等流通性增值服务。

三、保税物流中心（A 型）及其所存货物的报关程序

（一）保税物流中心（A 型）概述

1. 保税物流中心（A 型）的含义

保税物流中心（A 型）是指经海关批准，由中国境内企业法人经营，专门从事保税仓储物流业务的海关监管场所。

按服务范围分，保税物流中心（A 型）可以分为公用型和自用型两类。公用型物流中心是指专门从事仓储物流业务的中国境内企业法人经营，向社会提供保税仓储物流综合服务的海关监管场所；自用型物流中心是指中国境内企业法人经营，仅向本企业或者本企业集团内部成员提供保税仓储物流服务的海关监管场所。

2. 存放货物的范围

保税物流中心（A 型）可以存放下列货物：①国内出口货物；②转口货物和国际中转货物；③外商暂存货物；④加工贸易进出口货物；⑤供应国际航行船舶和航空器的物料、维修用零部件；⑥供维修外国产品所进口寄售的零配件；⑦未办结海关手续的一般贸易进口货物；⑧经海关批准的其他未办结海关手续的货物。

3. 开展业务的范围

保税物流中心（A 型）经营企业可以开展以下业务：①保税存储进出口货物及其他未办结海关手续货物；②对所存货物开展流通性简单加工和增值服务；③全球采购和国际分拨、配送；④转口贸易和国际中转业务；⑤经海关批准的其他国际物流业务。

但不得开展以下业务：①商业零售；②生产和加工制造；③维修、翻新和拆解；④存储国家禁止进出口货物，以及危害公共安全、公共卫生或者健康、公共道德或者秩序的国家限

制进出口货物；⑤存储法律、行政法规明确规定不能享受保税政策的货物；⑥其他与物流中心无关的业务。

（二）保税物流中心（A型）的设立和管理

1. 经营保税物流中心（A型）的必要条件

经营保税物流中心（A型）需要具备以下一些必要条件：①保税物流中心（A型）应当设在国际物流需求量较大，交通便利且便于海关监管的地方；②经营企业的资格条件包括三项⊖；③申请设立的条件包括六项⊜。

2. 保税物流中心（A型）的设立申请、受理审批、延期审查和变更

申请设立保税物流中心（A型）的经营企业应当向所在地直属海关提交书面申请，提供能够证明规定条件已经具备的有关文件。

保税物流中心（A型）的申请由直属海关受理，报海关总署审批，并由海关总署出具批准申请企业筹建物流中心的文件。物流中心验收合格后，由海关总署向企业核发"保税物流中心（A型）验收合格证书"和"保税物流中心（A型）注册登记证书"，颁发"保税物流中心（A型）标牌"。物流中心在验收合格后方可开展有关业务。

"保税物流中心（A型）注册登记证书"有效期为2年。经营企业应当在每次有效期满30日前向直属海关办理延期审查申请手续。海关对审查合格的企业准予延期2年。

保税物流中心（A型）需变更经营单位名称、地址、仓储面积等事项的，企业申请并由直属海关报海关总署审批。其他变更事项报直属海关备案。

（三）保税物流中心（A型）进出货物报关程序

1. 保税物流中心（A型）与境外之间的进出货物报关

物流中心与境外之间进出的货物，应当在物流中心主管海关办理相关手续。物流中心与口岸不在同一主管海关的，经主管海关批准，可以在口岸海关办理相关手续。

物流中心与境外之间进出的货物，除实行出口被动配额管理和中华人民共和国参加或者缔结的国际条约及国家另有明确规定的以外，不实行进出口配额、许可证件管理。

从境外进入物流中心的货物，凡属于规定存放范围内的予以保税；属于物流中心进口自用的办公用品、交通运输工具、生活消费品等，以及物流中心开展综合物流服务所需进口的机器、装卸设备、管理设备等，按照进口货物的有关规定和税收政策办理相关手续。

2. 保税物流中心（A型）与境内之间的进出货物报关

物流中心内货物运往所在关区外，或者跨越关区提取物流中心内货物，可以在物流中心主管海关办理进出中心的报关手续，也可以按照境内监管货物转关运输的方式办理相关手续。

企业根据需要经主管海关批准，可以分批进出货物，月度集中报关，但集中报关不得跨

⊖ 经营企业的资格条件包括三项：①经工商行政管理部门注册登记，具有独立的企业法人资格；②具有专门存储货物的营业场所；③具有符合海关监管要求的管理制度。

⊜ 申请设立的条件包括六项：①符合海关对物流中心的监管规划建设要求；②公用型物流中心的仓储面积（含堆场），东部地区不低于4000m²，中西部地区、东北地区不低于2000m²；③自用型物流中心的仓储面积（含堆场），东部地区不低于2000m²，中西部地区、东北地区不低于1000m²；④物流中心为储罐的，容积不低于5000m³；⑤建立符合海关监管要求的计算机管理系统，提供供海关查阅数据的终端设备，并按照海关规定的认证方式和数据标准与海关联网；⑥设置符合海关监管要求的隔离设施、监管设施和办理业务必需的其他设施。

年度办理。

物流中心与境内之间的进出货物报关按下列规定办理：①物流中心货物出中心进入关境内的其他地区视同进口，按照货物进入境内的实际流向和实际状态办理进口报关手续，属于许可证件管理的商品，企业还应当向海关出具有效的许可证件。②货物从境内进入物流中心视同出口，办理出口报关手续。如需缴纳出口关税的，应当按照规定纳税；属于许可证件管理的商品，还应当向海关出具有效的出口许可证件。

（四）监管和报关要点

（1）物流中心内货物保税存储期限为1年。确有正当理由的，经主管海关同意可以予以延期，除特殊情况外，延期不得超过1年。

（2）从境内运入物流中心的原进口货物，境内发货人应当向海关办理出口报关手续，经主管海关验放；已经缴纳的关税和进口环节海关代征税，不予退还。

（3）从境内运入物流中心已办结报关手续或者从境内运入物流中心供中心内企业自用的国产机器设备、装卸设备、管理设备、检测检验设备等以及转关出口货物（启运地海关在已收到物流中心主管海关确认转关货物进入物流中心的转关回执后），海关签发"出口货物报关单"退税证明联。

（4）从境内运入物流中心的下列货物，海关不签发"出口货物报关单"退税证明联：

1）供中心企业自用的生活消费品、交通运输工具。

2）供中心企业自用的进口的机器设备、装卸设备、管理设备、检测检验设备等。

3）物流中心之间，保税物流中心（A型）与出口加工区、保税物流园区、保税物流中心（B型）和已实行国内货物入仓环节出口退税政策的出口监管仓库等海关特殊监管区域或者海关保税监管场所往来的货物。

（5）从物流中心进入境内用于在保修期限内免费维修有关外国产品并符合无代价抵偿货物有关规定的零部件，或者用于国际航行船舶和航空器的物料，或者属于国家规定可以免税的货物，免征关税和进口环节海关代征税。

（6）实行集中申报的进出口货物，应当适用每次货物进出口时海关接受申报之日实施的税率、汇率。

（7）保税仓储货物在存储期间发生损毁或者灭失的，除不可抗力外，物流中心经营企业应当依法向海关缴纳损毁、灭失货物的税款，并承担相应的法律责任。

四、保税物流中心（B型）及其所存货物的报关程序

（一）保税物流中心（B型）概述

保税物流中心（B型）是指经海关批准，由中国境内一家企业法人经营，多家企业进入从事保税仓储物流业务的海关集中监管场所。其存放货物的范围与保税物流中心（A型）相同。

保税物流中心（B型）内企业可以开展的业务与保税物流中心（A型）相同，不得开展的业务与保税物流中心（A型）相同。

（二）保税物流中心（B型）的设立和管理

（1）经营保税物流中心（B型）的必要条件包括"经工商行政管理部门注册登记，具有独立的企业法人资格"等四项。申请设立的条件包括"符合海关对物流中心的监管规划建设要求"等五项。

（2）保税物流中心（B型）的设立申请、受理审批、延期审查和变更

申请设立保税物流中心（B型）的经营企业应当向所在地直属海关提交书面申请，提供能够证明规定条件已经具备的有关文件。

保税物流中心（B型）的申请由直属海关受理，报海关总署审批，并由海关总署出具批准申请企业筹建物流中心的文件。物流中心验收合格后，由海关总署向物流中心经营企业核发"保税物流中心（B型）验收合格证书"，颁发"保税物流中心（B型）标牌"。物流中心在验收合格后方可开展有关业务。

"保税物流中心（B型）注册登记证书"有效期为3年。经营企业应当在每次有效期满30日前向直属海关办理延期审查申请手续。对审查合格的企业准予延期3年。

物流中心需变更经营单位名称、地址、仓储面积及所有权等事项的，由直属海关受理报海关总署审批。其他变更事项报直属海关备案。

（三）保税物流中心（B型）内企业的设立和管理

1. 进入条件

设立物流中心应当具备下列条件：

1）物流中心仓储面积，东部地区不低于5万m^2，中西部地区、东北地区不低于2万m^2。

2）符合海关对物流中心的监管规划建设要求。

3）选址在靠近海港、空港、陆路交通枢纽及内陆国际物流需求量较大，交通便利，设有海关机构且便于海关集中监管的地方。

4）满足加工贸易发展对保税物流的需求。

5）建立符合海关监管要求的计算机管理系统，提供供海关查阅数据的终端设备，并按照海关规定的认证方式和数据标准，通过中国电子口岸平台与海关联网，以便海关在统一平台上与国税、外汇管理等部门实现数据交换及信息共享。

6）设置符合海关监管要求的隔离设施、监管设施和办理业务必需的其他设施。

物流中心经营企业应当具备下列资格条件：

1）经工商行政管理部门注册登记，具有独立企业法人资格。

2）具备对中心内企业进行日常管理的能力。

3）具备协助海关对进出物流中心的货物和中心内企业的经营行为实施监管的能力。

2. 进入申请

申请设立物流中心的企业应当向直属海关提出书面申请，并递交以下加盖企业印章的材料：

1）申请书。

2）省级人民政府意见书。

3）物流中心所用土地使用权的合法证明及地理位置图、平面规划图。

3. 企业进入审批和管理

主管海关受理后报直属海关审批。直属海关对经批准的企业核发"保税物流中心（B型）企业注册登记证书"。

中心内企业无正当理由连续6个月未开展业务的，视同撤回进入中心的申请，由主管海关报直属海关办理注销并收回"保税物流中心（B型）企业注册登记证书"。中心内企业需

变更有关事项的,由主管海关受理后报直属海关审批。

(四) 保税物流中心(B型)进出货物报关程序

(1) 保税物流中心(B型)与境外之间的进出货物报关,与保税物流中心(A型)相同。

(2) 保税物流中心(B型)与境内之间的进出货物报关,与保税物流中心(A型)相同。

(3) 物流中心内企业之间的货物流转。物流中心内货物可以在中心内企业之间进行转让、转移并办理相关海关手续。未经海关批准,中心内企业不得擅自将所存货物抵押、质押、留置、移作他用或者进行其他处置。

(五) 监管和报关要点

(1) 物流中心经营企业不得在本中心内直接从事保税仓储物流的经营活动。

(2) 物流中心内货物保税存储期限为2年。确有正当理由的,经主管海关同意可予以延期,除特殊情况外,延期不得超过1年。

(3) 从境内运入物流中心的原进口货物,境内发货人应当向海关办理出口报关手续,经主管海关验放,已经缴纳的关税和进口环节海关代征税不予退还。

(4) 从境内运入物流中心已办结报关手续或者从境内运入物流中心供中心内企业自用的国产机器设备、装卸设备、管理设备、检测检验设备等以及转关出口货物(启运地海关在已收到物流中心主管海关确认转关货物进入物流中心的转关回执后),海关签发"出口货物报关单"退税证明联。

(5) 从境内运入物流中心的下列货物,海关不签发"出口货物报关单"退税证明联:

1) 供中心内企业自用的生活消费品、交通运输工具。

2) 供中心内企业自用的进口的机器设备、装卸设备、管理设备、检测检验设备等。

3) 物流中心之间,保税物流中心(B型)与出口加工区、保税物流园区、物流中心(A型)和已实行国内货物入仓环节出口退税政策的出口监管仓库等海关特殊监管区域或者海关保税监管场所往来的货物。

(6) 从物流中心进入境内用于在保修期限内免费维修有关外国产品并符合无代价抵偿货物有关规定的零部件,或者用于国际航行船舶和航空器的物料,或者属于国家规定可以免税的货物,免征关税和进口环节海关代征税。

(7) 实行集中申报的进出口货物,应当适用每次货物进出口时海关接受申报之日起实施的税率、汇率。

(8) 保税仓储货物在存储期间发生损毁或者灭失的,除不可抗力外,物流中心经营企业应当依法向海关缴纳损毁、灭失货物的税款,并承担相应的法律责任。

相关情况见表5-3。

表5-3 保税物流中心(A型)、(B型)的设立条件对比

保税物流中心(A型)设立条件	保税物流中心(B型)设立条件
1. 符合海关对物流中心的监管规划建设要求	1. 符合海关对物流中心的监管规划建设要求
2. 公用型仓储面积,东部地区不低于4000m²,中西部地区、东北地区不低于2000m²;自用型东部地区不低于2000m²,中西部地区、东北地区不低于1000m²,物流中心为储罐的,容积低于5000m³	2. 物流中心仓储面积,东部地区不低于50000m²,中西部地区、东北地区不低于20000m²

(续)

保税物流中心（A型）设立条件	保税物流中心（B型）设立条件
3. 选址在国际物流需求量大，交通便利且便于海关监管的地方	3. 选址在靠近海港、空港、陆路交通枢纽及内陆国际物流需求量较大，交通便利，设有海关机构且便于海关集中监管的地方
4. 建立符合海关监管要求的计算机管理系统，通过中国电子口岸平台与海关联网，以便海关在统一平台上与国税、外汇管理等部门实现数据交换及信息共享	4. 建立符合海关监管要求的计算机管理系统，通过中国电子口岸平台与海关联网，以便海关在统一平台上与国税、外汇管理等部门实现数据交换及信息共享
5. 设置符合海关监管要求的安全隔离设施、视频监控系统等监管、办公设施	5. 设置符合海关监管要求的安全隔离设施、视频监控系统等监管、办公设施
6. 符合国家土地管理、规划、消防、安全、质检、环保等方面的法律、行政法规、规章及有关规定	6. 经省级人民政府确认，符合地方经济发展总体布局，满足加工贸易发展对保税物流的需求

五、保税物流园区及其货物的报关程序

（一）保税物流园区概述

1. 含义和功能

保税物流园区是指经国务院批准，在保税区规划面积内或者毗邻保税区的特定港区内设立的、专门发展现代国际物流的海关特殊监管区域。保税物流园区的主要功能是保税物流。

2. 保税物流业务范围

保税物流园区的业务包括：①存储进出口货物及其他未办结海关手续的货物；②对所存货物开展流通性简单加工和增值服务；③进出口贸易，包括转口贸易；④国际采购、分配和配送；⑤国际中转；⑥商品展示；⑦经海关批准的其他国际物流业务；⑧检测、维修。

保税物流园区行政机构及其经营主体、在保税物流园区内设立的企业等单位的办公场所应当设置在园区规划面积内、围网外的园区综合办公区内。除安全人员和相关部门、企业值班人员外，其他人员不得在园区内居住。

园区内设立仓库、堆场、查验场和必要的业务指挥调度操作场所，不得建立工业生产加工场所和商业性消费设施。园区内不得开展商业零售、加工制造、翻新、拆解及其他与园区无关的业务。法律、行政法规禁止进出口的货物、物品不得进出园区。

3. 海关监管

（1）保税物流园区是海关监管的特定区域。园区与境内其他地区之间应当设置符合海关监管要求的卡口、围网隔离设施、视频监控系统及其他海关监管所需的设施。

（2）海关在园区派驻机构，依照有关法律、行政法规，对进出园区的货物、运输工具、个人携带物品，以及园区内相关场所实行24小时监管。

（3）海关对园区企业实行电子账册监管制度和计算机联网管理制度。园区行政管理机构或者其经营主体应当在海关指导下通过中国电子口岸建立供海关、园区企业及其他相关部门进行电子数据交换和信息共享的计算机公共信息平台。园区企业建立电子计算机管理系统及终端设备，并与海关联网。

（4）园区企业须依照法律、行政法规的规定，规范财务管理，设置符合海关监管要求的账簿、报表，记录本企业的财务状况和有关进出园区货物、物品的库存、转让、转移、销售、简单使用等情况，如实填写有关单证、账册，凭合法、有效的凭证记账核算，编制月度货物进、出、转、存情况表和年度财务会计报告，并定期报送园区主管海关。

（5）园区企业需要开展危险化工品和易燃易爆品存储业务的，应当取得安全生产管理、消防、环保等相关部门的行政许可，并在园区主管海关备案。有关储罐、装置、设备等设施应当符合海关监管要求。

（6）通过管道进出园区的货物，应当配备计量检测装置和其他便于海关监管的设施。

（7）园区内货物可以自由流转。园区企业转让、转移货物时应当将货物的具体品名、数量、金额等有关事项向海关进行电子数据备案，并在转让、转移后向海关办理报核手续。

（8）未经园区主管海关许可，园区企业不得将所存货物抵押、质押、留置、移作他用或者进行其他处置。

（9）对园区和其他口岸、海关特殊监管区域或者保税监管场所之间进出的货物，应当由经海关备案或者核准的运输工具承运。承运人应当遵守海关有关运输工具及其所载货物的管理规定。园区与外非海关特殊监管区域或者保税监管场所之间货物的往来，企业可以使用其他非海关监管车辆承运。承运车辆进出园区通道时应当经海关登记，海关对货物和承运车辆进行查验、检查。

（10）下列货物进出园区时，按照海关规定办理相关手续包括查验后，园区企业可以指派专人携带或者自行运输：①价值1万美元及以下的小额货物；②因品质不合格复运出区退换的货物；③已办理进口纳税手续的货物；④企业要求出口退税的货物；⑤其他经海关核准的货物。

（二）报关程序

1. 保税物流园区与境外之间进出货物报关

海关对园区与境外之间进出货物，除园区自用的免税进口货物、国际中转货物外，实行备案制管理。园区与境外之间进出货物应当向园区主管海关申报。园区货物的进出境口岸不在园区主管海关管辖区域的，经主管海关批准，可以在口岸海关办理申报手续。

园区内开展整箱进出、二次拼箱等国际中转业务的，由开展此项业务的企业向海关发送电子舱单数据，园区企业向园区主管海关申请提箱、集运等，提交舱单等单证，办理进出境申报手续。

（1）境外运入园区。境外货物到港后，园区企业及其代理人可以先提交舱单将货物直接运到园区，再提交"进境货物备案清单"向园区主管海关办理申报手续。除法律、行政法规另有规定的外，境外运入园区的货物不实行许可证件管理。境外运入园区的10种货物保税，包括转口贸易货物、外商暂存货物等。境外运入园区的包括园区的基础设施建设项目所需的设备、物资等三种货物免税。

（2）园区运往境外。从园区运往境外的货物，除法律、行政法规另有规定外，免征出口关税，不实行许可证件管理。进境货物未经流通性简单加工，需原状退运出境的，园区企业可以向园区主管海关申请办理退运手续。

2. 保税物流园区与区外之间进出货物报关

园区与区外之间进出的货物，由区内企业或者区外的收、发货人或其代理人在园区主管海关办理申报手续。园区企业在区外从事进出口贸易且货物不实际进出园区的，可以在收、发货人所在地的主管海关或者货物实际进出境口岸的海关办理申报手续。

（1）园区货物运往区外。园区货物运往区外，视同进口。园区企业或者区外收货人或其代理人按照进口货物的有关规定向园区主管海关申报，海关按照货物出园区时的实际监管方式的有关规定办理。

（2）区外货物运入园区。区外货物运入园区，视同出口，由区内企业或者区外的发货人或其代理人向园区主管海关办理出口申报手续。属于应当缴纳出口关税的商品，应当照章缴纳；属于许可证件管理的商品，应当同时向海关出具有效的许可证件。用于办理出口退税的"出口货物报关单"证明联的签发手续，按照有关规定办理。

（3）保税物流园区与其他特殊监管区域，不予签发"出口货物报关单"退税证明联。但货物从未实行国内货物入区、入仓环节出口退税制度的海关特殊监管区域或者保税监管场所转入园区的，按照货物实际离境的有关规定办理申报手续，由转出地海关签发"出口货物报关单"退税证明联。园区与其他特殊监管区域、保税监管场所之间的货物交易、流转，不征收进出口环节和国内流通环节的有关税收。

（三）监管和报关要点

（1）园区货物不设存储期限。但园区企业自开展业务之日起，应当每年向园区主管海关办理报核手续。

（2）园区企业可以对所存货物开展流通性简单加工和增值服务。

（3）已办理出口退税的货物或者已经流通性简单加工的货物（包括进境货物）如果退运，按照进出口货物的有关规定办理海关手续。

（4）经主管海关批准，园区企业可以在园区综合办公区专用的展示场所举办商品展示活动。展示的货物应当在园区主管海关备案，并接受海关监管。园区企业在区外其他地方举办商品展示活动的，应当比照海关对暂时进口货物的管理规定办理有关手续。

（5）供区内行政管理机构及其经营主体和区内企业使用的机器、设备和办公用品等需要运往区外进行检测、维修的，应当向园区主管海关提出申请和核准。

（6）除已经流通性简单加工的货物外，区外进入园区的货物，因质量、规格型号与合同不符等原因，需原状返还出口企业进行更换的，园区企业应当在货物申报进入园区之日起1年内向园区主管海关申请办理退换手续。更换的货物进入园区时，可以免领出口许可证件，免征出口关税，但海关不予签发"出口货物报关单"证明联。

（7）除法律、行政法规规定不得声明放弃的货物外，园区企业可以申请放弃货物。

（8）因不可抗力造成园区货物损坏、损毁、灭失的，园区企业应当及时书面报告园区主管海关，说明理由并提供保险、灾害鉴定部门的有关证明。经主管海关核实确认后，按照有关规定处理。

（9）因保管不善等非不可抗力因素造成货物损坏、损毁、灭失的，按有关规定办理。

[专栏5-1]

保税物流园区整体运营良好，对外贸易实现持续较快增长

2012年，中国保税物流整体运营良好，保税物流区域的对外贸易继续保持较快增长，对促进国民经济平稳健康发展起到了积极的作用。

据国家统计局发布的统计公报，2012年，全国全年进出口总额为38667.6亿美元，比上年增长6.2%，增速比上年回落16.3个百分点；出口20489.3亿美元，增长7.9%；进口18178.3亿美元，增长4.3%。

据国家发展和改革委员会网站公布的宏观经济运行数据，2012年，全国主要保税物流区域外贸进出口总额达到6067.5亿美元，其中出口总额达2955.4亿美元，进口总额达3112.1亿美元；保税物流区域内的外贸进出口总额占全国进出口总额的15.7%，表明保税物流区域已经成为中国开展对外贸易活动和推动经济平稳运行的重要基地。

其中，主要类型保税物流区域在2012年的运行情况如下：

（1）全国保税区外贸进出口总额为2537亿美元，同比增长29.9%。其中出口875亿美元，同比增长47.4%；进口1662亿美元，同比增长22.3%。

（2）全国出口加工区外贸进出口总额为1302.5亿美元，同比增长3.8%。其中出口817亿美元，同比下降0.1%；进口485.5亿美元，同比增长11%。

（3）全国保税物流园区外贸进出口总额为165.4亿美元，同比增长30.9%。其中出口85.1亿美元，同比增长35.4%；进口80.3亿美元，同比增长26.4%。

（4）全国保税港区外贸进出口总额为348.6亿美元，同比增长54.4%。其中出口135.5亿美元，同比增长56.6%；进口213亿美元，同比增长53.1%（因小数点后数据四舍五入，总额与出口、进口之和略有差异）。

（5）全国综合保税区外贸进出口总额为1712.8亿美元，同比增长50.7%。其中出口1042.3亿美元，同比增长52.4%；进口670.5亿美元，同比增长48.2%。

（6）珠澳跨境工业园区外贸进出口总额为12103.1万美元，同比下降21.9%。其中出口4112.8万美元，同比下降23.7%；进口7990.3万美元，同比下降21%。

综合来看，2012年中国主要保税物流区域内外贸进出口总额达到6067.5亿美元，其中保税区、出口加工区和综合保税区占比分别达42%、21%和28%，三者总和已经达到整体水平的90%以上，已经成为中国保税物流区域外贸活动发展的中坚力量。保税港区和保税物流园区占比分别为6%和3%，主要是因为：一方面，对于保税港区和保税物流园区来讲，"区港联动"的基本政策对于两者的空间布局要求比较高；另一方面，受制于宏观经济环境的不景气，2012年全球航运市场持续低迷，中国港口地区航运业发展面临挑战，在一定程度上也影响了这类保税物流区域的发展。

（资料来源：中国物流与采购网。）

六、保税区及其货物的报关程序

（一）保税区概述

1. 含义和功能

保税区是指经国务院批准在中华人民共和国境内设立的由海关进行监管的特定区域。保税区具有出口加工、转口贸易、商品展示、仓储运输等多种功能，也就是说既有保税加工的功能，又有保税物流的功能，但主要的功能是保税物流。

保税区内仅设置保税区行政机构和企业，除安全保卫人员外，其他人员不得在保税区居住。

2. 海关监管措施

（1）保税区与境内其他地区之间，应当设置符合海关监管要求的隔离设施。

（2）在保税区内设立的企业，应当向海关办理注册手续。区内企业应当依照国家有关法律、行政法规的规定设置账簿、编制报表，凭合法、有效凭证记账并进行核算，记录有关进出保税区货物和物品的库存、转让、转移、销售、加工、使用和损耗等情况。

（3）区内企业应当与海关实行电子计算机联网，进行电子数据交换。

（4）海关对进出保税区的货物、物品、运输工具、人员及区内有关场所，有权依照《海关法》的规定进行检查、查验。

（5）区内企业在保税区内举办境外商品和非保税区商品的展示活动，展示的商品应当接受海关监管。

（6）国家禁止进出口的货物、物品，不得进出保税区。

（7）为保税加工、保税仓储、转口贸易、展示而进口进入保税区的货物均可以保税。

（8）为了支持保税区的发展，保税区对某些符合规定的属于免税优惠范围的物资、设备、办公用品等享受免税优惠。

（二）保税区进出货物报关程序

保税区货物报关分进出境报关和进出区报关。

1. 进出境报关

进出境报关采用报关制和备案制相结合的运行机制，即保税区与境外之间进出境货物，属自用的，采取报关制，填写"进出口货物报关单"；属非自用的，包括加工出口、转口、仓储和展示，采取备案制，填写"进出境货物备案清单"。

2. 进出区报关

进出区报关要根据不同的情况按不同的报关程序报关。

（1）保税加工货物进出区。进区报出口，要有加工贸易登记手册或者加工贸易电子账册、电子化手册，填写"出口货物报关单"，提供有关的许可证件，海关不签发"出口货物报关单"退税证明联。出区报进口，按不同的流向填写不同的"进口货物报关单"：①出区进入国内市场的，按一般进口货物报关，填写"进口货物报关单"，提供有关的许可证件；②出区用于加工贸易的，按加工贸易货物报关，填写"加工贸易进口货物报关单"，提供加工贸易登记手册或者加工贸易电子账册、电子化手册；③出区用于可以享受特定减免税企业的，按特定减免税货物报关，提供进出口货物征免税证明和应当提供的许可证件，免缴进口税。

（2）进出区外发加工。保税区企业货物外发到区外加工，或区外企业货物外发到保税区加工，需经主管海关核准。进区提交外发加工合同向保税区海关备案，加工出区后核销，不填写"进出口货物报关单"，不缴纳税费。出区外发加工的，须由区外加工企业在加工企业所在地海关办理加工贸易备案手续，需要建立"银行保证金台账"的应当设立台账，加工期限最长6个月，情况特殊的，经海关批准可以延长，延长的最长期限是6个月；备案后按加工贸易货物出区进行报关。

（3）设备进出区。不管是施工还是投资设备，进出区均需向保税区海关备案，设备进区不填写报关单，不缴纳出口税，海关不签发"出口货物报关单"退税证明联，设备系从国外进口已征进口税的，不退进口税；设备退出区外，也不必填写报关单申报，但要报保区海关销案。

（三）监管和报关要点

（1）保税区与境外之间进出的货物，除易制毒化学品、监控化学品、消耗臭氧层物质等国家规定的特殊货物外，不实行进出口许可证件管理，免予交验许可证件。

（2）国家明令禁止进出口的货物和列入《加工贸易禁止类商品目录》的商品在保税区内也不准开展加工贸易。

（3）从非保税区进入保税区的货物，按照出口货物办理手续。企业在办结海关手续后，可办理结汇、外汇核销、加工贸易核销等手续。出口退税必须在货物实际报关离境后才能办理。

（4）保税区内的转口货物可以在区内仓库或者区内其他场所进行分级、挑选、印刷运输标志、改换包装等简单加工。

（5）区内加工企业加工的制成品及其在加工过程中产生的边角料运往境外时，应当按照国家有关规定向海关办理手续，除法律、行政法规另有规定外，免征出口关税。

（6）区内加工企业将区内加工贸易料件及制成品、在加工过程中产生的副产品、残次品、边角料，运往非保税区时，应当依照国家有关规定向海关办理进口报关手续，并依法纳税，免交付缓税利息。

（7）用含有境外保税进口料件加工的制成品销往非保税区时，海关对其制成品按照所含进口料件数量征税；对所含进口料件的品名、数量、价值申报不实的，海关按照进口制成品征税。

相关情况见表5-4。

表5-4 保税区进出货物报关程序

进出境报关	与境外之间进出境货物，属自用的		报关制：填写"进出口货物报关单"
	与境外之间进出境货物，属非自用的		备案制：填写"进出境货物备案清单"
进出区报关	保税加工货物进出区	进区	报出口，填写"出口货物报关单"，海关不签发"出口货物报关单"退税证明联
		出区	报进口，根据货物的不同流向填写不同的"进口货物报关单"
	进出区外发加工	进区加工	凭外发加工合同向保税区海关备案，加工出区后核销
		出区加工	由区外加工企业向其所在地海关办理加工贸易备案手续，加工期限6个月+6个月
	设备进出区	进出区	进出区都要向保税区海关备案，海关不签发"出口货物报关单"退税证明联，设备退出区外，要向海关办理销案

七、保税港区进出货物报关程序

（一）保税港区简介

保税港区是指经国务院批准，设立在国家对外开放的口岸港区和与之相连的特定区域内,具有口岸、物流、加工等功能的海关特殊监管区域,具备目前中国海关所有特殊监管区域具备的全部功能。

(二) 保税港区管理

保税港区实行封闭式管理。保税港区实行保税区、出口加工区相关的税收和外汇管理政策。主要税收政策为:①国外货物入港区保税;②货物出港区进入国内销售按货物进口的有关规定办理报关手续,并按货物实际状态征税;③国内货物入港区视同出口,实行退税;④港区内企业之间的货物不征增值税和消费税。

保税港区货物不设存储期限。但存储期限超过2年的,区内企业应当每年向海关备案。区内企业不实行加工贸易银行保证金台账和合同核销制度。

(三) 进出保税港区货物的报关程序

1. 保税港区与境外之间

(1) 适用地点:保税港区主管海关;经批准的口岸海关。

(2) 适用单证:备案制管理;"进、出境货物备案清单"。

(3) 征免税范围:区内生产性的基础设施建设项目所需机器、进口设备和建设生产厂房、仓储设施所需的基建物资;区内企业生产所需的机器、设备、模具及维修用零配件;区内企业和行政管理机构自用合理数量的办公用品。其中从保税港区运往境外的货物免出口税,区内企业和行政管理机构自用的交通运输工具、生活消费用品照章征税。

2. 保税港区与区外非特殊监管区域或场所之间

(1) 出区。

一般贸易货物出区:根据不同的流向办理报关手续。

加工贸易货物出区:成品、残次品、副产品按进口货物办理报关手续,内销时按实际状态征税,交配额、许可证等;边角料、副产品、包装物料等按照出区实际状态征税,免配额、许可证。

展示货物出区:比照暂准进境货物的管理。

检测维修货物出区:不得在区外用于加工生产和使用;自运出之日起60日内运回保税港区。因特殊情况不能如期运回的,在期限届满前7日内,以书面形式向海关申请延期,延长期限不得超过30日。

外发加工货物出区:凭承揽加工合同或者协议、承揽企业营业执照复印件和区内企业签章确认的承揽企业生产能力状况等材料,向保税港区主管海关办理外发加工手续。委托区外企业加工的期限不得超过6个月。

(2) 进区。

国产货物:国产货物及其包装物料,海关按照对出口货物的有关规定办理,签发"出口货物报关单"证明联;国产基建物资、机器、装卸设备、管理设备、办公用品等,除取消出口退税的基建物资外,海关按照对出口货物的有关规定办理,签发"出口货物报关单"证明联。

原进口货物:原进口货物、包装物料、设备、基建物资等,区外企业应当向海关提供上述货物或者物品的清单,按照出口货物的有关规定办理申报手续,海关不予签发"出口货物报关单"证明联,原已缴纳的关税、进口环节海关代征税不予退还。

3. 保税港区与其他海关特殊监管区域或者保税监管场所之间

（1）海关对在保税港区与其他海关特殊监管区域或者保税监管场所之间往来的货物，实行保税监管，不予签发用于办理出口退税的"出口货物报关单"证明联。

（2）保税港区与其他海关特殊监管区域或者保税监管场所之间的流转货物，不征收进出口环节的有关税收。

本章练习题

一、不定项选择题

1. 向海关报关时适用保税区"进境货物备案清单"的是（　　）。
   A. 保税区从境外进口的加工贸易料件
   B. 保税区销往国内非保税区的货物
   C. 保税区区内企业从境外进口自用的机器设备
   D. 保税区管理机构从境外进口的办公用品
2. 来料加工和进料加工是我国加工贸易中使用的主要方式，下列关于进料加工与来料加工论述正确的有（　　）。
   A. 二者在加工业务中，从料件采购、生产到成品出口均由我方经营，自负盈亏
   B. 来料加工业务中所使用的料件由外方提供，我方不需支付购买料件的资金
   C. 进料加工业务一般均签有料件进口和成品出口两个合同，而来料加工中一般只涉及一个合同
   D. 在来料加工业务中，我方作为加工料件一方，主要赚取加工费
3. 根据我国《海关法》的规定，保税区内企业可以开展的业务有（　　）。
   A. 可从事出口加工，保税仓储
   B. 可从事国际转口贸易
   C. 可从事与上述业务相关配套服务业务
   D. 保税仓储国家禁止进出口的货物、物品

二、判断题

1. 因为来料加工进口的料件和加工的成品所有权属外商，外商有权在我境内直接提取加工的成品。（　　）
2. 保税和暂准进口货物，在其加工、储存、使用期间需运转至另一设关地点，海关的监管责任将随之延伸（或转移）并需办理"转关"手续。（　　）
3. 企业设立保税仓库应向仓库所在地主管海关提交书面申请，主管海关报直属海关审批，直属海关批准设立保税仓库后报海关总署备案。（　　）

三、思考题

1. 简述保税制度的基本特点。
2. 简要说明进出保税区货物的报关手续与监管要求。
3. 简要说明进出保税物流中心货物的报关手续与监管要求。
4. 比较保税物流中心（A型）与（B型）的管理及报关程序的异同。

第六章 其他货物报关

本章学习目标

通过本章的学习,学生应当重点掌握特定减免税货物、暂准进出境货物、过境、转运、通运货物的报关制度,以及进出口货物的转关制度和其他特殊货物的报关制度等内容。

本章关键词

特定减免税货物　暂准进出境货物　转关　过境货物　转运货物　通运货物

其他货物的报关制度是指除了基本报关制度以外,因货物进出境的特殊性质、状态及需要而订立的其他海关报关制度,包括:特定减免税货物,暂准进出境货物,过境、转运、通运货物的报关制度;进出口货物转关制度;其他特殊货物的报关制度。另外,关于进出境运输工具和进出境行邮物品(行李物品和邮递物品)的内容相对简单,本章一并介绍。

第一节　特定减免税货物的报关制度

一般进出口货物的报关程序中,进出口货物的收发货人按照相应的规定照章纳税是其报关过程中必不可少的环节之一。但与此同时,国家为了优先发展特定地区的经济,鼓励外商直接投资,促进国有大中型企业和科学、教育、文化、卫生事业的发展,还制定了一系列特定减免税政策,向符合条件的进口货物使用单位提供税费优惠。

一、特定减免税货物概述

（一）特定减免税货物的概念

在报关管理中,把符合国家政策规定,享受减免税进境并使用于特定地区、特定企业、特定用途的货物称为特定减免税货物,并形成了对应的报关管理制度。

这里的特定地区是指中国关境内由行政法规规定的某一特别限定区域,如保税区、出口加工区、物流园区等。特定企业是指由国务院制定的行政法规专门规定的企业,如加工贸易企业、外商投资企业、高新技术企业等。特定用途是指国家规定可以享受减免税优惠的进口货物且只能用于行政法规专门规定的用途,如国内投资项目和外资项目专用、科教文卫专用、残疾人专用、赈灾专用等。

特定减免税货物类别见图6-1。

（二）特定减免税货物的特点

在特定减免税货物报关制度中,需要强调的是,该类货物享受的仅仅是税费方面的减免

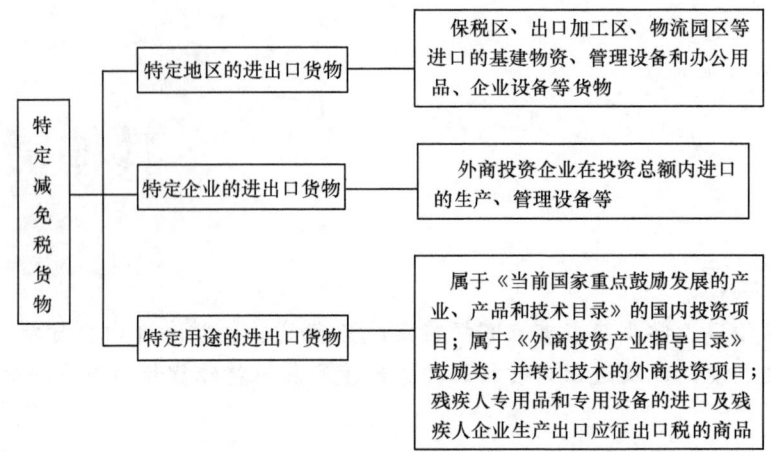

图 6-1 特定减免税货物类别

待遇，而不是对许可证件的减免，对于那些属于进口许可证件管理的货物，进口时仍然需要提交相应的许可证件。但是我国又有其他政策规定外商独资企业和港澳台及华侨同胞投资企业进口本企业自用的机器设备和物资，或者在其投资总额内进口涉及机电产品进口许可证管理的，均可以享受免证进口的待遇，所以会误认为特定减免税货物也享受免证待遇，其实不然。

从进境始至核销止，特定减免税货物始终处于海关的监管之下，监管的目的是确保它在特定的范围内使用。在正常情况下，海关的监管年限如下：①船舶、飞机、建筑材料：8年；②机动车辆（特种车辆）、家用电器：6年；③机器设备、其他设备、材料：5年。其中，建筑材料是指钢材、木材、胶合板、人造板、玻璃等。

二、特定减免税货物的报关程序

特定减免税货物是在特定的条件下减免进口关税和进口环节增值税，并不免除货物进口环节的消费税的货物。由于特定减免税货物在进境报关环节享受了减免税待遇，所以其报关包含了前期备案和后期核销程序，见图 6-2。

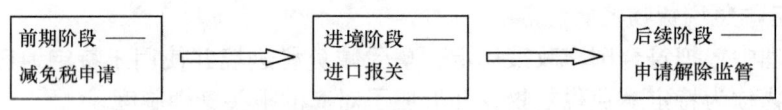

图 6-2 特定减免税货物报关程序

（一）前期备案手续

1. 特定地区

这里的特定地区包括保税区和出口加工区等。

2. 特定企业

特定企业主要是指外商投资企业。外商投资企业向企业主管海关办理减免税备案登记的，应当提交商务主管部门的批准文件、营业执照、企业合同、章程等，海关审核后准予备案的,即签发"外商投资企业征免税登记手册"。外商投资企业在进口特定减免税机器等货物以前,向主管海关提交"外商投资企业征免税登记手册"、发票、装箱单等,并将申请进口货物的有关数据输入海关计算机系统,经海关核准后签发"进出口货物征免税证明"交申请企业。

3. 特定用途

(1) 国内投资项目减免税申请。国内投资项目经批准以后,减免税货物进口企业应当持国务院有关部门或省、市人民政府签发的"国家鼓励发展的内外资项目确认书"、发票、装箱单等单证向项目主管直属海关提出减免税申请。海关审核后签发"进出口货物征免税证明"交申请企业。

(2) 利用外资项目减免税申请。利用外资项目经批准后,减免税货物进口企业应当持国务院有关部门和省、市人民政府签发的"国家鼓励发展的内外资项目确认书"、发票、装箱单等单证向项目主管直属海关提出减免税申请。海关审核后签发"进出口货物征免税证明"交申请企业。

(3) 科教用品减免税进口申请。科教单位办理科学研究和教学用品免税进口申请时,应当持有关主管部门的批准文件,向单位所在地主管海关申请办理资格认定手续,经海关审核批准的,签发"科教用品免税登记手册"。科教单位在进口特定减免税科教用品以前,向主管海关提交"科教用品免税登记手册"、合同等单证,并将申请进口货物的有关数据输入海关计算机系统。海关核准后签发"进出口货物征免税证明"。

(4) 残疾人专用品减免税申请。在进口特定减免税残疾人专用品以前,进口货物收货人或其代理人应向主管海关提交民政部门的批准文件。海关审核批准后签发"进出口货物征免税证明"。

"进出口货物征免税证明"的有效期为6个月,持证人应当在海关签发该征免税证明的6个月内进口经批准的特定减免税货物。

"进出口货物征免税证明"实行"一证一批"的原则,即一份征免税证明上的货物只能在一个进口口岸一次性进口。如果一批特定减免税货物需要分两个口岸进口,或者分两次进口的,持证人应当事先分别申领征免税证明。

(二) 进境阶段

特定减免税货物进口报关时,需向海关提交"进出口货物征免税证明",属于进出口许可证管理的,应提交进口许可证件,国家另有规定的除外。进口报关单的"备案号"一栏填写"进出口货物征免税证明"上的12位长编号,用于海关计算机系统审核征免税证明电子备案是否和纸质"进出口货物征免税证明"一致。单据审核无误后,特定减免税货物在进口纳税环节享受减免税待遇,其他环节和一般进出口货物基本一致。

(三) 后续核销阶段

1. 监管期满的核销手续

特定减免税货物的监管年限一旦到期,原减免税申请人应当向主管海关申请解除海关对减免税进口货物的监管。主管海关经审核批准,签发"减免税进口货物解除监管证明"。至此,特定减免税进口货物办结了全部海关手续。如货物由原使用单位或企业继续使用的,通常即可自行结关。

2. 监管期内的核销手续

特定减免税货物在海关监管期限内，因特殊原因要求出售、转让、放弃，或者企业破产清算的，必须向海关提出有关解除监管的申请，办理海关的结关手续。其具体情况如下：

（1）销售、转让的处理。特定减免税货物，因特殊原因需要在海关监管期内销售、转让的，企业应当向海关办理缴纳进口税费的手续。海关按照使用时间审查确定完税价格征税后，签发"解除监管证明"，企业即可将原减免税货物在国内销售、转让。企业如将货物转让给同样享受进口减免税优惠的企业，接受货物的企业应当先向主管海关申领"进出口货物征免税证明"凭以办理货物的结转手续。

（2）退运的处理。企业要求将特定减免税货物退运出境的，应当向出境地海关办理货物出口退运申报手续。出境地海关监管货物出境后，签发"出口货物报关单"，企业持该报关单及其他有关单证向主管海关申领"解除监管证明"。

（3）放弃的处理。企业要求放弃特定减免税货物的，应当向主管海关提交放弃货物的书面申请，经海关核准后，按照海关处理放弃货物的有关规定办理手续。海关将货物拍卖，所得款项上缴国库后签发收据，企业凭以向主管海关申领"解除监管证明"。

（4）破产清算的处理。企业破产清算、变卖、拍卖处理其尚在海关监管期限内的特定减免税货物，应该事先向主管海关申请，主管海关审批同意并按规定征收税款后，签发"解除监管证明"；如该货物已经改变其进口时状态，经海关实际查验并做查验记录后，也可照此办理解除监管手续。只有在解除监管后，有关货物才可以进入破产清算、变卖、拍卖程序，对于属于许可证管理的货物，当初未申领许可证件的，凭人民法院的判决或仲裁机关的仲裁证明可以免予补办进口许可证件。

（5）变更使用地点。在海关监管年限内，特定减免税货物应当在主管海关核准的地点使用。需要变更地点的，减免税申请人应当向主管海关提出申请，经海关批准后方可变更使用地点。

无论怎样，在海关监管时限内，企业要求解除监管的，必须向海关申请，并办理纳税手续，对于其中属于许可证管理的货物，而原进口未申领的，也需要补办进口许可证件。

第二节　暂准进出境货物的报关制度

一、暂准进出境货物概述

（一）暂准进出境货物的概念

暂准进出境货物是指为了特定目的，经海关批准暂时进境或暂时出境，并在规定的期限内按原状复运出境或复运进境的货物。

（二）暂准进出境货物的特点

1. 税收方面

按照货物能否在进出境后产生相应的收益或取得增值，海关将暂准进出境货物分为两大类：一类为提供担保后可暂不缴纳税款，并在规定时间内（6个月）复运出境或进境货物；另一类为按完税价格和其滞留时间计算税款的货物，如进出境修理货物等。

2. 许可证件方面

由于该类货物仅是暂时性的进境（或出境），所以它在进出境报关过程中可以享受免交进出口许可证件，但涉及进出口检验检疫证件的除外。

暂准进出境货物在进出境时享受了特殊的报关待遇，所以和特定减免税货物一样，该类货物也属于海关监管货物，需办理海关前期备案和后期核销手续。

（三）范围

本节中所指的暂准进出境货物为第一类货物，即提供担保后可暂不缴纳税款，并在规定时间内（6个月）复运出境或进境货物，其范围包括：

（1）在展览会、交易会、会议及类似活动中展示或者使用的货物。
（2）文化、体育交流活动中使用的表演、比赛用品。
（3）进行新闻报道或者摄制电影、电视节目使用的仪器、设备及用品。
（4）开展科研、教学、医疗活动使用的仪器、设备和用品。
（5）在第（1）~（4）项所列活动中使用的交通工具及特种车辆。
（6）货样。
（7）供安装、调试、检测、修理设备时使用的仪器及工具。
（8）盛装货物的容器。
（9）海关批准的其他暂时进出境货物。

二、暂准进出境货物报关程序

海关将上述九种暂准进出境货物划分为四类报关监管模式，分类如下：使用ATA单证册报关的暂准进出境货物、不使用ATA单证册报关的进出境展览品、集装箱箱体、其他暂准进出境货物。

（一）使用ATA单证册报关的暂准进出境货物

1. ATA单证册

ATA单证册又称为货物免税进口护照，是国际上广泛使用的一种海关文件。"ATA"由法文Admission Temporaire和英文Temporary Admission首字母复合而成，表示"暂准进境"。世界海关组织WCO通过的《货物暂准进口公约》（Convention on Temporary Admission，又称《伊斯坦布尔公约》）及其附约A和《关于货物暂准进口的ATA单证册海关公约》中规定，ATA单证册是替代各缔约方海关暂准进出境货物报关单和税费担保的国际性报关文件。

ATA单证册的核心内容是国际联保。该联保的运作是通过国际商会国际局组织管理的国际担保连环系统进行的。该系统由各国海关当局核准的国际商会组织作为国家担保机构共同组成，各国担保机构负责签发本国申请的ATA单证册，并对ATA单证册项下货物应付的关税及其他税费向国际商会国际局履行全面担保义务。ATA单证册持证人在货物出境前向本国的担保机构（国家商会组织）申请签发ATA单证册后，当有关货物在外国入境时，凭此向该国海关申报，并按规定期限复运出境，最终将经各海关签注的ATA单证册交还给原出证机构，ATA单证册的整个使用过程到此结束。

一份ATA单证册一般由8页ATA单证组成：一页绿色封面单证、一页黄色出口单证、一页白色进口单证、一页白色复出口单证、两页蓝色过境单证、一页黄色复进口单证、一页绿色封底。ATA单证册的特点如下：

(1) 简化报关手续。持证人使用 ATA 单证册后，无须填写各国国内报关文件，并免交货物进口关税的担保，从而极大地简化了货物报关手续。

(2) 节约报关费用和时间。ATA 单证册由持证人在本国申请，从而使持证人在出国前就预先安排好去一个或多个国家的海关手续，无须在外国海关办理其他手续或缴纳费用，并可确保快捷报关。

(3) 降低持证人风险。使用 ATA 单证册，持证人无须为向外国海关缴纳进口关税的担保而携带高额外汇出国。

(4) ATA 单证册可重复使用。ATA 单证册的有效期为 1 年，其项下的货物可以在有效期内凭同一单证册在本国多次进出口，去多个国家办理暂准进境货物的进出口报关，并在多个国家过境报关。

(5) 应用人员范围广泛。从事商务活动人员、各行专业人士均可受益于 ATA 单证册。例如，会议代表、工作人员、参展厂家、广播电视台、演艺团体、记者、医生、科研人员、旅游者等各界人士及相关机构均可为其所使用的货物或物品申办 ATA 单证册。

(6) 报关灵活。持证人本人或持证人的职员，以及有持证人授权委托书的国内外报关代理、外国贸易伙伴或其他人员均可持 ATA 单证册在国内外海关办理报关手续。

我国 ATA 单证册的担保协会和出证协会是中国国际商会，海关总署在北京海关设立了 ATA 核销中心。目前，对于暂准进出境货物的 ATA 单证册在中国的适用范围局限于展览会、交易会、会议及类似活动项下供陈列或使用的货物。使用 ATA 单证册报关的货物暂准进出境期限为自货物进出境之日起 6 个月。超过 6 个月的，ATA 单证册持证人可以向海关申请延期。延期最多不超过 3 次，每次延长期限不超过 6 个月。延长期届满应当复运出境、进境或者办理进出口手续。参加展期在 24 个月以上的展览品，在 18 个月延长期届满后仍需要延期的，由主管地直属海关报海关总署审批。

2. 进出境报关程序

(1) 进境申报。进境货物收货人或其代理人持 ATA 单证册向海关申报进境展览品时，先在海关核准的出证协会即中国国际商会以及其他商会，将 ATA 单证册上的内容预录入海关与商会联网的 ATA 单证册电子核销系统，然后向展览会主管海关提交纸质 ATA 单证册、提货单等单证。

海关在白色进口单证上签注，并留存白色进口单证正联，存根联随 ATA 单证册其他各联退还给进境货物收货人或其代理人。

(2) 出境申报。出境货物发货人或其代理人持 ATA 单证册向海关申报出境展览品时，向出境地海关提交国家主管部门批准文件、纸质 ATA 单证册、装货单等单证。

海关在绿色封面单证和黄色出口单证上签注，并留存黄色出口单证正联，存根联随 ATA 单证册其他各联退还给展览品所有人或其代理人。

(3) 过境申报。过境货物承运人或其代理人持 ATA 单证册向海关申报，将货物通过中国转运至第三国参加展览会的，不必填制"过境货物报关单"。海关在两份蓝色过境单证上分别签注后，留存蓝色过境单证正联，存根联随 ATA 单证册其他各联退还给运输工具承运人或其代理人。

(4) 异地复运出境、进境申报。使用 ATA 单证册进出境的货物异地复运出境、进境申报，ATA 单证册持证人应当持主管地海关签章的海关单证向复运出境、进境地海关办理手续。货物复运出境、进境后，主管地海关凭复运出境、进境地海关签章的海关单证办理核销结案手续。

3. 核销结关

持证人在规定期限内将进境展览品和出境展览品复运出境或复运进境，海关在白色复出口单证和黄色复进口单证上分别签注，留存单证主联，存根联随 ATA 单证册其他各联退还给持证人，正式核销结关。

ATA 单证册正常使用的流程见图 6-3。

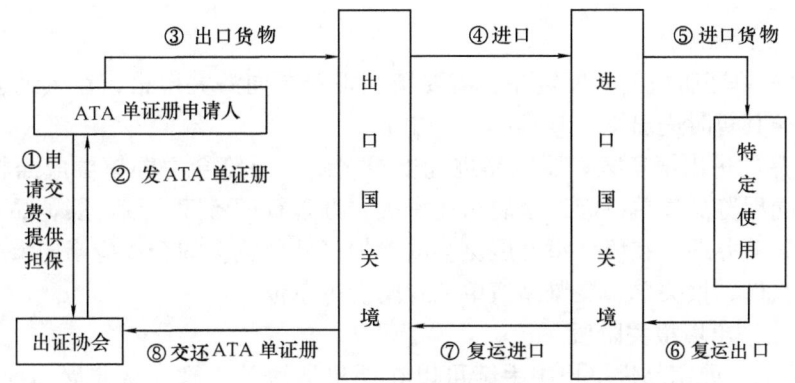

图 6-3 ATA 单证册正常使用流程

4. ATA 单证册未正常使用

如果货物在暂准进境期限届满时仍未复运出境，则进口国海关当局可在期满后 1 年内向本国的担保机构提出 ATA 单证册索赔，要求支付该单证册项下进口货物应付税款，本国担保机构根据该国当局的索赔要求支付税款后，再通过国际商会国际局向该 ATA 单证册签发过的担保机构追偿已付的税款。相关情况见图 6-4。

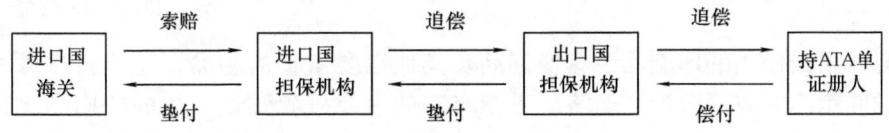

图 6-4 ATA 单证册未正常使用流程

（二）不使用 ATA 单证册报关的进出境展览品

1. 展览品的定义

展览品包括：在展览会中展示或示范用的货物、物品；为示范展出的机器或器具所需用的物品；展览者设置临时展台的建筑材料及装饰材料；供展览品做示范宣传用的电影片、幻灯片、录像带、录音带、说明书、广告等。以下与展出活动有关的物品也可以按展览品申报进境：

（1）为展出的机器或器具进行操作示范，并在示范过程中被消耗或损坏的物料。

（2）展出者为修建、布置或装饰展台而进口的一次性廉价物品，如油漆、涂料、壁纸。

（3）参展商免费提供并在展出中免费散发的，与展出活动有关的宣传印刷品、商业目录、说明书、价目表、广告招贴、广告日历、未装框照片等。

(4) 供各种国际会议使用或与其有关的档案、记录、表格及其他文件。

展览品自进出境之日起6个月内须复运出入境，如果需要延长复运出境的期限，应当向主管海关提出申请，经批准可以延长，但延长期限最长不超过6个月。

需要注意的是，在展览活动中使用的货物和物品未必都按照展览品报关程序办理手续，如展览会期间出售的小卖品、展卖品，均属于一般进口货物范围；又如展览会期间为招待用的酒精饮料、烟叶制品、燃料，虽然不是按一般进出口货物管理，但海关对这些商品一律照章收税。当然参展商随身携带进境的含酒精饮料、烟叶制品，可以按进境旅客携带物品的有关规定办理报关手续。

2. 进出境报关程序

未采用ATA单证册报关的展览品，需要填制报关单向海关申报，在缴纳适当的担保费用后，海关批准其暂时进出境，其具体程序如下：

（1）展览品的进出境备案。展览品进境申报之前，展览会主办单位应当将举办展览会的批准文件连同展览品清单一起送至展出地海关，办理登记备案手续。展览品出境申报手续应当在出境地海关办理。在境外举办展览会或参加境外展览会的企业应当向海关提交国家主管部门的批准文件、报关单、展览品清单一式两份等单证。

（2）展览品进出境报关阶段。

1）进境报关。展览品进境申报手续可以在展出地海关办理。从非展出地海关进境的，可以申请在进境地海关办理转关运输手续，将展览品在海关监管下从进境口岸转运至展览会举办地主管海关办理申报手续。

展览会主办单位或其代理人应当向海关提交报关单、展览品清单、提货单、发票、装箱单等。展览品涉及检验检疫等管制的，还应当向海关提交有关许可证件。

展览会主办单位或其代理人应当向海关提供担保。

海关一般在展览会举办地对展览品开箱查验。展览品开箱前，海关应当通知展览会主办单位或其代理人。海关查验时，展览品所有人或其代理人应当到场，并负责搬移、开拆、重封货物包装等。

展览会展出或使用的印刷品、音像制品及其他需要审查的物品，还要经过海关的审查，才能展出或使用。对我国政治、经济、道德有害的以及侵犯知识产权的印刷品、音像制品，不得展出，由海关没收、退运出境或责令更改后使用。

2）出境报关。展览品属于应当缴纳出口关税的，参展商应向海关缴纳相当于税款的保证金。属于核用品、核两用品及相关技术的出口管制商品的，应当提交出口许可证。随展览品出境的小卖品、展卖品，应当按一般出口申报，属于出口许可证管理的，还应当提交出口许可证。

海关对展览品开箱查验，核对展览品清单。查验完毕，海关留存一份清单，另一份封入关封交还给出口货物发货人或其代理人，凭以办理展览品复运进境申报手续。

（3）进出境展览品的核销结关。

1）复运进出境。进境展览品和出境展览品在规定期限内复运出境或复运进境后，海关分别签发报关单证明联，展览品所有人或其代理人凭以向主管海关办理核销结关手续。展览品未能在规定期限内复运进出境的，展览会主办单位或出境举办展览会单位应当向主管海关申请延期，在延长期内办理复运进出境手续。

2）转为正式进出口。进境展览品在展览期间被人购买的，由展览会主办单位或其代理人向海关办理进口申报、纳税手续，其中属于许可证管理的，还应当提交进口许可证件。出口展览品在境外参加展览会后被销售的，由海关核对展览品清单后要求企业补办有关正式出口手续。

3）展览品放弃或赠送。展览会结束后，进境展览品的所有人决定将展览品放弃给海关的，由海关变卖后将款项上缴国库。有单位接受放弃展览品的，应当向海关办理进口申报、纳税手续。展览品的所有人决定将展览品赠送的，受赠人应当向海关办理进口手续，海关根据进口礼品或经贸往来赠送品的规定办理。

4）展览品毁坏、丢失、被窃。展览品因毁坏、丢失、被窃而不能复运出境的，展览会主办单位或其代理人应当向海关报告。对于毁坏的展览品，海关根据毁坏程度估价征税；对于丢失或被窃的展览品，海关按照进口同类货物征收进口税。展览品因不可抗力遭受损毁或灭失的，海关根据受损情况减征或免征进口税。对于被窃或丢失属于许可证管理的展览品，凭公安部门的证明，可不再交验许可证件；对于毁坏的，只要仍有使用价值，必须交验进口许可证件。

（三）集装箱箱体

1. 集装箱箱体的界定

这里的集装箱箱体是作为运输设备暂时进出境的，是盛装货物的一种容器，故而适用于暂准进出境的报关程序。如果企业购买进口或销售出口集装箱，集装箱箱体就是普通的进出口货物，适用于一般的货物进出境报关手续。

2. 暂准进出境集装箱箱体的报关

暂准进出境集装箱箱体的报关有两种情况：

（1）境内生产的集装箱及中国营运人购买进口的集装箱在投入国际运输前，营运人应当向其所在地海关办理登记手续。海关准予登记并符合规定的集装箱箱体，无论是否装载货物，海关准予暂时进境和异地出境，营运人或者其代理人无须对箱体单独向海关办理报关手续，进出境时也不受规定的期限限制。

（2）境外集装箱箱体暂准进境，无论是否装载货物，承运人或其代理人应当对箱体单独向海关申报，并应当于入境之日起 6 个月内复运出境。如因特殊情况不能按期复运出境的，营运人应当向暂准进境地海关提出延期申请，经海关核准后可以延期，但延长期限最长不得超过 3 个月，逾期应按规定向海关办理进口报关纳税手续。

（四）其他暂准进出境货物

其他暂准进出境货物是指除使用 ATA 单证册报关的货物、展览品、集装箱箱体外，其他可以暂不缴纳税款的暂准进出境货物。其报关管理适用《中华人民共和国海关暂时进出境货物管理办法》进行监督。其他暂准进出境货物的报关也包括前期备案、进出境报关和后续核销阶段，其具体要求包括进出境时的税收政策和进出口许可证件的要求，这些要求和前三种一致，在此不再赘述。

第三节　进出口货物的转关制度

进出口货物的转关业务，是海关为适应对外开放、促进对外经济贸易发展、加强海关对未结关货物在境内转运的监控所采取的重要措施。

一、转关货物的种类及限制范围

(一) 转关的意义

转关是指进出口货物在海关监管下，从一个设关地转运至另一设关地办理某项海关手续的行为。进出口货物的转关与进出口货物的申报地有着密切的联系。按照《海关法》的规定：进出口货物除应当在进出境地办理海关手续外，经收发货人申请，海关同意，也可以在设有海关的进口货物的指运地或者出口货物的启运地办理海关手续。海关对进出口货物的监管起讫时间同时规定，进口货物在进境时就已受到海关的实际监管，出口货物必须在运离关境后才能解除海关的实际监管。因此，凡是将在远离进出境地的指运地或启运地办理海关手续的，必然要将海关监管从进境地延伸至指运地或者从启运地延伸至出境地，必然要由两地海关共同完成海关承担的全部管理责任，这是产生转关的主要原因。对于保税和暂准进口等货物，不论在何地办理进口手续，海关放行后仍属海关监管货物。因而在其加工、储存、使用期间需转运至另一设关地，海关的监管责任应当随之结转，并同样需要有转关措施。

(二) 转关货物的种类

转关货物有三种基本类型：①进口转关货物：由进境地入境，向海关申请转关，运往另一设关地点办理进口海关手续的货物；②出口转关货物：在启运地已办理出口海关手续，运往出境地，由出境地海关监管放行的货物；③境内转关货物：从境内一个设关地点运往境内另一个设关地点，需经海关监管的货物。

(三) 限制转关的范围

属于《限制转关物品清单》范围之列的进出口货物不能办理转关手续：①废物类中包括动物废料、冶炼渣、木制品废料、纺织品废物、贱金属及其制品的废料、各种废旧五金电机电器产品等、废旧运输设备、特殊需进口的废物、废塑料和碎料及下脚料等部分进出口货物；②化工类中包括监控化学品、可作为化学武器的化学品、消耗臭氧层物质、化学武器关键前体、化学武器原料、易制毒化学品、氰化钠等部分进出口货物；③汽车类部分进出口货物。

二、转关的基本规则

(一) 转关的方式及适用

1. 转关的方式

转关货物的收发货人或其代理人可采取以下三种方式办理转关手续：

（1）提前报关方式。在指运地或启运地海关提前以电子数据录入的方式申报进出口，待计算机自动生成"进口转关货物申报单"或"出口转关货物申报单"，并传输至进境地海关或货物运抵启运地海关监管现场后，办理进口或出口手续。

（2）直转方式。在进境地或启运地海关以直接填报"转关货物申报单"的方式办理转关手续。

（3）中转方式。在收发货人或其代理人向指运地或启运地海关办理进出口报关手续后，由境内承运人或其代理人统一向进境地或启运地海关办理进口或出口转关手续。

2. 转关方式的适用

具有全程提运单，需换装境内运输工具的进出口中转货物应采用中转方式办理转关手续；其他进口转关、出口转关及境内转关的货物可采用提前报关方式或直转方式办理转关手续。

（二）转关的条件及当事人的义务

1. 转关的条件

（1）转关货物的指运地或启运地应当设有经海关批准的海关监管作业场所。转关货物的存放、装卸、查验应在海关监管作业场所内进行。特殊情况需要在海关监管作业场所以外存放、装卸、查验货物的，应事先向海关提出申请。

（2）转关货物应由已在海关注册登记的承运人承运。承运人应按海关对转关路线范围和途中运输时间所做的限定，将货物运抵指定的场所。

2. 当事人的义务

（1）海关派关员押运转关货物，货物收发货人或其代理人、承运人应当提供方便。

（2）转关货物未经海关许可，不得开拆、提取、交付、发运、调换、改装、抵押、质押、留置、转让、更换标记、移作他用或者进行其他处置。

（3）转关货物运输途中因交通意外等原因需要更换运输工具或驾驶员的，承运人或驾驶员应通知附近海关，经附近海关核实同意后，方可在海关监管下换装运输工具或更换驾驶员。

（4）转关货物在境内储运中发生损坏、短少、灭失情事时，除不可抗力外，承运人、货物所有人、存放场所负责人应承担税赋责任。

（三）转关货物的申报

1. 申报的期限

（1）进口转关货物的申报期限。转关货物应当自运输工具申报进境之日起 14 日内向进境地海关办理转关手续，或在海关限定期限内运抵指运地海关之日起 14 日内，向指运地海关办理报关手续。逾期按规定征收滞报金。

（2）提前报关方式的转关申报期限。提前报关的进口转关货物应在电子数据申报之日起 5 日内，向进境地海关办理转关手续。超过期限仍未到进境地海关办理转关手续的，指运地海关撤销提前报关的电子数据；提前报关的出口转关货物应在电子数据申报之日起 5 日内，运抵启运地海关监管作业场所，向启运地海关办理出口转关手续，超过期限未办理海关转关手续的，启运地海关撤销提前报关的电子数据。

2. 申报的效力及修改或撤销

转关货物申报的电子数据与书面单证具有同等的法律效力。对确因填报或传输错误的数据，有正当理由并经海关同意，可做修改或者撤销。对海关已决定查验的转关货物，则不再允许修改或撤销申报内容。

三、转关的手续

（一）进口转关的手续

提前报关的进口转关货物，在收货人或其代理人未向进境地海关办理转关手续前，应先向指运地海关录入"进口货物报关单"电子数据，以示申报。指运地海关提前受理电子申报后，计算机系统自动生成"进口转关货物申报单"并传输至进境地海关；转关货物收货人或其代理人向进境地海关呈报"进口转关货物申报单"编号，并持海关规定的单证办理货物的进境及转关手续。

直转的进口转关货物，由其收货人或其代理人在进境地海关直接录入转关申报的电子数据，并凭"进口转关货物申报单"等单证直接办理进境及转关手续，待货物运达指运地后向指运地海关办理货物的进口报关手续。

具有全程提运单、需换装境内运输工具的中转转关货物，在收货人或其代理人向指运地海关办理进口报关手续后，由境内承运人或其代理人，凭"进口转关货物申报单"等单证向进境地海关批量办理货物转关手续。

进口转关货物按货物运抵指运地海关之日的税率和汇率征税。提前报关的，则适用指运地海关所接收的由进境地海关传输的转关放行信息之日的税率和汇率。如货物运输途中税率和汇率发生重大调整，以转关货物运抵指运地海关之日的税率和汇率计算。

（二）出口转关的手续

出口提前报关方式的转关货物，在货物未运抵启运地海关监管作业场所前，由货物发货人或其代理人向启运地海关录入"出口货物报关单"电子数据，以示申报。启运地海关提前受理电子申报，计算机自动生成"出口转关申报单"数据，传输至出境地海关；货物运抵启运地海关监管作业场所后，发货人或其代理人持海关规定的单证向启运地海关办理出口转关手续；出口转关货物运抵出境地后，发货人或其代理人向出境地海关办理转关货物的出境手续。

出口直转方式的转关货物，与前述出口提前报关的转关手续的区别在于：出口直转货物运抵启运地海关监管现场后，发货人或其代理人才向海关填报录入"出口货物报关单"的电子数据，以示申报。其余手续均与出口提前报关的转关方式一致。

具有全程提运单、需换装境内运输工具的出口中转货物，发货人或其代理人向启运地海关办理出口报关手续后，由承运人或其代理人凭"出口转关货物申报单"等单证向启运地海关办理出口转关手续；启运地海关核准后，签发"出口货物中转通知书"。承运人或其代理人凭以办理中转货物的出境手续。

（三）境内转关的手续

境内监管货物的转关运输，除加工贸易深加工结转按有关规定办理外，均应按进口转关方式办理：

（1）提前报关的，由转入地货物收货人或代理人，在转出地海关办理监管货物转关手续前，向转入地海关传送"进口货物报关单"电子数据报关。

（2）直转的，由转入地货物收货人或其代理人在转出地录入转关申报数据，持"进口转关货物申报单"，直接向转出地海关办理转关手续。货物运抵转入地后，收货人或其代理人向转入地海关办理报关手续。

第四节 过境、转运、通运货物的报关制度

一、过境、转运、通运货物的含义

过境、转运、通运货物都是由境外启运，通过中国境内继续运往境外的货物。这类货物

仅在中国境内运输及短暂停留，不做销售、加工、使用以及贸易性储存。过境货物是指从境外启运，通过中国境内陆路运输，继续运往境外的货物。转运货物是指由境外启运，通过中国境内设立海关的地点换装运输工具，而不通过境内陆路运输，继续运往境外的货物。通运货物是指由境外启运，由船舶、航空器载运进境并由原运输工具载运出境的货物。

按照《海关法》第三十六条的规定："过境、转运和通运货物，运输工具负责人应当向进境地海关如实申报，并应当在规定期限内运输出境。"从这个意义上说，这类货物也具有暂时进境的性质，但中国海关规定这三类货物不属暂准进出境报关制度的适用范围，适用特别报关制度。

二、过境货物的报关制度

（一）过境货物的经营人、承运人及其责任

中国办理过境运输的全程经营人是经国家外经贸主管部门批准，具有国际货物运输代理业务经营权并拥有过境货物运输代理业务经营范围（国际多式联运）的有关企业。

承担过境货物在中国境内运输的承运人，应是经国家运输主管部门批准从事过境货物运输业务的企业，并应承担海关监管要求的义务。

（二）过境货物的范围

与中国签有过境货物协定国家的过境货物，或在同中国签有铁路联运协定的国家收发货的过境货物，按有关协定准予过境。同中国未签有上述协定国家的过境货物，应当经国家经贸、运输主管部门批准，并向入境地海关备案后准予过境。

下列货物禁止过境：①来自或运往中国停止或禁止贸易的国家和地区的货物；②各种武器、弹药、爆炸物品及军需品（通过军事途径运输的除外）；③各种烈性毒药、麻醉品和鸦片、吗啡、海洛因、可卡因等毒品；④中国法律、法规禁止过境的其他货物、物品。

（三）承运过境货物的条件

（1）装载过境货物的运输工具应当具有海关认可的加封条件或装置。海关认为必要时，可以对过境货物及其装载装置加封。

（2）运输部门和经营人应当负责保护海关封志的完整，任何人不得擅自开启或损毁。

（3）经营人应当凭主管部门的批准文件，向海关申请办理报关注册登记手续。

（四）过境货物的报关手续

海关对过境货物监管的目的，是防止过境货物在中国境内运输过程中滞留在国内或将中国货物混入过境货物随运出境，防止禁止过境货物从中国过境。因此，海关要求过境货物经营人必须办理相应的过境货物报关手续。

1. 过境货物进境手续

过境货物进境时，经营人应当向进境地海关如实申报，并递交"过境货物报关单"以及海关规定的其他单证，办理进境手续。过境货物经进境地海关审核无讹后，海关在运单上加盖"海关监管货物"戳记，并将"过境货物报关单"和"过境货物清单"制作关封后加盖"海关监管货物"专用章，连同上述运单一并交经营人。经营人或承运人应当负责将进境地海关签发的关封完整、及时地交出境地海关。

2. 过境货物复出境手续

过境货物出境时，经营人应当向出境地海关申报，并递交进境地海关签发的关封和海关

需要的其他单证。经审核有关单证、关封和货物无讹后，由出境地海关在运单上加盖放行章，在海关监管下出境。

（五）过境货物的海关管理规则

1. 境内暂存和运输的规则

（1）过境货物进境后因换装运输工具等原因需卸地储存时，应当经海关批准并在海关监管下存入经海关指定或同意的仓库或场所。

（2）过境货物在进境以后、出境以前，应当按照运输主管部门规定的路线运输。运输主管部门没有规定的，由海关指定。

（3）根据实际情况，海关需要派员押运过境货物时，经营人或承运人应免费提供交通工具和执行监管任务的便利。

2. 过境货物逾期未报或未出境的处理

过境货物自进境之日起超过规定期限 3 个月未向海关申报的，按《海关法》的规定由海关依法提取变卖处理。

过境货物自向海关申报进境后，因特殊原因，在海关规定的 6 个月内不能出境的，应向海关申请延期，经海关同意后，可延期 3 个月。如无特殊情况经延期后仍不能出境，擅自留在境内的，海关按《海关行政处罚实施条例》的规定处以罚款。

3. 其他管理规则

（1）民用爆炸品、医用麻醉品等物品的过境运输，应经海关总署商同有关部门批准后，方可过境。

（2）有伪报货名和国别，借以运输中国禁止过境的货物以及其他违反中国法令的情况，货物将被海关依法扣留处理。但在一般情况下，经查核有关货运单据，证实确是过境货物，即可被准予续运或放行出境。

（3）海关在对过境货物监管过程中，除发现有违法或者可疑情况外，一般在做外形查验后，予以放行。海关查验过境货物时，经营人或承运人应当到场，负责搬移货物、开拆和重封货物的包装。

（4）过境货物在境内发生灭失或短少时（除不可抗力的原因外），经营人应当负责向出境地海关补办进口纳税手续。

三、转运货物的报关制度

（一）转运货物的条件

进境运输工具载运的货物必须具备下列条件之一，方可办理转运手续：

（1）持有转运或联运提货单的。

（2）进口载货清单上注明是转运货物的。

（3）持有普通提货单，但在起卸前向海关声明转运的。

（4）误卸的进口货物，经运输工具经营人提供确实证件的。

（5）因特殊情由申请转运，经海关批准的。

（二）转运货物的报关手续及管理规则

海关对转运货物实施监管，主要是防止货物在口岸换装过程中混卸进口或混装出口，承运人的责任就是确保其继续运往境外。

为此，承载有转运货物的运输工具进境后，承运人应当在"进口载货清单"上列明转运货物的名称、数量、启运地和到达地，并向海关申报。转运货物换装运输工具时应接受并配合海关的监装、监卸至货物装运出境为止。转运货物应当在规定时间内运送出境。外国转运货物在中国口岸存放期间，不得开拆、改换包装或进行加工；必须在3个月内办理海关手续并转运出境。否则，海关将按规定提取变卖。

海关对转运的外国货物有权检查，但是如果没有发现违法或可疑情况，将只做外形查验。

四、通运货物的报关制度

通运货物虽不换装运输工具，并随原承载的运输工具运往境外，海关对通运货物实施监管的目的是防止其混同进口货物卸地，并监督其原状，如数运出境外。

运输工具进境时，运输工具负责人应在船舶进口报告书或在国际民航机的"进口载货舱单"上注明通运货物的名称和数量。海关在运输工具抵、离境时，将予核查，并监管通运货物出境。

运输工具因装卸货物须搬运或倒装货物时，应向海关申请并在海关监管下进行。

[专栏 6-1]

日照港获准开办国际联运过境货物运输业务

2014年4月18日，记者从日照港获悉，经中国铁路总公司正式批准，日照站（日照港）于4月8日开办国际联运过境货物运输业务。今后，由世界各地海运至日照港的货物，均可通过铁路运输方式，经日照站（日照港）直接发运至中亚五国、蒙古国、俄罗斯、朝鲜、越南等国家和地区，上述国家和地区货物也可直接经铁路发运至日照站（日照港）中转。

国际联运过境货物运输是由两个或两个以上不同国家铁路当局联合起来完成一票货物从出口国向进口国转移所进行的全程运输，发货人只需在发站办理一次性托运手续即可将货物运抵另一国的铁路到站，具有成本较低、运输连贯性强、运输风险小和不易受天气及季节变化影响等优势。上海、天津、青岛、连云港等城市和港口均已开通了此类业务。

此次国际联运过境货物运输业务的成功获批，进一步完善了日照港集疏运方式，拓展了港口服务腹地，提升了港口综合竞争力，对于巩固日照港新亚欧大陆桥"东桥头堡"的地位、推进丝绸之路经济带和21世纪海上丝绸之路建设，具有重要意义。

（资料来源：中国水运网。）

第五节 进出境运输工具的报关制度

在国际贸易中，货物的交付通常需要国际长途运输来实现，而作为这种运输行为的主体——承运人和运输工具，则根据买方或卖方的要求将相关的货物载运到指定地点，起着完成国际买卖行为的纽带作用。离开了运输工具，就无法实现商品国际流通，买卖双方的货物不能进入对方关境，也就无法实现国际贸易。因此，当今世界各国海关在对国际贸易货物进出本国关境做出规定或限制的同时，也对载运国际贸易货物的运输工具进出本国关境的行为以法律形式予以界定，明确了相关的权利和义务，保证了国际贸易运输业的健康发展。

一、进出境运输方式

现代国际贸易中使用的运输方式主要有海洋运输、内河运输、铁路运输、公路运输、航空运输、邮包运输和联合运输等。

（一）海洋运输

在国际贸易货物运输中，海洋运输以其运量大、运费低、通过能力大等特点，成为运用最为广泛的运输方式。以船舶经营方式不同，可分为班轮运输和租船运输。

班轮是指按照预定的航行时间表在固定的航线和港口往返运载货物的船只。租船是指租船人向船东租赁船舶用于运输货物。两者的最大区别是班轮具有固定航线、固定港口、固定船期、固定运费率的特点，而租船的有关事宜由租船人与船东双方商定。

（二）铁路运输

铁路运输主要是指国际铁路货物联运，凡是从发货国家的始发站到收货国家的终点站，只要在始发站办妥托运手续，使用一份运输单据，即可由铁路以连带责任办理货物的全程运输。在由一国铁路向另一国铁路移交货物时，无须收发货人参加。铁路运输具有受气候条件影响小、运量大、速度较快、运输手续简单、费用较低等特点。

（三）航空运输

航空运输是一种现代化的国际货运方式，具有速度快、航线不受地形限制、手续简便等特点，在国际贸易运输中的地位日益提高。以经营方式不同，可分为班机运输、包机运输、集中托运、航空快件传送等。

（四）邮包运输

邮包运输是一种较简便的运输方式，按照国际贸易惯例，卖方将邮包交给邮局取得邮包收据后，即视为完成交货义务。这种运输方式一般只适应于量轻体小的商品，如精密仪器、小工具、零配件、药品、样品和生产急需物品。

（五）联合运输

联合运输是指使用两种以上的运输方式完成某一运输义务的连贯运输方式，主要包括陆空联运、陆海联运、大陆桥运输、国际多式联运等方式。

二、进出境运输工具

改革开放以后，我国对外贸易发展迅速，进出口贸易额逐年增长，进出口货运量成倍上升，载运进出口货物的运输工具进出我国关境的艘（次）数越来越多。中国毗邻国家和地区多，边境线、海岸线长，对外口岸多且经济发展不均衡，因而构成对外贸易运输业务形式多样、多种运输方式相互交错并存的局面。从具体承运工具来看，既有先进的民用航空器，也有大吨位的远洋船舶，既有现代化的列车、汽车等车辆，也有往返于边境互市的原始驮畜；从运输工具所属国籍来看，既有我国国籍的运输工具，也有外国国籍的运输工具。

具体来说，进出境运输工具包括以下几个方面：

（1）船舶：包括进出我国关境的海上、国界江河上的往来机动和非机动船舶；转运、驳运进出境旅客或进出口货物的船舶；兼营境内外旅客或货物运输的船舶以及其他进出境船舶。

（2）车辆：包括进出关境的客车、货车、行李车、邮政车、机车、发电车、轨道车和其他进出境机动车、非机动车等。

（3）航空器：主要是指载运进出境旅客或进出口货物的民用飞机。

（4）驮畜：主要是指载运进出境旅客或进出口货物的马、驴、牛、骆驼等用于运输的牲畜。

三、进出境运输工具的基本报关规则

（一）预报信息的规则

船舶、火车、航空器是载运进出境货物、物品和人员的主要运输工具，具有业务量大以及停留、靠泊时间、地点相对固定的特点，同时也会遇到延误、变更等特殊情况。因此，《海关法》规定："进出境船舶、火车、航空器到达和驶离时间、停留地点、停留期间、更换地点以及装卸货物、物品时间，运输工具负责人或者有关交通运输部门应当事先通知海关。"这样使海关能到位监管，及时办理运输工具进出境手续，保证货物、物品顺利装卸。

（二）指定路线行进的规则

由于海关并不都设立在关境线上，因此，进境运输工具在进境后还需继续驶往设关地点办理进境手续；出境运输工具在设关地办结海关手续后还需驶经关境线前往境外目的地。对这一行进过程，《海关法》规定："应当按照交通主管机关规定的路线行进；交通主管机关没有规定的，由海关指定"，以使进境运输工具在到达设关地向海关申报时保持进境时的原有状态，出境运输工具离境时保持办结海关手续时的原有状态，并确保行驶在境内的进出境运输工具遵守中国的交通管理法规。运输工具在指定路线行进途中不得转道绕行、上下人员或装卸货物、物品。

（三）如实申报的规则

进出境运输工具的申报与货物、物品的申报具有共同的法律特征，但有其自身的特殊性，主要体现在：

（1）申报的主体是作为进出境货物、物品承运人的进出境运输工具的负责人。

（2）申报的形式和要求较为简便，不规定运输工具负责人必须另行填写统一格式的报关单，而只需交验运输工具随附的、符合国际商业运输惯例、能反映运输工具合法性和所承运货物、物品真实性的证件、单据。

（3）进出境运输工具的负责人必须对其交验单证的真实性负责。

（四）接受监管和检查的规则

海关在接受申报，并对交验单证进行审核后，将根据申报事项和具体情况决定如何对运输工具进行实地、实物的监管和检查。其监管检查的方式则根据运输工具的种类、作业状态、风险程度及口岸监管条件等因素决定。

海关在检查进出境运输工具时，按照《海关法》的规定："运输工具负责人应当到场，并根据海关的要求开启舱室、房间、车门；有走私嫌疑的，应当开拆可能藏匿走私货物、物品的部位，搬移货物、物料。海关根据工作需要，可以派关员随运输工具执行职务，运输工具负责人应当提供方便。"海关对运输工具检查的方法一般有下列三种：

（1）例行抽查。通过对运输工具的表部检查，观察有无走私违法的迹象。

（2）重点抽查。通过对运输工具的某一特定部位进行较为详细的检查，确认有无走私违法的嫌疑。

（3）重点查抄。对运输工具可能藏匿走私货物、物品的所有部位进行彻底、仔细的检查，确认有无走私违法的事实。对大多数合法进出境的运输工具，在海关办理手续时，如未发现走私违法迹象也可不予检查或实施例行抽查。

运输工具在装卸进出境货物、物品或者上下进出境旅客时，应当接受海关的监管。货物、物品装卸完毕，运输工具负责人应当向海关递交反映实际装卸情况的交换单据和记录。上下进出境运输工具的人员携带物品的，应当向海关如实申报，并接受海关检查。

（五）遵守法律设限的规则

对进出境运输工具，《海关法》除有上述手续方面的规定外，还对移动、转让或移作他用、非进出境运输工具载运等设置了监控限制。

1. 对运输工具驶离的限制

停留在设关地点的进出境运输工具置于海关监管下，所载货物、物品、物料均属海关监管对象。因此，未经海关同意或办结海关手续，不得擅自驶离。

2. 对运输工具转关的限制

进出境运输因其运营需要，在尚未办结海关手续的情况下，"从一个设立海关的地点驶往另一个设立海关的地点，应当符合海关监管要求，办理海关手续；未办结海关手续的，不得改驶境外。"

3. 对运输工具用途的限制

"进境的境外运输工具和出境的境内运输工具，未向海关办理手续并缴纳关税，不得转让或者移作他用。"用于载运货物、物品及旅客的车、船、飞机等海关原本将其作为进出境运输工具来实施监管，如发生转让或者移作他用，实质是使其法律属性由"运输工具"转变为"进出口货物"，因此，只有按货物办理了相关手续，运输工具的用途才能变更。

4. 非国际营运船舶从事进出境活动的限制

"沿海运输船舶、渔船和从事海上作业的特种船舶，未经海关同意，不得载运或者换取、买卖、转让进出境货物、物品。"按照《海关法》规定，只有具备以下条件之一的船舶才能载运进出境货物、物品：

（1）承担国际运输业务的境外或境内的船舶。

（2）经海关批准从事转关运输业务的沿海运输船舶或内河驳运船舶。

（3）具备合法证明，准予运输进出境货物、物品的运输船舶。

因此，沿海运输船舶、渔船和从事海上作业的特种船舶，除非获得海关签发的证明文件，否则，任何一种与进出境有关的经营活动，都将被视作非法。

（六）兼营、改营的规则

兼营是指从事国际运输的运输工具在同一航次于境内运输进出口货物、旅客的同时，利用空余舱位兼营境内两地间的境内货物和境内旅客的运输业务。按照《海关法》的规定："进出境船舶和航空器兼营境内客、货运输，应当符合海关监管要求。"因此，有兼营意向的进出境船舶和航空器应在向所在地海关办理兼营登记手续，获得海关签发的批准证明后，方能从事兼营业务。

改营是指由原经营国际运输改为经营境内运输，包括三种情况：一是兼营船舶和航空器改营境内运输；二是原经营国际运输的船舶和航空器改营境内运输；三是其他进出境运输工具（包括火车、汽车等）因故经营境内运输。《海关法》规定："进出境运输工具改营境内运输，需向海关办理手续。"

（七）不可抗力停降等的规则

"不可抗力"（Force Majeure）是指当事人对某一事件的发生与后果不能避免并且不能克服的客观情况，包括因自然原因和社会原因所引起的。按照《海关法》的规定："进出境船舶和航空器，由于不可抗力的原因，被迫在未设立海关的地点停泊、降落或者抛掷、起卸货物、物品，运输工具负责人应当立即报告附近的海关。"

第六节　进出境行邮物品的报关制度

一、进出境行邮物品报关概述

（一）进出境行邮物品的含义

1. "物品"的一般含义

《海关法》规定了海关依法对进出境运输工具、货物、物品进行监管，并将行李物品、邮递物品和其他物品统称为"物品"。这可以说是中国海关法律制度中对于海关法律关系客体中"物"比较有特殊性的划分，其含义可以从以下两个方面来认识。

一是"物品"是相对于进出境货物而言的。在海关管理活动中，物品与货物的区别应从两方面来认识：从实质要件上看，货物的进出境具有鲜明的盈利目的，而物品的进出境因其具有的自用性质，而不具有盈利目的。从形式上看，货物应当签有贸易合同、协议，或虽无贸易目的，但有特定的使用目的（如暂准进出口）；而物品不存在签订贸易合同或协议的问题。货物与物品在性质上的差别，也直接引发了海关在税、证管理上的不同要求。在进出口税收方面，应税货物适用《海关进出口税则》，应税物品适用《入境旅客行李物品和个人邮递物品完税价格表》。而在进出境管制方面，货物若列入限制进出口范围，只要实际进出口，就需提交相应的进出口许可证件；而物品进出境虽也有限值、限量的要求，但除特殊物品（如文物）和涉及公共道德或秩序、公共安全或卫生等物品之外，一般并不需要通常意义上的进出口许可证件。

二是相对于货物的"物品"与国家明令禁止或限制进出境的"物品"，并非一个含义，禁限"物品"是依据其物理、化学特性或可能产生的危害确定的，与其是否具有贸易性质无关。

2. 行邮物品的含义

进出境行李物品和邮递物品（简称"行邮物品"）是按其进出境方式分类的"物品"类别中最为主要的两类。进出境行李物品是指进出境旅客随身携带或以托运等方式进出境的供本人自用（含旅行自用）的物品和家用生活消费品、个人馈赠品和收藏品。进出境邮递物品是指境内外用户以国际邮递和国际快递方式寄递的非贸易性印刷品和邮包。

（二）进出境行邮物品报关的基本规则

1. 自用、合理数量的规则

《海关法》第四十六条规定："个人携带的行李物品、邮寄进出境的物品，应当以自用、合理数量为限，并接受海关监管。""个人携带的行李物品"是指进出境人员随身或者以托运方式携带进出境的生活、学习等用品。"邮寄进出境的物品"是指通过邮政部门邮运进出境的小型、小量、分散的非贸易性物品。"自用、合理数量"是海关验放进出境行李物品的基本原则，也是国际上通行的惯例。其中，"自用"是指进出境物品属于本人消费、使用或者馈赠亲友，而不是为出售或者出租。"合理数量"是指海关根据旅客旅行目的和居留时间所规定的正常数量。

"自用、合理数量"规则适用的例外是禁止和限制进出境物品，即所有列入中国《禁止进出境物品表》和《限制进出境物品表》的物品都应按照禁限物品的规定管理，不能以自用合理数量作为能否验放的标准。应注意的是：在对印刷品和音像制品的监管上，其禁限针对的并非是物质形态的载体，而是载于各类信息存储介质（如光盘、磁带、胶片等）上的内容。

2. 如实申报，接受海关查验的规则

《海关法》规定进出境行邮物品须由其所有人承担申报义务（包括进出境行李物品的携运人，进出境邮递物品的收、寄件人）。海关对进出境行邮物品的申报与对进出口货物的申报的实质性要求是一致的，即必须如实申报；但申报的主体不同，进出境行邮物品的申报内容及手续相对简单。进出境物品的所有人在申报时，主要应对进出境行邮物品的品名、价值、数量、规格、质量等向海关做出客观、真实的申明。行邮物品进出境时，其所有人应按照海关红绿通道通关制度或《万国邮政公约》规定的方式向海关申报。

与此同时，进出境物品应当接受海关查验（除依法享有免验待遇者外）。海关查验的目的在于核对物品的申报是否属实，确定有无国家禁止或限制进出境的物品，确定应否征税或退运。查验的场所由海关指定。海关查验时，进出境行邮物品的所有人或其代理人应在场，并负责开拆和重封物品的包装，进出境邮递物品则应由邮政局代行其责。为了方便大多数旅客合法携运行李物品进出境，又保证国家、社会和公众的利益不受侵害，海关通常在对进出境行李物品实施查验时，将视携运者和其携带物品的外在表现，分析、判断后，有选择地确定查验对象及查验方式。而对进出境邮递物品查验与否，海关通常在邮件划号分拣时，视实际情况判断确定，并分别采用"机检"或"开拆"的方式。

对于在进出境环节尚未办结海关手续的进出境行邮物品，海关认为必要时将可能加施封志，这是海关对仍在海关监管下的进出境行邮物品所采取的一种保障措施。海关施加的封志，任何人不得擅自开启或损毁。擅自开启或损毁海关封志的，是违反海关监管的行为，依照《海关法》的规定，可以处以罚款，有违法所得的，没收违法所得。

3. 暂时免税进出境的规则

由于进出境人员身份各异、进出境物品品种繁杂，根据国际惯例和进出境报关的实际情况，《海关法》规定："经海关登记准予暂时免税进境或者暂时免税出境的物品，应当由本人复带出境或者复带进境"，"过境人员未经海关批准，不得将其所带物品留在境内"。这是一项有别于正常进出境行邮物品规则的特殊规则，是海关在确保进出境行邮物品报关法律规范得以有效实施的前提下，为暂时进出境人员提供的报关便利。

所谓"经海关登记准予暂时免税进境或者暂时免税出境的物品"是指那些在正常情况下应当征税方能进出境的行李物品，能否作为暂时免税物品验放进出境则须由海关确认，并在"海关进出境旅客行李物品申报单"或海关规定的其他申报单上注明验放物品的情况（登记），供复带出（进）境时海关核对。暂时免税进出境物品的携带者应当就暂时免税进出境物品按照规定向海关提供担保，并由旅客在行李物品的监管时限内，办结进出境手续或将原物复带出（进）境。

对过境人员携带的物品，如其不离开海关监管区或海关监管下的运输工具，海关一般不予查验；而对于过境人员（旅客）获准离开海关监管区，转换运输工具出境的，其携运的行李物品也应按照暂时免税进出境物品的报关规定办理。

不得携带禁止进出境物品暂时进出境或过境。

4. 逾期未报行邮物品的处置规则

进出境行邮物品逾期未向海关申报主要有以下三类情况：

（1）进出境行邮物品所有人申明放弃。

（2）在规定的进境后 3 个月限期内未向海关申报和无人认领。

（3）经邮政企业确认无法投递又无法退回。

在上述情况下，进出境行邮物品已不可能按照正常报关法律制度来确定权利义务关系，并办理报关手续。按《海关法》的规定，可比照逾期未报货物的处理办法，依法由海关变卖处理。其中第一类情况涉及的物品在变卖后所得价款在扣除运输、装卸、储存等费用后上缴国库。第二类和第三类情况涉及的物品在变卖后所得价款在扣除运输、装卸、储存等费用和税款后，尚有余款的，自物品依法变卖之日起 1 年内，经进出境行邮物品所有人申请，予以发还。其中属于国家对进口有限制性规定，应当提交许可证件而不能提供的，不予发还。逾期无人申请或者不予发还的，上缴国库。

上述进出境物品不宜长期保存的，海关可以根据实际情况提前处理。

5. 外交特权和豁免的规则

《海关法》第五十二条规定："享有外交特权和豁免的外国机构或者人员的公务用品或者自用物品进出境，依照有关法律、行政法规的规定办理。"

根据《中华人民共和国外交特权与豁免条例》（以下简称《外交特权与豁免条例》）的规定，享有外交特权和豁免的外国机构主要是指外国驻中国使馆、联合国及其专门机构驻中国的代表机构。下列人员根据其性质和地位的不同，享有不同程度的外交特权和豁免：

（1）使馆人员。使馆人员包括使馆馆长和使馆工作人员。使馆馆长是指派遣国委派担任此项职位的大使、公使、代办以及其他同级别的人。使馆工作人员是指使馆外交人员、行政技术人员和服务人员。

（2）与使馆馆长、使馆外交人员、使馆行政技术人员共同生活的配偶及未成年子女。

（3）来中国访问的外国国家元首、外交部部长及其他具有同等身份的官员。

（4）来中国参加联合国及其专门机构召开的国际会议的外国代表、临时来中国的联合国及其专门机构的官员和专家。

（5）其他享有外交特权和豁免的人员。

享有外交特权和豁免的外国机构或者人员的公务用品或者自用物品进出境，所享有的外交特权和豁免，《外交特权与豁免条例》做了原则规定。海关总署根据《外交特权与豁免条例》，制定了《中华人民共和国海关总署关于外国驻中国使馆和使馆人员进出境物品的规定》（以下简称《关于外国驻中国使馆和使馆人员进出境物品的规定》），报国务院批准后发布施行。对于享有外交特权和豁免的外国机构或者人员的公务用品和自用物品进出境的管理，应当主要适用上述法律、行政法规的规定。根据《关于外国驻中国使馆和使馆人员进出境物品的规定》，所谓公务用品，是指使馆执行职务直接需用的物品，包括家具、陈设品、办公用品、招待用品和机动车辆等。所谓自用物品，是指使馆人员和与其共同生活的配偶及未成年子女在中国居留期间直接需用的生活用品，包括家具、家用电器和机动车辆等。

上述物品享有外交豁免权，同时还应当遵守国家规定的义务：

（1）使馆运进运出公务用品、外交代表以托运或者邮寄方式运进运出自用物品，应当以书面形式向海关申报，经海关审核在直接需用数量范围内的，予以免税、放行。申报运出公务用品和自用物品，由海关审核后予以放行。

（2）使馆发送或者收受的外交邮袋，海关予以免验放行。外交邮袋应予加封，附有可识别的外部标记，并以装载外交文件或者公务用品为限。

（3）使馆的行政技术人员和服务人员，如非中国居民或者在中国永久居留者，携运进境自用物品，包括到任后半年内运进安家物品，应当书面向海关申报，经海关审核在直接需用数量范围内的，海关予以查验免税放行。申报携运出境的自用物品，海关予以审核查验放行。

（4）使馆和使馆人员不得携运我国禁止进出口的物品进出境。因特殊情况需要运进运出上述物品的，必须事先得到我国政府有关部门的批准，并按照有关规定办理。使馆和使馆人员申报属于我国禁止进出口的物品的，除经有关部门批准的外，海关予以扣留，有关使馆或者使馆人员应当在90天内退运。逾期未退运的，由海关变卖上缴国库。

（5）使馆和使馆人员免税运进的物品，不得转让。确有特殊原因需要转让的，必须报经海关批准。

二、进出境行李物品的报关制度

（一）进出境旅客的基本类型

根据我国对中国公民和外国人出入境的法律规定以及有关国际公约、国际惯例，进出境行李物品的报关制度将进出境旅客分为"居民"和"非居民"两大类，并按照旅客进出境居留时间的长短，将两类旅客再分为"长期旅客"（1年以上）和"短期旅客"（1年以内）两种。此外，另单列"定居旅客"和"过境旅客"两种。这样进出境旅客有"中国籍旅客"（含长、短期）"非居民长期旅客""非居民短期旅客""定居旅客""过境旅客"五种基本类型。

（二）进出境旅客行李物品的分类及验放限量

从报关管理的角度，海关将进出境旅客行李物品划分为三类，并对每一类物品的进出境规定了具体的限量管理标准。下面以《中国籍旅客带进物品限量表》（见表6-1）为例，说明进出境旅客行李物品的分类及验放限量。

第六章 其他货物报关

表 6-1 中国籍旅客带进物品限量表

物品类别	具体物品种类	海关限量管理标准
第一类物品	一般生活用品	海关主要是根据"自用、合理数量"的规则免税验放。其中价值在人民币 800 元以上、1000 元以下的物品每种限 1 件
第二类物品	烟草制品、酒精饮料（因属国家高税专卖品，故海关对其有较严格的限制）	香港、澳门地区居民及因私往来香港、澳门地区的内地居民，免税香烟 200 支，或雪茄 50 支，或烟丝 250g；免税 12°以上酒精饮料限 1 瓶（0.75L 以下）
		其他旅客，免税香烟 400 支，或雪茄 100 支，或烟丝 500g；免税 12°以上酒精饮料限 2 瓶（1.5L 以下）
第三类物品	价值在人民币 1000 元以上、5000 元以下（含 5000 元）的生活用品（因其价值较高，海关严格按其限值验放）	驻境外的外交机构人员、我出国留学人员和访问学者、赴外劳务人员及援外人员，连续在外每满 180 天（其中留学人员和访问学者物品验放时间从注册入学之日起算至结业之日止），远洋船员在外每满 120 天任选其中 1 件免税
		其他旅客每公历年度内进境可任选其中 1 件免税

以上主要针对陆路进出境旅客，对于航空旅客而言，根据海关总署 2005 年第 23 号《关于改革航空口岸进出境旅客申报制度的公告》，"（进境）居民旅客携带在境外获取的总值超过人民币 5000 元（含 5000 元）的自用物品，对超出部分海关予以征税放行"。

（三）进出境旅客行李物品的双通道报关（申报）方式

1. 双通道的设置及划分标准

进出境旅客行李物品按"双通道制"报关。海关设置"申报"通道（又称"红色通道"）和"无申报"通道（又称"绿色通道"），供进出境旅客依《海关关于进出境旅客通关的规定》选择。

"申报"通道或"无申报"通道的划分是以是否必须办进出境验放手续为标准。凡旅客携带有规定应税或须登记复带出（进）境的物品，或者所携带的行李物品超出规定免税限量的，或者列入国家进出境禁、限范围的，以及其他不适于选择"无申报"通道（绿色通道）的，均必须选择走"申报"通道（红色通道）。凡旅客携带进出境的物品没有超出海关规定免税限量的，且无违反国家进出境禁限规定的，可以选择走"无申报"通道（绿色通道）。不明海关规定或不知如何选择通道的旅客，应选择"申报"通道（红色通道）报关。

2. 申报方式

进出境旅客按上述分道报关的规定选择"申报"通道报关的，应向海关递交"海关进出境旅客行李物品申报单"或海关规定的其他单证，如实申报其所携运进出的行李物品。申报时，还应主动出示本人的有效进出境旅行证件和身份证件，并交验国家有关主管部门签发的准许有关物品进出境的证明、商业单证及其他必备文件。

上述以外的其他任何方式或在其他任何时间、地点所做出的申明，海关均不视为申报。

进出境旅客按分道报关的规定选择"无申报"通道报关，可不向海关办理申报手续。

旅客携带物品、货物进出境未按规定向海关申报的，以及未按规定选择通道报关的，海关依据《海关法》及《海关行政处罚实施条例》的有关规定处理。

3. 申报的范围

下列进境旅客应向海关申报：

（1）携带须经海关征税或限量免税的《旅客进出境行李物品分类表》第二、三类物品（不含免税限量内的烟酒）者。

（2）非居民旅客及持有前往国家（地区）再入境签证的居民旅客携带途中必需的旅行自用物品超出照相机、便携式收录音机、小型摄影机、手提式摄录机、手提式文字处理机每种1件范围者。

（3）携带人民币现钞20000元以上，或金银及其制品50g以上者。

（4）非居民旅客携带外币现钞折合5000美元以上者。

（5）居民旅客携带外币现钞折合2000美元以上者。

（6）携带货物、货样以及携带物品超出旅客个人自用行李物品范围者。

（7）携带我国检疫法规规定管制的动、植物及其产品以及其他须办理验放手续的物品者。

下列出境旅客应向海关申报：

（1）携带须复带进境的照相机、便携式收录音机、小型摄影机、手提式摄录机、手提式文字处理机等旅行自用物品者。

（2）未将应复带出境物品原物带出或携带进境的暂时免税物品未办结海关手续者。

（3）携带外币、金银及其制品未取得有关出境许可证或超出本次进境申报数额者。

（4）携带人民币现钞20000元以上者。

（5）携带文物者。

（6）携带货物、货样者。

（7）携带出境物品超出海关规定的限值、限量或其他限制规定范围的。

（8）携带我国检疫法规规定管制的动、植物及其产品以及其他须办理验放手续的物品者。

[专栏6-2]

全国海关2019年1~4月查获各类濒危动植物约500.5t

3月30日，海关破获"1·17"特大象牙走私案，现场缴获象牙7.48t，全链条摧毁了一个长期专门走私象牙的国际犯罪集团，为近年来海关自主侦查查获象牙数量之最。

据统计，2019年1~4月，全国海关共计立案侦办濒危物种走私案件182起，其中象牙案件53起，打掉27个犯罪团伙，抓获犯罪嫌疑人171名，查获各类濒危动植物共计500.5t，查获象牙及其制品8.48t。与此同时，海关严厉打击网上走私贩卖象牙等濒危物种及其制品活动，彻底铲除了"日购网""滴米粒"等走私贩卖象牙网络平台。据统计，全国海关在各类监管现场共查发濒危物种及其制品1870起，总重量103.4t。其中，查发象牙及其制品785起，共5323件、总重量306.8kg。

据悉，海关将把打击象牙等濒危物种及其制品走私作为"国门利剑2019"联合专项行动的重中之重，进一步加大打击力度。坚持专项打击、分散打击、滚动打击相结合，对象牙等濒危物种及其制品走私实施全链条高压严打。同时，加大对口岸等查获的携带、邮寄象牙等濒危物种及其制品行政案件的惩处力度，切实增强执法威慑力。

（资料来源：海关总署网站。）

4. 申报的主要单证

进出境行李物品的所有人或其代理人申报时向海关呈验的单证主要有：

（1）申报单（证），包括：海关进出境旅客行李物品申报单、港澳同胞回乡证（磁卡）、运输工具服务人员出入境携带物品登记本、集体申报单等。

（2）身份证件、台湾居民来往大陆通行证、免税物品登记，包括：护照、港澳同胞回乡证（同时又是申报单证）、国际海员证、中华人民共和国旅行证等。

5. 接受海关查验

除享受免验待遇的人员外，进出境人员的行李物品都需进行查验。

（1）行李简单、申报清楚的，可采用抽查方法或不开箱查验，口头询问放行。

（2）存在可疑迹象或有走私嫌疑的，则进行重点查验，必要时还可搜身。

6. 缴纳关税

海关对个人行李物品的征税依据是《中华人民共和国海关关于入境旅客行李物品和个人邮递物品征收进口税办法》，国务院关税税则委员会于1996年8月1日对该《办法》中的进口税税率表、税则归类表、完税价格表做了一些调整。除规定免税限量的以外，个人进境物品均需征收进口关税。

三、进出境邮递物品的报关制度

（一）进出境邮袋的报关制度

1. 进出境邮袋的种类

进出境邮递物品是由邮袋盛装的，目前的国际邮袋为帆布袋或尼龙袋。按照邮袋的流向及目的，可分为进境邮袋、出境邮袋、过境邮袋和转运邮袋；按照邮袋盛装物品的性质可分为信件邮袋（白色封口）、印刷品邮袋（蓝色封口）、包裹邮袋（黄色封口）、特种邮件邮袋（红色封口）以及空袋（绿色封口）五种。

2. 进出境邮袋的报关手续

《海关法》第四十八条规定：进出境邮袋的装卸、转运和过境，应当接受海关监管。邮政企业应当向海关递交邮件路单。同时又规定：邮政企业应当将开拆及封发国际邮袋的时间事先通知海关，海关应当按时派员到场监管查验。

根据上述规定，邮袋进出境时，邮政企业作为邮袋运转责任的承担者，必须由其负责向海关办理邮袋的申报并提供相关的信息。申报的方式是邮政企业向海关递交由邮政企业制发的载明邮袋情况的路单。海关则根据路单对各类邮袋进行监管。

（1）进境邮袋报关手续。邮袋自进境的运输工具卸下，邮政企业将邮件总包路单呈递给海关，并向海关申报进境。经海关核签后按不同寄达地制作关封交邮政企业随同邮袋一起，由邮政企业提运邮袋至寄达地互换局。邮袋运至互换局后，邮政企业应当通知海关驻邮政企业办事处，由海关派员对路单、邮袋、封志进行核查。核查无误后，在海关监管下开袋。对装有包裹或小包的邮袋，海关根据邮政企业编制的包裹和小包清单进行核对。

（2）出境邮袋报关手续。出境邮袋在封发前，邮政企业应当通知海关，由海关派关员监管封袋。对即将入袋的包裹、小包邮件等逐包核查是否已加盖"海关放行"戳记。对无放行标记的，暂不得入袋，需办理有关邮递物品的验放手续。出境邮袋封袋后，邮政企业应将其编制的邮件路单交海关核查制作关封，邮政企业携关封随同邮袋交出境地海关，出境地海关验凭"关封"监管邮袋出境。

（3）转运邮袋报关手续。转运邮袋是指由进境地海关根据邮政企业提供的路单核查签印后，制作关封交邮政企业运至寄达地海关开袋验放的进境邮袋；或者是由互换局海关查验封袋，将路单签印后制作关封，转运至出境地交换站或互换局，经出境地海关核查后出境的邮袋。转运邮袋实际上是邮袋的转关运输，不同于转运货物的"转运"概念。

（4）过境邮袋的报关手续。过境邮袋是指由一个国家邮政部门发出经中国境内，继续运往另一国家的邮政部门的邮袋。入境地海关核验邮件路单后，制作关封随同邮袋交出境地海关复核放行。对装有禁止进境物品的邮袋不准过境，应责令入境地邮局退运境外。

海关对过境和转运邮袋的监管与对过境货物和转关运输货物的监管类似。

（二）进出境个人邮包的报关制度

《海关法》第四十九条规定："邮运进出境的物品，经海关查验放行后，有关经营单位方可投递或者交付。"由邮袋承装经邮递进出境的个人邮包是邮运进出境物品中的主要部分，也是海关管理的重点，是否准许进出境、应否征税或可免税等都需在办理报关手续时由海关审核确定。经海关查验放行，邮政企业方可封发。

1. 进出境个人邮包的申报

进出境个人邮包的申报方式是由特殊的邮递运输方式决定的。我国是《万国邮政公约》的签约国，自然应遵守有关规定。根据《万国邮政公约实施细则》的规定，进出境个人邮包必须由寄件人填写报税单（小包邮件填写绿色验机标签），列明所寄物品的名称、价值、数量，向邮包寄达国家的海关申报。与进出境旅客行李物品的书面申报直接由所有人或代理人呈递给海关不同，除出境个人邮包如在设有海关的地方寄出，寄件人应直接向当地驻邮政企业的海关申报并呈验外，进出境邮递物品（包括个人邮包）的报税单和绿色验机标签，通常是随同物品通过邮政企业呈递给海关的。申报人对申报是否属实负有法律责任。

2. 进出境个人邮包接受查验

进出境个人邮包中除按规定享受免税待遇者外，都必须通过海关查验。海关查验的目的是核对邮包内装物品与申报是否一致，有无禁限制品，有无超出自用合理数量，并以此确定邮包内装物品的征免验放措施。

查验在设有海关办事机构的邮政企业进行。除设有海关驻邮政企业办事处的市区内的出境个人邮包由寄件人向海关申报交验外，其余的出境个人邮包和所有进境个人邮包均由邮政企业代理收、寄件人向海关办理申报查验手续，负责邮包的开拆和重封。

3. 进出境个人邮包的纳税

进境个人邮包中的物品（享受免税除外），均应由收件人或其代理人按照《入境旅客行李物品和个人邮递物品完税价格表》向海关缴纳进口税。海关对应税物品按《入境旅客行李物品和个人邮递物品进口税则归类表》进行归类，确定适用税率。由于进境个人邮包收件人分散，为便利纳税人就地纳税并使税款能及时入库，海关委托邮政企业代收进口税。

个人邮寄进境物品，海关依法征收进口税，但应征进口税税额在人民币50元（含50元）以下的，海关予以免征。个人寄自或寄往港、澳、台地区的物品，每次限值为800元人民币；寄自或寄往其他国家和地区的物品，每次限值为1000元人民币。个人邮寄进出境物品超出规定限值的，应办理退运手续或者按照货物规定办理通关手续。但邮包内仅有一件物品且不可分割的，虽超出规定限值，经海关审核确属个人自用的，可以按照个人物品规定办理通关手续。

进出境个人邮包查验完毕，应税物品缴纳进口税，并经复核放行后，有关邮政企业方可投递。在海关放行前，邮政企业应承担有关物品的保管责任。

4. 退、改寄等各种特殊情况的处置

（1）退寄邮包的处置。超出限值规定或不准进境的邮包，除经海关特准以外，应由收件人或其代理人在接到海关通知之日起3个月内退寄境外（港澳邮包由邮政企业直接退寄）。过期不退，由邮政企业送交海关变卖处理。收件人拒收的邮包或要求退寄的邮包，也按上述办法处置。

（2）改寄邮包的处置。进口个人邮包若因收件人搬迁别处，或收件人要求改寄其他地方，其处置规定是：①改寄其他国家（地区），须经海关查验后放行；②改寄国内，属邮政企业业务范围，海关一般不予过问；③改寄涉及应税物品，应办妥注销进口税手续。

（3）放弃邮包的处置。凡收件人拒收又要求不退寄并声明放弃的，或寄件人在报税单上声明如无法投递则放弃的，邮政企业定期送海关变卖处理。

（4）无着邮包及现场遗留物品的处置。因包裹上收、寄件人地址脱落或字迹模糊不清等原因，导致邮政企业无法投寄或退寄的邮包，或因包装不良或其他原因导致包内物品漏出，又无法找到原包的，也由邮政企业定期送海关变卖处理。

[专栏6-3]

行邮税税率下调　让老百姓尝甜头

2019年4月9日，上海海关隶属海关为一名进境旅客办理海运分运行李通关手续，该旅客的计算机主机、衣帽鞋靴等7件分运行李按照调整后的行邮税税率，缴纳税款2588.4元人民币，较税率调整前，少缴税款近500元。

自4月9日起，海关调整进境物品进口税税率，原15%档税率下调到13%，商品范围包括婴儿奶粉、手机、药品等；原25%档税率下调到20%，商品范围包括纺织品、箱包、化妆品（高档化妆品除外）、电器等。此次税率调整和之前增值税税率下调、跨境电商综合税调整（平均税率11.2%降至9.1%）相衔接，特别是食品、纺织品、电器等与广大居民日常生活息息相关的商品税率降幅较大，将满足国内百姓消费升级的需要。

税率调整首日，上海海关各现场征收行邮税1043票，征收税款共计39.03万元，较税率调整前减征6.76万元，主要征税商品为食品、保健品、服装、鞋靴、箱包等。

（资料来源：海关总署网站。）

第七节　其他特殊货物的报关制度

一、无代价抵偿货物的报关制度

（一）无代价抵偿货物的含义、特征及认定依据

1. 无代价抵偿货物的含义

无代价抵偿货物是指进出口货物在海关放行后，因残损、短少、品质不良或规格不符，由进出口货物的发货人、承运人或保险公司免费补偿或更换的与原货物相同或与合同规定相符的货物。

2. 无代价抵偿货物的特征

（1）是执行合同过程中发生的损害赔偿。这是买卖双方在执行交易合同中，一方根据货物损害的事实状态向另一方请求偿付，而由另一方进行的赔偿。对于违反进出口管理规定而索赔进口的，不能按无代价抵偿货物办理。

（2）已经海关放行。被抵偿进口的货物已办理了进口手续；并已按规定缴纳了关税或者享受减免税的优惠经海关放行之后，发现损害而索赔进口。

（3）仅抵偿直接损失部分。根据国际惯例，除合同另有规定者外，抵偿一般只限于在成交商品所发生的直接损失方面（即残损、短少、品质不良等）以及合同规定的有关方面（如对迟交货物罚款等）。对于所发生的间接损失（如因设备问题所发生的延误投产所造成的损失），一般不包括在抵偿的范围内。

常见的抵偿进口形式有：

（1）补缺，即补足短少部分。

（2）更换错发货物，即退运错发货物、换进应发货物。

（3）更换品质不良货物，即退运品质不良货物、换进口质量合格的货物。

（4）贬值，即因品质不良而削价补偿。

（5）补偿备件，即对残损的补偿，由我方自行修理。

（6）修理，即因残损，原货退运境外修理后再进口。

3. 认定无代价抵偿进口货物的资料依据

无代价抵偿货物的确认必须具备一个前提条件，就是涉及货物性质的有关鉴别材料、凭据必须齐全，主要有以下几种：

（1）原"进口货物报关单"。这即被抵偿货物进口时向海关填报的"进口货物报关单"，它是鉴别是否为抵偿进口货物的主要依据，是反映被抵偿货物进口情况的原始资料。

（2）商检证明或买卖双方会签的记录。商检证明书是由商检机构应收、用货单位检验申请，在复验后出具的证明材料；双方会签记录是货物放行进口后，经境外来人与我方共同开箱检验或在指导安装、负责调试时发现问题，而由双方现场代表会签的记录。这两种凭证是鉴别抵偿进口商品原因的必备条件。

（3）买卖双方签订的抵偿协议。抵偿协议是买方向卖方提出偿还请求，卖方接受以相当价值货物赔偿或补偿的书面协议。

以上三种资料凭证，它们之间是互相联系相互依存的，海关在认定无代价抵偿进口货物的性质时原则上必须同时收取三种资料进行审查。

（二）无代价抵偿进口货物的征、免税界限

（1）如原进口货物短少，其短少部分已经征税或者原进口货物因质量原因已退运境外或已放弃交由海关处理，原征税款又未退还的，所进口的无代价抵偿货物可以免税。

（2）如原进口货物不退运境外，又未放弃交由海关处理，则应分别按以下办法处理：

1）对于机器、仪器或其零部件，如因残损或品质不良，需进口同类货物来更换，所进口的无代价抵偿货物可以免税。

2）对于因残损或品质不良，境外同意削价并补偿部分机器、仪器及其他货物，只要所补偿进口的货物与原货品名、规格相同，价格也不超过削价金额的，所进口的无代价抵偿货物也可以免税。

3）对于车辆、家用电器、办公室用机器和其他耐用消费品及其零部件的无代价抵偿货物，也可以免税，但其留在国内的原货应视其残损程度估价纳税。

（三）无代价抵偿货物的报关规则

无代价抵偿货物进口时，收货人应在"进口货物报关单"上的贸易性质栏内填明为"无代价抵偿货物"，并附上原"进口货物报关单"、税款缴纳证明和商检证书或与境外发货人签订的索赔协议书。对原货已退运境外的，还应附有经海关签章的"出口货物报关单"。如无代价抵偿货物进口时不向海关报明，或虽报明但所附单证不齐，不足以证明为无代价抵偿货物的，按一般进口货物办理海关手续。

无代价抵偿进口货物属于国家限制进口商品的，如与原进口的货物在品名、数量、价值及贸易性质等方面完全一致，可以在原进口货物退运出口的条件下免予另办许可证。但如原货不退运出口的，则应补办许可。

二、进口溢卸、误卸、放弃及超期未报货物的海关处理制度

（一）溢卸或误卸货物的处理规则

1. 溢卸、误卸货物的含义

进口溢卸货物是指未列入进口载货清单、提单或运单的货物，或者多于进口载货清单、提单或运单所列数量的货物。进口误卸货物是指将运至境外港口、车站或境内其他港口、车站而在本港（站）卸下的货物。

2. 溢卸、误卸货物的处理

进口溢卸、误卸货物，经海关审定确实的，由载运该货物的原运输工具负责人，自该运输工具卸货之日起3个月内，向海关申请办理退运出境手续；或者由该货物的收发货人，自该运输工具卸货之日起3个月内，向海关申请办理退运或者申报进口手续。经载运该货物的原运输工具负责人，或者该货物的收发货人申请，海关批准，可以延期3个月办理退运出境或者申报进口手续。超出上述规定的期限，未向海关办理退运或者申报进口手续的，由海关提取依法变卖处理。

（二）放弃货物的处理规则

进口货物的收货人或其所有人声明放弃的进口货物，由海关提取依法变卖处理。国家禁止或限制进口的废物、对环境造成污染的货物不得声明放弃。除符合国家规定，并办理申报进口手续，准予进口的外，由海关责令货物的收货人或其所有人、载运该货物进境的运输工具负责人退运出境；无法退运的，由海关责令其在海关和有关主管部门监督下予以销毁或者进行其他妥善处理，销毁和处理的费用由收货人承担。收货人无法确认的，由相关运输工具负责人及承运人承担。违反国家有关法律法规的，由海关依法予以处罚，构成犯罪的，依法追究刑事责任。

由海关依法变卖处理的放弃进口货物的所得价款，在优先拨付变卖处理实际支出的费用后，再扣除运输、装卸、储存等费用。所得价款不足以支付上述运输、装卸、储存等费用的，按比例支付。尚有余款的上缴国库。

（三）超期未报货物的处理规则

1. 超期未报货物的含义

超期未报货物是指收货人自运输工具申报进境之日起，超过3个月未向海关申报的进口

货物。

2. 超期未报的处理

超过 14 日内未向海关申报的，由海关按规定征收滞报金；超过 3 个月未向海关申报的按下列规定处理：

（1）进口货物由海关提取变卖处理。

（2）所得价款在优先拨付变卖处理实际支出的费用后，按下列顺序扣除相关费用和税款：①运输、装卸、储存等费用；②进口关税；③进口环节海关代征税；④滞报金。所得价款不足以支付同一顺序的相关费用的，按照比例支付。

进口超期未报货物如属于危险品或者鲜活、易腐、易烂、易失效、易变质、易贬值等不宜长期保存的货物，由海关根据实际情况，提前变卖处理。

按照规定扣除费用和税款后，尚有余款的，自货物依法变卖之日起 1 年内，经进口货物收货人申请，予以发还。其中属于国家限制进口的，应当提交许可证件。不能提供的，不予发还。不符合进口货物收货人资格、不能证明对进口货物享有权利的，申请不予受理。逾期无进口货物收货人申请、申请不予受理或者不予发还的，余款上缴国库。

申请人申请发还余款的，应当提供证明其为该进口货物收货人的相关资料。经海关审核同意后，申请人应当按照海关对进口货物的申报规定，补办进口申报手续，并提交有关进口许可证件和其他有关单证。不能提交有效进口许可证件的，由海关按照《海关行政处罚实施条例》中"无证进口"的规定处理。

[专栏 6-4]

海关拍卖超期未报关货物

2014 年 6 月 13 日，北京嘉禾国际拍卖公司的工作人员正在对海关拍卖物品进行查验。和往常"高大上"的拍卖品不同，众多百姓生活中并不陌生的生活用品出现在了北京海关 2014 年的第 4 场拍卖会上。此次共拍卖 110 个标的物，最终成交 158 万元，成交率达到 99%。

"一组旅行水壶、小音箱，各 25 个，300 元起拍！"6 月 12 日下午 1 点半，东直门附近正东国际大厦，在北京嘉禾国际拍卖公司一层临时搭起来的拍卖厅里，拍卖师的话音刚落，坐在台下竞拍的市民一片哗然。"真便宜，这趟来得值。"坐在第三排，中午就赶着来领号的市民杜先生和一旁的同伴说道。而这组水壶和音箱的组合，最终成交价也只有 520 元。

一个手包、两个炸锅、三个名牌耳机……从拍品的内容来看，很多并没有超出旅客从境外携带物品需要满足的 5000 元人民币以及个人自用标准，为什么会成为海关此次的拍卖物品？北京海关相关负责人解释，此次进行拍卖的物品并非来自旅检渠道，而主要是快件、邮寄等货物渠道，"其中绝大多数都属于超期未报货物，还有一些无人认领的货物"。

具体来说，超期未报货物指的是超过规定期限 3 个月没向海关办理复运出境或者其他海关手续的报税货物、暂准进境货物。依照海关流程，海关关员再通知相关权利人后，如果仍未有人来办理通关手续，则将依法收作拍卖所用。

（资料来源：凤凰网。）

3. 其他未报货物的处理

保税货物、暂时进口货物超过规定的期限 3 个月，未向海关办理复运出境或者其他海关手续的，以及过境、转运、通运货物超过规定的期限3个月，未运输出境的，比照超期未报货物处理。

上述超期未报货物、溢卸或误卸进境货物、放弃进口货物属于海关实施检验检疫的进出境商品目录范围的，海关应当在变卖前进行检验、检疫，检验、检疫的费用与其他变卖处理实际支出的费用从变卖款中支付。

三、退运进出口货物的报关制度

（一）退运进出口货物的定义

退运进出口货物是指货物因质量不良或交货时间延误等原因，被国内外买方拒收退运或因错发、错运造成的溢装、漏卸而退运的货物。

（二）退运进出口货物的报关手续

1. 退运进口报关手续

原出口货物退运进境时，原发货人或其代理人应填写"进口货物报关单"向进境地海关申报，并提供原货物出口时的出口报关单，以及保险公司证明、承运人溢装、漏卸的证明等有关资料。原出口货物海关已出具出口退税报关单的，应交回原出口退税报关单或提供主管出口退税的税务机关出具的"出口商品退运已补税证明"，海关核实无误后，验放有关货物进境。

原出口货物退运进口，经海关核实后不予征收进口税款，但原出口时需要征收出口税的，原征出口税款不予退还。

2. 退运出口报关手续

因故退运出口的境外进口货物，原收货人或其代理人应填写"出口货物报关单"申报出境，并提供原货物进口时的进口报关单，以及保险公司、承运人溢装、漏卸的证明等有关资料，经海关核实无误后，验放有关货物出境。原进口货物退运出口时，经海关核实后可以免征出口税，但已征收的进口关税，不予退还。

四、出口退关货物的报关制度

出口退关是指出口货物在向海关申报出口被海关放行后，因故未能装上出境运输工具，请求将货物退运出海关监管区不再出口的行为。

对于出口退关货物，出口货物的发货人及其代理人应当在得知出口货物未装上运输工具，并决定不再出口之日起3天内向海关申请退关，经海关核准且撤销出口申报后方能将货物运出海关监管场所。已缴纳出口税的退关货物，可以在缴纳税款之日起1年内，提出书面申请，向海关申请退税。

五、货样、广告品

（一）货样、广告品的概述

1. 货样、广告品的含义

货样是指专供订货参考的进出口货物样品。广告品是指用以宣传有关商品内容的进出口广告宣传品。

2. 货样、广告品的分类

有进出口经营权的企业价购或售出货样、广告品为货样广告品 A，没有进出口经营权的企业（单位）进出口及免费提供的货样、广告品为货样广告品 B。

（二）货样、广告品的报关程序

进出口货样、广告品的报关程序除暂准进出境的货样、广告品外只有进出口报关阶段的四个环节，即申报、配合查验、缴纳税费、提取或装运货物。

1. 证件管理

（1）有进出口经营权的企业，在其经营范围内进口非许可证件管理的货样、广告品，凭经营权向海关申报。

没有进出口经营权的单位进口数量合理且价值在人民币 1000 元以下的非许可证件管理的货样、广告品，凭其主管司局级以上单位证明向海关申报。数量不合理或价值在人民币 1000 元以上的，凭省级商务主管部门的审批证件向海关申报。

（2）进口属于许可证管理的货样、广告品，凭进口许可证向海关申报。

（3）进口货样、广告品属自动进口许可管理的机电产品和一般商品，每批次价值人民币 5000 元以下免领自动进口许可证。进口的货样、广告品属旧机电产品，需按程序审批并按有关旧机电产品进口的规定申报。

（4）出口货样每批次货值人民币 3 万元以下免领出口许可证；运出境外的两用物项和技术的货样或实践用样品，按规定办理两用物项和技术出口许可证，凭两用物项和技术出口许可证向海关申报。

（5）列入《法检目录》范围内的进出口货样、广告品，凭出入境检验检疫部门签发的出入境货物通关单向海关申报。

2. 税收管理

进出口货样、广告品，除法定减免税外，一律照章征税。

六、加工贸易不作价设备

（一）加工贸易不作价设备概述

1. 加工贸易不作价设备的含义

加工贸易不作价设备是指与加工贸易经营企业开展加工贸易（包括来料加工、进料加工及外商投资企业履行产品出口合同）的境外厂商，免费（不需境内加工贸易经营企业付汇，也不需用加工费或差价偿还）向经营单位提供的加工生产所需设备。

加工贸易进口设备必须是不作价的，可以是由境外厂商免费提供，也可以是向境外厂商免费借用。进口设备的一方不能以任何方式、任何途径，包括用加工费扣付设备价款或租金。

2. 加工贸易不作价设备的范围

加工贸易境外厂商免费提供的不作价设备，如果属于国家禁止进口商品和《外商投资项目不予免税的进口商品目录》所列商品，海关不能受理加工贸易不作价设备申请。

3. 加工贸易不作价设备的特征

（1）加工贸易不作价设备，不强调复运出境，但在进口放行后继续监管；保税加工货物是生产料件，进境后使用改变形态，强调加工后复运出境；

（2）加工贸易不作价设备按报税货物管理；特定减免税设备是按特定减免税货物管理。

（3）在进口放行后需继续监管。

（二）加工贸易不作价设备的报关程序

加工贸易不作价设备的报关程序包括备案、进口、核销三个阶段。

1. 备案

加工贸易不作价设备的备案合同凭订有加工贸易不作价设备条款的加工贸易合同或协议，到加工贸易合同备案地主管海关办理合同备案申请手续；海关审核准予备案后，合法登记手册；加工贸易不作价设备不纳入加工贸易银行保证金台账管理的范围。

不在加工贸易合同或者协议里订明的单独进口的不作价设备及其零配件、零部件不予备案。

2. 进口

企业凭登记手册向口岸海关办理进口报关手续，口岸海关凭登记手册验放。

加工贸易不作价设备进境时免进口关税（除国家另有规定的外），不免进口环节增值税，涉及进口许可证件管理的，可免交进口许可证件。

3. 核销

加工贸易不作价设备的海关监管期限是根据特定减免税货物的海关监管期限来规定的。加工贸易不作价设备海关监管期限一般是5年。

申请解除海关监管有两种情况：

（1）监管期内。

1）结转。加工贸易不作价设备在享受同等待遇的不同企业之间结转，以及加工贸易不作价设备转为减免税设备，转入和转出企业分别填制"进口货物报关单""出口货物报关单"。

2）转让。转让给不能享受减免税优惠或者不能进口加工贸易不作价设备的企业，按照规定办理进口海关手续，填制"进口货物报关单"，提供相关的许可证件，按海关确定的完税价格缴纳进口关税。

3）留用。监管期未满本企业移作他用的，或者虽未满监管期但加工贸易合同已经履约本企业留用的，按照规定办理进口海关手续，填制"进口货物报关单"，提供相关的许可证件，按海关确定的完税价格缴纳进口关税。

4）修理、替换。进境加工贸易不作价设备需要出境修理或者由于质量或规格不符需要出境替换的，可以使用加工贸易不作价设备登记手册申报"出境"。

5）退运。监管期内退运应当由原备案加工贸易合同或者协议的商务主管部门审批件，凭批准件和加工贸易不作价登记手册到海关办理退运出境的海关手续。

（2）监管期满。

1）留用。监管期限已满的不作价设备计划留在境内继续使用的，解除海关监管后使用。

2）放弃。监管期满既不退运也不留用的加工贸易不作价设备申请放弃的，海关比照放弃货物办理有关手续。放弃货物要填制"进口货物报关单"。

本章练习题

一、不定项选择题

1. 根据现行海关规定，下列进口货物不属于海关减免税优惠范围的是(   )。

A. 保税区内自用的生产设备
B. 残疾人组织和单位进口的货物
C. 边境小额贸易进口货物
D. 沿海经济开放地区基建项目所需进口机构设备

2. 下列进口的废物中，可以申请转关运输的是（   ）。
   A. 木制品废料   B. 废纸
   C. 废电机、电器产品   D. 纺织品废物

3. 需要海关后续管理的货物有（   ）。
   A. 无代价抵偿货物
   B. 出料加工货物
   C. 一次性按货物实际价格缴纳税款的租赁进口货物
   D. 进出境修理货物

二、思考题

1. 哪些货物不允许转关？
2. 根据我国相关法律法规的规定，哪些货物禁止过境？

第七章
进出口商品归类

本章学习目标

本章介绍了进出口商品的基础知识。通过本章的学习，学生重点掌握《协调制度》的基本结构、编码含义及特点，能够灵活运用六大归类规则对动植物产品、食品、矿产品、化工产品、纺织品、机械电子产品等常见产品进行正确归类。

本章关键词

《协调制度》 进出口商品分类目录 约束性预归类制度 归类争议

在海关管理中，因为对不同类别的进出口商品会分别采取不同的监管措施，并按照不同的税率征收关税，因此需要按照进出口商品的性质、功能、用途或加工程度对其进行归类。海关进出口商品的归类是海关监管、海关征税及海关统计的基础和依据，归类的正确与否直接影响到报关人的切身利益，也与进出口货物的报关密切相关。

第一节 《商品名称及编码协调制度》

进出口商品分类是海关税则的基础。目前世界上大多数国家/地区的税则都是根据《商品名称及编码协调制度》（Harmonized Commodity Description and Coding System）（以下简称《协调制度》或 H.S.）制定的，它是在《海关合作理事会商品分类目录》和联合国的《国际贸易标准分类目录》的基础上，参照国际上主要国家的税则、运输、统计等分类目录而制定的一个多功能的国际贸易商品分类目录。经国务院批准，中国海关于1992年1月1日起正式根据《协调制度》目录的分类原则和内容，实施《海关进出口税则》和《海关统计商品目录》，这是加快海关业务制度改革、促进海关管理现代化的重要举措。

一、《商品名称及编码协调制度》的产生和发展

商品分类目录，是按照一定的商品分类目的和方法，把全部有关商品按统一的标准进行分类后形成的商品名称一览表。商品编码是赋予某种商品或某类商品以某种代表符号或代码的过程，是商品目录和商品分类体系的一个重要组成部分。商品代码一般与相应的商品分类目录有一致的编排顺序。从某种意义上讲，商品代码就是商品分类的代号。

在《协调制度》问世之前，国际贸易领域中应用较为广泛的商品分类编码体系有两套，一套是欧洲关税同盟研究小组制定的《海关合作理事会商品分类目录》（Customs Cooperation

Council Nomenclature，CCCN），另一套是联合国统计委员会研究制定的《国际贸易标准分类目录》（Standard International Trade Classification，SITC）。前者主要用于海关管理；后者主要应用于各国的对外贸易统计，中国当时的《海关统计商品目录》以其第二次修订本为基础编制。这两套分类体系对简化国际贸易程序、提高贸易效率起到了积极的推动作用。然而，由于它们涉及的均为国际贸易的商品名称及分类，且其分类体系、结构和编码方法均不一致，给国际贸易带来了诸多不便。

为了使这两种国际贸易商品分类体系进一步协调和统一，以兼顾生产、运输、保险、海关税则、贸易统计等方面的需要，最大限度地提高贸易效率，降低贸易成本，促进贸易发展，1973年5月，海关合作理事会成立了协调制度临时委员会，以CCCN和SITC为基础，在世界各国专家的共同努力下，制定和编制了《商品名称及编码协调制度国际公约》（International Convention for Harmonized Commodity Description and Coding System）及其附件《协调制度》。该《公约》及其附件于1983年6月海关合作理事会第61/62届会议通过，并于1988年1月1日正式实施。

WCO设立了协调制度委员会，对《协调制度》进行维护和管理，技术上的问题可以利用世界各国专家的力量共同解决，各国也可以通过制定或修订《协调制度》争取本国的经济利益，施加本国的影响。协调制度委员会每隔4～6年对《协调制度》做一次全面的审议和修订。

《协调制度》自1988年1月1日实施以来，分别于1992年、2002年、2007年、2012年和2017年进行了升级。截至目前，已进行过6次修订，形成7个版本，当前采用的是2017年生效的版本。2017年版《协调制度》在2012年版的基础上进行了大范围的修订，共有242组修订。修订后，《协调制度》的四位品目数减少至1222个，六位子目总数从5205个增加至5387个。

二、《协调制度》的主要特点

《协调制度》是各国专家长期共同努力的结晶，是国际上多个商品分类目录协调的产物，成为国际贸易商品分类的一种"标准语言"，从而方便了国际贸易，避免了各工作环节的重新分类和重新编号。它具有以下五个方面的特点：

（一）完整性

《协调制度》目录将迄今世界上国际贸易的主要商品全部分类列出，同时，为了适应各国征税、统计等商品分类目录全面性的要求和将来技术发展的需要，还在各类、章列"其他"项目，使国际贸易中的任何商品，包括目前还无法预计到的新产品都能在目录的体系中归入合适的位置，无论任何一种商品都不能被排除在该目录范围之外。加之归类总规则四"最相类似"原则的综合运用，保证了目录对所有货品无所不包的特点。

（二）系统性

《协调制度》的分类原则遵循了一定的科学原理和规则，将商品按人们所了解的自然属性、生产部类和不同用途来分类排列，并照顾了商业习惯和实际操作的可行性，把一些贸易量较大而又难以分类的商品（如灯具、活动房屋等）专门列目，方便查找。

（三）通用性

该目录目前已为200多个国家（地区）所采用，既适于做海关税则目录，又适于做对外贸易统计目录，使采用同一分类目录的国家的进出口商品相互之间具有可比性。另外，它还可以为国际生产、运输、保险、海关税则、贸易统计等方面提供商品目录。因此，可以说，《协调制度》目录的通用性超过了以往任何一个商品分类目录，加之作为《协调制度》主体的《商品名称及协调制度国际公约》规定了缔约方的权利和义务，这就保证了该目录的有效、统一实施。

（四）准确性

《协调制度》目录所列品目概念清楚，内涵和外延清楚明了，互相不存在交叉或重复。除了目录的品目条文有非常清楚的表述外，作为归类总纲的归类总规则以及类注、章注、子目注释和一系列的辅助刊物也都加以具体说明界定，因此，各条品目的范围都非常清楚，使得某一特定商品能够始终如一地归入一个唯一的编码。

（五）完善性

《协调制度》目录作为一个国际公约的附件，在国际上有专门的机构和人员对其进行维护和管理，各国还可通过对《协调制度》目录提出修正意见，争取本国的经济利益，统一疑难商品的归类。这些都不是一个国家的力量所能办到的，也是其他商品分类目录无法比拟的。

三、《协调制度》的基本结构

《协调制度》是一部系统、科学的国际贸易商品分类体系，由三部分组成：①按顺序编排的目与子目编码及条文，即商品编码表；②类、章及子目注释；③归类总规则。这三大部分是《协调制度》的法律性条文，具有严密的逻辑性和严格的法律效力。《协调制度》分类目录的结构如图7-1所示。

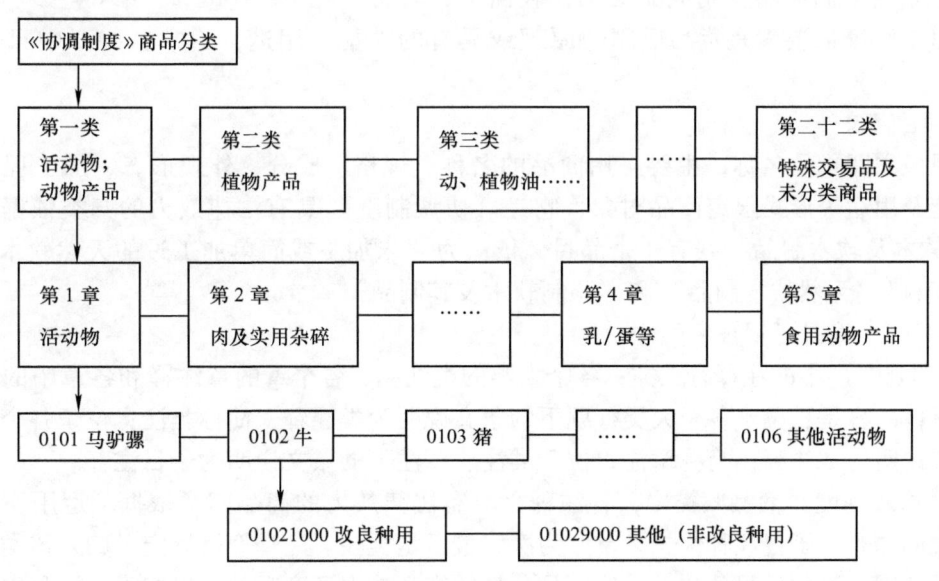

图7-1 《协调制度》分类目录结构

为了避免各税（品）目号各子目所列商品发生交叉，许多类、章下加有类注、章注和子目注释，分别设在类、章之首，以做文字说明，同时有归类总规则，作为指导整个《协调制度》商品归类的总原则。

（一）商品编码表

商品编码表由《协调制度》编码（商品编码）和商品名称（项/品目条文）组成，是《协调制度》商品分类目录的主体。商品编码栏居左，项目条文居右，如表7-1所示。

表7-1 商品编码表

商品编码	项目条文
2001	蔬菜、水果、坚果及植物的其他食用部分，用醋或醋酸制作或保存的
2001.1000	黄瓜及小黄瓜
2001.9010	大蒜

1. 商品编码

《协调制度》采用6位数结构性商品编码，把全部国际贸易商品分为22类、99章（其中第77章空缺，为备用章）。章下再分为目和子目。商品编码的前2位数代表"章"；3、4位数代表"目"，即表示此项目在该章中的排列次序；5、6位数代表"子目"。

（1）类。《协调制度》基本上以商品所属的行业门类为类的划分依据，如第六类为化学工业及相关工业产品，第十一类为纺织工业的产品等。

（2）章。通常以商品的自然属性或具有的原理、功能及用途为设章原则，如第28章"无机化学品"（自然属性相同），第65章"帽类及零件"（用途相同）。前者（第1～63章、第67～76章、第78～83章）决定货品基本特征的要素是货品的物质属性，通常这些章中包括的半制成品及制成品结构比较简单；后者（第64～68章、第84～97章）决定货品基本特征的要素是货品运用的原理或具有的功能、用途，通常这些章中只包括制成品。

2. 项目条文

项目条文即货品名称，主要采用商品的名称、规格、成分、外观形态、加工程度或方式、功能及用途等形式限定商品对象，它是《协调制度》具有法律效力的归类依据。如第45章"软木及软木制品"共有4个品目，依次为"未加工或简单加工过的天然软木""天然软木坯料""天然软木制品"和"压制软木及其制品"。

（二）类、章及子目注释

《协调制度》中的注释有三类：各个大类的类注释、各个章的章注释和各章中的子目注释。其具体内容是：位于各个大类标题下的条文说明为类注释，简称类注；位于各个章标题下的条文说明为章注释，简称章注；位于类注、章注下的条文说明为子目注释。

在《协调制度》商品归类中，各注释是具有法律效力的商品归类依据。运用注释解决商品归类问题时，子目注释优先，章注为次，最后是类注。注释严格界定了归入该类或该章中的商品范围，简化项目条文，杜绝商品分类的交叉，保证商品的正确归类。注释主要采用的方法有：

（1）定义形式。给某个商品名称下个定义，以划分项/品目范围及对商品含义做出解释，如第40章章注1对"橡胶"的定义。

（2）技术指标形式。用商品成分所含技术指标对项目范围加以限定，如第72章章注1对有关金属的技术指标的规定。

（3）列明形式。将归入某一编码的商品具体一一列出。例如，第33章章注3列出了应归入编码3006的具体商品范围。

（4）排除形式。用排他条款列举若干不能归入某一编码或某一章的商品。例如，第3章章注1列出了不能归入该章的商品范围。

以上几种方法既可单独使用，也可被综合运用。例如，第61章章注3关于"便服套装"的注释。

（三）归类总规则

归类总规则又称解释性总规则，因考虑到国际贸易中商品种类繁多，为完善归类制度，确保每一种商品都可以准确无误地归入某一固定编码，《协调制度》设置了6条归类总规则，适用于项/品目条文和注释无法解决商品归类的场合。

第二节 《协调制度》归类总规则

一、规则一

（一）条文内容

类、章及分章的标题，仅为查找方便而设；具有法律效力的归类，应按税目条文和有关类注或章注确定，如税目、类注或章注无其他规定，则按以下规则确定。

（二）对规则的解释及运用说明

《协调制度》系统地列出了国际贸易的货品，将这些货品分为类、章及分章，每类、章或分章都有标题，尽可能确切地列明所包括货品种类的范围。但在许多情况下，归入某类或某章的货品种类繁多，类、章标题不可能将其一一列出。

因此，本规则一开始就说明，标题"仅为查找方便而设"，本身不是归类的依据。据此，标题对商品归类不具有法律效力。例如，"流动马戏团的活动物"，从名称上来看似乎应归入第1章"活动物"，但在第1章章注里明确规定了本章不包括"流动马戏团、动物园或其他类似巡回展出用的动物"，因此应在其他章里面查找。另外，标题之间还会产生交叉，例如"塑料鞋"既属于第39章标题"塑料及其制品"所列的商品，又属于第64章标题"鞋靴、护腿和类似品及其零件"所列的商品，所以仅根据这两章的标题无法确定"塑料鞋"应归入第39章还是第64章。

本规则第二部分规定，商品应按以下两条规则进行归类：

（1）按照品目条文及任何相关的类、章注释的规定办理。

（2）品目和类、章注释无其他规定的，可以根据其他规则的规定办理。

规则一使用提示：

（1）正确的归类应该是依据品目条文和类注、章注及规则一以下各条规则。

（2）不可因为某些货品名称符合某一类、章及分章的标题，就确定归入该类、章及分章。

二、规则二

(一) 条文内容

规则二 (一) 税目所列货品,应视为包括该项货品的不完整品或未制成品,只要在报验时该项不完整品或未制成品具有完整品或制成品的基本特征;还应视为包括该项货品的完整品或制成品(或按本款可作为完整品或制成品归类的货品)在报验时的未组装件或拆散件。

规则二 (二) 税目中所列材料或物质,应视为包括该种材料或物质与其他材料或物质混合或组合的物品。税目所列某种材料或物质构成的货品,应视为包括全部或部分由该种材料或物质构成的货品。由一种以上材料或物质构成的货品,应按规则三归类。

(二) 对规则的解释及运用说明

(1) 规则二 (一) 要解决的是不完整品(或未制成品)及物品的未组装件(或拆散件)的归类问题。规则二 (一) 将所有列出某一些物品的税目范围扩大为不但包括完整的物品,而且还包括该物品的不完整品或未制成品,只要报验时它们具有完整品或制成品的基本特征。不完整品是指货品缺少某些部分、不完整;未制成品是指货品尚未完全制成,需进一步加工才成为制成品。

但是,"基本特征"的判断有时是很困难的,例如缺少了多少零部件的电视机仍具有电视机的基本特征,仍可以按电视机归类。由于商品种类繁杂,所以对具体的某种不完整品或未制成品,需要综合结构、性能、价值、作用等方面的因素进行具体分析才能确定。但作为一般原则可以这样判断:对于不完整品而言,主要是看其关键部件是否存在。以冰箱为例,如果压缩机、蒸发器、冷凝器、箱体这些关键部件存在,则可以判断为具有冰箱的基本特征。对于未制成品而言,主要看其是否具有制成品的特征。例如,齿轮的毛坯须经进一步完善方可作为制成品或制成零件使用,但已具有制成品或制成零件的大概形状或轮廓,则可以判断为具有齿轮的基本特征。

鉴于第一类至第六类各税目的商品范围,本款规则这一部分的规定一般不适用于这六类所包括的货品。

(2) 规则二 (一) 的第二部分规定,完整品或制成品的未组装件或拆散件应归入已组装物品的同一税号。未组装件或拆散件是指货品尚未组装或已拆散。货品以未组装或拆散形式报验,通常是由于包装、装卸或运输上的需要,或是为了便于包装、装卸或运输。例如,品目 8517 不仅包括已组装好的电话机,还应包括电话机的未组装件或拆散件。

本款规则也适用于以未组装或拆散形式报验的不完整品或未制成品,只要按照本规则第一部分的规定,它们可作为完整品或制成品看待。"报验时的未组装件或拆散件",是指其零件可通过紧固件(螺钉、螺母、螺栓等),或通过铆接、焊接等组装方法便可装配起来的物品。组装方法的复杂性可不予考虑,但其零件必须是无须进一步加工的制成品。某一物品的未组装零件如超出组装成品所需数量的,超出部分应单独归类。

鉴于第一类至第六类各品目的商品范围,规则二 (一) 的规定一般不适用于这六类所包括的货品。

(3) 规则二 (二) 要解决的是不同材料或物质的混合品或组合品的归类问题,是针对混合及组合的材料或物质,以及由两种或多种材料或物质构成的货品而设的,目的在于将任何列出某种材料或物质的品目扩大为包括该种材料或物质与其他材料或物质的混合品或组合品，同时还将任何列出某种材料或物质构成的货品的品目扩大为包括部分由该种材料或物质构成的货品。它所适用的是列出某种材料或物质的品目。

例如品目4503是"天然软木制品"，该品目属于"某种材料或物质构成的货品"，根据本规则，如果是"涂蜡的热水瓶软木塞子"（已加入了其他材料或物质），仍应归入品目4503。

然而，本款规则绝不意味着将税号范围扩大到不按照规则一的规定规类，将不符合税目条文的货品也包括进来，即由于添加了另外一种材料或物质，使货品丧失了原税号所列货品特征的情况。在税目条文或类、章注释列为调制品的混合物，应按规则一的规定进行归类。

（4）只有在规则一无法解决时，方能运用规则二。例如品目1503的品目条文规定为"液体猪油，未经混合"，而混合了其他油的液体猪油，则不能运用规则二（二）归入品目1503。

本规则最后规定，混合及组合的材料或物质，以及由一种以上材料或物质构成的货品，如果看起来可归入两个或两个以上税号的，必须按规则三的原则进行归类。

三、规则三

（一）条文内容

当货品按规则二（二）或由于其他原因看起来可归入两个或两个以上税目时，应按以下规则归类：

规则三（一）列名比较具体的税目，优先于列名一般的税目。但是，如果两个或两个以上税目都仅述及混合或组合货品所含的某部分材料或物质，或零售的成套货品中的某些货品，即使其中某个税目对该货品描述得更为全面、详细，这些货品在有关税目的列名也应视为同样具体。

规则三（二）混合物、不同材料构成或不同部件组成的组合货品以及零售的成套货品，如果不能按照规则三（一）归类时，在本款可适用的条件下，应按构成货品基本特征的材料或部件归类。

规则三（三）货品不能按照规则三（一）或（二）归类时，应按号列顺序归入其可归入的最末一个税目。

（二）对规则的解释及运用说明

（1）对于根据规则二（二）或其他原因看起来可归入两个或两个以上税目的货品，本规则规定了三种归类办法。这三种办法应按照其在本规则的先后次序加以运用。据此，只有在不能按照规则三（一）归类时，才能运用规则三（二）；不能按照规则三（一）和（二）两款归类时，才能运用规则三（三）。因此，它们优先权的次序为：①具体列名；②基本特征；③从后归类。

（2）只有在税目条文和类、章注释无其他规定的条件下，才能运用本规则。例如，第97章注释4（二）规定，根据税目条文既可归入税号9701～9705中的一个税号，又可归入税号9706的货品，应归入税号9706以前的有关税号，即货品应按第97章注释4（二）的规定而不能根据本规则进行归类。

（3）具体列名是本规则的第一条归类办法，它规定列名比较具体的税目应优先于列名比较一般的税目。一般说来：

1）列出品名比列出类名更为具体。

2）如果某一税目所列名称更为明确地述及某一货品，则该税目要比所列名称不那么明确述及该货品的其他税目更为具体。例如，确定为用于小汽车的簇绒地毯，不应作为小汽车附件归入税号8708"机动车辆的零件、附件"，而应归入税号5703"簇绒地毯及纺织材料的其他簇绒铺地制品，不论是否制成"，因该税号所列地毯更为具体。

3）列名同样具体时货品的归类应按规则三（二）或（三）的规定加以确定。

（4）规则三（二）规定，不能按规则三（一）归类的混合物、组合物以及零售的成套货品的归类，应按构成货品基本特征的材料或部件归类。此条归类办法（基本特征）仅适用于：①混合物；②不同材料的组合货品；③不同部件的组合货品；④零售的成套货品。只有在不能按照规则三（一）归类时，才能运用本款。

不同的货品，确定其基本特征的因素会有所不同。例如，可根据其所含材料或部件的性质、体积、数量、重量或价值来确定货品的基本特征，也可根据所含材料对货品用途的作用来确定货品的基本特征。本款规则所称"不同部件组成的组合货品"，不仅包括部件相互固定组合在一起，构成了实际不可分离整体的货品，还包括其部件可相互分离的货品，但这些部件必须相互补足，配合使用，构成一体并且通常不单独销售。例如，由一个带活动烟灰盘的架子构成的烟灰盅；由一个特制的架子（通常为木制的）及几个形状、规格相配的空调味料瓶子组成的家用调味架，这类组合货品的各件一般都装于同一包装内。

本款规则所称"零售的成套货品"，是指同时符合以下三个条件的货品：①由至少两种看起来可归入不同税号的不同物品构成的。例如，6把乳酪叉不能作为本款规则所称的成套货品。②为了迎合某项需求或开展某项专门活动而将几件产品或物品包装在一起的。③其包装形式适于直接销售给用户而无须重新包装的（例如，装于盒、箱内或固定于板上）。

（5）货品如果不能按照规则三（一）或（二）归类时，应按号列顺序归入其可归入的最后一个税目（从后归类）。例如，带电子计算器的手表没有具体列名，其功能一半是计算器，另一半是手表，难以确定其主要特征，似乎既可以归入品目号8470（计算器），又可以归入9102（手表），根据从后归类的原则，该商品应归入9102。

运用从后归类原则时必须注意，只有在具体列名原则和基本特征原则解决不了的情况下才可以使用。例如，"豆油70%、花生油20%、蓖麻油10%的混合食用油"，不能因为是混合物，并且豆油含量最大，构成基本特征而归入豆油（1507），而应该首先运用具体列名原则，由1517的品目条文确定归入1517。

四、规则四

（一）条文内容

根据上述规则无法归类的货品，应归入与其最相类似的货品的税目。

（二）对规则的解释及运用说明

本规则适用于不能按照规则一至规则三归类的货品。它规定，这些货品应归入与其最相类似的货品的税目中。在按照规则四归类时，必须将报验货品与类似货品加以比较，确定其与哪种货品最相类似，然后所报验的货品应归入与其最相类似的货品的同一税目。当然，所谓"类似"要看许多因素，如货品名称、特征、功能、用途、结构等因素。

本规则主要是为了使整个规则制定得更严密，一般很少运用。

五、规则五

（一）条文内容

除上述规则外，本规则适用于下列货品的归类：

规则五（一）制成特殊形状仅适用于盛装某个或某套物品并适合长期使用的照相机套、乐器盒、枪套、绘图仪器盒、项链盒及类似容器，如果与所装物品同时报验，并通常与所装物品一同出售的，应与所装物品一并归类。但本款不适用于本身构成整个货品基本特征的容器。

规则五（二）除规则五（一）规定的以外，与所装货品同时报验的包装材料或包装容器，如果通常是用来包装这类货品的，应与所装货品一并归类。但明显可重复使用的包装材料和包装容器可不受本款限制。

（二）对规则的解释及运用说明

（1）规则五（一）仅适用于同时符合以下各条规定的容器：

1）制成特定形状或形式，专门盛装某一物品或某套物品的，即专门按所要盛装的物品进行设计的。有些容器还制成所装物品的特殊形状。

2）适合长期使用的，即容器的使用期限与所盛装的物品相比是相称的。在物品不使用期间（例如，运输或储藏期间），这些容器还起保护物品的作用。本条标准使其与简单包装区别开来。

3）与所装物品一同报验的，不论其是否为了运输方便而与所装物品分开包装。单独报验的容器应归入其所应归入的税目。

4）通常与所装物品一同出售的。

5）本身并不构成整个货品基本特征的。

（2）规则五（二）是关于通常用于包装有关货品的包装材料及包装容器的归类。但本款规则不适用于明显可以重复使用的包装材料或包装容器，如某些金属桶及装压缩或液化气体的钢铁容器。规则五（一）优先于规则五（二），因此，规则五（一）所述的箱、盒及类似容器应按该款规定进行归类，规则五（二）仅适用于同时符合以下各条规定的包装材料及包装容器：

1）规则五（一）以外的。

2）通常用于包装有关货品的。

3）与所装物品一同报验的（单独报验的包装材料及包装容器应归入其所应归入的品目）。

4）不属于明显可重复使用的。

例如，装有电视剧的瓦楞纸箱，由于符合以上条件，因此应与电视机一并归入品目8528。但是，如果是明显可重复使用的包装材料和包装容器，则本款规定不适用。例如"煤气罐装有液化煤气"，由于具有明显可重复使用的特征，所以应与液化煤气分开归类。

六、规则六

（一）条文内容

货品在某一税目项下各子目的法定归类，应按子目条文或有关的子目注释以及以上各条规则来确定,但子目的比较只能在同一数级上进行。除条文另有规定的以外,有关的类注、章注也适用于本规则。

(二) 对规则的解释及运用说明

本规则是关于子目录应当如何确定的一条原则,子目归类首先按子目条文和子目注释确定;如果按子目条文和子目注释还无法确定归类,则上述各规则的原则同样适用于子目的确定;除条文另有规定的以外,有关的类注、章注也适用于子目的确定。

在具体确定子目时,还应当注意以下两点:

(1) 确定子目时,一定要按先确定一级子目,再确定二级子目,然后确定三级子目,最后确定四级子目的顺序进行。

(2) 确定子目时,应遵循"同级比较"的原则,即一级子目与一级子目比较,二级子目与二级子目比较,以此类推。

规则六所用有关词语解释如下:

(1) 规则六是确定某一税目下各级子目的法定归类原则。六位数级子目的范围不得超过其所属的五位数级子目的范围。也就是说,在确定了商品的四位数级编码后,才可确定五位数级编码,再进一步确定六位数据编码。子目的归类在确定品目后逐级进行。

(2) 规则一至规则五在必要的地方稍加修改后,可适用于同一品目项下的各级子目。将规则一至规则五中的"税目"改为"子目",可适用于确定商品在同一品目项下各级子目的归类。例如,可将规则三(一)"列名比较具体的税目,优先于列名一般的品目"改为"列名比较具体的子目,优先于列名一般的子目"。

六位数级子目的范围不得超出其所属的五位数级子目的范围;同样,五位数级子目的范围也不得超出其所属的税目范围。

第三节 我国海关进出口商品分类目录

我国的海关进出口商品分类目录是指根据海关征税和海关统计工作的需要,分别编制的《海关进出口税则》和《中华人民共和国海关统计商品目录》(以下简称《海关统计商品目录》)。这两个商品分类目录的税目号在第1~97章完全一致,均是以《协调制度》为基础,结合我国进出口货物的实际情况特别编制而成的。

一、我国海关进出口商品分类目录的产生

我国现行的《海关进出口税则》和《海关统计商品目录》是以2017年版《协调制度》为基础编制的。2019年版《海关进出口税则》的税目总数为8549个。

根据海关征税和海关统计工作的需要,我国在《协调制度》的基础上增设本国子目(三级和四级子目),形成了我国海关进出口商品分类目录,然后分别编制出《海关进出口税则》和《海关统计商品目录》。为了明确增设的本国子目的商品含义和范围,我国又制定了《本国子目注释》,作为归类时确定三级子目和四级子目的依据。

二、我国海关进出口商品分类目录的基本结构

《海关进出口税则》中的商品号称为税号,为满足征税需要,每项税号后列出了该商品

的税率;《海关统计商品目录》中的商品号列称为商品编号,为统计需要,每项商品编号后列出了该商品的计量单位,并增加了第二十二类"特殊交易品及未分类商品",内分第98章、第99章。

《协调制度》中的编码只有6位数,而中国《海关进出口税则》中的编码为8位数,其中第7、8位是中国根据实际情况加入的"本国子目"。

从以上可以看出:第5位编码代表一级子目,第6位编码代表二级子目,第7、8位以此类推。需要指出的是,若第5~8位上出现数字"9",则通常情况下代表未具体列名的商品,即在"9"的前面一般留有空序号以便用于修订时增添新商品。例如编码0301.9210中第5位的"9"代表除观赏鱼以外的其他活鱼,其中1~9之间的空序号可以用于将来增添新的其他需要具体列名的活鱼。

[专栏7-1]

由商品归类引起的争议

2007年3~6月,元通公司在A海关出口10票钢铁类产品,申报品名为镍铁,出口税率为10%。A海关在监控中发现其存在归类风险,认为该商品的正确商品名为"合金生铁",正确商品编码应为72015000,出口税率为20%,对该公司进行补税处理。2007年7~11月,该公司在B海关又申报出口9票同类产品,申报过程中,元通公司均向海关提供了真实的出口合同、发票、质检机构的检验报告,但没有接受A海关的归类纠正,仍然申报商品名称为"镍铁",商品编码为72026000,出口税率为10%。B海关发现该公司的违法行为,于2008年7月以申报不实对元通公司进行了行政处罚。

元通公司不服B海关行政处罚决定,向B海关的上一级海关申请行政复议。审理过程中,复议机关了解到:元通公司出口的钢铁制品在行业内俗称"镍铁"。"镍生铁""镍烙铁",是通过进口的红土镍矿,运用创新技术冶炼而成,其含镍量不超过8%,其出口价格的构成是按照伦敦金属期货市场的每1%镍铁价格计价。按照《海关进出口税则》的有关规定,税目7202的"铁合金"中包括"镍铁"这一品名,镍含量必须超过10%才能按照镍铁归类,元通公司出口的含镍量不超过8%的钢铁制品,应归入税目7201项下的"合金生铁"。元通公司在被A海关纠正商品归类后,对此归类不服,曾希望通过钢铁协会与海关协商,改变其产品的商品归类,未果。事后,元通公司仍坚持自己的观点,于是便发生其后故意向B海关申报错误的商品名称与商品编码的情事。B海关考虑到元通公司故意错误申报品名与编码,更多表现出采取了不正确不合适的方式表达对海关商品归类的不满,而非出于偷逃税款的主观故意,且向海关提供了正确的发票等相关材料,因此将其故意错误申报行为定性为申报不实而非走私行为。

复议机关确认原行政处罚认定事实清楚,适用依据正确,程序合法,内容适当,决定予以维持,同时告知了当事人解决行政争议的正确途径。

三、各类、章的主要内容和结构

《海关进出口税则》中的商品目录分为21类、97章。《海关统计商品目录》中的商品目录分为22类、99章,其中前21类、97章的商品目录与《海关进出口税则》中的完全相同。下面介绍这两个进出口商品分类目录各类、章的主要内容和结构。

(一) 第一类 活动物；动物产品（包括第 1~5 章的商品）

(1) 本类商品范围大致可分为以下三大类：①活动物（第 1、3 章）；②食用动物产品，未经过加工或仅经过有限的简单加工（第 2、4 章）；③非食用动物产品，未经过加工或仅经过有限的简单加工（第 5 章）。

(2) 不能够归入本类的动物产品主要有三种情况：①通常作为某些行业原材料使用的动物产品；②作为培养微生物使用的活生物；③巡回展出用的活动物。

(3) 归入本类与归入其他类的食用动物产品的区分：主要依靠加工程度以及加入的物质是否超过本类各章的注释，以及品目条文允许的范围来区分。超过了本类加工程度以及加入的物质超过允许范围的食用动物产品，将主要归入第四类。其中，最容易与本类的食用动物产品发生归类混淆的是第 16 章的商品。

(二) 第二类 植物产品（第 6~14 章）

本类包括绝大多数活植物以及未经过加工，或仅经过有限的简单加工的植物产品。

归入本类的植物产品与归入其他类（第四类）的植物产品主要是根据加工程度来区分的。

归入本类的植物产品一般按照：活植物——食用植物产品——非食用植物产品的顺序编排，通常也将其分为三大类：①活植物（第 6 章）；②食用植物产品，未经过加工，或仅经过有限的简单加工（第 7~11 章及第 12 章部分品目）；③非食用植物产品，未经过加工，或仅经过有限的简单加工（第 12 章部分品目以及第 13 章和第 14 章）。

本类商品与第一类动物产品的归类基本一致，即对本类的植物产品也需特别注意其加工程度，只有简单加工的植物产品才归入第二类，如果超出这一范围而进行了进一步的深加工，则应归入第四类。

(三) 第三类 动、植物油、脂及其分解产品；精制的食用油脂；动、植物蜡（第 15 章）

本类商品仅由第 15 章构成，包括以第一、二类的动物和植物为原料加工得到的动物、植物油、脂；油、脂的分解产品；精制的食用油脂；动物、植物蜡；处理油脂或蜡所产生的残渣。归类时应该注意不归入本章但易引起归类错误的货品：

(1) 未炼制的猪脂肪及家禽脂肪应归入品目 0209。

(2) 从乳中提取的黄油及其他油、脂应归入品目 0405（与 1517 "人造黄油" 区别开）。

(3) 动物油渣及提取植物油所剩的油渣饼及其他残渣应归入第 23 章，但油脚仍归入本章（品目 1522）。

(4) 可可油、可可脂应归入品目 1804。

(5) 作为从油类提取的油膏应归入品目 4002。

(6) 粗甘油（纯度在 95% 以下）归入品目 1520，若纯度在 95% 以上则归入 2905.4500 "丙三醇（甘油）"，而加入香水或化妆品的甘油归入品目 3301。

(四) 第四类 食品；饮料、酒及醋；烟草、烟草及烟草代用品的制品（第 16~24 章）

第四类共分 9 章，按照动物产品——植物产品——其他食品及嗜好品的顺序排列章次，按商品的原料属性和用途可将本类货品大致分为五组产品，分述如下：

(1) 主要以第一类产品（动物产品）为原料的食品（第 16 章）。

(2) 主要以植物产品为原料的食品（第 17~20 章）。

(3) 杂项食品（第 21 章）。

（4）饮料、酒及醋（第22章）。
（5）食品工业残渣及配制的动物饲料（第23章）。
（6）烟草及其制品（第24章）。

（五）第五类 矿产品（第25～27章）

本类包括从陆地或海洋里直接提取的原产状态或只经过洗涤、粉碎或机械物理方法精选的矿产品及残渣、废料，而其加工后的制品则归入以后的类章。本类共3章。归类时要注意的是，归入本类的矿产品只能经过有限的简单加工（例如洗涤、磨碎、研粉、淘洗、筛选和其他机械物理方法精选过的货品），如果超出这个限度而进行了进一步的深加工，则应该归入后面的章节。

（六）第六类 化学工业及其相关工业的产品（第28～38章）

本类商品可分为两大部分：第一部分（第28～29章）为基本化工原料无机化学及有机化学品，属于符合化学定义的非零售包装的纯净物。第二部分（第30～38章）属于各种不同用途的化工用品，它们一般为混合物或属于零售包装的产品，分别按用途归类。

本类商品归类要注意第一部分（第28～29章）与第二部分（第30～38章）归类时的区别：一般情况下，如果一种化工品是单独的化学元素及单独的已有化学定义的化合物（包括有机化合物和无机化合物），应归入第一部分；如果不符合，而是由几种不同化学成分混合配置而成，那么按照其用途归入第二部分。

（七）第七类 塑料及其制品；橡胶及其制品（第39～40章）

本类包括两章：第39章塑料及其制品和第40章橡胶及其制品。这两章所包括的原料都属于高分子聚合物，是由高分子聚合物组成的塑料与橡胶以及它们的制品。除天然的以外，合成的高分子聚合物大多是由第29章的有机化合物聚合得到的。归类时应该注意的问题有：

第39章包括初级形状的高聚物及其半制品和制成品，共有26个品目，按照原料、半制品和制成品，被分成两个分章。第一分章包括初级形状的高聚物，共有14个品目；第二分章包括废碎料及下脚料、半制品、制成品，共有12个品目。按照产品的加工程度由浅至深列目，先半制品后制成品。

第40章所称的橡胶包括天然橡胶与合成橡胶。本章包括的"橡胶"（除条文另有规定的以外）是指不论是否硫化或硬化的下列产品：天然橡胶；巴拉塔胶、古塔波胶、银菊橡胶、糖胶、树胶及类似的天然树胶；合成橡胶；从油类中提取的油膏以及上述物品的再生品。

（八）第八类 生皮、皮革、毛皮及其制品；鞍具及挽具；旅行用品、手提包及类似品；动物肠线（蚕胶丝除外）制品（第41～43章）

本类包括了绝大部分皮革行业的动物质原料，以及各种材料制成的具有皮革行业产品特征的制品。生皮虽然是未经过加工或仅经过有限的简单加工的动物产品，但因为它们通常是作为皮革行业原材料使用，所以不归入第一类而归入本类。

（九）第九类 木及木制品；木炭；软木及软木制品；稻草；秸秆；针茅或其他编结材料制品；篮筐及柳条编结品（第44～46章）

归类时应该注意，以编结方法加工以及以编结材料为原材料是归入本章的编结材料制品必须具备的条件。有些材料看起来可以作为编结材料，但是不能作为编结材料归类，如皮革及无纺织物的编条、人发、马毛、纺织粗线或纱线等。

（十）第十类　木浆及其他纤维状纤维素浆；回收（废碎）纸或纸板；纸、纸板及其制品（第47~49章）

本类按照加工深度排列章次，先是造纸原料纸浆，再是纸，最后是印刷品。本类各章的结构及商品范围为：

第47章：木浆及其他纤维状纤维素浆；回收（废碎）纸或纸板。本章共7个品目，商品范围包括木浆及其他纤维状纤维素浆、纸及纸板的废碎品。

第48章：纸及纸板；纸浆、纸或纸板制品。本章共23个品目，按照加工深度由浅至深的顺序列目。但并非所有的纸和纸板或含纸和纸板的产品都归入本章，如印刷品（第49章）。

第49章：书籍、报纸、印刷图画及其他印刷品；手稿、打字稿及设计图样。本章共有11个品目，商品范围包括：书籍、报纸、印刷图画及其他印刷品；手稿、打字稿及设计图样。本章包括绝大多数以所印花纹图案、文字或图画为其基本特征或用途的货品，较常见的印刷品有：书籍、报纸、小册子、图画、广告品等。除此之外，本章还包括：印刷的转印贴花纸（移画印花法用图案纸）；印刷的图画明信片、贺卡；印刷的日历、地图、设计图表及绘画；邮票、印花税票及类似票证。

（十一）第十一类　纺织原料及纺织制品（第50~63章）

本类包括各种纺织原料、半制品、制成品。本类共分成14章，分两个部分：

第一部分（第50~55章）包括普通的纺织纤维（原料）、普通纱线、普通机织物。**（注意：不包括制成品，例如服装）**

第二部分（第56~63章）包括以特殊方式和工艺制成的半成品及其制成品，如特种纱线、特种织物、制成品。可以把本部分分为四种商品：纺织纤维（纺织品的原料，如毛、丝、棉花、化纤）；纱线（用纺织纤维制成的线）；织物（属于半制成品）；服装（制成品）。

1. 纺织纤维分为单一纤维和混纺纤维

（1）单一纤维的归类。纤维是纺织原料，纺织原料中除5601的纤维外，其他的纺织纤维（即单一纤维）归入第一部分（第50~55章），直接根据纤维的属性就可以来判断其可归入具体的章节和品目。

（2）混纺纤维的归类。当纺织纤维进行混纺后（即纺织材料不是由一种纤维制成，而是由两种以上的纺织纤维制成），按下面的方法归类：先看一下混纺纤维中的各个纤维属于哪一章的纤维，将属于同一章的不同纺织材料的重量相加后进行比较，归入重量大的那一章，如果重量相等，按从后归类的原则归类。

> 注意：第54章和第55章虽然不属于同一章的内容，但是第54章和第55章都属于化学纤维，所以当这两章与其他章比较时，第54章和第55章的纺织纤维的重量应加在一起。

2. 纱线的归类

由于第一部分（第50~55章）包括纱线的品目，第二部分的第56章也包括纱线的品目，因此对纱线进行归类的时候，首先要确定纱线是特种纱线还是普通纱线。如果是特种纱线则归入第56章的相应品目，如果是普通纱线，判断纱线是由一种纤维制成，还是多种纤维制成；由一种纤维制成，按纱线原料的性质归入相应的章（第 50~55 章）的品目，由多种纤维制成的混纺纱线，则根据混纺纺织品的归类步骤来归类即可。

3. 织物的归类

织物的归类与纱线的归类一样，先确定品目是属于特种织物还是普通织物。特种机织物归入第 58 章，普通机织物按纤维的种类归入第 50~55 章，针织物归入第 60 章。

4. 制成品的归类

制成品中重点是服装和衣着附件的归类，其归类步骤为：

首先，判断应归入第 61 章还是第 62 章。针织服装归入第 61 章（6212 商品除外），非针织（也就是机织）服装归入第 62 章。

然后，判断是否是婴儿服装，如果是婴儿服装，应优先归入品目 6111（针织）或者 6209（非针织）。

然后，判断是否是特殊材料制成的服装（如用塑料、橡胶或其他材料处理过的织物制成的服装），将其优先归入 6113（针织）或 6210（非针织）。

最后，根据性别（男、女）、服装款式（大衣、西服、衬衣、内衣等）、纤维的种类归入相应的编码。

（十二）第十二类　鞋、帽、伞、杖、鞭及其零件；已加工的羽毛及其制品；人造花；人发制品（第 64~67 章）

本类前 3 章按用途开列标题，所以本类的多数商品是按用途列名的，它们几乎都被排除在所用材料的类章之外。第 64 章主要包括各种形状、尺寸、用途及制造方法的鞋靴；第 65 章主要包括各种材料（石棉除外）制成的任何用途（日用、戏剧用、化装用、防护用等）的帽子（第 95 章的玩偶帽除外）和发网，且可带有各种材料制的装饰物；第 66 章主要包括各种材料制成的雨伞、阳伞、手杖、鞭子等；第 67 章主要包括已加工的羽毛和羽绒及其制品、人造花和人发制品等。

（十三）第十三类　石料、石膏、水泥、石棉、云母及类似材料的制品；陶瓷产品；玻璃及其制品（第 68~70 章）

第 68 章的货品大都是第 25 章货品经进一步加工所得，共有 15 个品目，主要包括石料、石膏、水泥、石棉、云母及类似材料的制品，基本上是按照加工程度由浅至深的顺序排列品目的。

第 69 章共有 13 个品目，产品的主要特点是成型后加以烧制而得的陶瓷产品。

第 70 章共有 20 个品目，主要包括各种玻璃及其制品。基本上是按照加工程度由浅至深的顺序，同时兼顾制造方法、材质类别及用途的不同排列品目的。

（十四）第十四类　天然或养殖珍珠、宝石或半宝石、贵金属、宝贵金属及其制品；仿首饰、硬币（第 71 章）

本类商品主要包括贵金属、宝贵金属及其制品，以及天然养殖珍珠、宝石、半宝石制品，也包括一些贱金属制成的仿真首饰。

（十五）第十五类　贱金属及其制品（第 72~83 章）

本类包括贱金属、金属陶瓷及其制品。"贱金属"是指铁及钢、铜、镍、铝、铅、锌、锡、钨、钼、钽、镁、钴、铋、镉、钛、锆、锑、锰、铍、铬、锗、钒、镓、铪、铟、铌（钶）、铼及铊。"金属陶瓷"是指金属与陶瓷成分以极细微粒不均匀结合成的产品，包括硬质合金（金属碳化物与金属烧结而成）。

第77章为空章。

（十六）第十六类　机器、机械器具、电气设备及其零件；录音机及放声机，电视图像、声音的录制和重放设备及其零件、附件（第84～85章）

本类的机械电子产品包括两章。其中第84章主要包含非电气的机器、机械器具，第85章主要包含电气电子产品。本类可分为各种机器及机械器具和电气设备两部分。

各种机器及机械器具主要由三部分货品组成：①能量转换机器及其零件；②利用能量变化做功的机器及其零件；③利用能量（包括机械能、非机械能）做功的机器及其零件。

电气设备由三部分货品组成：①利用电能做功的机器、设备及其零件；②产生电信号及令其变换的机器、设备及其零件；③利用不同形式电信号进行工作的机器、设备及其零件。

本类商品归类的重点是在了解商品结构、性能、用途及简单工作原理的基础上，注意区分相似商品（或税目）的归类情况。

（十七）第十七类　车辆、航空器、船舶及有关运输设备（第86～89章）

本类由4章组成，包括各种铁道、电车道用车辆及气垫火车，其他陆上车辆，包括气垫车辆，航空、航天器，船舶、气垫船及浮动结构体以及与运输设备相关的一些具体列名商品，如集装箱、某些铁道或电车轨道固定装置和机械信号设备、降落伞、航空器发射装置等。

归类时应注意：

1. 多用途运输工具归类

（1）既可在道路上又可在轨道上行驶的特殊构造的车辆，应归入第87章相应品目。

（2）水陆两用的机动车辆，应归入第87章的相应品目。

（3）可兼作地面车辆使用的航空器，应归入第88章的相应品目。

（4）在导轨上运行的（气垫火车），归入第86章。

（5）水陆两用的气垫运输工具，归入第87章。

（6）在水上航行但只能在海滩或浮码头上登陆或在冰上行驶的气垫运输工具，归入第89章。

2. 特殊用途车辆的归类（8705）

（1）对于不是以载人或装物为主要目的特种车辆，归入8705。例如，抢修车、起重车、救火车、混凝土搅拌车、道路清洁车、喷洒车、流动工场流动放射线检查车归入8705。

（2）对于以载人、载货为主要目的的特殊车辆，不能按特种车辆来归类，要归入相应的品目8702～8704。例如，以载人为主要目的的特殊用途车辆有囚车、警车、灵车、救护车、赛车、雪地车等，归入8702～8703，不归入8705。例如，以载货为主要目的的特殊车辆有冷藏车、自动卸货车等，归入8704，不归入8705。

3. 机动车辆底盘的归类

只有底盘的归入8708；只有发动机和底盘的归入8706；有发动机、底盘和驾驶室的，已经构成"完整品或制成品"的基本特征，按整车来归类，归入品目8702至8704，不归入品目8706。

(十八) 第十八类　光学、照相、电影、计量、检验、医疗或外科用仪器及设备、精密仪器及设备；钟表；乐器；上述物品的零件、附件（第 90~92 章）

本类商品大致可分为三大类：第 90 章光学、照相、电影、计量、检验、医疗或外科用仪器及设备、精密仪器及设备，上述物品的零件、附件；第 91 章钟表及其零件；第 92 章乐器及其零件。下面介绍归类时应注意的内容。

1. 关于仪器装置的零件、附件的归类（第 90 章章注 2）

首先判断是否属于本章（第 90 章）、第 84 章、第 85 章、第 91 章列名的零件、附件，如果是，则归入相应的品目；如果不是，接着判断是否为主要用于或专门用于本章的零件、附件。如果是，则归入仪器装置的品目；如果不是，则归入 9033。

2. 关于光学元件的归类

未加工的光学元件归入第 70 章。已加工但未装配的光学元件归入 9001。已装配（带有镜筒或框架）的光学元件归入 9002。

3. 医疗器械及器具的归类

医疗器械及器具一般归入 9018~9022，主要根据其工作原理、特性及用途归类。

(十九) 第十九类　武器、弹药及其零件、附件（第 93 章）

本类只有第 93 章武器、弹药及其零件、附件。本章共有 7 个品目，主要包括供军队、警察以及其他有组织的机构在海、陆、空战斗中使用的各种武器、导弹，以及个人狩猎、自卫等使用的武器等。归类时应该注意的问题：

（1）其他章已经有具体列名的武器及零件不应归入本章，例如第 87 章的坦克、装甲车等。另外，枪盒应该归入品目 4202。

（2）望远镜瞄准具及其他光学装置的归类。此类光学装置如果适合武器使用，并能安装在武器上或与有关武器一同报验的，应与武器一并归类；单独报验的此类光学装置应归入第 90 章。

(二十) 第二十类　杂项制品（第 94~96 章）

本类所包括的杂项制品是指前述各类、章、品目未包括的货品。本类有第 94~96 章，以章为界限将货品分为以下三大类：

具有实用价值的落地式的家具以及碗橱、书柜、架式家具及组合家具；坐具及床（不论其是否是落地式）应归入第 94 章。第 95 章包括各种娱乐用品（也就是供成人或儿童娱乐用的各种玩具、运动或游戏用的设备等）。第 96 章杂项制品，包括：雕刻或模塑材料及其制品，扫把、刷子、成套旅行用具，某些书写及办公用品，某些烟具，化妆品及其他章的品目没有列名的物品。

(二十一) 第二十一类　艺术品、收藏品及古物（第 97 章）

本类只有第 97 章，有 6 个品目，主要包括艺术品、收藏品及古物。

（1）艺术品：包括完全用手工绘制的油画、粉画及其他手绘画；拼贴画及类似装饰板；版画、印制画；雕塑品的原件（品目 9701~9703）。

（2）邮票、印花税票及类似票证、邮戳印记、首日封、邮政信笺（印有邮票的纸品），含使用过的或虽未使用过但不是新发行的（品目 9704）。

（3）具有动物学、植物学、矿物学或钱币学意义的收集品及珍藏品（品目 9705）。

（4）超过 100 年的古物（品目 9706）。

（二十二）第二十二类　特殊交易品及未分类商品（第 98～99 章）

本类由第 98 章和 99 章组成，仅在《海关统计商品目录》中专为统计需要而设。第 98 章特殊交易品及未分类商品，包括：①未分类商品，是指数量零星、单项金额较小、逐项归类难度大，且非税、非证的进口商品；②出口的计算机软件及军品（特殊交易品）。第 99 章（无标题）仅包括以出顶进的新疆棉和内地棉。

第四节　进出口商品归类的海关行政管理

一、商品归类的依据及对进出口货物报关的要求

《海关法》规定，进出口货物的商品归类按照国家有关商品归类的规定确定。我国的商品归类以《协调制度》为体系、以《海关进出口税则》为执法依据。在进出口商品归类中海关可以要求进出口货物的收发货人提供商品归类所需的有关资料；必要时，海关可以组织化验、检验，并将海关认定的化验、检验结果作为商品归类的依据。

（一）对进出口商品进行归类的依据

(1)《协调制度》归类总规则、类注、章注、子目注释、子目条文。

(2) 海关总署下发的关于商品归类的有关规定，包括总署的文件、归类问答书、预归类决定、归类技术委员会决议及总署转发的 WCO 归类决定等。

(3)《海关进出口税则——统计目录商品及品目注释》。

(4) 海关总署公布的《本国子目注释》。

其他部委、部门的文件、出版物中以《协调制度》编码表示的商品归类与海关归类不符的，以海关的归类为准。

（二）商品归类对货物报关的要求

为了规范进出口企业申报行为，提高申报数据质量，促进贸易便利化，海关总署制定了《中华人民共和国海关进出口商品规范申报目录》（以下简称《规范申报目录》）。《规范申报目录》按中国海关进出口商品分类目录的品目顺序编写，并根据需要在品目级或子目级列出了申报要素。

例如，品目 2204 "鲜葡萄酿造的酒"下各子目的申报要素分别为：

子目 2204.1000 "汽酒"：①品名；②种类；③加工方法。

子目 2204.2100 "装入 2 升及以下容器的其他酒及加酒精抑制发酵的酿酒葡萄汁"：①品名；②品牌；③加工方法；④容器容积；⑤年份；⑥产区。

子目 2204.2900 "装入 2 升以上容器的其他酒及加酒精抑制发酵的酿酒葡萄汁"：①品名；②种类；③加工方法；④容器容积。

子目 2204.3000 "其他酿酒葡萄汁"：①品名；②加工方法。

再如，对于品目 8528 "电视接收装置，不论是否装有无线电收音装置或声音、图像的录制或重发装置"的申报要素为：①品名；②用途；③品牌；④显像类型；⑤显示屏幕尺寸；⑥型号。

收发货人或者其代理人应当按照法律、行政法规规定以及海关要求如实、准确申报进出口货物的商品名称、规格型号等，并且对其申报的进出口货物进行商品归类，确定相应的商

品编码。

商品归类是一项技术性很强的工作，因此，申报的货物品名、规格、型号等必须要能够满足归类的要求。要详细提供归类所需要的货物的形态、性质、成分、加工程度、结构原理、功能、用途等技术指标和技术参数，尤其要注意提供：①农产品、未列名化工品等的成分和用途；②材料性商品的成分和加工方法、加工工艺；③机电仪产品的结构、原理和功能；④货物的进出口状态。

对一时难以归类的商品，如要求海关先予放行货物，凡不涉及许可证管理的，经海关批准，可先付保证金；如属于许可证管理的商品，则应按有关的法律、法规、规章办理。

按照有关规定必须化验的商品或因归类原因需要化验的商品还必须由海关送验，而后根据化验结果再由海关做出归类决定。

收发货人或者其代理人向海关提供的材料涉及商业秘密，要求海关予以保密的，应当事前向海关提出书面申请，并且具体列明需要保密的内容，海关应当依法为其保密。收发货人或者其代理人不得以商业秘密为理由拒绝向海关提供有关资料。

海关在审核收发货人或者其代理人申报的商品归类事项时，可以依照《海关法》和《进出口关税条例》的规定行使下列权利，收发货人或者其代理人应当予以配合：①查阅、复制有关单证、资料；②要求收发货人或者其代理人提供必要的样品及相关商品资料；③组织对进出口货物实施化验、检验，并且根据海关认定的化验、检验结果进行商品归类。

海关可以要求收发货人或者其代理人提供确定商品归类所需的资料，必要时可以要求收发货人或者其代理人补充申报。

收发货人或者其代理人隐瞒有关情况，或者拖延、拒绝提供有关单证、资料的，海关可以根据其申报的内容依法审核确定进出口货物的商品编码。

（三）归类的修改

收发货人或者其代理人申报的商品编码需要修改的，应当按照《中华人民共和国海关进出口货物报关单修改和撤销管理办法》（以下简称《报关单修改和撤销管理办法》）等规定向海关提出申请。

海关经审核认为收发货人或者其代理人申报的商品编码不正确的，可以根据《中华人民共和国海关进出口货物征税管理办法》有关规定，按照商品归类的有关规则和规定予以重新确定，并且根据《报关单修改和撤销管理办法》等有关规定通知收发货人或者其代理人对报关单进行修改、删除。

二、商品归类的行政裁定

海关行政裁定是指海关在货物实际进出口前，应对外贸易经营者的申请，依据有关海关法律、行政法规和规章，对与实际进出口活动有关的海关事务做出的具有普遍约束力的决定。进出口商品归类的行政裁定是海关行政裁定在进出口商品归类中的具体应用。

（一）海关行政裁定的申请

海关行政裁定的申请人应当是在海关注册登记的进出口货物经营单位。申请人可以自行向海关提出申请，也可以委托他人向海关提出申请。

除特殊情况外，海关行政裁定的申请人，应当在货物拟进口或出口的3个月前向海关总署或者直属海关提交书面申请。一份申请只应包含一项海关事务。申请人对多项海关事务申请行政裁定的，应当逐项提出。申请人不得就同一项海关事务向两个或者两个以上海关提交行政裁定申请。

申请人应当按照海关要求填写"行政裁定申请书"，主要包括下列内容：①申请人的基本情况；②申请行政裁定的事项；③申请行政裁定的货物的具体情况；④预计进出口日期及进出口口岸；⑤海关认为需要说明的其他情况。

申请人应当按照海关要求提供足以说明申请事项的资料，包括进出口合同或意向书复印件、图片、说明书、分析报告等。申请书所附文件如为外文，申请人应同时提供外文原件及中文译文。

申请书应当加盖申请人印章，所提供文件与申请书应当加盖骑缝章。申请人委托他人申请的，应当提供授权委托书及代理人的身份证明。海关认为必要时，可要求申请人提供货物样品。

申请人为申请行政裁定向海关提供的资料，如果涉及商业秘密，可以要求海关予以保密。除司法程序要求提供的以外，未经申请人同意，海关不应泄露。申请人对所提供资料的保密要求，应当书面向海关提出，并具体列明需要保密的内容。

（二）海关行政裁定的受理及裁定的做出

收到申请的直属海关应当按照《中华人民共和国海关行政裁定管理暂行办法》（以下简称《行政裁定管理暂行办法》）的规定对申请资料进行初审。对符合规定的申请，自接受申请之日起3个工作日内移送海关总署或总署授权机构。

申请资料不符合有关规定的，海关应当书面通知申请人在10个工作日内补正。申请人逾期不补正的，视为撤回申请。

海关总署或授权机构应当自收到申请书之日起15个工作日内，审核决定是否受理该申请，并书面告知申请人。对不予受理的应当说明理由。有下列情形之一的，海关不予受理：①申请不符合《行政裁定管理暂行办法》规定的申请条件的；②申请与实际进出口活动无关的；③就相同海关事务，海关已经做出有效裁定或者其他明确规定的；④经海关认定不予受理的其他情形。

海关在受理申请后，做出行政裁定以前，可以要求申请人补充提供相关资料或货物样品，申请人在规定期限内未能提供有效、完整的资料或样品，海关可以终止审查。申请人主动向海关提供新的资料或样品作为补充的，应当说明原因。海关审查决定是否采用。海关接受补充材料的，根据补充的事实和资料为依据重新审查，做出行政裁定的期限自收到申请人补充材料之日起重新计算。申请人可以在海关做出行政裁定前以书面形式向海关申明撤回其申请。

海关对申请人申请的海关事务应当根据有关事实和材料，依据有关法律、行政法规、规章进行审查并做出行政裁定。审查过程中，海关可以征求申请人以及其他利害关系人的意见。海关应当自受理申请之日起60日内做出行政裁定，并应当将行政裁定书面通知申请人，并对外公布。

（三）海关行政裁定的效力

海关做出的行政裁定自公布之日起在中华人民共和国境内统一使用。进口或者出口相同情形的货物，应当适用相同的行政裁定。对于裁定生效前已经办理完毕裁定事项有关手续的进出口货物，不适用该裁定。

海关做出行政裁定所依据的法律、行政法规及规章中的相关规定发生变化，影响行政裁定效力的，原行政裁定自动失效。海关总署应当定期公布自动失效的行政裁定。

有下列情形之一的，由海关总署撤销原行政裁定：①原行政裁定错误的；②因申请人提供的申请文件不准确或者不全面，造成原行政裁定需要撤销的；③其他需要撤销的情形。

海关撤销行政裁定的，应当书面通知原申请人，并对外公布。撤销行政裁定的决定，自公布之日起生效。经海关总署撤销的行政裁定对已经发生的进出口活动无溯及力。

进出口活动的当事人对于海关做出的具体行政行为不服，并对该具体行政行为依据的行政裁定持有异议的，可以在对具体行政行为申请复议的同时一并提出对行政裁定的审查申请。复议海关受理该复议申请后应将其中对于行政裁定的审查申请移送海关总署，由海关总署做出审查决定。

海关行政裁定的申请人应对申请内容及所提供资料的真实性、完整性负责。向海关隐瞒真实情况或提供虚假材料的，应当承担相应的法律责任。

三、商品归类争议的处理

（一）归类争议的处理方式

报关人与海关的归类争议可通过磋商或行政复议的方式解决。

下列情形可通过磋商途径解决：①已向海关申报，货物尚未放行的；②应税货物未缴纳税款的；③证件管理部门的归类与海关归类不一致的；④对海关的预归类决定有异议的。

下列情况的归类争议应通过复议途径解决：①应税货物已缴纳税款的；②经磋商途径仍无法解决的；③海关已做结关处理的。

（二）归类争议的处理程序

产生归类争议的，应按照以下处理程序办理：

（1）归类争议由报关人以书面形式向货物进出口地海关提出。

（2）进出口地海关接到报关人提出的归类争议后，复核原始资料并给出明确的处理意见。

（3）申请人不服该处理意见的，进出口地海关应将争议的材料报直属海关归类职能部门处理。

（4）直属海关归类职能部门对报送的争议材料核实后，能够明确归类的，直接做出处理决定；对归类不明确的，填写"归类问答书"报海关总署归类分中心审查确定。申请人对直属海关或海关总署的归类争议处理结果仍不服的，可按行政复议程序办理。

（三）其他要求及说明

（1）如申请人与接收申请所在地海关不在同一直属海关关区的，申请人应提供所在地直属海关开具的允许异地申请证明，证明申请人所申请约束性预归类的同一种商品未向两个或两个以上海关提出约束性预归类申请。

（2）申请人应对其所提供资料真实性负责，不得向海关隐瞒或提供影响预归类准确性的倾向性资料，可申请对其进出口货物所涉及的商业秘密进行保密。

（3）直属海关做出的预归类决定在本关区范围内有效，期限均为1年，到期可再申请。

四、因商品归类错误引起的关税及其他进口环节税的退、补税问题

根据海关总署 2003 年 6 月 18 日公布的第 40 号公告《关于解决因商品归类错误引起的关税及其他进口环节税的退、补税问题》，对因商品归类错误引起的关税及其他进口环节税的退、补问题做了如下规定：

（1）凡在《海关进出口税则》中有具体列名的商品，在《海关进出口税则》的类注释、章注释、子目注释、税目结构和《海关进出口税则——统计目录商品及品目注释》中已明确归类的商品，及海关总署或海关商品归类分中心已制发文件（包括归类决定）并对外公开或向进出口货物的收发货人或其代理人明确归类的商品，如因进出口货物的收发货人或其代理人违反规定造成海关归类错误而少征或漏征税款的，海关应自缴纳税款或者货物放行之日起 3 年内予以追征。

（2）除第 1 条以外的其他归类错误造成少征或漏征税款的，海关应当自缴纳税款或者货物放行之日起 1 年内予以追征。

（3）海关多征的税款，海关发现后应立即退还；纳税义务人自缴纳税款之日起 1 年内，可以要求海关退还。

（4）海关总署改变已做出的归类决定造成执行税率不同的，所涉及商品的原征税款不予调整。如有特殊情况需要调整税款的，应报海关总署核批。

本章练习题

一、不定项选择题

1. 属于 H. S. 归类总规则中所规定的"零售的成套货品"的货品是（　　）。
   A. 一个礼盒，内有咖啡一瓶、咖啡伴侣一瓶、塑料杯子两只
   B. 一个礼盒，内有一瓶白兰地酒、一只打火机
   C. 一个礼盒，内有一包巧克力、一个塑料玩具
   D. 一碗方便面，内有一块面饼、两包调味品、一把塑料小叉

2. 脲（毛重大于 10kg，生产脲醛树脂用原料）的编码是（　　）。
   A. 2924.1000　　B. 3102.1000　　C. 3909.1000　　D. 其他编码

3. 石棉制安全帽（帽内衬有纯棉机织物制衬里）的编码是（　　）。
   A. 2524.0090　　B. 6505.9090　　C. 6506.1000　　D. 6812.5000

4. 化学机械木浆的编码是（　　）。
   A. 4701　　B. 4704　　C. 4705　　D. 4706

5. 两套缺少鞍座的摩托车未组装件（装在一个木箱内一起报验）的编码是（　　）。
   A. 4415　　B. 8711　　C. 8714　　D. 其他品目

6. 解决商品归类的具有法律效力的依据有：归类总则、类注、章注、子目注释。它们的优先顺序是（　　）。
   A. 子目注释——章注——类注——归类总则
   B. 归类总则——类注——章注——子目注释
   C. 类注——章注——子目注释——归类总则
   D. 章注——子目注释——类注——归类总则

7. 对商品进行归类时，品目条文所列的商品，应包括该项商品的不完整品或未制成品，只要进口或出口时，这些不完整品或未制成品具有完整品或制成品的（　　）。

A. 基本功能　　　　　　B. 相同用途　　　　　　C. 基本特征　　　　　　D. 核心组成部件

8. 0103 猪：

  01031000——改良种用

     ——其他

     ——重量在 50kg 以下

  01039110——重量在 10kg 以下

上面的商品编码"01039110"说明（　　）。

A. 该商品在第 1 章

B. 它表示重量在 10kg 以下的活猪

C. 商品编码中的第 5 位"9"代表除改良种以外的其他活猪

D. 商品编码中的第 8 位"0"表示在 3 级子目下未设 4 级子目

9. 下列关于约束性预归类制度的表述正确的是（　　）。

A. "预归类决定书"自海关签发之日起 1 年内有效

B. "预归类决定书"只限申请人使用

C. 海关总署做出的预归类决定在全国范围内有效

D. 直属海关做出的预归类决定在本关区范围内有效

10. 在进行商品税则归类时，对看起来可归入两个及以上税号的商品，在税目条文和注释均无规定时，其归类次序是（　　）。

A. 基本特征、最相类似、具体列名、从后归类

B. 具体列名、最相类似、基本特征、从后归类

C. 最相类似、具体列名、从后归类、基本特征

D. 具体列名、基本特征、从后归类、最相类似

二、判断题

1. 《协调制度》中的编码采用的是 8 位数编码。　　　　　　　　　　　　　　（　　）

2. 当货品看起来可归入两个或两个以上税目时，应按"从后归类"的原则归类。　（　　）

3. 应税货物已缴纳税款的进出口商品归类争议应通过行政复议途径解决。　　（　　）

4. 《海关统计商品目录》中前 21 类、97 章的商品目录与《海关进出口税则》中的完全相同。（　　）

5. 在进行商品税则归类时，商品的包装容器应该进行单独的税则归类。　　　（　　）

6. 台式计算机的成套散件分批（不同时期）进口时可将各批货物合并起来归类。（　　）

三、请查出下列商品编码

1. 放在公共场所的饮料自动售货机（装有制冷装置）

2. 人造肉

3. "龙井"绿茶，150g 塑料袋装

4. 炒熟的袋装开心果

5. 硝酸钠肥料，5kg 包装

6. 镀金铜制戒指

7. 硅铁合金（硅含量占 70%，铁含量占 28%，其他元素占 2%）

8. 玩具乐器

9. 19 世纪英国发行的邮票（已使用过）

10. 心脏起搏器

第八章 进出口税费

本章学习目标

通过学习本章，学生应重点掌握关税征税对象的界定及完税价格的确定计算、关税的减免、缴纳及原产地的有关规定。关税完税价格的确定及应纳税额的计算是本章学习的难点，要掌握其计算方法与计算公式。

本章关键词

关税　消费税　增值税　船舶吨税　完税价格　原产地规则　关税减免

第一节　进出口税费概述

2017年7月1日，全国海关通过作业一体化在全国海关全面实施，通关作业流程发生重大改变。随着该项改革的逐步实施，海关税费征收方式从以往的海关审定制变为企业自报自缴制，由"要我缴税"向"我要缴税"转变。

一、海关审定制

海关审定制是指纳税义务人按照法律、行政法规和海关规章中关于商品归类、价格和原产地管理的有关规定，如实申报进出口货物的商品名称、商品编号、规格型号、价格、运保费及其他相关费用、原产地、数量等关键申报要素，海关对商品归类、货物价格、原产地等关键涉税要素审核后确定应缴税款，之后由纳税义务人按照规定缴纳税款的海关税费征收方式。其基本特点是先审核后放行。该方式虽能有效降低征税风险及监管风险，但货物放行前逐一对关键申报要素进行审核，耗时费力，导致货物通关时间较长。此外，进出口企业的相同货物在不同海关通关时，海关因为理解和认识的不同对商品归类认定、完税价格审定等关键涉税要素客观存在执法差异，甚至有的进出口企业为了谋求通关"方便"，对相同货物按照不同海关的指示进行申报。上述情况，或是对国家利益造成损害，或是侵犯了进出口企业的自身合法权益。以上种种因素导致以往的税收征管模式已经不能满足海关依法计征、应征尽征、应缴尽缴的需要，不能适应现代物流及进出口企业生产及经营的需要，必须进行适当的变革。

二、企业自报自缴制

自报自缴是指由纳税人根据税法规定自行计算应纳税款，自行填入规定的申报表向税务机关申报，经税务机关审核后填发缴款书，由纳税人向国库或国库经收处缴纳税款的一种税收征收方法。对企业采取这种征收方法,可以防止某些错征漏纳现象的发生。具体到进出口税费,企业自报自缴制是指进出口企业、单位向海关申报报关单及随附单证、税费电子数据,并自行缴纳税费的行为。改变了原有的"先审核后放行"的作业模式,实现了货物放行时间提前,海关转为全流程抽查,进一步缩短了货物通关时间,降低了企业贸易成本。企业自报自缴制下,企业可以享受以下红利:①可以选择在任意地点进行报关,消除了申报关区的限制;②海关执法更统一,全国通关的政策和规定执行标准更加一致;③简化通关环节手续,海关将重点放在后续审查和处理上,货物在口岸的滞留时间缩短,通关效率大大提高。

三、进出口税则

中华人民共和国海关进出口税则(Customs Tariff),也称关税税则,它是一国海关据以对进出口商品计征关税的规章和对进出口的应税与免税商品加以系统分类的一类表,既有海关征收关税的规章条例及说明,也有海关的关税税率表。

我国的《海关进出口税则》是以《协调制度》为基础,结合我国实际进出口情况编制构成,与《协调制度》目录结构基本相同,由归类总规则、税则号列、货品名称、税率表、注释等组成。其与《协调制度》目录的不同之处是税则设有税率栏,并将《协调制度》的商品编码改称为"税则号列"。根据货物进口与出口方向的不同,我国又将《海关进出口税则》中的中华人民共和国海关进口税则(以下简称"进口税则")、中华人民共和国海关出口税则(以下简称"出口税则")单列以便查询使用。进口税则第1列为"税则号列",第2列为"货品名称",第3列为"最惠国税率",第4列为"普通税率"。确定好税则号列后,即可方便地找到最惠国税率。进口税则中随附关税税率附表(含协定、特惠税目税率、从量税、复合税税目税率表、关税配额商品税目税率表和进口消费税税目税率附表等内容)。因为同一商品可能对应不同关税率,核算税款时需要按照税率适用的原则准确选用。

四、进出口税费核算种类

(一)关税

1. 关税的定义

关税是由海关代表国家,按照国家制定的关税政策和有关法律、行政法规的规定,对准许进出关境的货物和物品向纳税义务人征收的一种流转税,具有强制性、固定性和无偿性。

关税是一种国家税收,其征收主体是国家,由海关代表国家向纳税义务人征收,课税对象是进出关境的货物和物品,其中国家对进出口货物和进出境物品有禁止性和限制性规定的货物、物品不能成为关税的征收对象。关税纳税义务人又称关税纳税人或关税纳税主体,是指依法负有直接向国家缴纳关税义务的法人或自然人。我国的关税纳税义务人是进口货物的收货人、出口货物的发货人、进(出)境物品的所有人。

关税是国家保护国内经济、实施财政政策、调节产业结构、发展进出口贸易的重要手段,也是世界贸易组织允许各缔约方保护其境内经济的一种重要手段。

2. 关税的类型

根据不同的标准,关税有多种分类方法。按征税目的的不同,关税可分为财政关税和保护关税；按货物国别来源而区别对待的原则，可分为最惠国关税、协定关税、特惠关税和普通关税；按计税标准不同，可分为从价税、从量税、复合税、滑准税；按征收对象，可分为正税和特别税等。

（1）根据征收关税目的的不同，可以分为财政关税和保护关税两种。

1）财政关税（Revenue Tariff）。财政关税是以增加国家财政收入为主要目的而征收的关税。目前，发达国家的财政收入改为以直接税为主，财政关税已很少使用。但一些发展中国家由于国内经济不发达，直接税源有限，关税在国家收入中仍占很大比重。因此，在《关税及贸易总协定》中对发展中国家及地区的关税削减给予了一些例外的照顾。征收关税必然同时产生财政收入与保护的双重作用。财政关税征收时应注意的因素是：

① 课税对象应是进口数量多、消费量大、税负力强的商品，有比较充足和稳定的税源。

② 课税对象应是非生活或非生产必需品，如烟、酒、茶、咖啡等物品，征税后不会过多地影响国内生产和人民生活。

③ 税率不能定得过高，否则税负过重，消费者不能负担，进口必然减少，反而达不到增加财政收入的目的。

一般来说，对本国不能生产而又不准备生产的商品征收的关税，或与国内同样商品征收同等负担的关税，都是财政关税。

2）保护关税（Protective Tariff）。保护关税是以保护本国工农业生产或经济长期、稳定发展为目的而征收的关税。保护关税起源于重商主义时期。资本主义经济萌芽与发展期间竞争激烈，保护关税则成为保护本国资本主义工业在竞争中成长、发展的一种重要手段。现代各国关税保护的重点有所不同，发达国家所要保护的通常是国际竞争很强的商品，发展中国家则重在保护本国幼稚工业的发展。直到目前，各国所运用的关税基本上是保护关税，财政关税已处于次要地位。

（2）按货物国别来源而区别对待的原则，可以分为最惠国关税、协定关税、特惠关税和普通关税。

1）最惠国关税。最惠国关税适用原产于与我国共同适用最惠国待遇条款的 WTO 缔约方的进口货物，或原产于与我国签订有相互给予最惠国待遇条款的双边贸易协定的国家或地区的进口货物。

2）协定关税。协定关税适用原产于我国参加的含有关税优惠条款的区域性贸易协定的有关缔约方的进口货物。

3）特惠关税。特惠关税适用原产于与我国签订有特殊优惠关税协定的国家或地区的进口货物。

4）普通关税。普通关税适用原产于上述国家或地区以外的国家或地区的进口货物。

（3）按计税标准的不同，可以分成从价税、从量税、复合税和滑准税。

1）从价税。从价税是一种最常用的关税计税标准。它是以货物的价格或者价值为征税标准，以应征税额占货物价格或者价值的百分比为税率而征收的一种税，价格越高，税额越高。货物进口时，以此税率和海关审定的实际进口货物完税价格相乘计算应征税额。从价税的特点是：相对进口商品价格的高低，其税额也相应高低。其优点是：税负公平明确、易于实施。从价税也有不足，如不同品种、规格、质量的同一货物价格有很大差异，海关估价有一定的难度，因此计征关税的手续也较繁杂。

2）从量税。从量税是以货物的数量、重量、体积、容量等计量单位为计税标准，以每计量单位货物的应征税额为税率。从量税的特点是，每一种货物的单位应税额固定，不受该货物价格的影响。计税时，货物的计量单位×每单位应纳税金额＝该货物的关税税额。从量税的优点是：计算简便，通关快捷，并能抑制低廉商品或故意低瞒价格货物的进口。其缺点是：由于应税额固定，物价涨落时税额不能相应变化，因此，在物价上涨时，关税的调控作用相对减弱。我国目前对进口原油、啤酒等商品征收从量税。

3）复合税。复合税又称混合税，即订立从价、从量两种税率，随着完税价格和进口数量而变化，征收时两种税率合并计征。它是对某种进口货物混合使用从价税和从量税的一种关税计征标准。混合使用从价税和从量税的方法有多种，如对某种货物同时征收一定数额的从价税和从量税；或对低于某一价格进口的货物只按从价税计征关税，高于这一价格则混合使用从价税和从量税等。复合税既可发挥从量税抑制低价进口货物的特点，又可发挥从价税税负合理、稳定的特点。我国目前对进口录像机、放像机、数字照相机和摄录一体机等商品征收复合税。

4）滑准税。滑准税是根据货物的不同价格适用不同税率的一类特殊的从价关税。它是一种关税税率随进口货物价格由高至低而由低至高设置计征关税的方法。通俗地讲，就是进口货物的价格越高，其进口关税税率越低，进口商品的价格越低，其进口关税税率越高。滑准税的特点是可保持实行滑准税商品的国内市场价格相对稳定，不受国际市场价格波动的影响。

【例8-1】 2008年我国对关税配额外进口的一定数量的棉花（税号：5201.0000）实行5%~40%的滑准税，对滑准税税率低于5%的进口棉花按0.570元/kg计征从量税。

确定滑准税暂定关税税率的具体方式如下：

1）当进口棉花完税价格高于或等于11.397元/kg时，按0.570元/kg计征从量税。

2）当进口棉花完税价格低于11.397元/kg时，暂定关税税率按下述公式计算：

$$R_i = \frac{8.686}{P_i + 2.526\% P_i - 1}$$

式中 R_i 为暂定关税税率；P_i 为关税完税价格，单位为元/kg。

对上式计算结果四舍五入保留3位小数。当 R_i 值高于40%时，取40%。

（4）按征收对象分类，可以分成正税和特别税。

1）正税。关税的正税包括进口税、出口税和过境税三种。

① 进口税：海关对进口货物和物品所征收的关税。进口税有正税与附加税之分。其中正税即按进口税则法定税率征收的关税；此外征收的即为附加税。我国加入WTO后，于2002年1月1日再次调整了进口税则税目税率，将总税目数增加到7316个，其中5332个税目的税率有不同程度的降低。2019年，《海关进出口税则》税目数共计8651个。进口税是关税中最重要的一种，在许多废除了出口税和过境税的国家，进口税是唯一的关税。

② 出口税：海关对出口货物和物品所征收的关税。目前，世界上大多数国家都不征收出口税。我国在2002年《出口税则》中仅对一小部分关系到国计民生的重要出口商品征收出口税，共有36个税目，其中对23个税目实行出口暂定税率，其余的不征税。2019年1月1日起，我国继续对铬铁等108项出口商品征收出口关税或实行出口暂定税率。

③ 过境税：对外国经过本国国境运往另一国的货物所征收的关税。目前，世界上大多

数国家都不征收过境税,我国也不征收过境税。

2)特别税。特别税是因某种特定的目的而对进口的货物和物品征收的关税。常见的特别税有:

① 反倾销税:进口国反倾销调查当局对以低于正常价值的价格在进口国进行销售的、并对进口国生产相似产品的产业造成实质性损害的外国产品,在正常的海关税和费用之外征收的一种进口附加关税。根据我国《反倾销条例》的规定,凡进口产品以低于其正常价值出口到我国且对我国相关企业造成实质性损害的,即为倾销。反倾销税由海关负责征收,其税额不超出倾销幅度。我国目前征收的进口特别税主要是反倾销税。

② 反补贴税:对直接或间接接受奖金或补贴的进口货物和物品所征收的一种进口特别税。

我国政府规定,任何国家或者地区对其进口的原产于中华人民共和国的货物征收歧视性关税或者给予其他歧视性待遇的,我国海关对原产于该国家或地区的进口货物可以征收特别税。

(二)进口环节税

1. 消费税

(1)消费税的概念。

消费税是以消费品或消费行为的流转额作为课税对象而征收的一种流转税。消费税由税务机关征收,进口环节的消费税由海关征收。

(2)消费税征收的对象。

1)一些过度消费会对人的身体健康、社会秩序、生态环境等方面造成危害的特殊消费品,如烟、酒、酒精、鞭炮、焰火等。

2)奢侈品、非生活必需品,如贵重首饰及珠宝玉石、化妆品等。

3)高能耗的高档消费品,如小轿车、摩托车、汽车轮胎等。

4)不可再生和替代的资源类消费品,如汽油、柴油等。

(3)计算公式。

消费税税额的计算公式为

$$
\begin{aligned}
消费税税额 &= 从价消费税额 + 从量消费税额 \\
&= 消费税组成计税价格 \times 从价消费税税率 + 应税消费品数量 \times 从量消费税税率 \\
&= \frac{关税完税价格 + 关税税额}{1 - 消费税税率} \times 从价消费税税率 + \\
&\quad 应税消费品数量 \times 从量消费税税率
\end{aligned}
$$

2. 增值税

(1)增值税的概念。

增值税是以商品的生产、流通和劳务服务各个环节所创造的新增价值为课税对象的一种流转税。进口环节增值税是在货物、物品进口时,由海关依法向进口货物的法人或自然人征收的一种增值税。增值税由税务机关征收,但进口环节的增值税由海关征收。进口环节增值税的减税、免税项目由国务院规定,任何地区、部门都无权擅自决定增值税的减免。

增值税基本税率为13%,对一些关系到国计民生的重要物资实行9%的低税率,如下所示:

1）粮食、食用植物油。
2）自来水、暖气、冷气、热水、煤气、石油液化气、天然气、沼气、居民用煤炭制品。
3）图书、报纸、杂志。
4）饲料、化肥、农药、农机、农膜。
5）农业产品。
6）金属矿采选产品。
7）非金属矿采选产品。
8）音像制品和电子出版物（自2007年1月1日起）。
9）二甲醚、盐。
10）国务院规定的其他货物。
（2）计算公式。
增值税的计算公式为

　　增值税＝增值税组成计税价格×增值税税率
　　　　　＝（关税完税价格＋关税税额＋消费税税额）×增值税税率

（三）船舶吨税

1. 船舶吨税的概念

船舶吨税是一国船舶使用了另一国家的助航设施而向该国缴纳的一种税费，专项用于海上航标的维护、建设和管理，简称"吨税""灯塔税"。

船舶吨税由海关征收，海关征收后就地上缴中央国库。船舶吨税的征收范围为在中华人民共和国港口行驶的外国船舶和外商租用的中国籍船舶以及中外合营企业使用的中国籍船舶。

吨税设置优惠税率和普通税率。中华人民共和国籍的应税船舶，船籍国（地区）与中华人民共和国签订含有相互给予船舶税费最惠国待遇条款的条约或者协定的应税船舶，适用优惠税率。

2. 征收对象

吨税的纳税人为拥有或租有进出中国港口的国际航行船舶的单位和个人。吨税的征税对象是行驶于中国港口的中外船舶，具体包括：①在中国港口行驶的外国籍船舶；②外商租用的中国籍船舶；③中外合营的海运企业自有或租用的中、外籍船舶；④中国租用（包括国外华商所有的和租用的）航行国外及兼营国内沿海贸易的外国籍船舶。

下列船舶免征吨税：①应纳税额在人民币50元以下的船舶；②自境外以购买、受赠、继承等方式取得船舶所有权的初次进口到港的空载船舶；③吨税执照期满后24小时内不上下客货的船舶；④非机动船舶（不包括非机动驳船）；⑤捕捞、养殖渔船；⑥避难、防疫隔离、修理、终止运营或者拆解，并不上下客货的船舶；⑦军队、武装警察部队专用或者征用的船舶；⑧依照法律规定应当予以免税的外国驻华使领馆、国际组织驻华代表机构及其有关人员的船舶；⑨国务院规定的其他船舶。

3. 船舶吨税的计税依据与税率

船舶吨税的计税依据是船舶注册的净吨位数，净吨位计算公式如下：

$$净吨位 = 船舶的有效容积 \times 吨/立方米$$

船舶净吨位的尾数,按四舍五入原则,半吨以下的免征尾数,半吨以上的按1吨计算。不及1吨的小型船舶,除经海关总署特准免征者外,应一律按1吨计征。吨税的计算公式如下:

$$船舶吨税 = 净吨位 \times 吨税税率(元/净吨)$$

4. 船舶吨税的征收和退补

船舶吨税起征日为"船舶直接抵口之日",即进口船舶应自申报进口之日起征。如进境后驶达锚地的,以船舶抵达锚地之日起计算;进境后直接靠泊的,以靠泊之日起计算。

船舶抵港之日,船舶负责人或其代理人应向海关出具船舶停留时仍然有效的"船舶吨税执照"。如所领执照期满后尚未离开中国,则应自期满次日起续征;未能出具执照者,应按规定向海关申报,缴纳船舶吨税,并领取执照。

船舶吨税分90天期缴纳和30天期缴纳两种,并分别确定税率,缴纳期限由纳税义务人在申请完税时自行选择。

船舶吨税纳税人应于海关签发吨税缴款书之日起15日内缴清税款和申报完税,逾期收取滞纳金或罚款。

海关发现少征或者漏征税款的,应当自应税船舶应当缴纳税款之日起1年内,补征税款。但因应税船舶违反规定造成少征或者漏征税款的,海关可以自应当缴纳税款之日起3年内追征税款,并自应当缴纳税款之日起按日加征少征或者漏征税款0.5‰的滞纳金。

海关发现多征税款的,应当立即通知应税船舶办理退还手续,并加算银行同期活期存款利息。

应税船舶发现多缴税款的,可以自缴纳税款之日起1年内以书面形式要求海关退还多缴的税款并加算银行同期活期存款利息;海关应当自受理退税申请之日起30日内查实并通知应税船舶办理退还手续。

具有下列情况之一的,海关验凭船舶负责人或其代理人提供的有效证明文件,在1年内办理船舶吨税的退补手续:

1)船舶负责人因不明规定而造成重复缴纳船舶吨税的。
2)其他原因造成错征、漏征的。

可以享受税收优惠,免征船舶吨税的船舶主要有:①与我国建交的外国大使馆使用的船舶;②经港务机关证明的避难、修理船舶;③专供上下客、货的泊定趸船、浮船;④人民政府使用的船舶;⑤进港24小时或在港口外48小时内离港的船舶;⑥台湾籍船舶;⑦吨税款不满人民币50元的船舶等。

下列船舶免征吨税:

1)应纳税额在人民币50元以下的船舶。
2)自境外以购买、受赠、继承等方式取得船舶所有权的初次进口到港的空载船舶。
3)吨税执照期满后24小时内不上下客货的船舶。
4)非机动船舶(不包括非机动驳船)。
5)捕捞、养殖渔船(需要在中华人民共和国渔业船舶管理部门登记为捕捞船或者养殖渔船的)。

6）避难、防疫隔离、修理、终止运营或者拆解，并不上下客货的船舶。

7）军队、武装警察部队专用或者征用的船舶。

8）依照法律规定应当予以免税的外国驻华使领馆、国际组织驻华代表机构及其有关人员的船舶。

9）国务院规定的其他船舶。

5. 计算公式

船舶吨税分90天期和30天期两种缴纳（见表8-1），根据纳税人的不同，分别适用一般累进税额标准和优惠累进税额标准。船舶吨税实行分级分类定额税率，将船舶分为机动船和非机动船两类，每一类又按净吨位的差别，分级设定税率。计税公式为

应纳税额 = 应税船舶净吨位 × 税额标准 − 速算扣除数

表8-1 吨税税目税率表

税目	税率（元/净吨）						备注
（按船舶净吨位划分）	普通税率			优惠税率			
	（按执照期限划分）			（按执照期限划分）			
	1年	90日	30日	1年	90日	30日	
不超过2000净吨	12.6	4.2	2.1	9	3	1.5	拖船和非机动驳船分别按相同净吨位船舶税率的50%计征税款
超过2000净吨，但不超过10000净吨	24	8	4	17.4	5.8	2.9	
超过10000净吨，但不超过50000净吨	27.6	9.2	4.6	19.8	6.6	3.3	
超过50000净吨	31.8	10.6	5.3	22.8	7.6	3.8	

（四）其他税费

1. 滞纳金

（1）征收对象。

滞纳金是海关税收管理中的一种行政强制措施，是指应纳关税的单位或个人因在规定期限内未向海关缴纳税款而依法应缴纳的款项。按照规定，关税、进口环节增值税、消费税、船舶吨税等的纳税义务人或其代理人，应当自海关填发税款缴款书之日起15日内向指定银行缴纳税款，逾期缴纳的，海关依法在原应纳税款的基础上，按日征收滞纳税款0.5‰的滞纳金。

征收滞纳金，其目的在于使纳税人通过承担增加的经济制裁责任，促使其尽早履行纳税义务。

根据规定，对逾期缴纳税款应征收滞纳金的，还有以下几种情况：

1）进口货物放行后，海关发现纳税义务人违反规定造成少征或者漏征税款的，可以自缴纳税款或货物放行之日起3年内追征税款，并从缴纳税款或货物放行之日起至海关发现之日止，按日加收少征或者漏征税款0.5‰的滞纳金。

2）因纳税义务人违反规定造成海关监管货物少征或者漏征税款的，海关应当自纳税义务人应缴纳税款之日起3年内追征税款，并自应缴纳税款之日起至海关发现违规行为之日止，按日加收少征或者漏征税款0.5‰的滞纳金。

3)租赁进出口货物,分期支付租金的,纳税义务人应当在每次支付租金后的15日内向海关申报办理纳税手续,逾期办理申报手续的,海关除了征收税款外,还应当自申报办理纳税手续期限届满之日起至纳税义务人申报纳税之日止,按日加收应缴纳税款0.5‰的滞纳金。

4)暂时进出境货物未按规定期限复运出境或复运进境,且纳税义务人未在规定期限届满前向海关申报办理进出口纳税手续的,海关除按规定征收应纳税款外,还应当自规定期限届满之日起至纳税义务人申报纳税之日止,按日加收应缴纳税款0.5‰的滞纳金。

海关对滞纳金的征收是自缴纳期限届满次日起,至进出口货物的纳税(费)义务人缴纳税费之日止;其中的法定节假日不予扣除;缴纳期限届满日为星期六、星期天等休息日或法定节假日,应顺延至节假日之后第一个工作日;国务院临时调整休息日与工作日的,则按调整后的情况计算缴款期限。滞纳金应当自海关填发滞纳金缴款书之日起15日内向指定银行缴纳。

(2)征收标准。

根据《海关法》和《进出口关税条例》的规定,逾期缴纳的进出口货物的关税、进口环节增值税、消费税、船舶吨税等,由海关按日征收0.5‰的滞纳金。滞纳金起征额为50元,不足50元的免予征收。

其具体计算公式为

$$滞纳金金额 = 应纳税额 \times 0.5‰ \times 滞纳天数$$

2. 滞报金

(1)征收对象。

根据《海关法》的规定,进口货物的收货人应当自运输工具申报进境之日起14日内向海关申报,超过规定期限向海关申报的,由海关征收滞报金。

滞报金按日计征,以自运输工具申报进境之日起第15日为起征日,以海关接受申报之日为截止日,除另有规定外,起征日和截止日均计入滞报期间。

对于邮运进口货物,应当以自邮政企业向海关驻邮局办事机构申报总包之日起第15日为起征日。转关运输货物在进境地申报的,应当以自载运进口货物的运输工具申报进境之日起第15日为起征日;在指运地申报的,应当以自货物运抵指运地之日起第15日为起征日。邮运进口转关运输货物在进境地申报的,应当以自运输工具申报进境之日起第15日为起征日;在指运地申报的,应当以自邮政企业向海关驻邮局办事机构申报总包之日起第15日为起征日。滞报金起征日如遇法定节假日,则顺延至其后第一个工作日。

进口货物的收货人及其代理人未在规定的报关期限内向海关申报,海关按照规定的比例征收滞报金。进口货物到达前,经海关核准,可以先行申报。

(2)征收标准。

滞报金按日计征,其起征日为规定的申报时限的次日,截止日为收货人向海关申报后海关接受申报的日期,起征日和截止日均计入滞报期间。滞报金的日征收金额为进口货物完税价格的0.5‰,以人民币"元"为计征单位,不足人民币1元的部分免予计征。

其具体计算公式为

$$应征滞报金金额 = 进口货物完税价格 \times 0.5‰ \times 滞报天数$$

滞报金的起征点为人民币50元,不足50元的可以免征。滞报金按日计收,进口货物收发货人及其代理人向海关申报之日也计算在内。滞报金应当由进口货物收货人于当次申报时缴清。进口货物收货人要求在缴清滞报金前先放行货物的，海关可以在其提供与应缴纳滞报金等额的保证金后放行。

3. 税款担保

根据《海关事务担保条例》的规定，进出口通关环节，进出口单位为申请提前放行货物及申请办理特定海关业务时可办理担保手续。

（1）可以担保的情形。

1）海关尚未确定商品归类、完税价格、原产地、进口货物物品数量等征税要素的。

2）正在海关办理减免税审批手续的。

3）申请延期缴纳税款的。

4）暂时进出境的。

5）进境修理和出境加工的。

6）因残损、品质不良或者规格不符，纳税义务人申报进口或者出口无代价抵偿货物时原进口货物尚未退运出境或者尚未放弃交由海关处理的，或者原出口货物尚未退运进境的等上述海关事务担保可采取交付担保金或金融机构保证函的形式，其金额不超过可能承担的最高税款总额。税款担保一般不超过6个月，特殊情况下经直属海关关长或其授权的隶属海关关长批准可酌情延长。

（2）总担保。为了使进出口货物品种、数量相对稳定且业务频繁的企业免予反复办理担保，《海关事务担保条例》同时规定，当事人在一定期限内多次办理同一类海关事务的，可以向海关申请提供总担保；提供总担保后，当事人办理该类海关事务，不再单独提供担保。进出口通关环节，常见的总担保情形有：ATA 单证册项下暂准出口货物由中国国际商会统一向海关总署提供总担保；经海关同意，知识产权权利人可以向海关提供总担保，总担保金额不得低于人民币 20 万元；由银行对纳税义务人在一定时期内通过网上支付方式申请缴纳的进出口税费提供总担保。

（3）不得办理担保的情形。国家对进出境货物、物品有限制性规定，应当提供许可证件而不能提供的，以及法律、行政法规规定不得担保的其他情形，海关不予办理担保放。

4. 缓税利息

加工贸易保税货物在规定的有效期限内（包括经批准延长的期限）全部出口的，不涉及缓税利息缴纳。加工贸易保税料件或制成品内销的，海关除依法征收税款外，还应加征缓税利息。缓税利息缴纳方式、缴纳凭证、缴纳规定等与税款缴纳相同。缓税利息不足 50 元的免予征收。

第二节　进出口货物完税价格的确定

进出口货物完税价格是海关对进出口货物征收从价税时审查估定的应税价格，是凭以计征进出口货物关税及进口环节征税税额的基础。审定进出口货物完税价格是贯彻关税政策的重要环节，也是海关依法行政的重要体现。

一、进口货物完税价格的确定

进口货物完税价格的确定包括一般进口货物完税价格的确定和特殊进口货物完税价格的

确定两方面的内容。

（一）一般进口货物的完税价格的确定

这里所称的一般进口货物是指供境内消费，并对其全部价值一次性计征关税的货物。

海关确定进口货物完税价格共有进口货物成交价格法、相同货物和类似货物成交价格法、倒扣价格法、计算价格法、合理方法等估价方法。上述估价方法应当依次采用，但如果进口货物纳税义务人提出要求，并提供相关资料，经海关同意，可以颠倒倒扣价格法和计算价格法的适用次序。

1. 进口货物成交价格法

进口货物成交价格法是《进出口关税条例》及《中华人民共和国海关审定进出口货物完税价格办法》规定的第一种估价方法，进口货物的完税价格应首先以成交价格估价方法审查确定。这里应注意，进口货物成交价格法中成交价格与完税价格两个概念的差异。

根据《中华人民共和国海关审定进出口货物完税价格办法》的规定，"进口货物的完税价格，由海关以该货物的成交价格为基础审查确定，并应当包括货物运抵中华人民共和国境内输入地点起卸前的运输及其相关费用、保险费。""相关费用"主要是指与运输有关的费用，如装卸费、搬运费等属于广义的运费范围内的费用。成交价格需要符合一定的条件才能够被海关接受。

进口货物的成交价格，是指卖方向中华人民共和国境内销售该货物时，买方为进口该货物向卖方实付、应付的，并且按照规定调整后的价款总额，包括直接支付的价款和间接支付的价款。此处的"实付"或"应付"是指必须由买方支付的，支付的目的是获得进口货物，支付的对象既包括卖方也包括与卖方有联系的第三方，且包括已经支付和将要支付两者的总额。此外，成交价格不完全同于贸易中实际发生的发票价格，需要按有关规定进行调整。

进口货物的成交价格应当符合下列条件，否则不能适用成交价格法：

（1）对买方处置或者使用该货物不予限制，但法律、行政法规规定实施的限制、对货物转售地域的限制和对货物价格无实质性影响的限制除外。

（2）该货物的成交价格没有因搭售或者其他因素的影响而无法确定。

（3）卖方不得从买方直接或者间接获得因该货物进口后转售、处置或者使用而产生的任何收益。

（4）买卖双方没有特殊关系，或者虽有特殊关系但未对成交价格产生影响。

以成交价格为基础审查确定进口货物的完税价格时，未包括在该货物实付、应付价格中的由买方负责的下列费用或者价值应当计入完税价格：

（1）除购货佣金以外的佣金和经纪费。

（2）与该货物视为一体的容器费用。

（3）包装费，包括材料费、劳务费。

（4）协助的价值。在国际贸易中，买方以免费或低于成本价的方式向卖方提供了一些货物或者服务，这些货物或服务的价值被称为协助价值。协助价值计入进口货物完税价格中应满足以下条件：①由买方以免费或低于成本方式直接或间接提供；②未包括在进口货物的实付或应付价格中；③与进口货物的生产和向中华人民共和国境内销售有关；④可按适当比例分摊。下列4项协助费用应计入：①进口货物所包含的材料、部件、零件和类似货物的价值；②在生产进口货物过程中使用的工具、模具和类似货物的价值；③在生产进口货物过程中消耗的材料的价值；④在境外完成的为生产该货物所需的工程设计、技术研发、工艺及制图等工作的价值。

（5）特许权使用费。特许权使用费是指进口货物的买方为取得知识产权权利人及权利人有效授权人关于专利权、商标权、专有技术、著作权、分销权或者销售权的许可或者转让而支付的费用，但符合下列情形之一的除外：①特许权使用费与该货物无关；②特许权使用费的支付不构成该货物向中华人民共和国境内销售的条件。

（6）返回给卖方的转售利益。这是指卖方直接或者间接从买方对该货物进口后销售、处置或者使用所得中获得的收益。

上述所有项目的费用或价值计入完税价格中，必须同时满足三个条件：①由买方负担；②未包括在进口货物的实付或应付价格中；③有客观量化的数据资料。如果纳税义务人不能提供客观量化的数据资料，海关与纳税义务人进行价格磋商后，完税价格由海关依次采用其他估价方法估定。

进口时在货物的价款中列明的下列税收、费用，不计入该货物的完税价格：

（1）厂房、机械或者设备等货物进口后发生的建设、安装、装配、维修和技术援助费用，但是保修费用除外。

（2）进口货物运抵境内输入地点起卸后的运输及其相关费用、保险费。

（3）进口关税、进口环节代征税及其他国内税收。

（4）为在境内复制进口货物而支付的费用。

（5）境内外技术培训及境外考察费用。

此外，同时符合下列条件的利息费用不计入完税价格：①利息费用是买方为购买进口货物而融资所产生的；②有书面的融资协议的；③利息费用单独列明的；④纳税义务人可以证明有关利率不高于在融资当时当地此类交易通常具有的利率水平，且没有融资安排的相同或者类似进口货物的价格与进口货物的实付、应付价格非常接近的。

码头装卸费是指货物从船舱到集装箱堆场间发生的费用，属于货物运抵中华人民共和国境内输入地点起卸后的运输相关费用，因而不应计入货物的完税价格。

如果采用成交价格估价方法以外的其他估价方法确定完税价格，海关应与纳税义务人进行价格磋商。价格磋商是指海关在使用除成交价格估价方法以外的估价方法时，在保守商业秘密的基础上，与纳税义务人交换彼此掌握的用于确定完税价格的数据资料的行为。实际工作中，有时海关掌握着纳税义务人所不知道的相同或类似货物的成交价格，有时则恰好相反。只有通过双方的充分交流，才便于得到适当的海关估价依据。纳税义务人未在规定的时限内与海关进行磋商的，视为其放弃价格磋商的权利，海关可以直接按照《中华人民共和国海关审定进出口货物完税价格办法》规定的方法审查确定货物的完税价格。进行价格磋商的目的不是为了达成一个海关与纳税义务人都可以接受的价格，而是交换彼此掌握的价格信息。因此，进出口单位应重视价格磋商环节，积极配合海关履行价格磋商程序，如实填报进出口货物有关情况并提供相关的信息资料。

2. 相同货物和类似货物成交价格法

成交价格法是海关估价中使用频率最高的一种估价方法，但由于种种原因，并不是所有的进口货物都能采用这一方法。

相同货物成交价格法是指海关以与进口货物同时或者大约同时向中华人民共和国境内销

售的相同货物的成交价格为基础，审查确定进口货物完税价格的估价方法。"相同货物"是指与进口货物在同一国家或者地区生产的，在物理性质、质量和信誉等所有方面都相同的货物，但是表面的微小差异允许存在。对相同货物的认定可能因被估货物的性质不同而不同。例如，对于彩色电视机其相同的货物应当是相同牌名、相同规格型号；但对于钢材则一般要求化学成分（包括含碳量、其他金属、非金属杂质的含量等）、物理性能（包括抗拉强度、抗扭曲强度等）、制造工艺（包括是冷轧或热轧等）、规格（包括厚度、宽度、长度、断面形状等）等方面都相同。相同货物还应当包括使用相同的商标。海关合作理事会出版的《海关估价技术委员会文件·评注》中举例说明，同一系列尺寸、达到同一标准和同一质量水平、享有同等信誉但商标不同的车内胎，不能视为相同货物。但该《评议》认为，如果未组装货物其设计是这种组装在普通使用过程中组装、拆卸，则组装作业不应妨碍将未组装货物视为已组装货物的相同货物。"大约同时"是指海关接受货物申报之日前后45天内。

类似货物成交价格法，是指海关以与进口货物同时或者大约同时向中华人民共和国境内销售的类似货物的成交价格为基础，审查确定进口货物的完税价格的估价方法。"类似货物"是指与进口货物在同一国家或者地区生产的，虽然不是在所有方面都相同，但是却具有相似的特征、相似的组成材料、相同的功能，并且在商业中可以互换，同时还应考虑货物的质量、信誉和商标。"大约同时"也是指海关接受货物申报之日前后45天内。

相同货物和类似货物的外部约束条件包括：

（1）必须是在被估货物的同一出口国或地区生产的。按照《新估价法规》[⊖]第15条第2款第4项和第5项的规定，"除非货物和被估货物在同一国家制造，否则前者不得视为'相同货物'或'类似货物'。"同时，"只有被估货物的生产者未曾生产过'相同货物'或'类似货物'时，才考虑不同生产者生产的货物。"这是因为不同出口国生产的相同或类似货物，可能会因其生产、制造的国家不同，而在原材料、工资水平等生产要素价格方面有所不同，从而导致生产成本有较大的差异，有时不能真实反映被估货物的价格。

（2）必须与被估货物同时或大约同时进口。《中华人民共和国海关审定进出口货物完税价格办法》解释为被估货物进口前或进口后各45天之内。

（3）必须与被估货物的商业水平相同且进口数量基本一致。如果相同货物和类似货物与被估货物的商业水平和进口数量不一致，应当依据客观量化的资料对其进行调整，否则不能用于对被估货物估价。

（4）必须考虑与被估货物的运输距离和运输方式不同而在价格、成本和其他费用方面产生的差异。

3. 倒扣价格法

倒扣价格是指海关以被估货物、被估货物的相同货物、类似货物在境内市场第一环节的销售价格，减去进口关税和进口环节其他税费以及进口后的运输、储运、营业费用及利润后的价格。"第一环节"是指有关货物进口后进行的第一次转售，且转售者与境内买方之间不

⊖ 目前，国际性的海关估价规定主要有《关于实施关税与贸易总协定第七条的协议协定书》，也称《新估价法规》，另一种是《布鲁塞尔估价定义》（又称《估价公约》）。

能有特殊关系。

通常，进口货物在国内出售时，进口商是以进口货物的CIF价格加上关税、进口环节的国内税费、进口后运输费、仓储费、销售营业费以及利润确定其国内销售的价格。在前述两种方法无法确定被估货物完税价格时，如果被估货物或其相同货物、类似货物在进口国国内转售，海关在该转售货物的转售价格中扣除这些费用后即可得到货物的CIF价格。

作为倒扣价格的基础价格，应当是被估货物、被估货物的相同货物、类似货物的单价，同时必须符合下列条件：

（1）以其进口时的相同状态在进口国内转售。如果货物经过进一步加工、重新包装，则不能作为倒扣价格的基础，但诸如风干、缩水、蒸发等自然变化不能认为是改变了状态。

（2）进口后在境内第一环节销售的价格。

（3）向境内无特殊关系方销售的价格。

（4）合计的货物销售总量最大。这是指以某一单价在境内转售的销售合计数量最大。如果以某一单价的销售本身并不是最大数量，但一项或几项销售的价格比较接近，则可以将这些价格相近的销售合并计算其加权平均单价。

【例8-2】 某进口商在货物进口后按不同的价格分7批销售200单位的货物，具体情况如下：按100元的单价销售40单位的货物；按90元的单价销售30单位的货物；按100元的单价销售15单位的货物；按95元的单价销售50单位的货物；按105元的单价销售25单位的货物；按90元的单价销售35单位的货物；按100元的单价销售5单位的货物。

则最大销售总量单价的确定应按以下步骤进行：

首先把以同一价格销售的所有货物数量相加。

按90元的单价共销售了两批，两批相加的总量是65单位的货物；按95元的单价共销售了一批，总量是50单位的货物；按100元的单价共销售了三批，三批相加的总量是60单位的货物；按105元的单价共销售了一批，总量是25单位的货物。

然后对不同价格销售的货物数量进行比较，找出其中数量最大的一种的单价。对不同价格销售的总量进行比较，这里65总量单位是最大销售总量，所以最大销售总量对应的单价是90元。

（5）在被估货物进口时或大约同时，将该货物、相同货物和类似货物在境内销售的价格。"大约同时"是指海关接受货物申报之日前后45天内。按照倒扣价格法审查确定进口货物的完税价格时，如果进口货物、相同或者类似货物没有在海关接受进口货物申报之日前后45天内在境内销售，可以将在境内销售的时间延长至接受货物申报之日前后90天内。这一规定应当与第3项条件最大销售总量相联系。即在足以确定最大销售总量的前提条件下，尽可能早的时间内的销售的单价，来确定货物的倒扣价格的基础。如果转售的数量不够大，应当等待一段时间，但最长不能超过被估货物进口后的90天。根据国际海关估价专家的解释，如果海关认为截止到某一时间的销售已经足以确定最大销售总量的单价，但进口商能够说明有理由期望在90天内的进一步销售可能会对"合计的货物销售总量最大"的单位价格产生影响，海关应当同意进口商的要求。

4. 计算价格法

计算价格是海关以进口货物的生产成本为依据确定的价格，包括下列项目的费用：

（1）生产该货物所使用的料件成本和加工费用。"料件成本"是指生产被估货物的原料成本，包括原材料的采购价值以及原材料投入实际生产之前发生的各类费用。"加工费用"是指原材料加工为制成品过程中发生的生产费用，包括人工成本、装配费用及有关间接成本。

（2）向境内销售同等级或者同种类货物通常的利润和一般费用（包括直接费用和间接费用）。

（3）该货物运输到我国输入地点起卸前的运输及其相关费用、保险费。

5. 合理方法

《中华人民共和国海关审定进出口货物完税价格办法》第二十六条规定，合理方法，是指当海关不能根据进口货物成交价格法、相同货物成交价格法、类似货物成交价格法、倒扣价格法和计算价格法确定完税价格时，以客观量化的数据资料为基础审查确定进口货物完税价格的估价方法。

（二）特殊进口货物的完税价格的确定

这里所谓特殊进口货物，是指货物的价值不是一次全部进入我国境内，而是分多次或部分进入我国境内，因此海关不能按货物的全部价值一次估价征税的货物。

1. 租赁进境货物

通常，承租人是按合同的约定分期向出租人交纳租金，货物的价值是随承租人每次向出租人交纳租金而逐次转移到我国境内的，租金即转移的价值。因此，海关应按每次交纳的租金计征关税。《中华人民共和国海关审定进出口货物完税价格办法》规定租赁进境的货物"以海关审查确定的租金总额作为完税价格"，在每次支付租金后立即到海关缴纳关税。

海关审查货物的租金时可以参考租赁业务中计算租金的方法。通常，出租人向承租人收取的租金包括该货物的CIF价格、利息、手续费和利润。如果租赁合同规定由出租人负责支付有关保险、保养、维修、培训、特许权使用费等费用，则这些费用也会计入租金。每次应付租金的一般计算公式为

$$租金 = \frac{租赁货物的价格 - 估计残值 + 利息 + 利润 + 手续费 + 其他费用}{租赁期}$$

有时租赁进境货物的纳税人分期支付租金，但为方便纳税而要求一次性支付关税。对于这种情况应根据租赁业务形式的不同区别对待。租赁业务形式多种多样，但从海关管理角度分析，主要有两类：

一类是租赁合同期满后货物留在我国境内，不复运出境。此类租赁的主要特点是虽然货物分期支付租金，但货物的价值将全部在我国境内使用。这时其性质与一般贸易进口货物没有本质的差别，因此，应按一般货物的方法对其全部价值计征关税。海关可按照前述海关确定完税价格的方法确定该货物的完税价格。

另一类是租赁合同期满后货物复运出境。这类租赁主要是经营性租赁，其特点是货物的部分价值在我国境内消费，租赁期满后其价值尚有部分剩余将随货物复运出境。因此，海关应对实际在我国境内消费的那部分价值计征关税。

2. 加工或修理后复运进境的货物

运往境外修理的机械器具、运输工具或者其他货物，出境时已向海关报明，并在海关规定的期限内复运进境的，应当以境外修理费和料件费为基础审查确定完税价格。

运往境外加工的货物，出境时已向海关报明，并在海关规定期限内复运进境的，应当以

境外加工费和料件费以及该货物复运进境的运输及其相关费用、保险费为基础审查确定完税价格。

出境加工货物复运进境超过海关规定期限的，由海关按照《中华人民共和国海关审定进出口货物完税价格办法》规定审定一般进口货物完税价格的方法确定完税价格。

3. 超期未复出境的暂准进境货物

暂准进境的货物通常应在自进境之日起的 6 个月之内复运出境。但有时由于特殊情况有关货物不能在规定期限内复运出境，海关应对超过 6 个月经海关同意留在境内使用的施工机械、工程车辆、供安装使用的仪器和工具、电视或电影摄制机械，以及盛装货物的容器按月征收关税。理论上其完税价格应为货物在境内应税使用期间的折旧总额。

4. 进口货物与合同规定不符的货物

进口货物与合同规定的货物不相符的情况主要包括：海关放行前遭受损坏的货物，以及不符合我国国家规定标准或合同规定标准的货物。如果进口货物不再无代价补偿进口，则进口货物与合同规定货物是不同的货物，应当按照原合同规定的货物估价；根据实际残次、损失或损坏的程度确定货物的价格。如果虽然事后补偿进口，但原受损货物不退运境外，则无代价抵偿货物进口后，留在我国境内的原受损货物也应按上述原则予以估价。

5. 加工贸易进口料件和制成品的完税价格

（1）进口时应当征税的进料加工进口料件，以该料件申报进口时的成交价格为基础审查确定完税价格。

（2）进料加工进口料件或者其制成品（包括残次品）内销时，海关以料件原进口成交价格为基础审查确定完税价格。料件原进口成交价格不能确定的，海关以接受内销申报的同时或者大约同时进口的与料件相同或者类似货物的进口成交价格为基础审查确定完税价格。

（3）来料加工进口料件或者其制成品（包括残次品）内销时，海关以接受内销申报的同时或者大约同时进口的与料件相同或者类似货物的进口成交价格为基础审查确定完税价格。

（4）加工企业内销加工过程中产生的边角料或者副产品，以海关审查确定的内销价格作为完税价格。

加工贸易内销货物的完税价格按照上述规定仍然不能确定的，由海关按照合理的方法审查确定。

6. 出口加工区、保税区、保税物流园区、保税物流中心等区域内销货物的完税价格

（1）出口加工区内加工企业内销的制成品（包括残次品），海关以接受内销申报的同时或者大约同时进口的相同或者类似货物的进口成交价格为基础审查确定完税价格。出口加工区内加工企业内销加工过程中产生的边角料或者副产品，以海关审查确定的内销价格作为完税价格。

（2）保税区内加工企业内销的进口料件或者其制成品（包括残次品），海关以接受内销申报的同时或者大约同时进口的相同或者类似货物的进口成交价格为基础审查确定完税价格。保税区内加工企业内销的来料加工制成品中，如果含有从境内采购的料件，海关以接受内销申报的同时或者大约同时进口的与制成品所含从境外购入的料件相同或者类似货物的进口成交价格为基础审查确定完税价格。保税区内加工企业内销加工过程中产生的边角料或者副产品，以海关审查确定的内销价格作为完税价格。

（3）从保税区、出口加工区、保税物流园区、保税物流中心等区域、场所进入境内，需要征税的货物,海关以从上述区域、场所进入境内的销售价格为基础审查确定完税价格,加工贸易进口料件及其制成品除外。如果销售价格中未包括上述区域、场所发生的仓储、运输及其他相关费用的,应当按照客观量化的数据资料予以计入。

7. 进口介质的完税价格

进口载有专供数据处理设备用软件的介质,具有下列情形之一的,应当以介质本身的价值或者成本为基础审查确定完税价格:

(1) 介质本身的价值或者成本与所载软件的价值分列。

(2) 介质本身的价值或者成本与所载软件的价值虽未分列,但是纳税义务人能够提供介质本身的价值或者成本的证明文件,或者能提供所载软件价值的证明文件。

含有美术、摄影、声音、图像、影视、游戏、电子出版物的介质不适用这一规定。

8. 无成交价格货物

无成交价格货物需按照以下规定确定完税价格:以易货贸易、寄售、捐赠、赠送等不存在成交价格的方式进口的货物,海关与纳税义务人进行价格磋商后,应依次按照相同货物成交价格估价法、类似货物成交价格估价法、倒扣价格估价法、计算价格估价法及合理方法审查确定完税价格。

易货贸易是指交易双方不是以货币作为交易媒介,而是直接交换双方各自的货物。在易货贸易方式下,由于不存在可用于衡量的货币金额,其不存在成交价格。寄售贸易是委托代售的一种经营方式。在货物未售出前,其所有权属委托人,因不能售出或者售价下跌所产生的风险也由委托人负担。通常情况下,寄售贸易中货物的所有权以及货物损益的风险均未发生转移,不存在销售行为,也无法使用成交价格确定其完税价格。捐赠和赠送是指国外卖方将货物的所有权无偿地交给国内企业,国内企业不承担付款义务,在这两种情况下,均不存在销售行为,不能使用成交价格估价法确定完税价格。

9. 跨境电子商务零售进口商品

跨境电子商务零售进口商品按照实际交易价格作为货物完税价格,实际交易价格包括货物零售价格、运费和保险费。

近年来,我国海淘数量及规模越来越大,催生大量跨境电子商务交易。为营造公平竞争的市场环境,促进跨境电子商务零售进口健康发展,国家对跨境电子商务零售进口商品管理予以明确限定。跨境电子商务零售进口商品必须是在《跨境电子商务零售进口商品清单》限定的范围内并对从事电子商务交易平台的交易、支付、物流等电子信息有明确要求。符合前述规定的,购买跨境电子商务零售进口商品的个人作为纳税义务人,实际交易价格(包括货物零售价格、运费和保险费)作为完税价格,电子商务企业、电子商务交易平台企业或物流企业可作为代收代缴义务人。

对不属于跨境电子商务零售进口的个人物品,以及无法提供交易、支付、物流等电子信息的跨境电子商务零售进口商品,按现行邮递物品进口税的规定执行。

二、出口货物完税价格的确定

由于世界上绝大多数国家都不征出口税,因此,国际上没有统一的出口货物估价制度。我国海关对出口货物的海关估价制度是由我国自行制定的。出口货物海关估价制度与进口货物海关估价制度的主要区别是价格准则的差异。

（一）出口货物的价格准则

我国海关估价制度的出口货物的价格定义与进口货物的价格定义完全相同，即采用国际通行的"成交价格"为货物的价格准则。《海关法》第五十五条规定："进出口货物的完税价格，由海关以该货物的成交价格为基础审查确定。"但出口货物的价格构成要素与进口货物的价格构成要素完全不同，仅包括出口货物本身的价格。

出口货物的完税价格由海关以该货物的成交价格为基础审查确定，并应当包括货物运至中华人民共和国境内输出地点装载前的运输及其相关费用、保险费。出口货物的成交价格，是指该货物出口销售时，卖方为出口该货物应当向买方直接收取和间接收取的价款总额。

1. 不应包括在完税价格中的费用

（1）销售佣金。如果出口货物的价格中包括向销售代理人支付的销售佣金，《中华人民共和国海关审定进出口货物完税价格办法》规定，向国外支付的销售佣金如果与货物价格分别列出，应从出口货物的价格中扣除。扣除的佣金应是实际支付的佣金。根据成交价格的原则，佣金也应是已付或应付的金额，因此，海关应根据进出口商实际支付的佣金额，或按照进出口商实际计算佣金的方法计算出佣金额予以扣除。

（2）货物在输出地点装载后的运输及其相关费用。出口货物如果以 CIF 或 CFR 等包括货物国际运输运费的价格术语成交，价格中包括的实际支付的国际运输费应当予以扣除。计算扣除的运费时，应计算至出口货物的输出地点。所谓输出地点，是指出口货物在中国境内装载上国际航行的运输工具的地点。例如，以 CIP 西雅图的贸易术语成交的出口货物以联合运输方式从乌鲁木齐启运，通过欧亚大陆桥运至连云港装上国际航行的船舶，扣除运费时只应扣除从连云港至西雅图的海运运费。再如，货物以 FOB ST USD 100000 天津价格成交，其中平仓费、理仓费是货物装载以后发生的费用，因此应当从 FOB 价格中扣除。

（3）货物在输出地点装载后的保险费。出口货物的价格中包括境外运输的保险费，则实际支付的保险费应予以扣除。实际支付的保险费不能得到时，应以实际投保险种的保险费率直接计算 FOB 价格，公式为

$$FOB = CIF \times (1 - 保险费率) - 运费$$

按 CIF 价格加成投保的，直接计算 FOB 价格，公式为

$$FOB = CIF \times (1 - 投保加成 \times 保险费率) - 运费$$

（4）出口税额。海关对出口货物征收关税应当以货物本身的价格为基础，即货物在中国出口交货港口交货的价格。一般情况下，如果海关对出口货物征收出口关税，则出口商会把出口关税税额加在出口货物的价格上。因此，《海关法》规定如果出口货物采用包括出口关税的价格术语成交，例如，FOB、CFR、CPT、CIF 或 CIP 价格条件，应当以出口货物的成交价格扣除应征出口关税后的价格作为货物的完税价格。《海关法》第五十五条规定："出口货物的完税价格包括货物的货价、货物运至中华人民共和国境内输出地点装载前的运输及其相关费用、保险费，但是其中包含的出口关税税额，应当予以扣除。"其计算公式是

$$完税价格 = \frac{货物\ FOB\ 价格}{1 + 出口关税税率}$$

2. 应当计入的费用

货物的价格应包括货物的包装费。如果出口货物在货物价格之外买方还另行支付货物的

包装费,则应将包装费计入货物价格。

(二) 出口货物的价格审核与价格确定

出口货物的价格审核和价格确定基本上与进口货物的估价制度相同。

经海关审查不符合价格准则的出口货物,海关应以符合价格准则的、与被估货物在大约同一时间向同一国家出口的与被估货物最接近的货物的成交价格作为被估货物的完税价格。根据《中华人民共和国海关审定进出口货物完税价格办法》,海关依次采用下列方法确定出口货物的完税价格。

1. 相同货物的成交价格法

相同货物的概念与进口货物海关估价制度中的相同货物相同,区别仅是出口货物的相同货物是指与被估货物同一时期向同一国家或地区销售出口的相同货物。

2. 类似货物的成交价格法

类似货物的概念也与进口货物海关估价制度中的类似货物相同,其区别也仅是同一时期向同一国家或地区出口的类似货物。

3. 计算价格法

所谓计算价格,是指海关根据公认的会计准则对中国境内生产相同或类似货物的成本,加上该货物在中国境内的储运、保险费、利润和其他为该货物出口生产、销售而实际支出的费用。具体应当包括下列费用:①境内生产相同或类似货物的成本;②利润和一般费用(包括直接费用和间接费用);③境内发生的运输及其相关费用、保险费。

4. 合理价格

"合理价格"是指海关用其他合理的方法确定的出口货物的价格。

第三节 进出口货物税率的确定

目前适用进出口货物的税率涉及的因素较多,主要有商品归类确定、原产地规则适用、应用税率适用基本规定。其中,商品归类原则将进出口货物归入恰当税则号列的行为,具体规定及操作见本书第七章的相关内容。

一、进口货物原产地的确定

原产地规则(Rules of Origin),是指任一国家、国家集团或地区为确定货物原产地而实施的法律、规章和普遍适用的行政命令。简言之,是确定货物原产地的法规。货物的原产地被形象地称为商品的"经济国籍",原产地规则在国际贸易中具有重要作用。

原产地规则的产生起源于国际贸易领域对国别贸易统计的需要。然而伴随着国际贸易中关税壁垒与非关税壁垒的产生与发展,原产地规则的应用范围也随之扩展,涉及关税计征、最惠国待遇、贸易统计、国别配额、反倾销、手工制品、纺织品、政府采购甚至濒危动植物的保护等诸多范畴。因此,许多国家都分别制定了烦琐、苛刻的原产地规则。原产地判定标准往往带来深厚的保护主义色彩。原产地规则已不仅仅是单纯的海关的技术性(统计)问题,实已发展成为西方各国实施其贸易政策的有力工具,在一定程度上已演变成非关税壁垒的措施之一,因原产地规则而引起的贸易摩擦与纠纷时有发生。

为了建立一个公正、透明、简化、一致的原产地规则,关税及贸易总协定(GATT)与海关合作理事会曾做过长期不懈的努力。早在 1947 年，《关税及贸易总协定》中的第九条就对"原产地标记"问题做了规定，以便产品的进口国别统计和跨国营销。海关合作理事会于 1973 年在日本京都制定了《京都公约》，其中心内容是海关手续问题，也包括了原产地规则。然而，加入公约的国家只有 40 多个，且公约没有建立起统一的原产地规则，只规定了供成员国自由选择或参照的标准条款和建议条款，各成员国仍分别制定本国的原产地规则。直到 1986 年开始的 GATT"乌拉圭回合"的多边贸易谈判中，非关税措施谈判组才将原产地规则问题列入重要议题。经各有关方面的共同努力，终于在"乌拉圭回合"结束的 1993 年，通过了《原产地规则协议》（Agreement on Rules of Origin）。该"协议"是 GATT 多边贸易体制内第一个关于原产地规则的国际协议，对简化、协调、统一国际原产地规则起到了积极的推动作用。1995 年成立的世界贸易组织（WTO）在其货物贸易理事会（The Council for Trade in Goods）中专门下设了原产地规则委员会，旨在加强原产地规则的国际协调和趋同。

（一）原产地规则的基本要素及应用范畴

货物的"原产地"通常是指货物的"原产国"，而其中的"国"可指一个国家或国家集团或一个地区（独立关税区等）。原产地规则包括如下几项基本要素：制定原则、适用范围、原产地标准、运输规则、证书要求、监管程序、主管机构等。

原产地规则已被广泛应用于国际贸易的许多范畴，诸如：

（1）贸易统计。便于联合国、世界贸易组织等国际机构及各国的国别贸易统计和分析，便于区分货物的原产国、转口流通及最终进口消费等。然而，随着经济全球化和跨国公司的发展，由现行的原产地规则统计而得出的贸易差额已出现了误导，甚至引起贸易争端。

（2）差别关税的计征。各国为了政治、经济权益的需要，都对外实施"多栏制"的差别关税待遇，如一般税率、最惠国税率、协定税率、普惠制税率等，各国海关依据进口货的原产地计征不同税率的关税。原产地原则的主要作用体现在关税的征收上，正确使用原产地原则可以避免在关税征收上遭受不公正的待遇。

（3）地区经济一体化的互惠措施。20 世纪 80 年代以来，国际经济的一体化进程加快，以关税同盟（如欧盟（EU））与自由贸易区（如北美自由贸易区（NAFTA））为主要表现形式，以互惠互利、一致对外原则安排其成员国的经贸关系，在成员国之间享受减免关税待遇，并减少非关税壁垒。为了区分货物是否原产于成员国，产生了关税同盟与自由贸易区内部通行的原产地规则。

（4）进口配额的管理。根据双边协议（如中美之间）或多边协议的安排，不少国家，尤其是发达国家对敏感性产品（如纺织品、服装、汽车、机电产品）实施进口配额限制，并制定了相应的原产地规则，以确定进口货物的来源。为了进行贸易保护，进口国往往修改原产地规则有关条款。1994 年，美国通过法案，将服装的原产地判定标准由"裁剪地"改为"缝制地"，从而有效地阻碍我国内地制造的服装利用香港特别行政区地区的尚余配额对美国的出口。

（5）反倾销（反补贴）诉案的审理。所谓"倾销"，是指在不同国家以不同价格销售货物的做法，尤指以低于货物出口原产国国内市场价格在国外销售，对进口国生产商造成不公平竞争的做法。如何确定货物的国内市场价格，货物究竟"原产"于何国，则是反倾销诉案调查审理的关键，势必要涉及原产地规则的运用，以防止原产国通过第三国向进口国倾销或通过在进口国"就地设厂、就地倾销"等规避行为的发生。

（6）原产地标记的监管。有的国家（如美国）为了保护消费者的权益，规定每件原产于外国的货物及其包装必须附有原产地标记，利于海关的监管和消费者的识别和选购。原产地标记的真实性、合法性则与原产地规则密切相关。

（7）政府采购中货物的原产地判定。为了保护民族工业，维护国家经济利益，一些国家专门制定了原产地规则，旨在鼓励政府部门采购国货，抵制舶来品的冲击。

（8）涉及濒危动植物的保护。根据《华盛顿公约》的规定，为了保护濒危动植物，对某些特定货物使用原料涉及濒危动植物的，做了原产地、品种和数量的限制。

（二）原产地规则的种类

通常，原产地规则按适用范畴分为优惠原产地规则和非优惠原产地规则。一般来讲，非优惠原产地规则是在最惠国待遇下普遍适用的确定进出口货物原产地的规则。符合非优惠原产地规则的货物的进口，实施适用于最惠国待遇的关税水平，没有特殊优惠。优惠原产地规则用于判定进口货物是否原产于属于享受优惠的国家或地区，确定其是否可以享受关税等优惠待遇，一般用于区域自由贸易协定和其他双边及多边贸易优惠安排。享受关税优惠的原产地规则一般要比非优惠原产地规则严格得多，各个自由贸易协定概莫能外。

简单地说，非优惠原产地规则适用于所有贸易对象国或地区，优惠原产地规则只适用于签订协定或由协定规定的贸易对象国或地区。

（三）原产地标准

原产地规则是确定进出口产品生产或制造国家（或地区）的标准与方法。由于世界上大多数国家都实行复式税则，对原产于不同国家（地区）的产品给予不同的关税待遇，因此，进口产品的原产地或制造地将决定该产品适用哪种关税税率。同时，各国出于对外贸易政策的需要，海关要对各进口国（地区）的商品贸易进口量进行统计，也必须对进口产品的原产地加以确定。

进口货物原产地确定的主要标准有完全获得标准和实质性改变标准。

1. 完全获得标准

对于完全在一个国家（地区）内生产或制造的产品，生产或制造国（地区）即为该货物的原产国（地），完全在一个国家（地区）内生产或制造的产品范围为：①该国（地区）领土或领海内开采的矿产品；②该国（地区）领土或领海收获或采集的植物产品；③该国（地区）领土上出生和饲养的活动物及从其所得产品；④从该国（地区）领土或领海狩猎或捕捞所得的产品；⑤该国（地区）的船只在公海捕捞的水产品和其他海洋产品；⑥该国（地区）加工船加工的前述第5项所列物品所得的产品；⑦在该国（地区）收集的仅适用于原材料回收的废旧物品；⑧在该国（地区）利用上述第1～7项所列产品加工所得的产品。

2. 实质性改变标准

对经过几个国家（地区）加工、制造的进口货物，以最后一个对货物进行经济上可以视为实质性加工的国家（地区）作为有关货物的原产国（地）。这一标准常称为"实质性改变标准"，包括税目改变标准、增值百分比标准、加工工序标准、混合标准等。

（1）税目改变标准。税目改变标准又称税则分类变化标准，是指一项产品经加工制造使得所用原材料的税目分类编号与成品的税目分类编号不同，则以该加工制造地作为此产品的原产地。例如，用原产于第三国的零部件组装而成的收音机的原产地为组装地，这是因为收音机与其零部件分列不同的税目号。

（2）增值百分比标准。按照产品的进口部分或国内部分与产品本身价值之间的比例关系来确定产品的原产地。例如规定，如果产品中的进口成分超过产品本身价值的30%，这项产品就不能取得该国的原产地了。

（3）加工工序标准。这里的加工工序是指在某一国家（地区）进行的赋予制造、加工后所得货物基本特征的主要工序。产品只有在一国经历了这样的工序才算取得该国的原产地资格。例如，规定"缝制地"为服装的原产地。石油产品以生产国为原产国。对于机器、仪器、器材或车辆所用的零件、部件、配件、备件及工具，如果与主件同时进口并且数量合理，其原产地按主件的原产地予以确定；如果分别进口，则按各自的原产国确定。

我国海关并不要求进口货物的收货人对每一票货物都必须提供原产地证书，报关时一般只需如实填写货物原产地即可（同一批货物原产地不同，应分别填写申报单）。但中性包装、裸包装和散装货物例外。

此外，对于某些难以确定原产国（地）的货物，必要时海关可以要求进口申报人交验有关外国（地区）发证机关发放的"原产地证明书"。凡不能提供的，海关按普通税率计征关税。我国海关对原产地证书的格式没有规定，但不接受第三国出具的原产地证书。

[专栏8-1]

原产地认定案

1886年美国在"贝壳案"中最早提出了关于产品原产地认定的思路。该案争论的焦点是"进口的经清洗和磨光后的贝壳是否仍为贝壳制品"，如果是贝壳制品，按美国当时的法律应征收35%的从价税；如果不是贝壳制品，则免征进口税。

美国最高法院最后认定"经清洗及磨光后的贝壳仍为贝壳。与贝壳相比，清洗及磨光后的贝壳并未加工成具有完全不同的名称、特征或用途的一项不同的新产品"。

这一贝壳案对于原产地认定的思路对于后来国际贸易中货物"原产地"的界定产生了重大影响。目前普遍接受的"原产地"定义是：经一个以上国家加工制造的产品的原产地，是对该产品施加最后一个实质性改变（形成了一种完全不同的名称、特征或用途的新产品）的国家，而原产地原则的主要作用体现在关税的征收上。假设有甲、乙两国是WTO的成员，丙国不是WTO成员。丙国生产的服装对乙国出口，再将其出口到甲国，对这一交易甲国打算征收15%的关税。假设甲国在WTO中的承诺关税是10%，是否可以控告甲国违背WTO的承诺或是最惠国待遇原则？回答是否定的，因为服装产于丙国，而它不是WTO成员，不受WTO规则的约束和保护。

（资料来源：金羊网—民营经济报。）

（四）常见原产地证明书的种类

原产地证书是国际贸易中用来证明货物产地来源的证明文书，它是货物的来源地"护照"和"国籍"凭证。由于它往往被进口国用来作为实行差别关税待遇和实施国别贸易政策管理的重要依据，因此，它就具有了特定的法律效力和经济效用。

根据签发者不同，原产地证书一般可分为以下三类：

（1）商检机构出具的原产地证书，如：中华人民共和国检验检疫局（CIQ）出具的普惠制产地证、格式 A（GSP FORM A）；一般原产地证书（CERTIFICATE OF ORIGIN）。

（2）商会出具的产地证书，如：中国国际贸易促进委员会（CCPIT）出具的一般原产地证书，简称贸促会产地证书（CCPIT CERTIFICATE OF ORIGIN）。

（3）制造商或出口商出具的产地证书。

二、我国非优惠原产地规则

（一）原产地规则的发展历程

我国原产地制度的建立经历了一个相对漫长的发展过程。在 2005 年 1 月 1 日之前，我国对进口和出口货物分别实行不同的原产地规则。

1. 进口货物原产地规则

1949—1985 年期间，我国对进口货物的真正原产地不进行评价和判定，而是采用以进口货物的购运国来进行区分，即只看货物从哪个国家运往我国，然后将它归入所适用的相应关税待遇中。这个期间我国的税率只有两种：一是普通税率，这个税率主要适用于未建交的国家；二是最惠国税率，这个税率主要适用于已建立并签订双边或多边贸易协定的国家。

这个期间，国际贸易分工发生了根本性的变化，完全由一国生产的产品越来越少，更多的是经过多国加工完成的制成品，其加工深度和产品附加值各不一样，所以，按照购运国的标准难以准确判定货物的原产国。另外，世界经济全球化造成的贸易争端日趋尖锐，为缓解矛盾，各国在制定本国出口货物原产地判定标准的同时，相继制定进口货物的原产地判定标准，以方便本国海关实施关税优惠措施。为了顺应国际经济贸易的发展变化，我国于 1985 年 3 月将适用多年的按进口货物的购运国课征关税改为按进口货物的原产国课征关税，1986 年 12 月，海关总署对外颁布了《中华人民共和国海关关于进口货物原产地的暂行规定》（以下简称《暂行规定》），用于对进口货物的原产地管理。这是我国第一个有关原产地的行政法规。

根据该规定，海关在判定进口货物的原产地时有两个标准：一是对于完全在一个国家内生产或制造的产品，该国即视为原产地；二是对于经过几个国家加工制造的产品，最后一个对产品进行经济上或视为实质性加工的国家为原产地。具体标准是：《海关进出口税则》中 4 位数税号一级的税则归类已发生改变，加工增值部分占新产品总值超过 30%。这个原产地规则存在很多问题，如标准还不完全与 WTO 及国际惯例接轨、可操作性差、在国际贸易中保护本国产业的作用不强等。

2. 出口货物原产地规则

在相当长一个时期内，我国的出口货物原产地制度存在着许多弊端，主要表现在：①我国原产地工作在宏观控制和微观管理方面存在着严重的滞后和被动，原产地工作的管理无法可依，无章可循，缺乏规范统一的原产地判定标准，一些含有进口成分较高，甚至中方只收取少量工缴费的加工贸易产品复出口时领取了我国的原产地证，加大了我国对外贸易的顺差；②申领和签发原产地证明书过于宽松，多头出证现象严重，造成原产地证缺乏法律效力，使真正原产我国本应享受优惠关税待遇的出口产品在进口国不能享受应有的优惠关税，甚至受到进口国的反倾销报复，严重影响了我国对外贸易的正常发展。在这种的形势下，我国原产地立法工作被提到了议事日程。

为了既能促进对外经济贸易，又能有效地利用外资，既能缓解贸易摩擦，又能保护和发展民族工业，加快与国际原产地规则接轨的步伐，我国于1992年制定了第一部有关出口贸易原产地的法规——《中华人民共和国出口货物原产地规则》（以下简称《原产地规则》），并于1992年3月8日颁布，同年5月1日正式实施。

《原产地规则》是我国有关出口货物原产地的基本法规。原对外经济贸易部根据国务院的授权，于1992年4月1日发布了《中华人民共和国出口货物原产地规则实施办法》（以下简称《原产地规则实施办法》）和《中华人民共和国含进口成分出口货物原产地标准主要制造、加工工序清单》（以下简称《加工工序清单》）。《原产地规则实施办法》和《加工工序清单》对《原产地规则》中所涉及的问题做了进一步详细的规定，于1992年5月1日与《原产地规则》同时实施。

《原产地规则》《原产地规则实施办法》和《加工工序清单》的公布实施，是我国出口货物原产地制度得到进一步完善的极其重要的里程碑，它结束了我国原产地工作长期以来没有统一的法律法规和管理体系的局面，把我国的原产地工作纳入了法律化、科学化和规范化的轨道，为原产地工作的健康发展奠定了法律基础，促进我国对外经济贸易事业的发展。

为了进一步规范我国原产地证的签发和管理工作，原对外贸易经济合作部于1995年11月21日下发了《关于签发中华人民共和国出口货物原产地证明书的规定（试行）》（以下简称《签证规定》），于1996年1月1日起正式实施。

《原产地规则》《原产地规则实施办法》以及《加工工序清单》和《签证规定》共同构成我国出口货物原产地制度的基本法律体系，是我国原产地工作管理机构、原产地证书签发机构和原产地证书申领企业必须遵循的准则。中国国际贸易促进委员会（以下简称国家贸促总会）于1994年7月根据《原产地规则》和《原产地规则实施办法》等法规制定了《签发一般原产地证明书管理办法》，自1994年10月1日起实施，作为规范全国贸促会系统一般原产地证书签证工作的依据。1996年4月，国家贸促总会根据《签证规定》对其制定的《签发一般原产地证明书管理办法》进行了修改和补充。

长期以来，我国的出口货物和进口货物原产地规则分离，在1986年和1992年先后由海关总署、国务院分别发布，前者属于部门规章，后者属于行政管理法规，两者立法层级不一致。随着我国在世界经济和国际贸易中地位的不断提高，迫切需要一部进出口统一的、具有更高法律层级的、与国际通行规则相衔接的原产地规则。于是，国务院于2004年9月颁布了《中华人民共和国进出口货物原产地条例》（以下简称《原产地条例》），自2005年1月1日起施行，废止了《暂行规定》和《原产地规则》。这是我国为履行加入WTO承诺，根据WTO《原产地规则协议》要求，在总结《暂行规定》和《原产地规则》实施经验的基础上制定的，是我国第一部进出口货物完全统一的、与国际接轨的货物原产地认定行政法规。《原产地条例》的颁布，大大提高了原产地管理的科学化、法制化水平，有利于企业依法维护自己的权益。

（1）基本原则。

根据《原产地条例》规定，进口货物的收货人按照《海关法》及有关规定办理进口货物的海关申报手续时，应当依照本《原产地条例》规定的原产地确定标准如实申报进口货物的原产地；同一批货物而原产地不同的，应当分别申报原产地。

海关在审核确定进口货物原产地时，可以要求进口货物的收货人提交该进口货物的原产地证书，并予以审核。出口货物发货人申请领取"出口货物原产地证书"，应当在签证机构办理注册登记手续，按照规定如实申报出口货物的原产地，并向签证机构提供签发"出口货物原产地证书"所需的资料。

对于提供虚假材料骗取"出口货物原产地证书"或者伪造、变造、买卖或者盗窃"出口货物原产地证书"的，《原产地条例》规定，由出入境检验检疫机构、海关处 5000 元以上 10 万元以下的罚款；骗取、伪造、变造、买卖或者盗窃作为海关放行凭证的"出口货物原产地证书"的，处货值金额等值以下的罚款，但货值金额低于 5000 元的，处 5000 元罚款；有违法所得的，由出入境检验检疫机构、海关没收违法所得；构成犯罪的，依法追究刑事责任。

《原产地条例》规定，我国出口货物原产地签证机构是国家质量监督检验检疫总局（现为国家市场监督管理总局）所属的各地出入境检验检疫机构和贸促会及其地方分会。

（2）具体标准。

我国原产地规则主要采用完全获得标准和实质性改变标准。

1）完全获得标准。完全在一个国家（地区）获得的货物，以该国（地区）为原产地；两个以上国家（地区）参与生产的货物，以最后完成实质性改变的国家（地区）为原产地。

2）实质性改变标准。按照《原产地条例》规定，实质性改变的确定标准，以税目改变为基本标准；税目改变不能反映实质性改变的，以增值百分比标准、加工工序标准等为补充标准。

三、我国优惠原产地规则

（一）优惠原产地的概念

优惠原产地规则是指各国（地区）为了实施各种优惠贸易政策而制定的原产地规则，也称为协定原产地规则。优惠贸易政策可以是单向给惠的，如特惠制；也可以是双向给惠的，如自由贸易协定。优惠原产地规则作为优惠贸易政策的重要配套工具，具有很强的排他性。一般认为，优惠原产地规则应当比非优惠原产地规则严格，与此同时，优惠原产地规则下进口货物税率也比最惠国税率更优惠。截至 2018 年 2 月底，我国共签订了《亚太贸易协定》《中国—东盟全面经济合作框架协议货物贸易协议》（简称《中国—东盟自贸区协议》）《内地与香港关于建立更紧密经贸关系的安排》（简称《内地与香港紧密经贸关系安排》《内地与澳门关于建立更紧密经贸关系的安排》（简称《内地与澳门紧密经贸关系安排》）《中华人民共和国给予非洲最不发达国家特别优惠关税待遇的货物原产地规则》（简称《对非洲特惠待遇》）《原产于台湾地区的农产品实施零关税的措施》（简称《台湾农产品零关税措施》）《中国—巴基斯坦关于自由贸易协定早期收获计划的协议》（简称《中巴自贸区协议》）《中国—智利自由贸易协定》（简称《中智自贸区协定》）《中华人民共和国政府和新加坡共和国政府自由贸易协定》（简称《中新（加坡）自贸协定》）《中华人民共和国政府和新西兰共和国政府自由贸易协定》（简称《中新（西兰）自贸协定》）《中华人民共和国政府和秘鲁共和国政府自由贸易协定》（简称《中秘自贸协定》）《中华人民共和国海关进出口货物优惠原产地管理规定》（简称《海关进出口货物优惠原产地管理规定》）《海峡两岸经济合作框架协议》（简称 ECFA）等优惠贸易协定。为加强我国优惠原产地的统一管理，海关总署于 2009 年 1 月发布了《中华人民共和国进出口货物优惠原产地管理规定》（以下简称《优惠原产地管理规定》）。《优惠原产地管理规定》与各项自由贸易协定和优惠贸易安排项下的原产地管理办法，初步构成我国优惠原产地管理的基本框架。

目前，我国优惠原产地规则包括中国参与的区域贸易协议、与其他国家签订自由贸易区协议以及给予一些最不发达国家的特惠关税。这些优惠协议都制定了严格的原产地规则，只有符合原产地规则的产品进入我国才能享受关税优惠。下面对各优惠贸易协议及原产地规则做简单介绍。

（二）优惠原产地规则的内容

1. 原产地标准

优惠原产地规则的原产地标准分为完全获得标准和实质性改变标准两个标准。

（1）完全获得标准。我国的优惠原产地规则目前有《曼谷协定》《中国—东盟自由贸易区协定》等原产地规则。优惠原产地规则的完全获得标准除个别文字外，与非优惠原产地规则没有本质上的差别。

（2）实质性改变标准。

1）税则归类改变标准。

2）制造与加工工序标准。制造与加工工序标准（Criterion of Manufacturing）又称为加工制造标准，是以清单方式具体列明某货物要获得原产品资格必须经过的制造或加工工序，只有完成该制造或加工工序才可认为符合实质性改变标准。

3）从价百分比标准。

① 具体规定加工增值价值的内容。例如，《内地与香港关于建立更紧密经贸关系的安排》和《内地与澳门关于建立更紧密经贸关系的安排》原产地规则中规定：

$$\frac{原料价值+组合零件价值+劳工价值+产品开发支出价值}{出口成品的 FOB 价格} \times 100\% \geqslant 30\%$$

② 进口成分（即，非原产地生产的和原产地不明的货物）的价值占加工后产品 FOB 价值的百分比不超过某一比例的标准。例如，《曼谷协定》原产地规则中规定：

$$\frac{进口成分价值}{出口成品的 FOB 价格} \times 100\% \leqslant 50\%$$

③ 在本质上仍属于进口成分的价值占加工后产品 FOB 的百分比不超过某一比例的标准，但在形式上表现为：

$$100\% - \frac{非自由贸易区材料价值+不明原产地材料价值}{离岸价格} \times 100\% \geqslant 40\%$$

2. 最后加工标准和直接运输规则

（1）最后加工标准。最后加工标准是指进口货物的最后一道加工制造工序必须在受惠国境内完成。

（2）直接运输规则。直接运输规则是关于进口货物必须从受惠国直接运输到我国关境的规定。但是，由于地理位置或者运输路线的原因货物不得不经过非受惠国时，货物可以作为例外，但不得在非受惠国关境内使用、交易或消费，并且除装卸和为保持货物良好状态而接受的简单处理外，货物不得经过任何其他处理。

四、进出口税率的适用

我国进口关税设置最惠国税率、协定税率、特惠税率、普通税率、关税配额税率等税率。对进口货物在一定期限内可以实行暂定税率。

出口关税设置出口税率。对出口货物在一定期限内可以实行暂定税率。

（一）税率适用的基本原则

（1）原产于共同适用最惠国待遇条款的世界贸易组织成员的进口货物，原产于与中华人民共和国签订含有相互给予最惠国待遇条款的双边贸易协定的国家或者地区的进口货物，以及原产于中华人民共和国境内的进口货物，适用最惠国税率。

（2）为了满足特定时期对关税税率进行临时性变更的需要，《进出口关税条例》还规定，国务院关税税则委员会有权制定比最惠国税率更低的暂定最惠国税率。暂定最惠国税率分为进口暂定最惠国税率和出口暂定最惠国税率，一般都是按照年度制定，并且随时可以根据需要恢复按照法定税率征税。

（3）暂定最惠国税率优先于最惠国税率执行；按协定税率、特惠税率进口暂定最惠国税率商品时，取低计征关税；按国家优惠政策进口暂定最惠国税率商品时，按优惠政策计算确定的税率与暂定最惠国税率两者取低计征关税，但不得在暂定最惠国税率基础上再进行减免。

（4）对于原产地是香港、澳门、台湾的进口货物和我国大陆生产的货物复进口的，海关按最惠国税率征收关税。

（5）对于无法确定原产国别（地区）的进口货物，按普通税率征税。对于某些包装特殊的产品，如以中性包装或裸装形式进口经查验又无法确定原产国别的货物，除申报时能提供原产地证明的仍可按其原产地确定税率外，一律按普通税率计征关税。

（6）对于按规定应按普通税率征税的进口货物，经国务院关税税则委员会特别批准，可以按照最惠国税率征税。

（7）我国海关规定，对在进口配额范围内进口的货物可适用较最惠国税率低的配额税率，对超出进口配额范围内进口的货物即按原税则规定的非配额税率征收关税。

（二）适用税率的时间

《进出口关税条例》第十五条规定：进出口货物，应当适用海关接受该货物申报进口或出口之日实施的税率。进口货物到达前，经海关核准先行申报的，应当适用装载该货物的运输工具申报进境之日实施的税率。

对于进出口货物的补税和退税，一般按该进出口货物原申报进口或申报出口之日所实施的税率计算关税。具体来说，在实际运用时还要区分以下不同情况：

（1）按照特定减免税办法批准予以减免税的进口货物，后因情况改变经海关批准转让或出售需补税时，应按其原进口日所施行的税则税率征税。

（2）来料加工、进料加工的进口料件等属于保税性质的进口货物，如经批准转为内销，应按向海关申报转为内销当天的税则税率征税；如未经批准擅自转为内销的，则按海关查获日期所施行的税则税率征税。

（3）暂时进口货物转为正式进口需补税时，应按其转为正式进口日所施行的税则税率征税。

（4）对于分期支付租金的租赁进口货物，分期付税时，都应按该项货物原进口日所施行的税则税率征税。

（5）溢卸、误卸货物事后确定需征税时，应按其原申报进口日期所施行的税则税率征税。如原进口日期无法查明时，可按确定补税当天所施行的税则税率征税。

（6）对由于税则归类的改变、完税价格的审定或其他工作差错而需补征税款时，应按原征税日期所施行的税则税率计征。

（7）对于批准缓税进口的货物以后缴税时，不论是分期或一次缴清税款，都应按货物原进口日所施行的税率计征税款。

（8）查获的走私进口货物需补税时，应按查获日期所施行的税则税率征税。

（9）在上述有关情况中，如有发生退税的，都应按原征税或者补税日期所适用的税率计算退税。

第四节　进出口关税的征收

一、关税的征收

（一）进出口关税征收的相关规定

进口货物的纳税义务人应当自运输工具申报进境之日起14日内，出口货物的纳税义务人除海关特准外，应当在货物运抵海关监管区后、装货的24小时以前，向货物的进出境地海关申报。

纳税义务人应当自海关填发税款缴款书之日起15日内向指定银行缴纳税款。纳税义务人未按期缴纳税款的，从滞纳税款之日起，按日加收滞纳税款万分之五的滞纳金。

进出口货物的成交价格以及有关费用以外币计价的，以中国人民银行公布的基准汇率折合为人民币计算完税价格；以基准汇率币种以外的外币计价的，按照国家有关规定套算为人民币计算完税价格。适用汇率的日期由海关总署规定。

（二）进口关税的征收

1. 从价税

计算进口关税税款的基本公式为

　　　　　　　进口关税税额 = 完税价格 × 进口关税税率

在计算关税时应注意以下几点：

（1）进口税款缴纳形式为人民币。进口货物以外币计价成交的，由海关按照签发税款缴纳证之日国家外汇管理部门公布的人民币外汇牌价的买卖中间价折合人民币计征。人民币外汇牌价表未列入的外币，按国家外汇管理部门确定的汇率折合人民币。

（2）完税价格金额计算到元为止，元以下四舍五入。完税税额计算到分为止，分以下四舍五入。

（3）一票货物的关税税额在人民币50元以下的免税。

进口货物的成交价格，因成交条件不同而有不同的价格形式，常用的价格条款有FOB、CFR、CIF三种。

（1）以CIF成交的进口货物，如果申报价格符合规定的"成交价格"条件，则可直接计算出税款。

【例8-3】 某公司从日本进口钢铁制品100000kg，其成交价格为CIF天津新港125000美元，求应征关税税款是多少？已知海关填发税款缴款书之日的外汇牌价：100美元=647.26元人民币（买入价），100美元=657.18元人民币（卖出价），钢铁制品进口关税税率为15%。求进口关税税额。

税款计算如下：

1) 根据填发税款缴款书日的外汇牌价，将货价折算人民币。

外汇买卖中间价100美元=(647.26+657.18)元÷2=652.22元

完税价格=(125000×6.5222)元=815275元

2) 计算关税税款，即

完税税款：815275元×15%=122291.25元

(2) FOB和CFR条件成交的进口货物，在计算税款时应先把进口货物的申报价格折算成CIF价，然后再按上述程序计算税款。

【例8-4】 国内某公司向美国购买轿车10辆，成交价格为FOB纽约120000美元，实际支付的运费为5000美元，保险费800美元。已知该货物的进口税税率为43.8%，外汇汇率为1美元=6.85元人民币。求进口关税税额。

1) 确定货物的完税价格。

$CIF = FOB + I$（保险费）$+ F$（运费）$= (120000 + 5000 + 800)$ 美元 $= 125800$ 美元

2) 根据汇率适用原则将外币计算为人民币。

(125800×6.85) 元 $= 861730$ 元

3) 计算应该征收的税款。

进口关税税额=进口货物完税价格×进口关税税率=861730元×43.8%

=377437.74元

2. 从量税

采用从量税计算进口关税税额的公式为

进口关税税额=货物进口数量×从量税税额

【例8-5】 国内某公司从日本购进柯达胶卷50400卷（规格135/36的胶卷，1卷=$0.05775m^2$），成交价格为CIF境内某口岸10.00港元/每卷，外汇汇率1港元=0.88元人民币，计算进口关税。（胶卷进口最惠国税率为155元/m^2）

1) 确定货物的实际进口数量。

实际进口数量：$(50400 \times 0.05775)m^2 = 2910.6m^2$

2) 按照公式计算应该征收的税款。

进口关税税额=货物进口数量×从量税税额=(2910.6×155)元=451143元

3. 复合税

采用复合税计算进口关税税额的计算公式为

复合关税=从量关税+从价关税

【例8-6】 某电视台进口两台日本产电视摄像机，价格为CIF USD13000，海关填发税款缴款书之日人民币对美元买卖中间价是USD100=RMB684.49，求关税税额。

(1) 确定关税税额。

关税税额：$(13000 \times 684.49 \div 100)$元=88983.7元≈88984元

(2) 确定适用税率。

摄像机归入税则号 8525.3090，日本是 WTO 的缔约方，适用最惠国税率，每台价格低于或等于 5000 美元的，适用从价税，税率 35%；每台价格高于 5000 美元的，其税率是每台 13280 元的从量税，加上 3% 的从价税。因此，必须首先计算单价：

$$单价 = 13000 \text{ 美元} \div 2 = 6500 \text{ 美元}$$

单价高于 5000 美元，故应使用复合税。

(3) 计算从量部分关税。

$$从量关税 = 13280 \text{ 元} \times 2 = 26560 \text{ 元}$$

(4) 计算从价部分关税。

$$从价关税 = 88984 \text{ 元} \times 3\% = 2669.52 \text{ 元}$$

(5) 计算全部应征关税。

$$复合关税 = (26560 + 2669.52) \text{ 元} = 29229.52 \text{ 元}$$

4. 滑准税

采用滑准税计算进口关税税额的计算公式为

$$从价应征进口关税税额 = 完税价格 \times 暂定关税税率$$
$$从量应征进口关税税额 = 进口货物数量 \times 暂定关税税率$$

【例 8-7】 国内某公司购进配额外未梳棉花 1t，原产地为美国，成交价格为 CIF 某口岸 980.00 美元/t。企业已向海关提交由国家发改委授权机构出具的"关税税额外优惠关税税率进口棉花配额证"，经海关审核确认后，征收滑准关税。已知其适用中国银行的外汇折算价为 1 美元 = 7.0648 元人民币，计算应征进口关税税款。

(1) 确定税则归类。未梳棉花归入税目税号 5201.0000。

(2) 确定关税税率。审定完税价格 (980×7.0648) 元/t = 6923.50 元/t，折算后为 6.924 元/kg，将此完税价格与 11.397 元/kg 比较，鉴于 6.924 元/kg 低于 11.397 元/kg，该进口货物原产国适用最惠国税率，根据"当配额外进口棉花完税价格低于 11.397 元/kg 时，暂定关税税率按公式计算，当公式计算值高于 40% 时取值 40%"的规定，计算该货物的暂定关税税率：

$$暂定关税税率 = 8.686 \div 关税完税价格 + 2.526\% \times 关税完税价格 - 1$$
$$= 8.686 \div 6.924 + 2.526\% \times 6.924 - 1$$
$$= 0.429$$

(3) 该滑准关税税率计算后为 42.9%，大于 40%，按照 40% 的关税税率计征关税。

(4) 计算应征进口关税税额。

$$应征进口关税税额 = 完税价格 \times 暂定关税税率 = (6923.50 \times 40\%) \text{ 元}$$
$$= 2769.40 \text{ 元}$$

【例 8-8】 某加工生产企业内销一批关税配额外未梳棉花 1000kg，原产地为美国，成交价格为 CIF 某口岸 1.65 美元/kg。企业已向海关提交由国家发改委授权机构出具的"关税配额外优惠关税税率进口棉花配额证"，经海关审核确认后，征收滑准关税。已知其适用中国银行的外汇折算价为 1 美元 = 7.0648 元人民币，计算应征进口关税税款。

(1) 确定税则归类。未梳棉花归入税号 5201.0000。

(2) 确定关税税率。审定完税价格 = (1650.00×7.0648) 元/g = 11656.92 元/g，折算后

为11.657元/kg，将此完税价格与11.397元/kg比较，鉴于11.657元/kg高于11.397元/kg，该进口货物原产国适用最惠国税率，根据"当配额外进口棉花完税价格高于或等于11.397元/kg时，按0.570元/kg计征从量税"的规定，该批货物的暂定关税税率为0.570元/kg。

(3) 计算应征进口关税税额。

$$应征进口关税税额 = 进口货物数量 \times 暂定关税税率 = (1000 \times 0.570)元$$
$$= 570.00 元$$

(三) 出口关税税款的征收

出口货物的完税价格等于FOB价格扣除出口关税后的价格作为应税价格。

出口关税税款的基本计算公式为

$$出口关税税额 = 完税价格 \times 出口关税税率 = \frac{FOB 价}{1 + 出口关税税率} \times 出口关税税率$$

出口货物以其他贸易术语成交，需先将货价折算成FOB价，再计算税款。

【例8-9】 我国内地某公司出口到香港甲苯4500桶，每桶净重100kg，毛重102kg，每公吨售价CFR香港7610港币，甲苯出口税率为30%，已知申报运费为每公吨850元人民币，税款缴纳证填发之日的外汇牌价为：1港元=0.8789元人民币，求应征出口税额多少？

(1) 将CFR货价折算成人民币价。

$$CFR 人民币价 = \left(7610 \times 0.8789 \times \frac{4500 \times 100}{1000}\right)元 = 3009793.05 元$$

(2) 计算运费（以毛重计）。

$$运费 = \left(850 \times \frac{4500 \times 102}{1000}\right)元 = 390150 元$$

(3) 计算完税价格

$$完税价格 = FOB 价 \div (1 + 出口关税税率)$$
$$= [CFR - F(运费)] \div (1 + 出口关税税率)$$
$$= (3009793.05 - 390150)元 \div (1 + 30\%)$$
$$= 2015110.04 元$$

(4) 计算出口关税税额。

$$出口关税税额 = 2015110.04 元 \times 30\% = 604533.01 元$$

(四) 反倾销税税款的征收

反倾销税税款的计算公式为

$$反倾销税税额 = 完税价格 \times 适用的反倾销税税率$$

【例8-10】 国内某公司从韩国购进厚度为0.7mm的冷轧板卷200t，成交价格为CIF境内某口岸560美元/t，生产厂商为韩国某制钢株式会社，已知适用中国银行的外汇折算价为1美元=7.0648元人民币，计算应征的反倾销税款。

(1) 确定税则归类。厚度为0.7mm的冷轧卷板归入税号7209.1790。

(2) 根据有关规定，进口韩国厂商韩国某制钢株式会社生产的冷轧卷板反倾销税率为14%。

(3) 审定成交价格为 112000 美元。
(4) 将外币价格折算成人民币为 791257.60 元。
(5) 计算反倾销税税额为 110776.06 元。

二、进口环节税的征收

（一）消费税

1. 从价税

我国按从价税率办法计算进口消费税，计税价格由进口货物（成本+运保费）价格（即关税完税价格）加关税税额组成。我国消费税采用价内税的计税方法，因此，计税价格组成中包括消费税税额。

组成计税价格的计算公式为

$$组成计税价格 = \frac{关税完税价格 + 关税税额}{1 - 消费税税率}$$

从价计征的消费税税额计算公式为

$$应纳税额 = 组成计税价格 \times 消费税税率$$

【例8-11】 某公司进口货物一批，经过海关审核其成交价格为 CIF 境内某口岸 12800 美元，外汇汇率 1 美元 = 6.85 元人民币，折合人民币 87680 元。已知该批货物的关税税率为 20%，消费税税率为 15%，求消费税税额。

(1) 确定货物的进口关税完税价为 87680 元。
(2) 确定货物的进口关税税额为 43840 元（87680 元×50%）。
(3) 确定消费税组成计税价格。

消费税组成计税价格 = (87680 + 43840) 元 ÷ (1 - 15%) = 154729.41 元

(4) 计算应征消费税税额为 23209.41 元（154729.41 元×15%）。

2. 从量税

从量计征的消费应税货物有黄酒、啤酒、汽油、柴油四种，实行定额征收。黄酒为 240 元/t，啤酒为 220 元/t，汽油为 0.2 元/L，柴油为 0.1 元/L。

从量计征的消费税税额计算公式为

$$应纳税额 = 单位税额 \times 进口数量$$

按从量税计征消费税的货品计量单位的换算标准是：

啤酒 1t = 988L；黄酒 1t = 962L；汽油 1t = 1388L；柴油 1t = 1176L

【例8-12】 某公司进口 1000 箱啤酒，每箱 24 听，每听 335ml，价格为 CIF USD 10000，100 美元兑换 685 元人民币。关税普通税率为 7.5 元/L，消费税税率为 220 元/t。

(1) 进口啤酒数量：(335 × 1000 × 24 ÷ 1000) L = 8040L = 8.1377t
(2) 关税税额：(7.5 × 8040) 元 = 60300 元
(3) 消费税税额：(220 × 8.1377) 元 = 1790.29 元

（二）增值税

按照《中华人民共和国增值税暂行条例》的规定，增值税由税务机关征收，进口货物的增值税由海关征收。纳税人出口货物，税率为零。个人携带或者邮寄进境自用物品的增值税，连同关税一并计征。组成计税价格的计算公式为

$$组成计税价格 = 关税完税价格 + 关税税额 + 消费税税额$$

增值税税额的计算公式为

$$应纳税额 = 组成计税价格 \times 增值税税率$$

【例8-13】 某公司从英国进口货物一批，经过海关审核其成交价格为1200美元，外汇汇率1美元=6.8元人民币，折合人民币8160元。已知该批货物的关税税率为12%，消费税税率为10%，增值税税率为17%。计算应征增值税税额。

(1) 确定货物的进口关税完税价为8160元。

(2) 计算货物的进口关税税额。

$$进口关税税额 = (8160 \times 12\%)元 = 979.2元。$$

(3) 确定货物的消费税税额。

$$消费税税额 = (8160 + 979.2)元 \div (1 - 10\%) \times 10\% = 1015.47元$$

(4) 计算应征增值税税额。

$$增值税税额 = (8160 + 979.2 + 1015.47)元 \times 17\% = 1726.29元$$

三、其他税费的征收

下面介绍滞纳金的征收。其计算公式为

$$关税滞纳金金额 = 滞纳关税税额 \times 0.5‰ \times 滞纳天数$$

进口环节代征税滞纳金金额 = 滞纳的进口环节海关代征税税额 $\times 0.5‰ \times$ 滞纳天数

【例8-14】 内地某公司向香港购进日本丰田皇冠牌轿车一批，已知该批货物应征关税税额为352793.52元，应征进口环节消费税为72860.70元，进口环节增值税税额为247726.38元。海关于2007年6月14日填发"海关专用缴款书"，该公司于2007年7月10日缴纳税款。计算应征的滞纳金。

(1) 确定滞纳天数。税款缴款期限为2007年6月29日（星期五），6月30日~7月10日为滞纳期，共滞纳11天。

(2) 计算关税滞纳金。

$$关税滞纳金额 = (352793.52 \times 0.5‰ \times 11)元 = 1940.36元$$
$$进口环节消费税滞纳金 = (72860.70 \times 0.5‰ \times 11)元 = 400.73元$$
$$进口环节增值税滞纳金 = (247726.38 \times 0.5‰ \times 11)元 = 1362.50元$$

(3) 应缴滞纳金 = 关税滞纳金 + 进口环节消费税滞纳金 + 进口环节增值税滞纳金
$$= (1940.36 + 400.73 + 1362.50)元$$
$$= 3703.59元$$

第五节 进出口关税的减免、缴纳与退补

一、进出口关税的减免

(一) 关税减免的概念

通常，各国为了保护境内经济并取得财政收入，须对进出口的货物、物品依法征收关

税。但有时由于进口国经济、政治等方面的原因和根据国际条约、惯例，需要免除某些纳税义务人或某些进出口应税货品的纳税义务。作为执行关税政策的一种灵活措施，关税减免构成各国关税制度中一项不可或缺的要素。

进出口税费减免是指海关按照国家政策、《海关法》和其他有关法律、行政法规的规定，对进出口货物的关税和进口环节代征税减征或免征。可分为3种类型，即法定减免税、特定减免税和临时减免税。

1. 法定减免税

法定减免税是指进出口货物按照《海关法》《进出口关税条例》和其他法律、行政法规的规定可以享受的减免税优惠。

目前实施法定减免税的情况主要包括：

(1) 关税税额在人民币50元以下的一票货物。
(2) 无商业价值的广告品和货样。
(3) 外国政府、国际组织无偿赠送的物资。
(4) 在海关放行前遭受损坏或者损失的货物。
(5) 进出境运输工具装载的途中必需的燃料、物料和饮食用品。
(6) 中华人民共和国缔结或者参加的国际条约规定减征、免征税款的货物。
(7) 法律规定减征、免征关税的其他货物、物品。

2. 特定减免税

特定减免税是指海关根据国家政策规定，对特定地区、特定企业和特定用途的进口货物给予的减免税优惠，也称政策性减免税。

目前实施特定减免税的情况主要包括：①特定地区进口货物；②特定企业进口货物；③特定用途进口货物。

3. 临时减免税

临时减免税是指法定减免税和特定减免税以外的其他减免税，是由国务院根据某个单位、某类商品、某个时期或某批货物的特殊情况，按规定给予特别的临时性的减免税优惠。临时性减免税一般是"一案一批"。

（二）关税减免制度的内容

由于各国国情不尽相同，各国对关税减免制度规定的内容也不一致，特别是政策性减税的范围、标准、管理制度和约束条件各国差异很大。为了方便国际贸易和其他国际交流的进行，海关合作理事会在《京都公约》的B.2附约中推荐了一些应以关税减免的范围，建议各国采用，但不限制各国给予进一步的方便和优惠。

1. 关税减免的范围

各国规定可以享受关税减免的货品一般有18类。

(1) 有关国际协定中规定的货品如下所示：

1) 联合国教科文组织《关于进口教科文材料的协定》的附约及其议定书，以及联合国教科文组织《促进教科文视听材料的国际交流的协定》中规定的教科文物品。

2) 《国际民航公约》的附约a中第4.39条和第4.41条建议条款所列器材。

3) 《关于便利进口商业货样和广告品的国际公约》中所指价格低廉的商业样品和广告品。

4)《关于为促进旅游业而进口旅游广告宣传品给予海关便利的公约》的附加议定书中规定的旅游广告宣传品。

5)《维也纳外交关系公约》和《维也纳领事关系公约》中规定的,根据外交或领事豁免权进口的货品。

6)《关于便利进口供展览会、交易会、会议或类似安排中展示或使用的货品海关公约》第6条和第7条中所规定的货品。

(2) 无商业价值的样品。如下所示:

1) 按其大小除展出外无其他用途的原材料及产品。

2) 按商业惯例黏附在卡片上或作样品用的非贵重材料制品,其每一尺寸或种类不超过一件者。

3) 用切片、打孔、做上不能磨灭的标记或其他有效方法使之除展出外无其他用途的原料、产品或其制成品。

4) 按上述第1项或第2项规定不能作为无商业价值的样品但符合下列规定者:①单价不超过5美元的非消费品,每类或每品种只有一件;②单价不超过5美元的消费品,即使全部或部分由同类或同品种样品组成,但其数量和陈列方式只能作样品用。

(3) 人体治疗物质、血型鉴定和组织分类试剂。经主管当局认可的研究所或实验室进口下列物质:

1) 由人体制取的治疗物质、人血及其衍生物(纯血、干血浆、蛋白质、血球蛋白、纤维蛋白)、人体器官。

2) 人、动植物或其他血型试剂。

3) 人、动植物或其他组织类别试剂。

(4) 因迁居而进口的动产。通常,因迁居而进口的动产包括:迁居人及其家属使用的家具、陈设、家用物品、行李、私人运输工具、自用食品、收藏品、宠物和迁居人的职业设备等。这些物品一般应由当事人使用过一个合理的时间,并在当事人入境后的适当时间内运进。

(5) 布置第二居所使用的家具和家用物品。通常,家具和家用物品应由当事人使用过一个合理的时间,并在进口后继续使用一个适当的时间,家具和家用物品应当供当事人及其家属在第二居所居住自用,且数量和种类合理。该种免税只能对同一居所免税一次,并且该居所为当事人所有或由其租用一相当时间。

(6) 嫁妆和结婚礼品。嫁妆和结婚礼品应当包括按照习惯在结婚时赠送的及当事人自己或其家庭使用的衣物和家用装饰用纺织品。

(7) 学生入学所带个人物品和学习用品。

(8) 遗产。免税进口的遗产应为死者在世时在进口国居住的继承人所继承的死者生前自用物品。

(9) 个人礼物。一般个人礼物应由境外个人偶然送给境内个人供其自用或其家用的非商业性的,并且总价值不超过25美元的物品。

(10) 送给慈善或救济机构的物品。作为礼品送给慈善或救济机构,由其或其管理下免费分发给贫民的必需品。

(11) 奖品。

（12）建造、维修或装饰阵亡将士墓用材料、棺木、骨灰盒和丧葬用装饰品。
（13）无商业价值的文件及杂物。
（14）宗教用品。
（15）进口供测试用的产品。测试品的数量应仅为测试所必需，其剩余部分应复运出境或销毁。
（16）供牲畜在运输途中食用的草料和饲料。
（17）供运输途中货物防护用的产品和材料。
（18）进境运输工具所载，供旅客、船员或乘务员以及运输工具自身所需的备用物料。

2. 批准和约束条件

在批准程序方面，各国对于为保证和方便国际正常交往活动的顺利进行，为简化手续、提高行政效率而给予的关税减免优惠的，一般不需事先审批，只要在其进口时向海关申报，并提供有关证明以证明该货品符合有关关税减免的规定，海关即可准予减免关税。但对于政策性和扶植的原因而减免关税的，大都需要向海关或其他国家指定的主管机关申请，经批准后方可减免税进口。

为保证减免关税进口的货品不超过国家利益所允许的限度，各国对减免税大部分附有约束条件。约束条件一般有进境货品范围限制和进口后使用的限制两个方面。

进境货品范围限制包括数量、金额限制和对进境货品种类限制。例如，美国《海关法》规定，除另有规定外，每个进境旅客携带进口物品价值不超过 25 美元者可免征关税。美国上述法律中还规定，入境者进口在外国使用过的家用物品的免税仅限于在国外使用 1 年及以上者，并须于入境后的 10 年内运进。

有关货品减免税进口后使用的限制主要是必须在按海关准予减免税进口时核准的用途范围内使用，不得用于其他用途或销售。为确保这一限制得以实行，可以要求纳税义务人出具书面担保，特殊情况时还可要求纳税义务人交付金额不超过减免税额的保证金或抵押物。

（三）关税起征点和关税免征额

1. 关税起征点

关税起征点是《海关法》规定的开始征收关税的金额界限。根据作为界限的标准不同分为关税起征价额和关税起征税额。

以课税对象的价值（或价格）作为开始征收关税的界限的称为关税起征价额。当海关确定的课税对象的完税价格未达到《海关法》规定的金额时，海关免征关税；达到或超过这一规定的金额时，海关按课税对象的完税价格全额征税。

以课税对象的应税税额作为开始征收关税的界限的称为关税起征税额。课税对象的应税税额不足《海关法》规定的金额的免征关税，达到或超过规定金额的，按应税税额全额征税。例如，《进出口关税条例》规定，一票进出口货物的关税税额不足人民币 50 元的免征关税，达到或超过人民币 50 元的，按应税税额全额征税。

关税制度中规定关税起征点是为了提高工作效率，避免为小额税款履行繁杂的征纳税手续，同时也是对纳税义务人的一种关税优惠。

2. 关税免征额

关税免征额又称为关税免税额，是指海关准予在进出境课税对象的价值（或价格）总额或其关税税额中免予征收关税的数额,可分为免征价额和免征税额。

按规定的标准在确定课税对象的完税价格时,先减除一部分金额,以其余额作为实际完税价格计征关税,这个减除额即称为免征价额。

按规定的标准从计算出的应税货品的关税税额中减除部分税额,仅征收其余额,这一减除额即称为免征税额。例如,《中华人民共和国海关对寄自或寄往香港、澳门的个人邮递物品监管办法》中规定,个人邮递物品在自用合理数量范围内予以免税放行,超过的仅征收超过部分税额。

关税免征额是国家对纳税义务人的一种关税优惠。免征价额是从应税货品的完税价格中扣除一定金额,因此,税率较高的货品实际享受的优惠多,税率较低的货品实际享受的优惠少,相对地鼓励税率较高的货品进口,与国家的关税政策相左。免征税额是对应税税额的减除,税率较高与较低的货品享受相同的关税优惠,较好地体现了国家关税政策。

(四)进口货样和广告品的减免税

所谓货样,是指进出口专供订货参考或凭以作为交货依据的货物样品;广告品是指进出口用以宣传有关商品内容的广告宣传品。

海关总署公告 2010 年第 33 号《关于进出口货样和广告品监管有关事项》规定,进出口货样和广告品,不论是否免费提供,均应由在海关注册登记的进出口收发货人或其代理人向海关申报,由海关按规定审核验放。进出口货样和广告品属于国家禁止进出口或者进出口实行许可证件管理的商品,应按照国家有关管理规定办理。进出口无商业价值的货样和广告品准予免征关税和进口环节海关代征税,其他进出口货样和广告品一律照章征税。

1. 无商业价值的货样和广告品

所谓无商业价值的货样和广告品,是指:

(1)除作为货样或广告品外,通常没有其他商业用途的货品,如裁剪成小块的布,单只的鞋、袜、手套,剪洞的服装等。

(2)用于分析、化验、测试其自身品质,并在分析、化验、测试的过程中消耗掉的货品。

2. 有商业价值的货样和广告品

(1)来样加工和去样加工的货样。所谓来样加工的货样,包括加工贸易项下外商提供的样品,也包括一般贸易项下国外进口商提供,由我国企业按样品加工出口的货物样品;去样加工的货样是指,我国境内企业委托境外企业加工进口货物而向境外企业提供的货物样品。

(2)其他有商业价值的货样和广告品。有商业价值的货样和广告品,无论是价购或无偿提供,在海关审定的合理数量范围内,按次予以人民币 400 元的免征额优惠。免征进口关税的同时,免征进口环节国内税。

但进口各种机动车辆、自行车、手表、电视机、收音机、录音机、收录机、电唱机、照相机、家用电冰箱、家用缝纫机、洗衣机、复印机、空调器、电风扇、吸尘器、音响组合、录像设备、摄影机、放大机、放映机、计算器、电子计算机、电子显微镜、电子分色机及其主要零部件的货样和广告品,无论其价值大小,除另有规定外,一律照章征收关税和进口环节国内税。

免税进口的货样和广告品应遵守海关对减免税货品的管理规定。出售、转让或移做他用的，应事先报经海关批准，并照章征税。

（五）进口设备的免税

为进一步扩大利用外资、引进国外先进技术和设备，促进产业结构的调整和技术进步，同时贯彻国家产业政策，国务院发布了《关于调整进口设备税收政策的通知》，自1998年1月1日起，实行新的税收优惠措施。对部分进口设备分为三类情况分别给予不同的免税优惠。

1. 外商投资企业与外国政府和金融组织贷款项目进口设备的免税

新的税收优惠措施按产业政策对外商投资企业给予税收优惠。为此，国家制定了《外商投资产业指导目录》。该《目录》根据产业政策将产业分为鼓励、限制和禁止外商投资产业，并相应地规定了《鼓励外商投资产业目录》《限制外商投资产业目录》和《禁止外商投资产业目录》，其中《限制外商投资产业目录》又分为甲类和乙类。

外商投资企业进口的符合《外商投资产业指导目录》中《鼓励外商投资产业目录》和《限制外商投资产业目录》乙类所列产业，并转让技术的外商投资项目，在投资总额内进口的企业自用设备及其随同设备进口的技术、配套件、备件，除《外商投资项目不予免税的进口商品目录》所列商品外，国家准予免征关税和进口环节国内税。

对于外国政府和国际金融组织贷款项目的自用设备，可以比照外商投资项目准予免征进口关税和进口环节国内税。

2. 国内投资项目进口设备的免税

对于国内投资项目进口的设备，国家也相应地制定了《当前国家重点鼓励发展的产业、产品和技术目录》。凡符合该《目录》的国内投资项目，在投资总额内进口的自用设备及其随同设备进口的技术、配套件、备件，除《国内投资项目不予免税的进口商品目录》所列商品外，国家准予免征进口关税和进口环节国内税；按照合同随设备进口的技术及配套件、备件，免征进口关税和进口环节增值税。

3. 加工贸易项下进口设备的免税

为支持、鼓励发展对外加工贸易，根据《国务院关于调整进口设备税收政策的通知》的规定，原对外贸易经济合作部和海关总署于1998年联合发布了《关于加工贸易进口设备有关问题的通知》，对加工贸易项下进口设备予以免税优惠。

（1）免税设备的范围。凡符合下列条件的加工贸易经营单位或加工企业，其加工贸易项下（包括进料加工、来料加工和外商投资企业从事的加工贸易）进口的，外商免费提供（即不需加工经营单位支付价格，不用加工工缴费或差价偿还）的加工生产所需设备，除列入《外商投资项目不予免税的进口商品目录》的商品外，均给予免征进口关税和进口环节增值税待遇，其中属于国家进口配额、进口许可证、进口登记或进口证明管理的免税进口设备，可以免领有关证明进口：

1）设有独立的专门从事加工贸易的工厂或车间，并在该工厂或车间内使用的。

2）未设有独立专门从事加工贸易的工厂或车间，使用外商免费提供的设备加工生产的加工生产企业，在加工贸易合同期限内，每年加工产品的70%以上出口的。

进口时间在半年以内、临时进口的加工贸易项下所需外商免费提供的模具、单台设备，应按暂时进境货品办理海关手续。逾期未复运出境的，照章征税。

（2）免税设备的审批。申请免税进口的设备必须在加工贸易合同中列明外商免费提供。经营单位应将加工贸易合同随附"加工贸易不作价设备申请备案清单"，按加工贸易分级审批管理权限和加工贸易的有关规定，在向外经贸主管部门办理加工贸易合同审批手续时一并审批免税进口设备。

（3）免税设备的海关备案。加工贸易合同经批准后，经营单位凭已批准的加工贸易合同与"加工贸易不作价设备申请备案清单"向主管海关办理免税审核手续。经审核符合规定者，由海关按保证金台账手续予以备案并核发登记手册，经营单位凭以向设备进口口岸海关办理进口手续。

（4）免税设备进口后的监管。加工贸易项下免税进口的设备应自申报进口之日起，按减免税货品监管规定在规定管理年限内接受海关监管。加工贸易经营单位应当在每年的1月份，分别向原合同审批的外经贸主管部门和原备案的主管海关书面报告免税设备的使用情况。海关定期核查。

加工贸易经营单位因故终止或解除加工贸易合同，经原外经贸审批部门批准后，由主管海关核准，可以将免税进口设备退运境外，也可以在按该设备使用年限折旧后的价值征收关税和进口环节增值税后，留在境内使用。但属于进口配额、许可证、进口登记或进口证明管理的货物，还应按规定申领有关证明后方可留在境内使用。

（六）科学研究和教学用品的减免税

为促进科学研究和教育事业的发展，国家对用于科学研究和教学的用品给予关税优惠。经国务院批准，海关总署发布实施了《科学研究和教学用品免征进口税收规定》（以下简称《规定》）。

1. 科研机构和学校的定义

根据《规定》，可以享受关税优惠的科研机构和学校是指：①国务院部委、直属机构和省、自治区、直辖市、计划单列市所属专门从事科学研究工作的各类科研院所；②国家承认学历的实施专科及以上高等学历教育的高等学校；③财政部会同国务院有关部门核定的其他科学研究机构和学校。

2. 科研、教学用品的范围

科学、教学用品的范围包括：

（1）科学研究、科学试验和教学用的分析、测量、检查、计量、观测、发生信号的仪器、仪表及其附件。

（2）为科学研究和教学提供必要条件的科研实验用设备（用于中试和生产的设备除外）。

（3）计算机工作站，中型、大型计算机。

（4）在海关监管期内用于维修依照本规定已免税进口的仪器、仪表和设备或者用于改进、扩充该仪器、仪表和设备的功能而单独进口的专用零部件及配件。

（5）各种载体形式的图书、报刊、讲稿、计算机软件。

（6）标本、模型。

（7）教学用幻灯片。

（8）实验用材料。

（9）实验用动物。

（10）科学研究、科学试验和教学用的医疗检测、分析仪器及其附件（限于医药类院校、专业和医药类科学研究机构。经海关核准，上述进口单位以科学研究或教学为目的，在每5年每种1台的范围内，可将免税医疗检测、分析仪器用于其附属医院的临床活动）。

（11）优良品种植物及种子（限于农林类科学研究机构和农林类院校、专业）。

（12）专业级乐器和音像资料（限于艺术类科学研究机构和艺术类院校、专业）。

（13）特殊需要的体育器材（限于体育类科学研究机构和体育类院校、专业）。

（14）教练飞机（限于飞行类院校）。

（15）教学实验船舶所用关键设备（限于航运类院校）。

（16）科学研究用的非汽油、柴油动力样车（限于汽车类院校、专业）。

凡属于上述机构和学校，不以盈利为目的进口合理数量的国内不能生产的上述科研和教学用品，直接用于科学研究或教学的，均可以免征进口关税和进口环节增值税、消费税。

（七）残疾人专用品的免税

作为关税的社会政策内容的一种具体体现，国家对进口残疾人康复所需的残疾人专用品给予税收优惠。1997年4月，经国务院批准发布实施《残疾人专用品免征进口税收暂行规定》，海关总署制定了《关于残疾人专用品免征进口税收暂行规定的实施办法》。民政部直属企事业单位和省、自治区、直辖市民政部门所属福利机构和康复机构进口的残疾人专用物品，免征进口关税和进口环节增值税、消费税。残疾人专用品主要分为两类：

1. 残疾人自用物品

残疾人自用物品是指残疾人本人使用的物品，这与进口一般个人物品的"自用合理数量"中的"自用"的解释不同。后者一般除进口物品所有人本人外，还可以由其共同居住的亲属使用以及合理地馈赠亲友。进口残疾人个人自用物品，可以由纳税人直接在海关办理免税手续。批量进口残疾人专用品的进口单位应在进口前提交用途说明等文件，向其所在地主管海关申请，海关审核批准后签发"进出口货物免税证明"通知进口地海关办理免税手续。

残疾人自用物品包括：

（1）肢残者用的支辅具、义肢及其零部件、假眼、假鼻、内脏托带、矫形器、矫形鞋、非机动助行器、代步工具（不包括汽车、摩托车）、辅助器具、生活自助具、特殊卫生用品。

（2）视力残疾者用的盲杖、导盲镜、助视器、盲人阅读器。

（3）语言、听力残疾者用的语言训练器。

（4）智力残疾者用的行为训练器、生活能力训练用品。

2. 残疾人专用设备

残疾人专用设备不是为某一个残疾人使用，而是为残疾人公共使用。对于国内不能生产的残疾人专用设备，应由福利、康复机构填写"残疾人免税进口专用品申请表"一式三份，按隶属关系向民政部或中国残疾人联合会提出申请。经批准后由批准单位在"残疾人免税进口专用品申请表"上签章，报海关总署关税司审核。经审核无误后，通知福利、康复机构所在地主管海关，准予免征关税和进口环节国内税，进口地海关免税验放后，将"残疾人免税进口专用品申请表"第三联退福利、康复机构所在地海关。境外捐赠给残疾人个人或有关福利、康复机构的国内不能生产的残疾人专用品，应凭捐赠证明按上述规定办理。

福利、康复机构是指：①民政部直属企事业单位和省、自治区、直辖市民政部门所属福利机构、义肢厂和荣誉军人康复医院（包括各类革命伤残军人休养院、荣军医院和荣军康复医院）；②中国残疾人联合会（中国残疾人福利基金会）直属事业单位和省、自治区、直辖市残疾人联合会（残疾人福利基金会）所属福利机构和康复机构。

免税进口的残疾人专用品不得移作他用。

（八）进境展览品的减免税

根据《中华人民共和国海关暂时进出境货物管理办法》，由海关根据展览会的性质、参展商的规模、观众人数等情况，对其数量和总值进行核定，在合理范围内的，按照有关规定免征进口关税和进口环节税：

1. 小件样品

在展出活动中能代表境外货物的小件样品，包括原装进口的或者在展览期间用进口的散装原料制成的食品或者饮料的样品可免税，但必须符合下列条件：

1）由参展人免费提供并在展览期间专供免费分送给观众使用或者消费的。

2）单价较低，显然是作为广告品的。

3）不适用于商业用途，并且单位容量明显小于最小零售包装容量的。

4）食品及饮料的样品虽未按上述第3项规定，但确是在展览活动中消耗的。

超出上述限量的，应照章征税。

2. 消耗性材料

消耗性材料是指在展览会期间专为展出的机器或器件进行操作示范而进境的，并在示范过程中消耗或损坏的物料，以及参展商为修建、布置或装饰展台而进境的一次性廉价物品，如油漆、涂料及壁纸等。但展览会期间未使用完或未被消耗的部分应复运出境。否则，应按供境内消费货物向海关办理通关手续，并照章征税。

3. 展览中使用的印刷品

印刷品包括由参展商免费提供，并在展出期间专门用于向观众免费散发的与展览活动有关的宣传性印刷品、商业目录、说明书、价目单、广告招贴、广告日历及不附带镜框的照片。但在展览期间未分送完者应复运出境。否则，应按印刷品进口管理规定办理进口通关手续，并照章征税。

4. 其他文件

其他文件包括进境供各种国际会议使用或与其有关的档案、记录、表格等。

（九）边民互市的减免税

我国有着2.2万km的陆路边境线，与十几个国家接壤。由于历史和地理方面的原因，长期以来边境两侧的居民有着密切的经济贸易往来。为照顾边境居民的合理需要、促进边境地区的经济发展，根据国际惯例，我国海关对边境贸易在进出境税收和管理方面给予某些优惠。1996年3月29日，我国海关总署和原对外贸易经济合作部共同制定了《边民互市贸易管理办法》，后又几经修订。

"边民互市"是指，边境地区居民在中国陆路边境20km以内国家规定的开放地点或集市上，进行不超过规定金额或数量的商品交换活动。边民互市应当在国家规定的区域内进行，并接受海关监管。

根据《边民互市贸易管理办法》，边民通过互市贸易进口的生活用品（列入边民互市进口商品不予免税清单的除外），每人每日价值在人民币8000元以下的，免征进口关税和进口环节税。超过人民币8000元的，对超出部分按照规定征收进口关税和进口环节税。

（十）救灾捐赠进口物资的免税

为有利于对灾区紧急救援，规范救灾捐赠进口物资的管理，国家对外国民间团体、企业、友好人士和华侨、港澳居民和台湾同胞无偿向我国境内受灾地区捐赠的直接用于救灾的物资，在合理数量范围内，准予免征进口关税和进口环节增值税、消费税。

外国政府、国际组织无偿捐赠的救灾物资按《海关法》第三十九条和《中华人民共和国增值税暂行条例》第十六条有关规定执行，不适用《关于救灾捐赠物资免征进口税收的暂行办法》。

1. 享受救灾捐赠物资进口免税的区域

可以享受救灾捐赠物资进口免税待遇的区域，仅限于新华社对外发布和民政部《中国灾情报告》公布的受灾地区。

2. 救灾捐赠物资的免税范围

可以享受免税进口的救灾捐赠物资包括：

（1）食品类（不包括调味品、水产品、水果、饮料、酒等）。

（2）新的服装、被褥、鞋帽、帐篷、手套、睡袋、毛毯及其他维持基本生活的必需用品等。

（3）药品类（包括治疗、消毒、抗菌等）、疫苗、白蛋白、急救用医疗器械、消杀灭药械等。

（4）抢救工具（包括担架、橡皮艇、救生衣等）。

（5）经国务院批准的其他直接用于灾区救援的物资。

3. 审批管理

救灾捐赠进口物资应由民政部（国家减灾委员会）提出免税申请，但对于来自国际和友好国家及我国港澳台红十字会和妇女组织捐赠的物资，可以分别由中国红十字会、中华全国妇女联合会提出免税申请，海关总署依法审核并办理免税手续。

接受的捐赠物资中属配额、特定登记和进口许可证管理的商品，应向有关部门申请配额、登记证明和进口许可证，海关凭证验放。

免税进口的救灾捐赠物资按渠道分别由民政部（如涉及国务院有关部门，民政部应会同相关部门）、中国红十字会、中华全国妇女联合会负责接收、管理并及时发送给受灾地区。不得以任何形式将免税进口的救灾捐赠物资转让、出售、出租或移作他用。

（十一）外国政府、国际组织无偿赠送及我国履行国际条约规定进口物资减免税

根据《海关法》第五十六条的规定，外国政府、国际组织无偿赠送的物资，经接受单位的上级主管部门批准并经海关核准后，准予免征进口关税和进口环节国内税。

我国缔结或参加的国际条约中规定减征或免征关税的货品，准予减免进口关税和进口环节国内税。

根据《中华人民共和国海关对外国政府、国际组织无偿赠送及我国履行国际条约规定进口物资减免税的审批和管理办法》的解释，外国政府是指外国国家的中央政府；国际组织是指联合国各专门机构以及长期与我国有合作关系的其他国际组织；国际条约是指依据

《中华人民共和国缔结条约程序法》,以"中华人民共和国""中华人民共和国政府"以及"中华人民共和国政府部门"的名义同外国缔结协定或协议,以及参加的国际条约。

减免税范围包括:

(1)根据中国与外国政府、国际组织间的协定或协议,由外国政府、国际组织直接无偿赠送的物资或由其提供无偿贷款,由我国受赠单位按照协定或协议规定的用途自行购买的物资。

(2)外国地方政府或者民间组织受外国政府委托无偿赠送进口的物资。

(3)国际组织成员受国际组织委托无偿赠送进口的物资。

(4)我国履行国际条约规定减免税进口的物资。

受赠单位或项目执行单位应当在首批货物进口前向所在地直属海关提交赠送函或协议、协定、国际条约的复印件。外国政府、国际组织临时赠送,不能及时提交赠送函的,也可提交外国驻中国大使馆、国际组织驻中国办事处的证明函;外国地方政府或民间组织受外国政府委托赠送的物资,应向海关提交外国政府委托书,或外国驻我国大使馆的证明函;国际组织成员受国际组织委托赠送的物资应向海关提交国际组织的委托书或国际组织驻中国代表处的证明函。

受赠单位或者项目执行单位应当向其所在地直属海关办理审批手续,同时提交我国政府主管部委出具的"外国政府、国际组织无偿赠送及我国履行国际条约进口物资证明",上述协定、协议和证明函以及进口物资清单。受赠单位或项目执行单位为多个并跨省、市、自治区的,由政府主管部门向海关总署办理审批手续,海关总署批准后通知有关直属海关和进口地海关。由所在地直属海关审核无误后签发"进口货物征免税证明",进口地海关凭以减免税验放。

海关一般应在收到申请之日起10个工作日内办结审批手续。提交的材料不完整的,海关应在收到申请之日起5个工作日内通知申请单位补齐。

(十二)其他减免

进出境运输工具装载的在其运输途中必需的燃料、物料和饮食用品,经海关批准可以免征关税和进口环节国内税。

因故退运复进口的出口货物,如果由原发货人或其代理人申报进境,并能提供原出口单证,经海关审核无误者,准予免征关税和进口环节国内税。但原已征的出口税不予退还。非退运的复进口货物,应当照章征税。

此外,我国对民航系统进口飞机在国务院每年核准额度内,减征进口关税和进口环节增值税。

1988年,经国务院批准,海关总署会同财政部、国家物价局制定了《海关对进口减税、免税和保税货物征收海关监管手续费的办法》,对享受减免税优惠和保税的货品征收海关监管手续费。2007年11月2日,根据《海关总署关于废止部分海关规章的决定》(海关总署令167号),该《办法》废止。

二、进出口关税的缴纳

(一)关税缴纳证书

海关征收进出口关税和进口环节代征税时,应向纳税义务人或其代理人填发"海关专用缴款书"（含关税、进口环节代征税）。纳税义务人或其代理人持凭"海关专用缴款书"向银行缴纳税款。"海关专用缴款书"一式六联，第一联（收据）由银行收款签章后交缴款单位或者纳税义务人；第二联（付款凭证）由缴款单位开户银行作为付出凭证；第三联（收款凭证）由收款国库作为收入凭证；第四联（回执）由国库盖章后退回海关财务部门；第五联（报查）国库收款后，关税专用缴款书退回海关，海关代征税专用缴款书送当地税务机关；第六联（存根）由填发单位存查。

进口货物收货人或其代理人缴纳税款后，应将"海关专用缴款书"第一联送签发海关验核，海关凭以办理有关手续。

（二）关税的缴纳方式

海关法规定了以下三种关税缴纳方式可供纳税人进行选择：

1. 关税先纳制

这是通常情况下的关税缴纳方式，指的是海关在接受进出口货物通关手续申报后，逐票计算应征关税并填发关税缴款书，纳税人持关税缴款书到指定银行办理税款交付或转账手续后，海关凭加盖了"转讫章"的关税缴款书收据联办理放行手续。

2. 关税后纳制

对一些易腐、急需但有关手续无法立即办完的货物，海关允许纳税人在履行了有关担保手续后，先行办理货物放行，然后再办理关税缴纳手续。采用这种方式纳税人只有在交付海关部分货样、提供保证金或其他担保之后才可获许放行通关。

3. 定期汇总纳税制

为简化纳税手续，提高纳税效率，对于经海关审查符合下列条件的纳税人，可以获许采用定期统一汇总的方式缴纳应纳税款：

（1）经国务院、省、直辖市、自治区主管部门批准，具有进出口经营权。

（2）有一定的经营规模，年进出口货物总额在1亿美元以上；或进出口批量小但是品种繁多，年经营额在5000万美元以上。

（3）有良好的资信和管理。无欠税、偷逃关税和其他违反《海关法》行为的前科。

获批准实行定期汇总纳税制的纳税人，对在管辖海关办理进境申报手续的货物，每10天向管辖海关办理一次纳税手续；海关在第11天将前10天通关货物应纳税款分别计征后合计开出关税缴款书，并注明"定期汇总纳税"，同时应随附"货物征税计算表"。

（三）关税的缴纳时限

为保证关税及时征缴入库，我国《海关法》规定，进出口货物的纳税义务人，应当自海关填发税款缴款书之日起15日内缴纳税款。如果关税缴纳期限的最后一日是星期六、星期日或法定节假日，则关税缴纳期限顺延至周末或法定节假日过后的第一个工作日；逾期缴纳的，由海关按日征收0.5‰的滞纳金。

纳税人应该在一定期限内向海关缴纳关税。但有时纳税人由于资金周转困难或其他原因而无力支付关税，可向海关申请延长其全部或部分税款的缴纳期限。经海关审查，如确有暂时经济困难，可以批准纳税人在一定时期内缓纳关税。

欲缓纳关税的纳税人应当在有关货物进口之前或海关办理该货物内销通关申报手续之后的7日内向办理上述手续的海关提出书面申请，并说明缓税理由，同时向海关递交银行担保和缴纳计划。超过申请缓纳关税时限的，海关将不予受理。

海关对受理的缓税申请应立即进行审核，对确有暂时关税支付困难的纳税人可决定全部或部分缓税，对于因国家提高关税税率造成纳税义务人缴款困难的，只应批准其由于税率提高而增加的部分关税暂时缓纳。

关税的缓纳期限一般为3个月，因特殊原因超过3个月的，需要向海关总署提出申请。实行关税缓纳的纳税人，还应向海关支付关税缓纳期内的关税利息。我国海关规定利息从批准缓税后的第16日开始到纳税人或其代理人缴纳税款日为止，按月征收，不足1个月的按1个月计算，利息率为每月10‰，利息随同税款一同缴入国库。

（四）关税强制执行

如果关税的纳税人或其代理人未在规定的纳税期限内或批准的缓纳期限内缴纳税款，就构成了关税滞纳行为。这样，为保证海关征收关税决定的有效执行和国家财政收入的及时入库，海关将对滞纳关税的纳税人采取强制措施。强制措施主要有两种：征收关税滞纳金和强制缴纳。

1. 征收关税滞纳金

如果关税纳税人或其代理人未在规定期限内履行其关税给付义务，海关应在原应纳税款的基础上，对纳税人附加课征滞纳金。通过征收关税滞纳金，使纳税人承担新的经济负担，可以促使纳税人尽早履行纳税义务。征收关税滞纳金是海关的强制执行行为，它不属于海关的行政处罚。

2. 关税的强制缴纳

对在海关填发关税缴款书之日起3个月仍未履行缴纳关税义务的纳税人，海关可以采取强制缴纳手段来直接获得应纳税款。关税强制缴纳的方式又分为以下三种：

（1）强制扣缴。强制扣缴是指海关依法自行或向人民法院申请采取从纳税人的开户银行或其他金融机构的存款中将相当于纳税义务人应纳税款的款项强行划拨入中央国库的措施，即书面通知其开户银行或其他金融机构从其存款中扣缴税款。这种强制征收方式的前提是纳税人在其银行账户中有存款。

（2）变价抵扣。变价抵扣是指纳税义务人的银行账户中没有存款或存款不足以强制扣缴时，海关可以将未放行的应税货物依法变卖，以销售货物所得价款抵缴应缴税款。

（3）如果该货物已经放行，海关可以将该纳税义务人的其他价值相当于应纳税款的货物或其他财产变卖，以变卖所得价款抵缴应缴税款。

《海关法》规定，强制缴纳只有在纳税人在受领海关填发的关税缴款书后3个月内仍拒不缴纳关税时才可采取，一般优先采取强制扣缴办法。

（五）纳税争议的解决

在实际工作中，有时会出现一些因纳税人不同意海关做出的征税决定而发生的纠纷，由于争议双方至少有一方是国家行政单位——海关，因而它属于行政争议。事实上，在关税征收过程中，海关有可能对纳税人做出不符合法律法规的决定；海关应当允许纳税人拥有对征税决定发表不同意见的权利；另外，即使海关的决定完全合法，纳税人也有权通过途径获得令人满意的解释。

由于关税纳税争议涉及商品归类、海关估价和确定进出口货物的原产地等复杂的海关技术和专门知识，具有特殊性，因此，对海关征收关税的行政行为不服的，《海关法》规定关税纳税争议应当适用行政复议前置程序。即对于纳税争议，当事人应当先向与之发生纳税争议的海关的上一级海关申请行政复议（对海关总署做出的征税决定不服的，应当先向海关总署申请复议），对于上一级海关或者海关总署行政复议决定不服的，可以向人民法院提出行政诉讼。复议前置程序只适用于纳税争议，即有关当事人对海关征收关税的实体法上的行为有异议，具体包括对进出境货物的原产地的确定、税则归类、税率变更时税率的应用、完税价格的审定、外币兑换率的适用、关税税额的确定、关税减征或者免征（包括应否征收关税）、追征、补征和退还等征收关税的行为是否合法或适当，是否侵害其合法权益等海关征收关税的行为表示异议。

当事人可以自知道海关具体行政行为之日起 60 日内向有管辖权的上一级海关申请行政复议，上一级海关自接受复议申请的 60 日内做出复议决定通知当事人。当事人对海关复议机关决定不予受理或者超过行政复议期限不予答复以及不接受海关复议机关所做出的复议决定的，可以自收到不予受理决定书之日起或行政复议期满之日起 15 日内向人民法院起诉。

对于当事人不在法定时限内申请复议或者不履行海关复议机关的复议决定，又不在法定期限内起诉的，海关依法强制执行或由复议机关申请法院强制执行。

最后需要指明的是，以上规定同样适用于其他进出口税费的税收复议。

三、进出口关税的退补

（一）关税退还制度

纳税人或其代理人缴纳关税后，海关将原缴纳关税税款的全部或部分返回给原纳税人的制度称为关税退还制度。我国的关税退还制度有复出口退税和溢征退税。

1. 复出口退税

已缴纳进口关税的货物在境内经加工、制造或修理后复运出境时，海关退还其全部或部分已纳关税税款称为复出口退税。我国海关曾对加工贸易项下某些不能按规定向海关办理核销手续的企业的货物适用该制度。实行加工贸易保证金台账管理制度后，加工贸易的货物统一实行保证金台账管理，暂时停止了适用该制度。

2. 溢征退税

关税纳税人或其代理人缴纳关税后，海关或纳税人发现应征税款少于已征税额则构成溢征。经由一定的程序由海关向原纳税人退还溢征税款被称为溢征退税。导致溢征的原因可能是海关做出征收关税决定的依据发生了变化（如货物放行前因不可抗力发生损失），也可能是纳税人申报时疏忽大意，还可能是其他原因。

根据我国《海关法》的规定，下列情形属于溢征退税范围：

（1）海关认定征收关税的事实或适用法律错误或不适当。

（2）海关计征关税中产生的技术性错误。

（3）海关核准免验的进口货物，纳税后发现进口货物有短少并不再补偿进口。

（4）进口货物征收关税后海关放行前发现：在国外运输或起卸过程中货物遭受损失；货物起卸后因不可抗力遭受损失；海关查验时发现非因仓库管理人员或货物所有人保管不当而导致破漏、损坏、腐烂，并且货物不再补偿进口。

（5）海关放行后发现货物不符合规定标准，索赔而不再补偿进口。

（6）已征出口税因故未能装运出口，申报退关。

(7) 依法可享受减免关税优惠，但申报时未提供有关证明，在征税后补验有关证明经海关同意者。

根据对溢征关税情况的发现和事实认定的不同，退还溢征关税手续分为以下三种：

(1) 主动退还。发生上述 (1) (2) 两项应退情况，海关在纳税义务人或其代理人缴纳税款后 1 年内发现，并经查证属实，应报海关关长或其授权人同意主动退还。

(2) 申请退还。原纳税义务人在发现上述溢征情况 (2)~(7) 项时，可向原征收关税海关提出书面申请，经海关查证属实并核算应退税款，报请海关关长或其授权人同意后，应予以退还。其中上述溢征 (2)~(6) 项情况申请退税期限为其纳税后 1 年，(7) 项为纳税后半年。纳税人同时应向海关缴纳退税手续费每案 50 元。办理退税时，纳税义务人应填写"退税申请表"，连同原盖有银行收款章的税款缴纳收据正本及其他必要单证（合同、发票等）送海关审核，海关同意后，应按原征税或者补税之日所实施的税率计算退税额。

(3) 决定或判决退还。在上述各种情况下，对海关征收关税决定有异议者，经海关行政复议决定，或纳税人对行政复议结果不服而向人民法院起诉后由人民法院判决，由海关向纳税人退还溢征税款。

海关退还溢征关税时，应填发"中华人民共和国税收收入退还书"，交纳税人或其代理人到指定银行办理关税退还手续。

(二) 关税的追、补征制度

纳税人或其代理人按核定的税额缴纳关税后，海关发现核定征收关税税额少于应征关税税额，就出现了关税短征。海关有权责令纳税人或其代理人补缴所差的税款。如果造成关税短征的原因在纳税义务人或其代理人一方，则称为追征；如果造成关税短征的原因不在纳税人或其代理人一方，则称为补征。

海关做出追征或补征关税的决定后，即以关税缴款书的形式通知纳税人或其代理人，关税缴款书中注明了追征或补征原关税缴款书的税款。纳税人或其代理人应按规定在关税缴纳期限内缴纳关税差款。

1. 补税的范围及适用税率

(1) 按照特定减免税办法批准予以减免税的进口货物，经海关批准转让或出售需补税时，应按其原进口日所实施的税率征税。

(2) 属于保税性质的来料加工、进料加工的进口料件，如经批准转为内销的，应按向海关申报转内销当天的税率补税。

(3) 暂时进口货物转为正式进口需补税时，应按其转为正式进口日所实施的税则税率征税。

(4) 对于未经批准擅自转为内销的来（进）料加工的进口料件及暂时进口货物擅自处理的，按海关查获之日所实施的税则税率补税。

(5) 由于税则归类的改变，完税价格的审定或其他工作差错而需补征税款的，应按原征税日实施的税则税率补税。

(6) 滥卸、误卸货物事后确定需征税的，应按其原申报进口日所实施的税则税率补税。如原进口日期无法查明时，可按确定补税当天所实施的税则税率征税。

(7) 海关查获的走私进口货物需补税时，应按查获日期所实施的税则税率补税。

2. 期限及要求

进出口货物完税后,由于海关方面的原因造成的少征或者漏征税款,海关应当自缴纳税款或者货物放行之日起 1 年内,向收发货人或者他们的代理人补征。因收发货人或者其代理人违反规定而造成的少征或者漏征,海关在 3 年内可以追征。追补征的时间应根据海关是否征收关税而定。若海关对该货物征收了关税,但发生了少征的,从缴纳关税税款的次日算起;若海关对该货物漏征关税,则只能从放行货物次日算起。若超过了《海关法》规定的追征和补征的时效期限,海关就丧失了追征或补征关税的权利。

因海关原因造成的少征、漏征税款,由原征税海关补征;对于查获的违规案件中需补征税款的,如果查获海关不是进口地海关,由查获海关补征税款。因发货人或者他们的代理人违反规定而造成的少征或漏征,海关可以视其错误和具体情节,给予处罚。

本章练习题

一、不定项选择题

1. 某公司从德国进口一套机械设备,发票列明:设备价款 CIF 天津 USD 300000,设备进口后的安装及技术服务费用 UDS 10000,买方佣金 USD 1000,卖方佣金 USD 1500。该批货物经海关审定后的成交价格应为( )。

   A. USD 311000　　　B. USD 301500　　　C. USD 301000　　　D. USD 291500

2. 因纳税义务人违反规定造成少征或漏征税款的,海关可以在规定期限内追征税款并从缴纳税款或者货物放行之日起至海关发现违规行为之日止按日加收少征或漏征税款的滞纳金。其规定期限和滞纳金的征收标准分别为( )。

   A. 1 年;0.5‰　　　B. 3 年;0.5‰　　　C. 1 年;1‰　　　D. 3 年;1‰

3. 在( )时,海关可以拒绝接受申报价格而另行估价。

   A. 买方对进口货物的处置受到了卖方的限制,具体表现在买方必须将进口货物转售给卖方指定的第三方

   B. 买卖双方达成的销售价格是以买方同时向卖方购买一定数量的其他货物为前提

   C. 进口方在国内销售进口货物所产生的收益中有一部分返还给出口方,然后这一部分收益的具体金额尚不能被确定

   D. 进口方和出口方是母子公司,但上述关系并未对成交价格产生影响

4. 关于进出口税率的计算,下列表述正确的是( )。

   A. 税款的起征点为人民币 50 元

   B. 完税价格计算至元,元以下四舍五入

   C. 税额计算至分,分以下四舍五入

   D. 进出口货物的成交价格及有关费用以外币计价的,海关应当按照填发税款缴款书之日公布的汇率中间价折合成人民币

二、思考题

1. 判断货物原产地的标准有哪些?
2. 税率适用时间有什么样的规定?
3. 出口货物的完税价格应如何确定?

第九章
与报关相关的其他海关管理制度

本章学习目标

通过学习本章,学生应熟练掌握海关事务担保制度,了解知识产权海关保护制度,掌握通关中的违法行为及其责任追究,掌握与海关发生争议的解决途径,了解海关稽查制度。

本章关键词

海关事务担保制度　知识产权海关保护制度　通关中的违法行为　海关行政复议　海关行政诉讼　海关稽查

第一节　海关事务担保制度

一、海关事务担保概述

（一）海关事务担保的定义

所谓海关事务担保,是指与海关管理有关的当事人在向海关申请从事特定的经营业务或者办理特定的海关手续时,其本人或海关认可的第三人以向海关提交现金、实物或者保证函等财产、权利,保证在一定期限内履行其承诺的义务的法律行为。

建立海关事务担保制度是解决简化手续、加速通关与严密监管、防范风险这一对海关管理矛盾的有效方法之一,特别是在当前海关担负着既要加大查处走私案件力度、维护国家利益,又要便利守法企业、促进贸易效率的双重任务的情况下,建立和完善海关事务担保制度显得尤为必要。我国的海关事务担保制度是根据担保法律的一些基本原理,借鉴国外海关的先进经验,创新性地建立的海关事务法律制度,在公平合理与有效管理的基础上,将民事法律中的交易保障制度引进到行政法律的行政管理和执法保障制度中,它既有利于简化海关手续、促进贸易效率和经济发展,又能保障国家财政收入和《海关法》及《对外贸易法》等的贯彻实施。

（二）海关事务担保的性质

1. 履行性

担保人提供的担保,具有在规定期限内由担保人履行在正常情况下应当履行其承诺义务（办理某项海关手续）的性质。例如,进口货物因未能在报关时呈交发票,担保人提供担保,要求海关先予放行货物的,应当在规定的期限内向海关补交发票。

2. 惩罚性

若由于担保人的过错,不能履行担保事项所列明的义务,海关将依法对担保人给予惩罚，让其承担一定的法律责任，以达到惩戒和教育的目的。例如，进口货物的当事人正在办理特定减免税手续，而货物已运抵口岸，亟待提取使用，要求海关缓办进口纳税手续，经海关同意，在当事人以缴纳保证金方式提供担保后先予放行货物，但在规定的担保期限内当事人未能办妥特定减免税手续，又未能补交税款，海关可责令担保人缴纳税款或将保证金抵作税款，并处以罚款。

3. 补偿性

对涉及税款的担保，无论是责令补交税款，还是将保证金抵作税款，或是通知银行扣缴税款，主要目的还是补偿关税的收入。

（三）海关事务担保的作用

对进出境海关事务的担保制度，从本质上讲，是海关支持和促进对外贸易发展和科技文化交流的措施，既有利于保障国家利益不被侵害，又便利进出境活动，促进对外贸易效率的提高。同时，担保制度对进出境活动的当事人也将产生较强的制约作用，促进企业守法自律，按时履行其承诺的诸如补交单证、补缴税款、按规定复出（进）口等义务。

二、海关事务担保的适用

（一）一般适用

1. 当事人申请提前放行货物的担保

根据《中华人民共和国海关事务担保条例》，有下列情形之一的，当事人可以在办结海关手续前向海关申请提供担保，要求提前放行货物：

1）进出口货物的商品归类、完税价格、原产地尚未确定的。
2）有效报关单证尚未提供的。
3）在纳税期限内税款尚未缴纳的。
4）滞报金尚未缴纳的。
5）其他海关手续尚未办结的。

国家对进出境货物、物品有限制性规定，应当提供许可证件而不能提供的，以及法律、行政法规规定不得担保的其他情形，海关不予办理担保放行。

2. 当事人申请办理特定海关业务的担保

当事人申请办理下列特定海关业务的，按照海关规定提供担保：①运输企业承担来往内地与港澳公路货物运输、承担海关监管货物境内公路运输的；②货物、物品暂时进出境的；③货物进境修理和出境加工的；④租赁货物进口的；⑤货物和运输工具过境的；⑥将海关监管货物暂时存放在海关监管区外的；⑦将海关监管货物向金融机构抵押的；⑧为保税货物办理有关海关业务的。

当事人不提供或者提供的担保不符合规定的，海关不予办理前款所列特定海关业务。

3. 税收保全担保

进出口货物的纳税义务人在规定的纳税期限内有明显的转移、藏匿其应税货物以及其他财产迹象的，海关可以责令纳税义务人提供担保；纳税义务人不能提供担保的，海关依法采取税收保全措施。

4. 免予扣留财产的担保

有违法嫌疑的货物、物品、运输工具应当或者已经被海关依法扣留、封存的，当事人可以向海关提供担保，申请免予或者解除扣留、封存。

有违法嫌疑的货物、物品、运输工具无法或者不便扣留的，当事人或者运输工具负责人应当向海关提供等值的担保；未提供等值担保的，海关可以扣留当事人等值的其他财产。

有违法嫌疑的货物、物品、运输工具属于禁止进出境，或者必须以原物作为证据，或者依法应当予以没收的，海关不予办理担保。

法人、其他组织受到海关处罚，在罚款、违法所得或者依法应当追缴的货物、物品、走私运输工具的等值价款未缴清前，其法定代表人、主要负责人出境的，应当向海关提供担保；未提供担保的，海关可以通知出境管理机关阻止其法定代表人、主要负责人出境。受海关处罚的自然人出境的，适用上述规定。

（二）其他适用

进口已采取临时反倾销措施、临时反补贴措施的货物应当提供担保的，或者进出口货物收发货人、知识产权权利人申请办理知识产权海关保护相关事务等，依照《中华人民共和国海关事务担保条例》的规定办理海关事务担保。法律、行政法规有特别规定的，从其规定。

（三）免予适用

《海关法》在海关事务担保的有关条款中规定：如其他进出境管理的法律、行政法规根据实践需要规定免除担保的情形，则按照一般的法律适用原则，这种"免除担保"的特别规范优先于"凭担保放行"的一般规范。因此，在这种特别规范的适用范围内，因各种原因未办结海关手续的货物，可以免除担保而被收发货人先予提取或装运出境。例如保证金台账制度根据加工贸易项目的性质和企业的资信级别，对一部分加工贸易项目实行具有免除担保意义的"不转"和实行"空转"的措施等。

当事人连续两年同时具备下列条件的，可以向直属海关申请免除担保，并按照海关规定办理有关手续：①通过海关验证稽查；②年度进出口报关差错率在3%以下；③没有拖欠应纳税款；④没有受到海关行政处罚；⑤在相关行政管理部门无不良记录；⑥没有被追究刑事责任等。

（四）总担保

当事人在一定期限内多次办理同一类海关事务的，可以向海关申请提供总担保。海关接受总担保的，当事人办理该类海关事务，不再单独提供担保。总担保的适用范围、担保金额、担保期限、终止情形等由海关总署规定。

可申请总担保的常见情形有以下三种：

1）ATA单证册项下暂准出口货物由中国国际商会统一向海关总署提供担保。

2）经海关同意知识产权权利人可以向海关提供总担保，总担保保证金资金额不得低于人民币20万元。

3）由银行对纳税义务人在一定期间内通过网上支付方式申请缴纳的进出口税费提供总担保。

三、担保人的资格及担保责任

（一）担保人的资格

《海关法》规定："具有履行海关事务担保义务能力的法人、其他组织或者公民，可以成为担保人。法律规定不得为担保人的除外。"

具有履行海关事务担保义务能力是对法人、其他组织和公民作为担保人的基本要求。对于担保人而言，其履行义务的能力主要表现在他（它）应当拥有足以承担担保责任的财产。公民作为担保人还应当具有民事行为能力，无民事行为能力或者限制行为能力的，即使拥有足以承担担保责任的财产，也不能作为担保人。同样基于担保人应当具有履行能力的基本要求，《海关法》对担保人的资格又做了必要的限制，规定如其他有关法律对担保人资格已做出限制性规定的，则这种法人、其他组织或公民就不能作为担保人。

按照我国《担保法》等有关法律的规定，国家机关不得为担保人。这是因为国家机关主要从事国家活动，其财产和经费来源于国家财政和地方财政的拨款，并主要用于符合其设立宗旨的公务活动。国家机关的财产和经费若用于清偿担保义务，不但与其活动宗旨不符，而且也会影响其职能的正常发挥。例如《中国人民银行法》规定："鉴于中国人民银行作为中央银行在国务院的领导下，制定和实施货币政策，对金融业实施监督管理，故不得向任何单位或个人提供担保。"另外，学校、幼儿园、医院等以公益为目的的事业单位、社会团体也不得为担保人。这类单位、团体的设立，具有增进社会公共利益的目的，如果为海关事务提供担保，就有可能减损其用于公益目的的财产，无疑有违其设立的宗旨。

担保人要具有履行海关事务的担保能力。根据我国《民法通则》和《担保法》的有关规定精神，具有代为清偿能力的人才能作担保人。所谓担保人的代为清偿能力，是指担保人能够履行其承诺的法律义务的能力，具体来说是指担保人对货物的进出口或税款的缴纳等承担法律责任的能力。衡量担保人的代为清偿能力，可从以下两方面入手。一是担保人应具备足以代为清偿所承诺义务的财产，担保人的财产包括担保时已经真实存在的财产，以及在担保期间能够取得的财产或实现的财产权利。担保人的财产大于或等于代为清偿所承诺的财产义务时，应视为具有代偿能力，反之则视为不具有代偿能力。二是担保人须对其用作偿付承诺义务的财产拥有处分权。担保人对其财产拥有所有权，在一般情况下当然也就拥有处分权。但是在一定条件下，法律对所有权人的处分权施加限制，如已设定担保物权的财产等就不能随意行使处分权，因此不能用作偿付所承诺义务的财产。

（二）担保人的担保责任

《海关法》规定的担保人应当在担保期限内承担担保责任。担保人履行担保责任的，不免除被担保人应当办理有关海关手续的义务。

1. 担保人的担保责任

担保人应承担的担保责任，主要是被担保人应当在规定的期限内全面、正确地履行其承诺的海关义务。根据担保个案的不同情况，其责任范围也有区别，例如仅担保税款，或担保税款和利息，或在担保人与海关约定下将担保扩大至税款、利息及罚款。

2. 担保的期间

这是指担保人承担担保责任的起止时间。担保人在规定的担保期间内承担担保责任。逾期后，即使被担保人未履行海关义务，担保人也不再承担担保责任。鉴于法律规定可适用担保的范围内所涉及的事项千差万别，不可能对此做出"一刀切"的规定。因而担保期间主要由海关行政法规来制定。

3. 担保责任的解除

被担保人如果在规定的期间内履行了其承诺的义务（如按时补交单证、按时缴纳税款、按时缴纳罚款等），担保人的担保责任则应依法予以解除，由海关及时办理销案手续，退还有关保证金等。

四、海关事务担保的方式

《海关法》通过列举的方式，明确规定了财产或权利担保的范围。

（一）人民币、可自由兑换的货币

人民币是我国的法定货币，支付我国境内的一切公共的和私人的债务，任何单位或个人均不能拒收；可自由兑换货币是指国家外汇管理局公布挂牌的作为国际支付手段的外币现钞。

（二）汇票、本票、支票、债券、存单

汇票是指由出票人签发的委托付款人在见票时或在指定日期，无条件支付确定的金额给收款人或持票人的票据，分为银行承兑汇票和商业承兑汇票两种。

本票是由出票人签发的，承诺自己在见票时无条件支付确定的金额给收款人或持票人的票据。

支票是指出票人签发的，委托办理支票存款业务的银行或者其他金融机构，在见票时无条件支付确定的金额给收款人或者持票人的票据。

债券是指依照法定程序发行的，约定在一定期限还本付息的有价证券，包括国债券、企业债券、金融债券等。

存单是指储蓄机构发给存款人的证明其债权的单据。

此外，本项可担保的权利还包括外币支付凭证、外币有价证券等。

（三）银行或者非银行金融机构出具的保函

保函即法律上的保证，属于人的担保范畴。保函不是以具体的财产提供担保，而是以保证人的信誉和不特定的财产为他人的债务提供担保。保证人必须是第三方。保证人应当具有清偿债务的能力。

根据《中国人民银行法》的规定：中国人民银行作为中央银行，不能为任何单位和个人提供担保，故不属担保银行的范畴。

对于 ATA 单证册项下进出口的货物，可由担保协会这一特殊的第三方作为担保人，为展览品等暂准进出口货物提供保函方式的担保。

（四）海关依法认可的其他财产、权利

这是指除上述财产、权利外的其他财产和权利。

五、海关事务担保的实施

（一）保证金的应用

1. 保证金的分类及适用

海关依法收取的保证金资金，根据担保业务性质的不同分为税款类保证金、风险类保证金和案件类保证金三种。

（1）税款类保证金。税款类保证金适用于下列情形：

1）海关尚未确定商品归类、完税价格、原产地、进口货物物品数量等征税要件的。

2）正在海关办理减免税审批手续的。

3)申请延伸缴纳税款的。
4)暂时进出境的。
5)进境修理和出境加工的。
6)因残损、品质不良或者规格不符纳税义务人申报进口或者出口无代价抵偿货物时,原进口货物尚未退运出境或者尚未放弃交由海关处理的,或者原出口货物尚未退运进境的。
7)对缉私、稽查查获的执行风险较大的追征补征税款情事的。
8)其他按照有关规定应当收取税款类保证金的情形。

(2)风险类保证金。风险类保证金包括：
1)对加工贸易企业收取的保证金。
2)对加工贸易货物备案征收的保证金。
3)对同一经营单位申请将剩余料件结转到另一加工厂收取的保证金。
4)对从事转关运输的企业收取的保证金。
5)对加工区之间往来的货物、物品不能按照转关运输办理的企业收取的保证金。
6)对进口货物收货人在申请减免滞报金期间因故需先行提取货物收取的保证金。
7)对租赁进出口货物、物品收取的保证金。
8)其他按照有关规定收取的保证金。

(3)案件类保证金。案件类保证金包括：
1)对无法或者不便扣留的货物、物品或者运输工具收取的等值保证金。
2)对受海关处罚,在出境前未缴清罚款、违法所得和依法追缴的货物、物品、走私运输工具的等值价款的当事人收取的保证金。
3)对涉及知识产权保护收取的保证金。
4)其他按照有关规定收取的保证金。

2. 保证金资金额

当事人提供的担保应当与其需要履行的法律义务相当,担保金额按照下列标准确定：
1)为提前放行货物提供的担保,担保金额不得超过可能承担的最高税款总额。
2)为办理特定海关业务提供的担保,担保金额不得超过可能承担的最高税款总额或者海关总署规定的金额。
3)因有明显的转移、藏匿应税货物以及其他财产迹象被责令提供的担保,担保金额不得超过可能承担的最高税款总额。
4)为有关货物、物品、运输工具免予或者解除扣留、封存提供的担保,担保金额不得超过该货物、物品、运输工具的等值价款。
5)为罚款、违法所得或者依法应当追缴的货物、物品、走私运输工具的等值价款未缴清前出境提供的担保,担保金额应当相当于罚款、违法所得数额或者依法应当追缴的货物、物品、走私运输工具的等值价款。

此外,有违法嫌疑的货物、物品、运输工具无法或者不便扣留的当事人或者运输工具,根据《1994年关税与贸易总协定》第二十条的一般例外规定：对诸如保护国家安全,维护公共道德,保障人民、动植物的生命或健康,保护本国文物以及保护可能用竭的天然资源等目的,可以作为例外,对其负责人采取禁止或者限制进出口的措施。

(二) 保证函的应用

除上述须用保证金申请担保之外，担保人均可以保证函方式申请担保。在实施保证函担保时，因担保人所要担保的情况不同，在实际使用时，对担保人的身份也有相应的要求。

(三) 担保的手续

1. 担保申请

凡符合申请担保条件的货物，由担保人向办理有关货物进出口手续的海关申请担保，由海关审核并确定担保的方式。

2. 提供担保

以保证金方式申请担保的，由担保人向海关缴纳相当于有关货物进口税费等额的保证金，并获取海关开具的海关保证金收据。以保证函方式申请担保的，由担保人按照海关规定的格式填写保证函一式两份，并加盖担保人印章，一份交海关备案，另一份留存。

(四) 担保的期限

在一般情况下，担保期不得超过20天，否则，海关将对有关进出口货物按规定处理。遇有特殊情况时应在担保期内向海关申请延长担保期限，由海关审核批准延期。暂准进口货物的担保期限按照海关对暂时进口货物监管制度的有关规定执行，一般是在货物进口之日起6个月内。

(五) 担保的销案

担保人必须于担保期满前凭"保证金收据"或留存的保证函向海关办理销案手续。在担保人履行了向海关承诺的义务后，海关将退还担保人已缴纳的保证金，或注销已提交的保证函。至此，担保人的担保义务履行完毕。

(六) 担保人的法律责任

对未能在担保期限内向海关办理销案手续的，担保人将承担相应的法律责任：①将保证金抵作税款，责令报关人按规定补办进口手续，并处以罚款；②责令担保人缴纳税款或通知银行扣缴税款，并处以罚款；③暂停或取消报关员的报关资格等。

(七) 被担保人的法律责任

根据《海关法》第六十九条的规定："担保人应当在担保期限内承担担保责任。担保人履行担保责任的，不免除被担保人应当办理有关海关手续的义务。"担保人应当在担保期限内承担担保责任。所谓担保期限是指始于担保生效终于担保消灭的时间阶段。由于履行海关义务都有一定的法律上的时间要求，因此为履行海关义务所提供的担保自然也不应当是无期限的，担保人仅在担保期限内承担担保责任，所以确定担保期限对于确定担保责任具有重要的法律意义。同时由于担保人的责任具有补充性，即只有在被担保人不履行海关义务时，担保人才承担担保责任，因此在履行期没有届满时，担保人也不承担担保责任。

担保人履行担保责任的，不免除被担保人应当办理有关海关手续的义务。对于担保人履行了担保责任的是否就免除被担保人的责任问题，《海关法》第六十九条做出了明确的回答：不免除被担保人应当办理有关海关手续的义务。这是海关事务担保与一般的民事法律担保的重要区别。由于海关与被担保人不是平等民事主体之间的关系，而是以国家权力为基础的监管与被监管的关系，所以并不因为担保人承担了担保责任就免除了被担保人对海关所承担的法律义务，被担保人就可以不再办理有关的海关手续。无论担保人是否履行了担保责任，被担保人都有办理有关海关手续的义务。担保人、被担保人违反《中华人民共和国海关事务担保条例》，使用欺骗、隐瞒等手段提供担保的，由海关责令其继续履行法律义务，处 5000 元以上 50000 元以下的罚款；情节严重的，可以暂停被担保人从事有关海关业务或者撤销其从事有关海关业务的注册登记。

第二节　知识产权海关保护制度

一、知识产权海关保护概述

（一）知识产权的含义

知识产权是指人们对利用自己的知识，用脑力劳动所创造的智力成果依法享有的一种权利，又称智力成果权。将智力成果称为"财产"或"产权"意味着这些受到法律保护的智力成果具有财产的性质，只有得到权利人的同意，其他人才能使用这些成果。

知识产权具有无形性、专有性、地域性、时间性和可复制性的特点。世界贸易组织在《与贸易有关的知识产权协议》中将与贸易有关的知识产权的范围界定如下：①版权与著作权；②商标权；③地理标志权；④工业品外观权；⑤专利权；⑥集成电路布图设计权；⑦未披露过的信息专有权。

（二）知识产权海关保护的适用范围

为履行我国在中美知识产权谈判中所承诺的义务，国务院于 1994 年 7 月 5 日发布了《关于进一步加强知识产权保护工作的决定》。该《决定》规定："为了履行外国参加的《保护工业产权的巴黎公约》和《保护文学和艺术作品的伯尔尼公约》的有关规定，加强对外经济技术贸易中的知识产权保护，要强化海关在保护知识产权、制止侵权产品进出境方面的职能，采取必要的边境措施，有效地制止侵权产品的进出口。海关要加强与有关部门的联系和配合，依法严格实施知识产权的边境保护措施。"根据国务院的指示，海关总署于 1994 年 9 月 1 日发出公告，宣布自 9 月 15 日起，侵犯受中华人民共和国法律和行政法规保护的知识产权的货物禁止进出境。从此，我国开始对知识产权实施保护。

知识产权海关保护，是指海关为了维护正常的社会经济秩序和公共利益，依照国家的法律法规，制止侵犯知识产权的货物进境或者出境的措施。

1995 年 7 月 5 日，国务院（第 179 号令）发布了《知识产权海关保护条例》。2003 年、2010 年国务院（第 395 号令）对该《条例》进行了修订。《知识产权海关保护条例》借鉴了发达国家海关的经验和《与贸易有关的知识产权协议》的做法，结合我国国情，把我国知识产权海关保护的适用界定为：与进出口货物有关并受中华人民共和国法律、行政法规保护的商标专用权、著作权和专利权。

根据《知识产权海关保护条例》第二条的规定，我国海关保护的知识产权应当是与进出口货物有关并受中华人民共和国法律、行政法规保护的商标专用权、著作权和与著作权有关的权利、专利权。具体来说，包括以下范围：

（1）国家工商行政管理总局商标局核准注册的商标。

（2）在世界知识产权组织注册并延伸至我国的国际注册商标。

（3）国家知识产权局授予专利权的发明、外观设计、实用新型专利。

（4）《保护文学和艺术作品的伯尔尼公约》成员的公民或者组织拥有的著作权和与著作

权有关的权利。

此外，根据国务院颁布的《奥林匹克标志保护条例》和《世界博览会标志保护条例》的规定，我国海关也对奥林匹克标志和世界博览会标志实施保护。

知识产权海关保护的主要法律依据，是《海关法》《知识产权海关保护条例》《中华人民共和国海关关于〈中华人民共和国知识产权海关保护条例〉的实施办法》（以下简称《实施办法》）和其他有关知识产权的法律法规。

《知识产权海关保护条例》规定，禁止侵犯知识产权的货物进出口。

（三）知识产权海关保护的权利人

知识产权权利人是指我国《商标法》《专利法》和《著作权法》中规定的商标注册人、专利权人、著作权人和与著作权有关的权利人。权利人在其著作权、商标权和专利权被注册或授予后，便有权依法享有申请知识产权海关保护的权利。

（四）进出口收发货人申报知识产权状况的义务

进出口收发货人在办理进出口货物的海关手续时，须应海关的要求，就货物的知识产权状况进行补充申报，并附交有关拥有或合法使用有关知识产权的证明文件。海关认为必要时，可根据《海关法》的有关规定，查验进出口货物并提取货样。

知识产权海关保护涉及海关、权利人和收发货人三方，这既有权利人与收发货人之间的私权法律关系，也有海关与权利人、收发货人的行政管理法律关系。虽然这两种法律关系时刻会缠绕在一起，但《知识产权海关保护条例》确立了海关不介入当事人民事纠纷的原则。

（五）知识产权海关保护的模式

中国海关对知识产权的保护可以划分为"依申请保护"和"依职权保护"两种模式：

1. 依申请保护

依申请保护，是指知识产权权利人发现侵权嫌疑货物即将进出口时，根据《知识产权海关保护条例》第十二、十三和十四条的规定向海关提出采取保护措施的申请，由海关对侵权嫌疑货物实施扣留的措施。由于海关对依申请扣留的侵权嫌疑货物不进行调查，知识产权权利人需要就有关侵权纠纷向人民法院起诉，所以依申请保护也被称作海关对知识产权的"被动保护"模式。

2. 依职权保护

依职权保护，是指海关在监管过程中发现进出口货物有侵犯在海关总署备案的知识产权的嫌疑时，根据《知识产权海关保护条例》第十六条的规定，主动中止货物的通关程序并通知有关知识产权权利人，并根据知识产权权利人的申请对侵权嫌疑货物实施扣留的措施。由于海关依职权扣留侵权嫌疑货物属于主动采取制止侵权货物进出口，而且海关还有权对货物的侵权状况进行调查和对有关当事人进行处罚，所以依职权保护也被称作海关对知识产权的"主动保护"模式。

知识产权权利人向海关申请采取依职权保护措施前，应当按照《知识产权海关保护条例》第七条的规定，将其知识产权及其他有关情况向海关总署进行备案。

（六）海关实施知识产权保护的意义和作用

近年来，进出口侵犯知识产权货物的情况十分严重，对我国的社会主义法制建设和市场经济秩序造成了巨大的损害，海关作为进出口的监督管理机关，对知识产权实施保护，可以有效地制止进出口侵权货物的违法活动，维护国家的对外贸易秩序，鼓励对外贸易企业公平竞争，合法经营，从而促进我国的社会主义市场经济秩序的建立和完善。

二、申请知识产权海关保护的程序

《知识产权海关保护条例》在规定申请知识产权海关保护的程序中确立了知识产权海关保护的备案和知识产权权利人申请海关保护两项手续。

（一）知识产权海关保护的备案

1. 备案申请人

知识产权海关保护备案的申请应由权利人或其代理人向海关总署提出。权利人在中国境内未设有营业场所或办事机构的，应委托其在境内的代理人提出备案申请。如果共有知识产权的权利人中任何一个权利人已向海关总署提出备案申请，其他权利人无须再提出申请。

2. 备案申请书及附送文件

申请知识产权海关保护备案的权利人或其代理人，应根据其申请备案的知识产权的性质和商品类别的情况，分别向海关总署提交相应的备案申请书，并随附规定应交验的文件。除规定项目外，权利人或其代理人应用中文填写备案申请书，并应保证交验的申请文件真实、有效。交验的外文文件应附中文译本。权利人或其代理人还应根据海关总署的要求，提供载有申请备案的知识产权的实物照片或样本。

（1）备案申请书。备案申请书包括以下内容：

1）知识产权权利人的名称或者姓名、注册地或者国籍、通信地址、联系人姓名、电话和传真号码、电子邮箱地址等。

2）注册商标的名称，核定使用商品的类别和商品名称，商标图形，注册有效期，注册商标的转让、变更、续展情况等；作品的名称，创作完成的时间，作品的类别，作品图片，作品转让、变更情况等；专利权的名称、类型，申请日期，专利权转让、变更情况等。

3）被许可人的名称、许可使用商品、许可期限等。

4）知识产权权利人合法行使知识产权的货物的名称、产地、进出境地海关、进出口商、主要特征、价格等。

5）已知的侵犯知识产权货物的制造商、进出口商、进出境地海关、主要特征、价格等。

（2）随附文件。随附文件包括以下文件：

① 知识产权权利人个人身份证件的复印件、工商营业执照的复印件或者其他注册登记文件的复印件。

② 国务院工商行政管理总局商标局签发的"商标注册证"的复印件。申请人经核准变更商标注册事项、续展商标注册、转让注册商标或者申请国际注册商标备案的，还应当提交国务院工商行政管理总局商标局出具的有关商标注册的证明、著作权登记部门签发的著作权自愿登记证明的复印件和经著作权登记部门认证的作品照片。申请人未进行著作权自愿登记的，提交可以证明申请人为著作权人的作品样品以及其他有关著作权的证据、国务院专利行政部门签发的专利证书的复印件。专利授权自公告之日起超过1年的，还应当提交国务院专利行政部门在申请人提出备案申请前6个月内出具的专利登记簿副本。申请实用新型专利或者外观设计专利备案的，还应当提交国务院专利行政部门做出的实用新型专利检索报告的复

印件或者国务院专利行政部门发布的外观设计专利公告的复印件。

③ 知识产权权利人许可他人使用注册商标、作品或者实施专利，签订许可合同的，提供许可合同的复印件；未签订许可合同的，提交有关被许可人、许可范围和许可期间等情况的书面说明。

④ 知识产权权利人合法行使知识产权的货物及其包装的照片。

⑤ 已知的侵权货物进出口的证据。知识产权权利人与他人之间的侵权纠纷已经人民法院或者知识产权主管部门处理的，还应当提交有关法律文书的复印件。

⑥ 海关总署认为需要提交的其他文件或者证据。

知识产权权利人根据前款规定向海关总署提交的文件和证据应当齐全、真实和有效。有关文件和证据为外文的，应当另附中文译本。海关总署认为必要时，可以要求知识产权权利人提交有关文件或者证据的公证、认证文书。

2015年11月1日起暂停收取备案费。

3. 备案批准

根据《知识产权海关保护条例》第八条的规定，海关总署应当自收到全部申请文件之日起30个工作日内做出是否准予备案的决定，并书面通知申请人。对核准备案的，海关总署将签发"知识产权海关保护备案核准通知书"。海关总署以书面通知代替过去实施的颁发备案证书制度，不会妨碍知识产权海关保护备案申请人行使申请海关保护的权利。

知识产权海关保护备案自海关总署准予备案之日起生效，有效期为10年。凡自备案生效之日起知识产权的法律保护期不足10年的，备案的有效期以知识产权的法律保护期为准。备案有效期满要求续展备案的，应在期满前6个月向海关总署申请续展备案，续展备案的有效期为10年。知识产权海关保护备案有效期届满而不申请续展或者知识产权不再受法律、行政法规保护的，知识产权海关保护备案随即失效。

对不接受备案申请的，海关总署将书面通知权利人并申明理由。

4. 备案的变更

在备案有效期内，有下列情况之一需要变更的，权利人或其代理人应向海关总署办理知识产权备案的变更手续：

（1）知识产权权利人的名称。

（2）注册商标核定使用商品。

（3）许可使用注册商标、作品或者实施专利的情况。

（4）知识产权权利人的通信地址、联系人、联系电话等。

（5）需要变更备案的其他情况。

权利人或其代理人申请办理知识产权备案的变更手续，应提交"备案变更申请书""知识产权海关保护备案证书"和有关证明文件。凡须经国家有关主管部门批准的，还应交验相应的批准变更的文件。

5. 备案的注销

有下列情况之一时，海关总署将注销备案：

（1）知识产权的法律保护被宣布失效的。

（2）权利人转让其知识产权的。

（3）备案权利人放弃其知识产权海关保护备案的。

（4）因权利人或其代理人备案有误，或未能在规定期限内办理备案变更手续致使海关保护出现重大失误的。

（5）权利人或其代理人未能按照规定缴纳、支付费用的。

（6）应予注销备案的其他情况。

海关总署注销备案，应当书面通知有关知识产权权利人。备案自海关总署注销之日起失效。

6. 备案的撤销

（1）适用范围。海关发现知识产权权利人申请知识产权备案未如实提供有关情况或者文件的，海关总署可以撤销其备案。

知识产权备案情况发生改变，但知识产权权利人自发生改变之日起30个工作日内未向海关总署办理备案变更或者注销手续，给他人合法进出口或者海关依法履行监管职责造成严重影响的，海关总署可以根据有关利害关系人的申请撤销有关备案，也可以主动撤销有关备案。

（2）利害关系人撤销备案的申请。知识产权海关保护的利害关系人根据《知识产权海关保护条例》第十一条的规定申请撤销备案的，应当向海关总署提交申请书。申请书应当有明确的申请人和被申请人、请求事项、基本事实和理由，并随附相关证明文件。

（3）海关做出撤销或者维持备案决定前的调查。海关总署做出撤销或者维持备案的决定，应当事先对有关情况进行调查。海关总署进行调查，可以要求有关知识产权权利人在规定期限内提交书面的申辩意见。

（4）海关撤销或者维持备案决定及其通知。海关总署做出撤销备案的决定，应当书面通知有关知识产权权利人。其中根据利害关系人的申请做出撤销的决定的，还应当书面通知有关申请人。

对利害关系人申请撤销备案的，海关总署做出维持备案的决定，应当书面通知有关申请人。

（5）撤销备案决定的效力。备案自海关总署做出撤销决定之日起失效。备案被撤销且有关知识产权仍属于原申请备案的知识产权权利人的，该知识产权权利人自备案被撤销之日起在1年内再次向海关总署备案该知识产权的，海关总署可不予受理。

（二）知识产权海关保护措施的申请

1. 保护措施的申请书及申请内容

知识产权权利人请求海关扣留侵权嫌疑货物的，应当提交申请书及相关证明文件，并提供足以证明侵权事实明显存在的证据。申请书应当包括下列主要内容：

（1）知识产权权利人的名称或者姓名、注册地或者国籍等。

（2）知识产权的名称、内容及其相关信息。

（3）侵权嫌疑货物收货人和发货人的名称。

（4）侵权嫌疑货物名称、规格等。

（5）侵权嫌疑货物可能进出境的口岸、时间、运输工具等。

侵权嫌疑货物涉嫌侵犯备案知识产权的，申请书还应当包括海关备案号。

请求海关采取保护措施的申请书应用中文书写。

2. 申请保护的附交文件及实物等

权利人或其代理人提出申请时，除填具申请书外，还应附交有关侵权嫌疑货物的实物、图片或其他证据并应出示"知识产权海关保护备案证书"和身份证明。代理人代为提出申请时，还应向海关提交权利人出具的授权委托书。

3. 请求扣留侵权嫌疑货物的担保

权利人或代理人应在请求海关采取的保护措施中明确提出请求海关扣留侵权嫌疑货物的要求，并应当向海关提交与进口货物到岸价格或者出口货物离岸价格等值的担保金。

4. 补充备案

事先未在海关总署备案的知识产权的权利人或其代理人向海关申请采取保护措施的申请，应当同时向海关总署办理知识产权海关保护备案。申请人提出的采取知识产权保护措施的申请不符合有关规定，进出境地海关将不予接受。

5. 撤销保护措施的申请

备案权利人要求撤回其采取知识产权保护措施申请的，应在海关做出扣留侵权嫌疑货物的决定前向海关提交书面申请。

（三）海关调查和处理

1. 扣留侵权嫌疑货物的通知和回复

（1）权利人申请扣留的通知和回复。

"知识产权权利人请求海关扣留侵权嫌疑货物的，应当提交申请书及相关证明文件，并提供足以证明侵权事实明显存在的证据。"权利人有权请求海关扣留侵权嫌疑货物，以维护自己的合法权利，但必须向海关提供能够证明其权利确实受到侵害的事实以及明显和客观存在的有关证据，以证明其请求的合理性；《知识产权海关保护条例》第十五条规定："知识产权权利人申请扣留侵权嫌疑货物，不符合本条例第十三条的规定，或者未依照本条例第十四条的规定提供担保的，海关应当驳回申请，并书面通知知识产权权利人。"即尽管权利人提出了扣货申请，但由于未能提供足以证明侵权事实明显存在的证据，以支持其请求合理性的，或未能承担相应义务的，海关不接受其扣留货物的申请。

知识产权权利人请求海关扣留侵权嫌疑货物的，应当向海关提供不超过货物等值的担保，用于赔偿可能因申请不当给收货人、发货人造成的损失，以及支付货物由海关扣留后的仓储、保管和处置等费用；知识产权权利人直接向仓储商支付仓储、保管费用的，从担保中扣除。相关规定如下：

1）申请扣留未向海关总署备案的侵权嫌疑货物的应当向海关提供相当于货物价值的担保。

2）申请扣留已向海关总署备案的侵权嫌疑货物的，货物价值不足人民币2万元的，提供相当于货物价值的担保；货物价值为人民币2万~20万元的，提供相当于货物价值50%的担保，但担保金额不得小于人民币2万元；货物价值超过人民币20万元的，提供人民币10万元的担保。

3）申请扣留已向海关总署备案的侵权嫌疑货物的，经海关同意，知识产权权利人可以向海关提供总担保，总担保金额不得低于人民币20万元。

海关应知识产权权利人或其代理人申请，决定扣留侵权嫌疑货物的，将制作海关扣留凭单，送达收货人或者发货人，并书面通知权利人或其代理人。收货人或者发货人认为其进出口货物未侵犯权利人知识产权的，应当自海关扣留凭单送达之日起7日内向海关提出书面说明。未提出异议的，海关经调查，有权将扣留的侵权嫌疑货物按侵权货物处理；提出异议的，应由海关立即通知权利人或其代理人。知识产权权利人或其代理人在书面通知送达之日起15日内，有权将侵权争议提请知识产权主管部门处理或者向人民法院提起诉讼。

（2）海关发现侵权而扣留的通知和回复。海关发现进出境货物有侵犯在海关备案的知识产权嫌疑的，海关有权予以扣留，并应当制作扣留凭单，送达收货人或者发货人，并立即书面通知知识产权权利人。知识产权权利人自通知送达之日起3日内提出知识产权保护措施书面申请的，海关将依照上述规定办理。

2. 收、发货人的反担保

收货人或者发货人认为其进出口货物未侵犯权利人的知识产权的，可向海关提交相当于进口货物到岸价格或者出口货物离岸价格的担保金，以请求海关放行有关货物。海关在放行货物前，将提取一份样品予以加封，并由海关和收发货人在封志上签章，或以其他方式予以确认。

有下列情况之一的，海关不接受收发货人提出的放行侵权嫌疑货物的申请：

（1）收发货人未按规定对海关扣留货物提出异议的。

（2）收发货人未按规定提交担保金的。

（3）海关扣留的货物同时具有其他违法性质的。

（4）人民法院已做出财产保全裁定的。

（5）不符合其他海关放行条件的。

3. 海关调查

（1）调查起始。在一般情况下，海关应当自扣留之日起30个工作日内对被扣留的侵权嫌疑货物是否侵犯知识产权进行调查、认定；不能认定的，应当立即书面通知知识产权权利人。海关对被扣留的侵权嫌疑货物进行调查，请求知识产权主管部门提供协助的，有关知识产权主管部门应当予以协助；海关对被扣留的侵权嫌疑货物及有关情况进行调查时，知识产权权利人和收货人或者发货人应当予以配合。

（2）调查终止。有下列情况之一的，海关将终止调查：有关当事人已将侵权争议提请知识产权主管部门处理或者向人民法院提起诉讼的；海关认为有犯罪嫌疑，应移交有关机关进行调查的。在调查过程中，权利人或其代理人应根据海关的要求提供必要的协助。

4. 海关处理

（1）放行。被扣留的侵权嫌疑货物有下列情况之一的，海关将放行货物：①经海关或者知识产权主管部门调查后排除嫌疑的；②人民法院判决或者裁定排除侵权嫌疑的；③有关当事人未在规定时间内向人民法院提起诉讼，人民法院裁定不予受理，或者人民法院未做出财产保全裁定的；④知识产权权利人在规定时间内不予回复或者放弃知识产权海关保护的。海关放行货物，将向权利人或其代理人发出书面通知，并扣除货物在被扣留期间的仓储、保管费用，以及由于申请不当给其他当事人造成损失的赔偿费用后，向权利人退还已提交的担保金。与此同时，海关还将向收发货人退还已提交的担保金。

（2）没收。被扣留的侵权嫌疑货物，经海关、知识产权主管部门或人民法院确定为侵权货物，将由海关没收，并区别不同情况按下列规定处理：①有关货物可以直接用于社会公益事业或者知识产权权利人有收购意愿的，将货物转交给有关公益机构用于社会公益事业或者有偿转让给知识产权权利人；②有关货物不能按照前一规定处置且侵权特征能够消除的，在消除侵权特征后依法拍卖。拍卖货物所得款项上交国库；③有关货物不能按照前两项规定处置的，应当予以销毁。

知识产权主管部门决定或者人民法院判决或裁定生效后，对曾在收发货人提交反担保的担保金后先予放行的侵权货物，由海关追缴没收。无法追缴没收的，海关根据人民法院协助执行有关判决或者裁定的通知处理收发货人提交的担保金。

海关没收侵权货物后，对收发货人因先放行货物而提交的担保金，应在扣除追缴侵权物的价款、货物在被扣期间的仓储和保管费用，以及侵权货物的处置费用后，退还收发货人。由权利人提交的担保也将由海关扣除仓储、保管费用以及侵权货物的处理费用后予以退还。

[专栏9-1]

北京海关向红十字会移交4000余件罚没侵权物资

2014年12月4日，北京海关将4000余件罚没侵权物资移交给北京市红十字会，这批侵权物资全部是北京海关2013年物流出口渠道查获，主要以运动鞋和服装为主，用于救助在北京上学的外地贫困学生以及生活困难的社会弱势群体。

据了解，自从2004北京海关与市红十字会签订了《北京海关、北京市红十字会关于将侵权货物用于社会公益事业的合作协议》以来，该关共计向红十字会移交了11批次，共3万余件的侵权物资用于社会公益事业，取得了积极的社会效果。

"侵权货物移交红十字会这个途径是有法可依的。"北京海关副关长樊堃介绍说，根据《中华人民共和国知识产权海关保护条例》第二十七条规定，被没收的侵犯知识产权货物可以用于社会公益事业的，海关应当转交给有关公益机构用于社会公益事业。移交公益机构用于社会公益事业，也是我国根据世界贸易组织有关协议的要求，防止侵权货物再次进入商业渠道的一项有效措施。

据中国经济网记者了解，海关处理侵权货物，除移交社会公益机构外，还有其他三种处理方式，分别是除标拍卖、权利人回购和销毁。北京海关查获的其他侵权货物，如果无法除标或者权利人没有回购意图且不适宜移交的，都要进行销毁处理。

北京海关表示，希望社会各界能够继续支持海关的知识产权保护工作，为共同努力净化首都口岸的通关环境，维护首都北京的良好国际形象做出积极贡献。

（资料来源：人民网。）

[专栏9-2]

昆明海关组织开展侵权涉案财物集中销毁活动

2018年1月10~11日，昆明海关组织瑞丽、机场、河口、勐腊、打洛、章凤海关等6个隶属海关对罚没侵权涉案财物进行无害化集中销毁。

本次共销毁共处置侵权货物及物品35219件，主要包括侵权手机、手机屏幕及配件、手表、眼镜、手提包、皮革制品、机动车零配件和盗版光碟等。

本次销毁采用分类处理方式，对侵权纺织品、皮带、手提包、塑料制品等可再生类货物、物品破坏后进行再生利用；对侵权机动车配件、手表、眼镜、光碟、手机屏幕等毁形或粉碎后做无害化处理。

（资料来源：中国日报。）

（3）罚款。收货人或者发货人，明知或者应知其进口或者出口货物侵犯他人知识产权的，海关将处以进口货物到岸价格或出口货物离岸价格等值以下的罚款。收货人或者发货人未如实申报与进出口货物有关的知识产权状况，交验有关单证的，海关将处以进口货物到岸价格或者出口货物离岸价格等值以下的罚款。对处罚不服的，可按规定由当事人向海关申请复议；对复议不服的，可向人民法院提起诉讼。侵权货物构成犯罪的，司法部门将依法追究刑事责任。

[专栏9-3]

"龙腾行动" 2018

2018年为期4个月的出口知识产权优势企业知识产权保护专项行动（"龙腾行动"2018）日前结束，全国海关共查扣涉嫌侵犯国内企业自主知识产权的进出口货物385批，比2017年"龙腾行动"期间增加了52.2%，扣留侵权嫌疑货物309万件，案值人民币6114万元。

海关加强区域执法联动，防范侵权假冒口岸漂移。天津、武汉海关启动跨关区案件联动查发机制，查获侵权货物13.1万件；广州、江门海关通过跨关区情报信息交换，陆续在南沙等三个港口截获涉嫌侵犯相关企业商标权干电池423.4万支。海关与国家知识产权保护体系深度融合，加强与市场监管、公安、法院等行政管理和司法部门的联系配合，优化合作模式。同时推动建立企业维权自治联盟，引导小米科技、珠海格力电器、美的集团等数十家企业发起成立出口知识产权优势企业委员，建立以企业为主体的自主知识产权保护长效机制。

根据企业反映，连续两年"龙腾行动"共挽回企业直接经济损失1.6亿元人民币，近六成出口知识产权优势企业销售额明显增长；企业创新活力进一步迸发，283家出口知识产权优势企业共新增知识产权2600多项；企业的维权意识和维权能力得到明显提升，共计127家相关企业增加了维权投入，新增专业维权人员约516人，新增维权资金1851万元人民币。

（资料来源：央视财经。）

第三节　通关中的违法行为及其责任追究

一、概述

（一）违法行为及其分类

报关人、报关活动的相关人在报关及与之有关的活动中，应当遵守《海关法》和有关法律、行政法规，履行规定的海关义务，否则，将承担相应的法律责任。通关过程中的违法行为必须给予相应的制裁。

通关中的违法行为是指参与通关活动的当事人，在通关活动中违反法定义务的行为，包括广义和狭义两种。广义的违法行为，包括走私行为和除此之外的其他违规行为。狭义的违法行为专指违反海关法律、法规行为中构成走私行为以外的规定的行为。本节定义通关中的违法行为主要包括走私行为和违规行为。

（二）违法行为主体

违法行为的主体是指实施违法行为的行为人，是违反《海关法》行为的法律责任的主体。按主体从事的进出境活动的类别划分为参与进出境活动的进出境运输工具的负责人、进出境货物的收发货人、进出境物品的所有人和他们的代理人等；按照违法行为的行为人的特点划分为自然人主体和法人主体；按照违法行为人经营活动的类别可以划分为一般贸易违法行为人和加工贸易违法行为人，一般贸易违法行为人可以分为专营代理报关企业、国有企业、集体企业、私营企业、中外合资经营企业、中外合作企业、外商独资企业、免税商店等，加工贸易违法行为人可以分为进料加工企业、来料加工企业、保税工厂、保税仓库、出口监管仓库、保税集团等。

（三）法律责任的追究

根据违法行为人的违法行为性质、危害程度、违法行为的主体类型实施有关海关管理活动的机关，有权依照《海关法》的授权对通关中的违法行为人追究相应的法律责任，具体形式有：警告、没收违法所得、罚款、暂停或撤销经营资格等。

二、违法行为的法律特征

违反《海关法》的行政违法行为，根据违法行为的危害程度、性质分为走私和一般违法行为两类。

（一）走私行为及其特征

1. 走私行为的概念

走私行为是指单位或者个人违反海关法规，逃避海关监管，运输、携带、邮寄国家禁止进出口货物、物品或者依法应当向国家缴纳税款的货物、物品进出境，数额较大、情节严重的犯罪行为。其中走私罪相对于一般走私行为必须是情节严重，走私物品的性质、方式及偷逃税额构成《刑法》所规定为犯罪的行为。走私犯罪的主体包括自然人和单位。

走私行为包括：

（1）未经国务院或者国务院授权的机关批准，从未设立海关的地点运输、携带国家禁止进出境的物品、国家限制进出口或者依法应当缴纳关税的货物、物品进出境的。

（2）经过设立海关的地点，以藏匿、伪装、瞒报、伪报或者其他手法逃避海关监管，运输、携带、邮寄国家禁止进出境的物品、国家限制进出口或者依法应当缴纳关税的货物、物品进出境的。

（3）使用伪造、变造的手册、单证、印章、账册、电子数据或者以其他方式逃避海关监管，擅自将海关监管货物、物品、进境的境外运输工具，在境内销售的。

（4）使用伪造、变造的手册、单证、印章、账册、电子数据或者以伪报加工贸易制成品单位耗料量等方式，致使海关监管货物、物品脱离监管的。

（5）以藏匿、伪装、瞒报、伪报或者其他方式逃避海关监管，擅自将保税区、出口加工区等海关特殊监管区域内的海关监管货物、物品，运出区外的。

（6）有逃避海关监管，构成走私的其他行为的。

2. 走私行为的法律特征

走私是伴随进出口贸易的发展和对进出口活动的国家管制而产生的一种违法行为，具有以下法律特征：它对国家的外贸管理制度是一种侵害；它具有违反海关规定的具体表现形式；它具有逃避海关监管的性质。

（二）违规行为

违规行为是违反《海关法》及有关法律、行政法规、海关规章或者海关规定的程序、手续尚未构成走私的行为，主要包括：

（1）违反国家进出口管理规定，进出口国家禁止出口的货物的。

（2）违反国家进出口管理规定，进出口国家限制进出口的货物的，或属于自动进出口许可管理的货物，进出口货物的收发货人向海关申报时不能提交许可证件的。

（3）进出口货物的品名、税则号列、数量、规格、价格、贸易方式、原产地、启运地、运抵地、最终目的地或者其他应当申报的项目未申报或申报不实的。

（4）擅自处置监管货物，违规存放监管货物，监管货物短少灭失且不能提供正当理由的，未按规定办理保税手续，单耗申报不实，过境、转运、通运货物违规，暂时进出口货物违规的。

（5）报关单位违规（非法代理、行贿、未经许可从事报关业务、骗取许可）。

（6）其他违法（中断监管程序，伪造、变造、买卖单证，进出口侵犯知识产权货物等）。

三、行政违法行为的法律责任

（一）走私行为、走私罪和法律责任

走私行为是违反《海关法》及有关法律、行政法规，逃避海关监管，偷逃应纳税款、逃避国家有关进出境的禁止性或者限制性管理，非法运输、携带、邮寄国家禁止、限制进出口或者依法应当缴纳税款的货物、物品进出境，或者未经海关许可并且未缴纳应纳税款、交验有关许可证件，擅自将保税货物、特定减免税货物以及其他海关监管货物、物品、进境的境外运输工具在境内销售，尚不构成犯罪的行为。走私行为主体既可以是自然人，也可以是单位。走私行为在主观上必须是故意的。对于走私行为，由海关没收走私货物、物品及违法所得，可以并处罚款；专门或者多次用于掩护走私的货物、物品，专门或者多次用于走私的运输工具，予以没收，藏匿走私货物、物品的特制设备，责令拆毁或者没收。

严重的走私行为将构成走私罪，并以走私罪论处。《刑法》规定10条走私罪名：走私武器弹药罪；走私核材料罪；走私假币罪；走私文物罪；走私贵重金属罪；走私珍贵动物、珍贵动物制品罪；走私珍稀植物、珍稀植物制品罪；走私淫秽物品罪；走私普通货物、物品罪；走私固体废物、液态废物、气态废物罪。《刑法》还规定，走私武器弹药、核材料、假币、文物、贵重金属、珍贵动物及其制品、珍稀植物及其制品的行为，无论数额大小，均认定为走私罪；对于走私淫秽物品的，以牟利和传播为目的的，构成犯罪；走私普通货物、物品的，以走私货物、物品所偷逃应缴税款大小划分罪与非罪，走私货物、物品所偷逃应缴税款达5万元的，认定为走私罪，不满5万元的，不构成犯罪。

犯走私罪的，处刑有管制、拘役、有期徒刑、无期徒刑、死刑、没收财产、罚金等几种。对于单位犯罪采取两罪制，即对单位处罚金，对负直接责任的主管人员和其他直接责任人员，处3年以下有期徒刑或者拘役；情节严重的，处3年以上有期徒刑；情节特别严重的，处10年以上有期徒刑。

（二）违规行为及其法律责任

虽然违反海关监管规定的行为，即通常所说的违章案件不构成走私罪，但是海关有权从维护国家主权和尊严、保护国家利益、保证国家有关政策法令的有效实施出发，对各种违规行为进行严肃处理。

对以下行为处货物、物品等值以下或者应缴税款 2 倍以下的罚款：

（1）逃避海关监管，运输、携带、邮寄货物、物品进出境，但有关货物、物品不属于国家禁止进出境的物品、国家限制进出口或者依法应当缴纳关税的货物、物品的。

（2）未经海关许可，擅自开拆、提取、交付、发运、调换、改装、抵押、转让海关监管货物或者海关尚未放行的进出境物品的。

（3）经营保税货物的运输、储存、加工、装配、寄售业务，有关记录不真实或者数量短少不能提供正当理由的。

（4）未经海关许可，将特定减税或者免税进口的货物、物品移作他用的。

（5）进出境货物的品名、数量、规格、价格、原产国别、贸易方式、消费国别、贸易国别或者其他应当申报的项目申报不实的。

（6）不按照规定期限将暂时进出口货物复运出境或者复运进境，擅自留在境内或者境外的。

（7）不按照规定期限将过境、转运、通运货物运输出境，擅自留在境内的。

（8）未经海关批准并补缴关税，擅自转让进出境运输工具的自用物料、物品的。

对以下行为处人民币 5 万元以下的罚款：

（1）未经国务院或者国务院授权的机关批准，运输工具不经设立海关的地点进出境的。

（2）在海关监管区停留的进出境运输工具，未经海关同意擅自驶离的。

（3）进出境运输工具从一个设立海关的地点驶往另一个设立海关的地点，尚未办结海关手续又未经海关批准，中途改驶境外或者境内未设立海关的地点的。

对以下违规行为处人民币 3 万元以下的罚款：

（1）进出境运输工具到达或者驶离设立海关的地点，未按照规定向海关交验有关单证或者交验的单证不真实的。

（2）不按照规定接受海关对进出境运输工具、货物、物品进行检查、查验的。

（3）进出境运输工具未经海关同意，擅自装卸进出境货物、物品或者上下进出境旅客的。

（4）进出境运输工具未经海关同意，擅自兼营境内客货运输或者用于进出境运输以外的其他用途的。

（5）进出境运输工具未按照规定办理海关手续，擅自改营境内运输的。

（6）经营保税货物的储存、加工、装配、寄售业务，不按照规定办理收存、交付、核销手续，或者中止、延长、转让有关合同不按照规定向海关办理手续的。

（7）在海关监管区以外存放海关监管货物，未经海关同意或者不接受海关监管的。

（8）擅自开启或者损毁海关加施于运输工具、仓库场所或者货物的封志的。

对以下行为处人民币 2 万元以下的罚款：

（1）进境运输工具在进境以后向海关申报以前，出境运输工具在办结海关手续以后出境以前，不按照交通主管机关或者海关指定的路线行进的。

(2) 载运海关监管货物的进出境船舶、汽车不按照海关指定的路线行进的。

(3) 进出境船舶和航空器，由于不可抗力被迫在未设立海关的地点停泊、降落，以及抛掷或者起卸货物、物品，不向附近海关报告而无正当理由的。

有下列违规行为的，处人民币 1000 元以下的罚款：

(1) 无特殊原因，未将进出境船舶、火车、航空器到达的时间、停留的地点或者更换的时间、地点事先通知海关的。

(2) 擅自开启、损毁海关加施于物品的封志的。

(3) 违反海关法规，致使海关不能或者中断对进出境运输工具、货物、物品实施监管的。

有下列行为之一的，责令补税或者将有关物品退运，可以并处物品等值以下的罚款：

(1) 个人携带、邮寄超过海关规定数量但数额较小仍属自用的物品进出境，未向海关申报的。

(2) 个人携带、邮寄物品进出境，向海关申报不实，或者不接受海关查验的。

(3) 经海关登记准予暂时免税进境或者出境的物品，未按规定复带出境或者复带进境的。

(4) 未经海关批准，过境人员将其所带物品留在境内的。

四、报关活动中报关人、报关单位的法律责任

（一）报关企业办理报关业务必须经海关许可

为保证进出口货物的通关秩序，整顿和规范报关市场，《海关法》明确规定了"进出口货物收发货人、报关企业办理报关手续，必须依法经海关注册登记。未依法经海关注册登记，不得从事报关业务"。任何单位必须经海关许可，并办理了相应手续之后方可办理进出口货物的报关业务。对单位而言，无论是否具备对外贸易经营权，均应办理海关报关注册登记手续。未经海关注册登记和未取得报关从业资格从事报关业务的，由海关予以取缔，没收违法所得，可以并处罚款。对于个人而言，海关总署结合群众路线教育实践活动，经过深入调研和广泛征求意见，取消报关员资格核准审批，对报关员从业不再设置门槛和准入条件。

（二）报关企业和报关员必须在规定的业务范围内从事经营活动

这里包含两层意思，一方面，报关企业和报关员应按照海关现行规定办理有关委托代理报关业务，不得超出其权限，非法代理其他企业报关。另一方面，报关企业和报关员必须严格遵守与委托人签订的委托报关合同，不得超出合同规定办理报关业务。报关企业、报关员非法代理他人报关或者超出其业务范围进行报关活动的，由海关责令改正，处以罚款，暂停其执业；情节严重的，撤销其报关注册登记、取消其报关从业资格。

（三）报关企业和报关员在办理报关业务时不得向海关关员行贿

与国家公务员相关的行受贿行为是导致政府机关办事效率低下、行政行为显失公平的重要原因，同时也极大地破坏国家法律的尊严，危害着社会的健康发展。对海关而言，则会直接导致海关所承担的几项基本任务无法完成，海关的基本职能被扭曲，无法实现对进出境活动的监督管理。在这里，行贿是指进出口货物收发货人、报关企业及报关员为了谋取不正当利益而给予海关关员特定利益的行为。对这种行为，必须通过各种手段来预防和制止。

《海关法》明确规定，进出口货物收发货人、报关企业、报关员向海关工作人员行贿的，由海关撤销其报关注册登记，取消其报关从业资格，并处以罚款；构成犯罪的，依法追究刑事责任，并不得重新注册登记为报关企业和取得报关从业资格证书。

五、海关行政处罚的程序

（一）简单程序

海关对邮件、快件、货管、保税监管等业务现场及其他海关监管业务中违法事实清楚、违法情节轻微的案件，可以适用简单案件处理程序。

适用简单案件处理程序的案件，海关进行现场调查后，可以直接制发"行政处罚告知单"，当场由当事人或其代理人签收。

（1）海关可以当场做出行政处罚决定的情形：

1）当事人当场放弃陈述、申辩或者听证权利的。

2）当事人当场进行陈述、申辩，经海关当场复核后，当事人或者其代理人接受复核意见的。

（2）当事人当场放弃陈述、申辩、听证的权利，或者当场进行陈述、申辩以及是否接受复核意见的情况，应当有书面记载，由当事人签字或者盖章确认。

（3）当场做出行政处罚决定的，应当制发"行政处罚决定书"，并且当场送达当事人。

（4）适用简单案件处理程序过程中，有下列情形之一的，海关不得当场做出行政处罚决定，应当按照一般程序规定办理：

1）海关对当事人提出的陈诉、申辩意见无法当场进行复核的。

2）海关当场复核后，当事人对海关的复核意见仍然不服的。

3）当事人当场依法向海关要求听证的。

4）海关认为需要进一步调查取证的。

（二）一般程序

1. 立案

海关发现公民、法人或者其他组织有依法应当由海关给予行政处罚的行为的，应当立案调查，下列情形不予立案：

1）没有违法事实的。

2）违法行为超过法律规定的处罚时效的。

3）其他依法不予立案的情形。

2. 调查取证

海关立案后应全面、客观、公正、及时地进行调查、搜集证据，并依法进行，涉及的隐私或秘密应当保守。海关调查取证时海关工作人员不得少于2人，并应当向被调查人出示证件。

3. 行政处罚的决定

海关关长应当根据对行政处罚案件审查的不同结果，依法做出以下决定：

1）确有违法行为，应当给予行政处罚的，根据其情节和危害后果的轻重，做出行政处罚决定。

2）依法不予行政处罚的，做出不予行政处罚的决定。

3）符合撤销案件规定的，予以撤销。
4）符合《海关行政处罚实施条例》规定的收缴条件的，予以收缴。
5）违法行为涉嫌犯罪的，移送刑事侦查部门依法办理。

4. 行政处罚决定的执行

当事人应当在海关做出行政处罚决定后的规定期限内履行。当事人申请延期或者分期缴纳罚款的，应当以书面形式提出，海关收到后，应当在10个工作日内做出决定，并通知申请人，海关同意当事人暂缓或者分期缴纳的，应当及时通知收缴罚款的机构，执行完毕的期限自处罚决定书规定的履行期限届满之日起不得超过180天。

逾期不履行决定的，海关可采取下列措施：
1）到期不缴纳罚款的，每日按罚款数额的3%加处罚款。
2）根据《海关法》规定，将扣留的货物、物品、运输工具变价抵缴，或者以当事人提供的担保抵缴，还可以申请人民法院强制执行。
3）当事人在出境前未交清罚款、违法所得和依法追缴的货物、物品、走私运输工具的等值价款的，也未向海关提供相当于上述款项担保的，海关可以制作"阻止出境协助函"，通知出境管理机关阻止其出境。

[专栏9-4]

天津东疆检验检疫局查获伪造CCC证书进口汽车

2016年10月，天津东疆检验检疫局在对一批进口野马小轿车实施检验时发现，进口商随附的强制性产品认证证书的复印件与国家认监委强制性产品认证信息库中的内容严重不一致，涉嫌伪造CCC证书。

东疆检验检疫局立即实施了行政处罚案件的立案处理，经过调查最终确定该批货物的报检单位天津汉招国际贸易有限公司未对其委托人提供的报检材料的真实性进行审核，导致了骗取"进口货物通关单"的违法事实存在。《中华人民共和国进出口商品检验法》第三十六条和《中华人民共和国进出口商品检验法实施条例》第四十六条第三款的规定，对天津汉招国际贸易有限公司实施了人民币20000元的罚款。同时根据进口汽车的相关规定，对该批货物实施了退运处理。

涉案货物属于列入中国国家强制性产品认证目录内的商品，必须经过指定认证机构与检测实验室的监督检验后取得CCC证书后方准进口销售。一些不法商人为了获取高额的利润，不惜铤而走险，伪造CCC证书的复印件，企图蒙混过关。检验检疫部门须对此类违法行为提高警惕，严把进口审核关，坚决打击伪造、变造商检证单的违法行为。

（资料来源：中国质量新闻网。）

第四节　与海关发生争议的解决途径

一、概述

与海关发生争议一般可通过磋商或行政复议两种途径解决。遇下列情形，发生争议，建议通过磋商途径解决：已向海关申报、货物尚未放行的；证件管理部门的归类与海关归类不一致的；对海关的预归类决定有争议。

遇下列情形的争议，可通过行政复议途径解决：经磋商途径仍无法解决的；海关已做结关处理的。

以磋商形式解决争议的，申报人应以书面形式向做出行为的海关提出；以复议形式解决争议的，申报人应以书面形式向海关提出。

以行政诉讼方式解决争议的，应按照国家有关行政诉讼法规办理，如果涉及关税，应先申请复议。

(一) 纳税争议

海关纳税争议的范围是一个需要首先明确的问题。概括而言，海关纳税争议是指管理相对人对海关行使税收管理职能所做具体行政行为不服而产生的行政争议。

海关纳税争议范围比较广泛，根据《进出口关税条例》的有关规定，管理相对人对海关确定纳税义务人、确定完税价格、商品归类、确定原产地、税率或者汇率适用、减征或者免征税款、补税、退税、征收滞纳金、确定税款计征方式以及确定纳税地点等不服而质疑的，都属于纳税争议范畴。

根据《海关法》的规定，纳税人同海关发生纳税争议时，应当缴纳税款，并可依法申请行政复议；对复议决定仍不服的，可以依法向人民法院提起诉讼。

应税个人自用物品放行后，海关发现少征税款，应当自开出税款缴纳证之日起1年内向纳税义务人补征；海关发现漏征税款，应当自物品放行之日起1年内向纳税义务人补征。因纳税义务人违反规定而造成的少征或漏征，海关可自违反规定行为发生之日起3年内向纳税义务人追征。海关发现或确认多征的税款，应立即退还，纳税义务人也可自缴纳税款之日起1年内，要求海关退还，逾期海关不予办理。纳税义务人同海关发生纳税争议时，应当先按海关核定的税额缴纳税款，然后在自海关填发税款缴纳证之日起30日内向海关书面申请复议。逾期申请的，海关不予受理。海关应当自收到复议申请之日起15日内做出复议决定，并通知纳税义务人。纳税义务人对复议决定不服，可以自接到海关通知之日起15日内向海关总署申请复议，海关总署在接到复议申请后，应当在30日内做出复议决定，并通知纳税义务人。纳税义务人对海关总署的复议决定仍然不服的，可以自收到复议决定书之日起15日内向人民法院起诉。

[专栏9-5]

海关回应入境纳税新规争议 称与发达国家接轨

海关总署监管司负责人黄熠2010年11月14日表示，对进境旅客携带的行李物品规定免税限值的做法符合国际通行做法。

社会上对海关总署2010年8月19日《关于进境旅客所携行李物品验放标准有关事宜的公告》比较关注，由此也引发了一些争议，比如认为海关对居民旅客的"5000元"和非居民旅客的"2000元"限值的规定太严格。

黄熠说，对进境旅客携带的行李物品规定免税限值的做法是较为普遍的国际实践，对超出限值物品实行按全部价值征税也是各国普遍采用的方法。

据了解，澳大利亚对进境个人物品的免税限值是900澳元，英国是390英镑，德国是430欧元，美国对进境居民旅客的个人物品的免税限值是800美元，对非居民旅客的个人物品的免税限值是100美元，韩国对进境个人物品的免税限值是400美元。

中国对居民旅客携带的个人物品的免税限值为5000元，对非居民旅客拟留在境内的个人物品的免税限值为2000元。考虑到国民经济发展水平的差异，中国的个人物品免税限值额度与发达国家免税限值水平基本相当。

他表示，海关所说限值是进境个人物品的免税限值，即超过限值予以征税，低于限值予以免税，并非是旅客能否携带有关物品的价值限度。除了国家规定禁止或限制进境的以外，超过免税限值的物品，只是需要向海关缴纳税款，便仍可携带进境。有关规定既符合国情，也符合国际通行实践。

黄熠特别指出，一些人对旅客随身携带物品征税的性质理解有误。海关主要对进境居民旅客在境外获取的和非居民旅客拟留在境内的，价值超出免税限值的物品征税。对于旅客随身携带进（出）境，并复带出（进）境的原有个人物品，海关并不征税。

黄熠说，一日内多次携带各类高档消费品、高科技产品、生活日用品进出境，是变相的进出口商业贸易行为，海关将予以查处。

（资料来源：海关总署。）

（二）进出口货物的商品归类发生争议可向海关申请磋商

2007年9月14日，海关总署发布了2007年第51号文件《关于公布商品归类磋商与质疑程序》，根据文件规定，进出口货物收发货人及其代理人因进出口货物的商品归类与海关发生争议，可以向海关申请进行磋商；海关对商品归类有疑问的，可以质疑。文件对收发货人及其代理人申请磋商和海关质疑的程序做了明确规定。

1. 文件出台背景

商品归类是指在《协调制度》商品分类目录体系下，以《海关进出口税则》为基础，按照《海关进出口税则——统计目录商品及品目注释》《本国子目注释》以及海关总署发布的关于商品归类的行政裁定、商品归类决定的要求，确定进出口货物商品编码的活动。

海关总署令第158号公布的《中华人民共和国海关进出口货物商品归类管理规定》，于2007年5月1日开始实施。根据该《规定》，收发货人或者其代理人对进出口商品进行归类申报后，由海关进行审核。海关审核认为商品归类编码不正确的，可以要求企业重新确定归类、修改、删除报关单等。由于不同的商品关税税率、退税率等可能不同，收发货人或者其代理人商品归类不正确，可能导致多缴或者少缴税款，会带来退税、补税、滞纳金等一系列问题，构成犯罪的，还可能被追究刑事责任。因此，正确进行商品归类尤为重要。海关总署出台2007年第51号文件《关于公布商品归类磋商与质疑程序》，正是为了更好地解决收发货人或者代理人与海关之间商品归类的争议事项。

2. 商品归类磋商和质疑程序

（1）预归类决定时发生争议的处理方法。进出口货物的收发货人及其代理人对直属海关做出的预归类决定存有异议的，应向该海关提交"中华人民共和国海关商品归类磋商申请书"，并随附相关资料。海关对上述材料进行审核后，认为有必要进行磋商的，通知申请人进行磋商；对于不需要进行磋商的，告知理由。

（2）货物通关过程中发生争议的处理方法。海关与收发货人及其代理人在通关过程中对进出口货物的商品归类存有争议的，一般情况下可采取口头磋商形式处理；必要时参照第

(1）点进行处理。

（3）货物放行后发生争议的处理方法。海关对已放行货物的商品归类存在疑问时，制发"中华人民共和国海关商品归类质疑通知书"，将质疑内容告知收发货人及其代理人。

海关提出质疑的，收发货人及其代理人应自收到海关"中华人民共和国海关商品归类质疑通知书"之日起10个工作日内以书面形式做进一步说明，并提供相关资料或其他证据。

收发货人及其代理人未能在收到"中华人民共和国海关商品归类质疑通知书"之日起10个工作日内说明的，或者海关在审核相关资料或证据后仍有理由怀疑其原归类准确性的，海关可以根据所掌握资料，依法重新审定商品归类。

收发货人及其代理人对已放行货物的商品归类存在疑问的，参照第（1）点的规定进行处理。

商品归类磋商时，要注意具体期限、办理程序等，并准备好相关证明材料，及时向主管海关提交"中华人民共和国海关商品归类磋商申请书"，对商品归类不正确的，要按照规定及时修改，避免造成损失。

二、海关行政复议

《中华人民共和国海关行政复议办法》于2007年8月29日经署务会议审议通过，自2007年11月1日起施行。1999年8月30日海关总署令第78号发布的《中华人民共和国海关实施〈行政复议法〉办法》同时废止。

（一）海关行政复议的范围

有下列情形之一的，公民、法人或者其他组织可以向海关申请行政复议：

（1）对海关做出的警告，罚款，没收货物、物品、运输工具和特制设备，追缴无法没收的货物、物品、运输工具的等值价款，没收违法所得，暂停从事有关业务或者执业，撤销注册登记，取消报关从业资格及其他行政处罚决定不服的。

（2）对海关做出的收缴有关货物、物品、违法所得、运输工具、特制设备决定不服的。

（3）对海关做出的限制人身自由的行政强制措施不服的。

（4）对海关做出的扣留有关货物、物品、运输工具、账册、单证或者其他财产，封存有关进出口货物、账簿、单证等行政强制措施不服的。

（5）对海关收取担保的具体行政行为不服的。

（6）对海关采取的强制执行措施不服的。

（7）对海关确定纳税义务人、确定完税价格、商品归类、确定原产地、适用税率或者汇率、减征或者免征税款、补税、退税、征收滞纳金、确定计征方式以及确定纳税地点等其他涉及税款征收的具体行政行为有异议的（以下简称纳税争议）。

（8）认为符合法定条件，申请海关办理行政许可事项或者行政审批事项，海关未依法办理的。

（9）对海关检查运输工具和场所，查验货物、物品或者采取其他监管措施不服的。

（10）对海关做出的责令退运、不予放行、责令改正、责令拆毁和变卖等行政决定不服的。

(11) 对海关稽查决定或者其他稽查具体行政行为不服的。
(12) 对海关做出的企业分类决定以及按照该分类决定进行管理的措施不服的。
(13) 认为海关未依法采取知识产权保护措施，或者对海关采取的知识产权保护措施不服的。
(14) 认为海关未依法办理接受报关、放行等海关手续的。
(15) 认为海关违法收取滞报金或者其他费用，违法要求履行其他义务的。
(16) 认为海关没有依法履行保护人身权利、财产权利的法定职责的。
(17) 认为海关在政府信息公开工作中的具体行政行为侵犯其合法权益的。
(18) 认为海关的其他具体行政行为侵犯其合法权益的。

前款第七项规定的纳税争议事项，公民、法人或者其他组织应当依据《海关法》的规定先向海关行政复议机关申请行政复议，对海关行政复议决定不服的，再向人民法院提起行政诉讼。海关工作人员不服海关做出的处分或者其他人事处理决定，依照有关法律、行政法规的规定提出申诉的，不适用本《办法》。

（二）海关行政复议的管辖（上一级复议的原则）

对海关具体行政行为不服的，向做出该具体行政行为的海关的上一级海关申请行政复议。对海关总署做出的具体行政行为不服的，向海关总署申请行政复议。特殊情况除外，包括：

（1）两个以上海关以共同的名义做出具体行政行为的，其共同的上一级海关为复议机关。

（2）海关与其他行政机关以共同的名义做出具体行政行为的，海关和其他行政机关的共同上一级行政机关为复议机关。

（3）对海关总署与国务院其他部门共同做出的具体行政行为不服，由海关总署、国务院其他部门共同做出处理决定。

（4）海关设立的派出机构、内设机构或者其他组织，未经法律、行政法规授权，对外以自己名义做出具体行政行为的，该海关的上一级海关为复议机关。

（三）海关行政复议的相关程序

1. 海关行政复议的申请

（1）复议的申请人：认为自己的合法权益受到海关具体行政行为的侵犯，依法向海关复议机关申请行政复议的公民、法人或者其他组织。

（2）被申请人：做出该具体行政行为的海关。

（3）第三人：与被审查的海关具体行政行为有利害关系的公民、法人或者其他组织。

（4）复议申请的期限：公民、法人或者其他组织认为海关的具体行政行为侵犯其合法权益的，可以自知道该具体行政行为之日起 60 日内向一个管辖的海关提出行政复议申请。因不可抗力或者其他正当理由耽误法定申请期限的，申请期限自障碍消除之日起继续计算。

（5）复议申请的方式与内容：可以书面或口头申请。

2. 海关行政复议的受理

海关收到申请后应于 5 个工作日内做出决定并书面通知当事人，自海关行政复议机构收到之日起即为受理。两种情况需要注意：

(1) 申请人就同一事项向两个或者两个以上有权受理的海关申请行政复议的，由最先收到行政复议申请的海关受理；同时收到行政复议申请的，由双方协商确定；协商不成的，由共同上一级海关指定受理海关。

(2) 两个以上的复议申请人对同一海关具体行政行为分别向海关复议机关申请复议，或同一申请人对同一海关的数个相同类型或者具有关联性的具体行政行为分别向海关行政复议机关申请行政复议的，海关复议机关可以并案审理，并且以后一个申请复议的日期为正式受理的日期。

3. 海关行政复议的审理

海关行政复议的审理是指海关行政复议机关受理复议案件后，对复议案件的事实是否清楚、适用依据是否准确、程序是否合法等方面进行全面审查。

海关行政复议案件实行合议制审理。合议人员为不得少于3人的单数。合议人员由海关行政复议机构负责人指定的行政复议人员或者海关行政复议机构聘任或者特邀的其他具有专业知识的人员担任。对于事实清楚、案情简单、争议不大的海关行政复议案件，也可以不采用合议制，但是应当由2名以上行政复议人员参加审理。

海关行政复议机构负责人应当指定一名行政复议人员担任主审，具体负责对行政复议案件事实的审查，并且对所认定案件事实的真实性和适用法律的准确性承担主要责任。合议人员应当根据复议查明的事实，依据有关法律、行政法规和海关规章的规定，提出合议意见，并且对提出的合议意见的正确性负责。

海关行政复议机构审理行政复议案件应当向有关组织和人员调查情况，听取申请人、被申请人和第三人的意见；海关行政复议机构认为必要时可以实地调查核实证据；对于事实清楚、案情简单、争议不大的案件，可以采取书面审查的方式进行审理。

海关行政复议机构提出案件处理意见，经海关行政复议机关负责人审查批准后，做出行政复议决定。

4. 海关行政复议的决定

(1) 做出复议决定的期限。复议机关应当自受理复议申请之日起60日内做出行政复议决定。有下列情形经批准可以延长30日：①复议案件案情重大、复杂、疑难的；②经申请人或者代理人同意的；③有第三人参加复议的；④申请人或第三人提出新的事实或证据需进一步调查的；⑤决定举行行政复议听证的。

(2) 复议决定的种类。复议决定有五类：①决定维持；②决定被申请人限期履行法律职责；③责令被申请人在一定期限内重新做出具体行政行为；④变更决定；⑤撤销决定。

三、海关行政诉讼

海关行政诉讼的审理程序包括第一审程序、第二审程序和审判监督程序。当然这三者并非在每一起行政诉讼案件都会出现，其中只有第一审程序是必经的，是全部审判程序的基础。

简单地说，第一审程序是人民法院受理海关行政诉讼案件后审理该案适用的程序，根据法律规定海关行政诉讼案件只能适用普通程序，也就是应当包括开庭前的准备、法庭调查、法庭辩论、合议庭评议、宣告判决等阶段。

如果第一审中的当事人对第一审的裁判不服，依法提起上诉的，就使得案件进入第二审程序，也可称为上诉审程序或者终审程序。在第二审中，其审理不一定必须开庭，对事实清楚的案件可以实行书面审理，第二审法院做出的裁判属于终审裁决，不得再提起上诉。

行政诉讼审判监督程序就是人民法院根据当事人的申请、检察机关的抗诉或者人民法院自己发现已经发生法律效力的判决、裁定确有错误，依法对案件进行再审的程序。

第五节　海关稽查

一、海关稽查制度和职责

海关稽查制度（Customs External Audit System）是西方国家海关的外部审计，是指海关在规定期限内以查账为主要手段，对企业进出口活动全过程实施监督管理的海关业务制度。狭义海关稽查是指对企业账册的稽核；广义稽查包括账册稽核和企业的分级管理、进出口货物的风险分析、简化通关手续等方法。其基本特征是以企业为监管单元，改变过去以货物为监管单元逐票验放、海关只掌握某一票货物的进出状况而不了解企业总进出口经营状况的情况，是海关监督管理的延伸和继续。

作为海关监管的延续，海关稽查制度已成为现代各国海关普遍施行的行政执法手段，并在各国海关立法中成为一项基本监管制度。我国海关1994年开始探索建立海关稽查制度，1997年1月国务院发布《中华人民共和国海关稽查条例》（简称《海关稽查条例》），将海关稽查制度正式确立下来。近二十年取得了骄人成绩，在扩大海关监管时空、保障国家税收、查处进出口违法活动、促进企业进出口行为规范等方面取得明显成效，但因稽查制度在发展过程中带有一定个性化甚至试验性特点，整体化和体系化程度欠缺，在一定程度上制约了海关稽查业务的开展。与税务稽查制度相比，海关稽查制度的研究尚处于起步状态，需要对实践经验进行总结。

海关对被稽查人下列活动的真实性和合法性实施稽查：①进出口申报；②进出口关税和其他税、费的缴纳；③进出口许可证、件的交验；④与进出口货物有关的资料记载、保管；⑤保税货物的进口、使用、储存、加工、销售、运输、展示和复出口；⑥减免税进口货物的使用、管理；⑦转关运输货物的承运、管理；⑧暂时进出口货物的使用、管理；⑨其他进出口活动。

海关稽查的方式主要有三种：①常规稽查，即海关以监督企业进出口活动、提高海关后续管理效能为目标，以中小型企业为重点，采取计划选取与随机抽取相结合的方式，对企业开展的全面性稽查；②专项稽查，即海关以查缉企业各类问题、为税收和防范走私违法活动提供保障为目标，以风险程度较高或政策敏感性较强的企业或行业为重点，采用风险分析、贸易调查等方式，对某些企业或某些商品实施的行业式、重点式、通关式稽查；③验证稽查，即海关以验证企业守法状况或贸易安全状况、动态监督企业进出口活动、规范企业内部管理、促进企业守法自律为目标，对申请海关企业信用认证企业实施的稽查。

海关稽查的主要职责任务有三项：①企业管理，包括一切与进出口活动有关的企业的注册登记、企业报关资格的审批、企业资信的评估和分类管理、企业进出口活动的风险分析、企业档案以及计算机信息数据库的建立和管理等；②实施稽查，对一切与进出口活动有关的企业、事业单位进行定期和不定期的稽查，查处偷漏税及其他违反海关法规的行为；③处理违规案件。

二、海关稽查制度的发展

自1994年我国海关稽查制度推行以来，海关稽查部门在保障国家税收、维护进出口秩序、促进贸易效率的提高、打击走私偷逃税行为方面发挥了重要的作用。与此同时，我国海关稽查法制建设也初具规模，根据《海关法》的规定，先后制定了《中华人民共和国海关稽查工作暂行规定》《中华人民共和国海关对进出口企业会计账簿设置和报送会计报表的暂行规定》《中华人民共和国海关对专业报关企业的管理规定》《中华人民共和国海关对报关员管理规定》《稽查部门查获违规案件处理操作规程》等一系列规章制度，特别是随着1997年1月《中华人民共和国海关稽查条例》的颁布实施，海关稽查工作法律框架基本形成，海关稽查工作规范化和法制化水平向前大大迈进了一步。经过多年的发展完善，目前现代化的海关稽查初具规模，相关法律法规日益完善，职责任务更加明晰，工作形式不断丰富，职能作用有效发挥，稽查已成为海关一支重要的管理力量。目前海关稽查已基本形成包括法律、行政法规、部门规章三个层次的法律体系框架，在促进稽查依法行政、规范执法程序、保护管理相对人合法权益等方面发挥着重要的作用。

《海关法》的修订对于全国海关系统进一步加强法制建设、更深入地贯彻"依法行政、为国把关"的海关工作方针、更有效地履行海关职责、强化对海关执法的监督都起到了重要作用。《海关法》在修改中十分重视运用合理注意、知法自律、责任分担和公开透明等原则，在海关与管理相对人之间建立了良性的海关管理激励机制。这些改革一方面对企业规范自己的进出口行为、严格守法、加强自律提出了更高的要求；另一方面也在给定海关管理相对人义务的同时明确了其权利，加大了对其合法权益的保护。

修订后的《海关法》明确了海关稽查的法律地位，为稽查提供了最基本的执法依据。《海关法》第四十五条规定：自进出口货物放行之日起3年内或者在保税货物、减免税进口货物的海关监管期限内及其后的3年内，海关可以对与进出口货物直接有关的企业、单位的会计账簿、会计凭证、报关单证以及其他有关资料和有关进出口货物实施稽查。具体办法由国务院规定。

1994年8月29日，《中华人民共和国海关稽查暂行规定》由海关总署正式颁布实施，全文内容共十六条，除却关于该《规定》的立法宗旨以及解释权和具体实施日期的规定，共计十四条，对于海关稽查制度进行了大致规定。可以说，基本构建了我国海关稽查制度的基本框架，表明了海关对于加强海关稽查职能的坚定决心，但过于笼统，对稽查的具体内容和操作规范没有相应的明确的规定。

1997年，《中华人民共和国海关稽查条例》颁布实施，对海关稽查做了全面系统的规定；全文内容分为五章，对海关稽查制度进行了笼统性概述。作为一部涉及海关和企业在稽查范围内权利和义务的重要法规，该《条例》是规范海关和企业行为、保证海关依法行政、保障企业合法权益的重要法律制度。该《条例》以行政法规的形式确立了海关稽查制度，为海关稽查提供了明确的法律依据。该《条例》的实施，对加强海关法制建设、完善海关执法的法律保障体系以及改革海关管理模式、严密海关监管、打击偷逃税行为、保证国家税收、方便合法进出都具有重要意义。值得一提的是，在被稽查人的主要权利和义务方面，特别规定了被稽查人主要享有如下权利：

（1）要求被告知的权利。在海关实施稽查前送达"稽查通知书"，要求海关做出稽查结论前，告知稽查报告的内容和结论，并提出书面意见，以及在海关对被稽查人的违法行为做出行政处罚前，告知行政处罚的事实、理由、依据及应享受的权利和义务。

（2）申请复议的权利。发生纳税争议或者对海关行政处罚不服的，可以在法定期限内向海关有关机关申请复议，也可以向海关总署申请复议。

（3）提起诉讼的权利。对海关复议决定不服的或者对海关处罚不服的，可以在法定期限内向人民法院提起诉讼。

（4）要求听证的权利。在海关做出行政处罚前要求听证，即了解行政处罚所依据的事实、理由，并为自己辩护。

（5）陈述和申辩的权利。在海关实施稽查后做出稽查结论前，对海关的稽查报告陈述自己的意见，当海关确定是否有违法行为时，对是否有违法行为及违法行为的轻重提供证据，进行辩解。

海关总署于2000年制定并实施《〈中华人民共和国海关稽查条例〉实施办法》，对《中华人民共和国海关稽查条例》的内容做了进一步细化。不仅以专门立法的形式确立了海关稽查，此外海关总署还制定了《海关稽查操作规程》，对海关稽查作业程序、作业单证、审批制度、时限要求等做出了统一规定。

2016年7月1日，国务院第670号国务院令公布《国务院关于修改〈中华人民共和国海关稽查条例〉的决定》，自2016年10月1日起施行。该《决定》提出《中华人民共和国海关稽查条例》修改的背景是"贸易便利化水平已成为国际经济发展竞争力重要内容"，并强调了稽查是"一项国际通行制度""一项高效动态监管模式"，认为修改"有利于海关适应我国对外贸易发展新形势，在服务双向开放的同时确保有效监管"，其主要内容可归纳为四点：一是增加了对海关实施稽查具有保障和支撑作用的基础性措施，二是进一步规范和优化海关稽查程序，三是完善了海关稽查职权和措施，四是宽严相济惩处违法行为。《中华人民共和国海关稽查条例》的修改施行，对于规范海关稽查行为、创新海关稽查方式、提高海关稽查效能都具有重大的指导意义。

三、海关稽查的实施程序

（一）通知

海关决定对企业实施稽查时，提前3日将"海关稽查通知书"送达企业，企业收到后应及时与海关联系，并按通知中的稽查范围准备相应账册、业务单证及有关资料。

当企业有重大违法嫌疑，企业的会计账簿、会计凭证、会计报表、会计电算化资料、报关单证等有关资料或进出口货物可能被擅自转移或毁弃，以及特殊情况海关认为有必要时，海关可不事先通知企业而径行稽查。径行稽查时海关将"海关稽查通知书"当面送达企业。

（二）实施

海关实施稽查时，企业应配合海关稽查工作，其法定代表人或主要负责人或其授权代表应到场，如实反映情况，并提供必要的工作条件。

此阶段，海关稽查人员查阅、复制企业的账簿、单证等有关资料。企业应按海关要求提供有关资料，协助清点、复制，并在复印件上签字、盖章。企业所在地不具备查阅或复制账簿、单证等有关资料的工作条件或者其他原因稽查组需要在其他场所进行查阅、复制的,由稽查组制发"账簿单证调审单",实施异地查阅或者复制。当海关稽查人员认为有必要时,可对企业有关人员制作"询问笔录",企业有关人员应如实回答海关工作人员的提问,询问结束后在"询问笔录"上签字(盖章)。

当海关稽查人员认为有必要的,可对企业的生产经营场所和进出口货物存放场所进行检查。检查时,企业的法定代表人或主要负责人或其授权代表应到场,按照海关的要求开启场所、搬移货物,开启、重封货物的包装。检查结束后,企业应在海关工作人员填写的"检查记录"上签字(盖章)。

当海关稽查人员认为有必要的,可对企业的账簿、单证等有关资料和进出口货物实施封存。封存时海关出具"封存通知书",并对账簿、单证等有关资料和货物加贴海关专用封志。企业在对封存物清点后应当在"封存通知书"所附清单上签字(盖章)。

(三)报告

海关稽查人员根据稽查情况撰写稽查报告,并征求企业意见。

企业收到稽查报告后,应在7日内向稽查组提出书面意见,逾期未提交的,视为无意见。

(四)结论

海关在收到企业反馈的稽查报告之日起30日内做出"海关稽查结论",并送达企业。稽查结束。海关在稽查中发现企业有走私、违反海关监管规定行为嫌疑的,海关予以立案调查。

(五)终结

有下列情形之一的,经直属海关关长或者其授权的隶属海关关长批准海关可以终结稽查:

1)被稽查人下落不明的。

2)被稽查人终止,无权利义务承受人的。

四、对一般贸易进出口货物企业的海关稽查

(一)申报

一般进出口贸易企业要先进行申报,"申报"是指进出口货物的收发货人、受委托的报关企业,依照《海关法》以及有关法律、行政法规和规章的要求,在规定的期限、地点,采用电子数据报关单和纸质报关单形式,向海关报告实际进出口货物的情况,并接受海关审核的行为。

1. 申报地点

在一般情况下,进口货物的收货人或其代理人应当在货物的进境地向海关申报,出口货物的发货人或其代理人应当在货物的出境地向海关申报。

2. 申报期限

进口货物的收货人、受委托的报关企业应当自运输工具申报进境之日起14日内向海关申报。超过规定时限未向海关申报的,海关按照《中华人民共和国海关征收进口货物滞报金办法》征收滞报金。

出口货物应当在货物运抵海关监管区后装货的24小时前向海关申报。

3. 申报单证

进出口货物的收发货人、受委托的报关企业到海关现场办理接单审核、征收税费及验放手续时，应当递交与电子数据报关单内容相一致的纸质报关单、国家实行进出口管理的许可证件以及海关要求的随附单证等。

4. 申报方式

申报采用电子数据报关单申报形式和纸质报关单申报形式。电子数据报关单和纸质报关单均具有法律效力。

5. 申报的修改或撤销

海关接受进出口货物的申报后，申报内容不得修改，报关单证不得撤销；确有正当理由的，收发货人、受委托的报关企业向海关递交书面申请，经海关审核批准后，可以进行修改或撤销。

6. 特殊申报

经海关批准，进出口货物的收发货人、受委托的报关企业可以在取得提（运）单或载货清单（舱单）数据后，向海关提前申报。在特殊情况下，经海关批准，进出口货物的收发货人、受委托的报关企业可以自装载货物的运输工具申报进境之日起1个月内向指定海关办理集中申报手续。经电缆、管道、输送带或者其他特殊运输方式输送进出口的货物，经海关同意，可以定期向指定海关申报。

（二）查验

查验是指海关为确定进出口货物收发货人向海关申报的内容是否与进出口货物的真实情况相符，或者为确定商品的归类、价格、原产地等，依法对进出口货物进行实际核查的执法行为。

1. 查验地点

查验应当在海关监管区内实施。因货物易受温度、静电、粉尘等自然因素影响，不宜在海关监管区内实施查验，或者因其他特殊原因，需要在海关监管区外查验的，经进出口货物收发货人或者其代理人书面申请，海关可以派关员到海关监管区外实施查验。

2. 查验方式

海关实施查验可以彻底查验，也可以抽查。

3. 查验记录

查验结束后，查验人员应当如实填写查验记录并签名。查验记录应当由在场的进出口货物收发货人或者其代理人签名确认。进出口货物收发货人或者其代理人拒不签名的，查验人员应当在查验记录中予以注明，并由货物所在监管场所的经营人签名证明。查验记录作为报关单的随附单证由海关保存。

4. 优先查验、复验和进行开验

对于危险品或者鲜活、易腐、易烂、易失效、易变质等不宜长期保存的货物，以及因其他特殊情况需要紧急验放的货物，经进出口货物收发货人或者其代理人申请，海关可以优先安排查验。

有下列情形之一的，海关可以对已查验货物进行复验：

（1）经初次查验未能查明货物的真实属性，需要对已查验货物的某些性状做进一步确认的。

(2) 货物涉嫌走私违规，需要重新查验的。
(3) 进出口货物收发货人对海关查验结论有异议，提出复验要求并经海关同意的。
(4) 其他海关认为必要的情形。

有下列情形之一的，海关可以在进出口货物收发货人或者其代理人不在场的情况下，对进出口货物进行径行开验：
(1) 进出口货物有违法嫌疑的。
(2) 经海关通知查验，进出口货物收发货人或者其代理人届时未到场的。

海关径行开验时，存放货物的海关监管场所经营人、运输工具负责人应当到场协助，并在查验记录上签名确认。

5. 查验费用

海关在监管区内实施查验不收取费用。对集装箱、货柜车或者其他货物加施海关封志的，按照规定收取封志工本费。因查验而产生的进出口货物搬移、开拆或者重封包装等费用，由进出口货物收发货人承担。在海关监管区外查验货物，进出口货物收发货人或者其代理人应当按照规定向海关交纳规费。

6. 法律责任

进出口货物收发货人或者其代理人违反《中华人民共和国海关进出口货物查验管理办法》规定的，海关依照《海关法》《海关行政处罚实施条例》等有关规定予以处理。

海关在查验进出口货物时造成被查验货物损坏的，由海关按照《海关法》《中华人民共和国海关行政赔偿办法》的规定承担赔偿责任。

查验人员在查验过程中，违反规定，利用职权为自己或者他人谋取私利，索取、收受贿赂，滥用职权，故意刁难，拖延查验的，按照有关规定处理。

五、价格稽查

进出口货物收发货人或其代理人进行申报；海关对报关单进行审核，对需要查验的货物进行查验，然后计算应缴纳的关税、进口环节增值税、消费税、滞纳金、滞报金等税费，开具关税和代征税缴款书或收费专用票据。

对于一般进出口货物而言，海关在接受进出口货物的申报、审核电子数据报关单和纸质报关单及随附单证、查验货物、征收税费或接受担保以后，对进出口货物做出结束海关进出境现场监管决定，在进口货物提货凭证或者出口货物装货凭证上签盖"海关放行章"，进出口货物收发货人或其代理人签收进口货物提货凭证或者出口货物装货凭证，即可凭以提取进口货物或将出口货物装运到运输工具上离境。

六、对经营保税货物企业稽查

保税仓储货物入库时，收发货人或其代理人持有关单证向海关办理货物报关入库手续，海关根据核定的保税仓库存放货物范围和商品种类对报关入库货物的品种、数量、金额进行审核，并对入库货物进行核注登记。入库货物的进境口岸不在保税仓库主管海关的，经海关批准，按照海关转关的规定或者在口岸海关办理相关手续。

保税仓储货物在仓库内可以进行包装、分级分类、加刷唛码、分拆、拼装等简单加工，不得进行实质性加工。未经海关批准，保税仓库货物不得擅自出售、转让、抵押、质押、留置、移作他用或者进行其他处置。保税仓储货物存储期限为1年。确有正当理由的，经海关同意可予以延期；除特殊情况外，延期不得超过1年。

海关对保税仓库的管理措施有：

(1) 保税仓库不得转租、转借给他人经营，不得下设分库。

(2) 海关对保税仓库实施计算机联网管理，并可以随时派关员进入保税仓库检查货物的收、付、存情况及有关账册。

(3) 保税仓库经营企业应当如实填写有关单证、仓库账册，真实记录并全面反映其业务活动和财务状况，编制仓库月度收、付、存情况表和年度财务会计报告，并定期以计算机电子数据和书面形式报送主管海关。

(4) 保税仓库经营企业需变更企业名称、注册资本、组织形式、法定代表人等事项的，应当在变更前向直属海关提交书面报告，说明变更事项、事由和变更时间。

(5) 保税仓库无正当理由连续6个月未经营保税仓储业务的，保税仓库经营企业应当向海关申请终止保税仓储业务。

保税仓储货物在存储期间发生损毁或者灭失的，除不可抗力外，保税仓库应当依法向海关缴纳损毁、灭失货物的税款，并承担相应的法律责任。保税仓储货物在保税仓库内存储期满，未及时向海关申请延期或者延长期限届满后既不复运出境也不转为进口的，海关按规定征收滞报金，超过3个月仍未办理相关手续的，货物由海关提取依法变卖处理。海关在保税仓库设立、变更、注销后，发现原申请材料不完整或者不准确的，应当责令经营企业限期补正，发现企业有隐瞒真实情况、提供虚假资料等违法情形的，依法予以处罚。保税仓库经营企业有下列行为之一的，海关责令其改正，可以给予警告，或者处1万元以下的罚款；有违法所得的，处违法所得3倍以下的罚款，但最高不得超过3万元：①未经海关批准，在保税仓库擅自存放非保税货物的；②私自设立保税仓库分库的；③保税货物管理混乱，账目不清的；④经营事项发生变更，未按规定办理海关手续的。

七、对减免税进口货物企业稽查

特定减免税货物是海关根据国家的政策规定准予减免税进境，专门使用于特定地区、特定企业、特定用途的货物。特定地区是我国境内由行政法规规定的某一特定区域，如保税区、出口加工区、物流园区等，享受减免税优惠的进口货物只能在这一特定区域内使用。特定企业是由国务院制定的行政法规专门规定的企业，主要是外商投资企业，享受减免税优惠的进口货物只能由这些企业使用。特定用途是国家规定可以享受减免税优惠的进口货物只能用于行政法规专门规定的用途，如鼓励发展的国内投资项目、利用外资项目、用于科研和教学的设备、残疾人专用品等。

特定减免税货物的报关程序主要包括办理减免税备案申请、货物进口报关以及申请解除监管等手续和环节。

(一) 减免税备案申请

享受进口税收优惠政策的单位（简称进口单位）需要向海关申请办理进口货物减免税手续的，应当按照该项进口税收优惠政策的实施规定，以及国家对项目管理和对进口货物管理的有关规定，预先在国家或地方政府主管部门办妥有关的审批、核准、备案、登记等手续。按照规定需要向海关登记备案的，进口单位应当在首批货物进口前，持有关文件或证明，向主管海关申请办理减免税登记备案手续。

经审核符合海关办理减免税备案、审批条件的，主管海关应当予以受理。海关受理的登记备案或者减免税申请，以海关接受申请材料之日作为受理之日。经审核符合登记备案条件或者减免税政策规定的，海关自受理之日起10个工作日内予以登记备案或者签发"进出口货物征免税证明"。为明确政策规定、审批权限、技术指标等原因需要请示海关总署的，或者因其他特殊情况海关不能在规定时限内完成登记备案手续或者签发"进出口货物征免税证明"的，经主管海关关长或其授权人批准可以酌情延长时间，并应向进口单位说明原因。

"进出口货物征免税证明"的有效期为6个月，进口单位应自海关签发"进出口货物征免税证明"后6个月内进口经批准的特定减免税货物。"进出口货物征免税证明"实行"一批一证"原则，一份"进出口货物征免税证明"上的货物只能在一个进口口岸一次性进口。如果一批特定减免税货物需要分两个口岸进口，或者分两次进口的，持证人应当事先分别申领"进出口货物征免税证明"。

（二）货物进口报关

进口单位或其代理人应凭"进出口货物征免税证明"及有关报关单证在进口地海关办理减免税货物进口报关手续，程序包括进口申报、配合查验、提取货物等环节。特定减免税货物一般不豁免进出口许可证件，但对某些外商投资和某些许可证件种类，国家规定有特殊优惠政策的，可以豁免进出口许可证件。

（三）申请解除监管

特定减免税货物自海关放行进口之日起，船舶、飞机满8年，机动车辆满6年，其他货物满5年，海关监管期限届满，特定减免税进口货物自动解除海关监管。纳税义务人需要解除监管证明的，可以自监管年限届满之日起1年内，持有关单证向海关申请领取解除监管证明。海关自接到纳税义务人的申请之日起20日内核实情况，并填发"减免税进口货物解除监管证明"。

本章练习题

一、简答题

1. 简述海关事务担保人的担保责任。
2. 简述申请知识产权海关保护的程序。
3. 简述通关过程中的违法行为及其法律责任。
4. 试比较海关行政复议和海关行政诉讼。
5. 简述海关稽查的职责。

二、案例分析

1995年10月，某进出口贸易公司向拱北海关书面申请对进料加工合同未能出口的1848t聚酯切片转为内销补税。由于该批进口原料价值高，税款金额大，且其中的原料PTA（精对苯二甲酸）涉及税率运用问题（根据国家关税政策，如上述原料直接用于生产中，其产品内销补税时，原料适用暂定税率，如作其他用途，则适用法定税率）。于是稽查人员决定到该公司进行核查，以弄清原料的实际使用情况，防止移作他用。

稽查过程如下：

调阅海关数据库：该公司于1995年5月31日持进料加工登记手册报关进口韩国产的PTA 2300t，供货商为我国香港某实业公司。

核查其加工单位科海化纤公司仓库账：只有 300t 的进库验收和生产发料出库记录。

询问科海化纤公司经办人：答复化纤公司仓储条件有限，故将 2000t 货物寄在聚酯切片厂仓库内，并提供了货物品名为扬子 PTA 的入库单。

有关人员去聚酯切片厂验货：该厂的仓库内并没有该批货物，仓库员说不清楚，厂方解释称因原料短缺，该厂在未经化纤公司同意的情况下挪用了该批货物，但提供不出有关的资料。

外围取证：稽查人员到船务公司、理货公司，发现作为货主的某进出口贸易公司其原始提单要由聚酯切片厂背书才生效。从理货公司的记录看，上述货物是由聚酯切片厂直接从口岸提运回厂的。化纤公司账上没有该项运输费用支出的记录。

查询：稽查小组对某贸易进出口公司和聚酯切片厂的经办人分别查询，双方最后承认 2000t PTA 是由聚酯切片厂自行订购的。

进一步取证：取得聚酯切片厂的订购合同、货物入库检测记录、投料单以及港口费用等凭证。

稽查结果如下：

某贸易进出口公司进口的 2300t PTA 中只有 300t 是其与香港某实业公司订购的，其余 2000t 聚酯切片则是聚酯切片厂订购的，因只有一张船运提单，为使货物顺利报关进口，经三方协商，由某贸易进出口公司用本公司的进料加工登记手册为聚酯切片厂报关进口该批货物，涉及案值 250 万美元。

请你阅读上述案例，并回答下列问题：

1. 在查稽该案例中，海关稽查人员采取了哪些稽查方法？请举例说明。
2. 在查稽该案例中，海关稽查人员取得了哪些种类的稽查证据？其证明力如何？请举例说明。

第十章
进出口货物报关单填制实训

本章学习目标

通过学习本章,学生应掌握进出口货物报关单的含义、内容和编制的基本要求,特别需要掌握进出口货物报关单各个栏目的填制规范。通过对报关单填制技巧和案例的实训,使学生熟练地掌握报关过程中的各项要求。

本章关键词

进出口货物报关单　经营单位　贸易方式　征免性质　随附票据　项号　代码表

第一节　进出口货物报关单概述

根据《海关法》的规定,所有进出境的货物和运输工具必须通过设有海关的地方出入境并接受海关监督。进(出)口报关是进(出)口单位或其代理人在货物入(出)境时,向海关交验有关单证、请求海关查验放行的过程。报关单是报关员代表报关单位向海关办理货物进出境的主要单证,它在对外贸易活动中具有十分重要的法律效力。它既是海关对进出口货物进行监管、征税、统计及开展稽查、调查的重要依据,又是出口退税和外汇管理的重要凭证,还是海关处理进出口货物走私、违规案件及税务、外汇管理部门查处骗税和套汇犯罪活动的重要书证。按照《中华人民共和国海关进出口货物申报管理规定》(以下简称《申报管理规定》)和《中华人民共和国海关进出口货物报关单填制规范》(以下简称《报关单填制规范》)的要求,准确、完整、规范填制报关单是进出境货物顺利通关的前提条件,也是报关员执业的基本技能。

一、进出口货物报关单的含义和类别

(一) 含义

进出口货物报关单是指进出口货物的收发货人或其代理人,按照海关规定的格式对进出口货物的实际情况做出书面申明,以此要求海关对其货物按适用的海关管理制度办理通关手续的法律文书。

(二) 类别

由于货物的进出口状态、表现形式不同,进出口货物报关单有以下不同类型。

1. 按进出口流向分类

(1) 进口货物报关单。

(2) 出口货物报关单。

2. 按表现形式分类

（1）纸质报关单。随着中国电子口岸平台的使用，目前纸质报关单在流通中很少使用。企业如果需要纸质报关单办理相关业务，可通过中国电子口岸自行打印，加盖企业公章即可。

（2）电子报关单。

另外，根据《海关总署办公厅关于执行修改进出口货物报关单进出境货物备案清单格式的公告有关事项的通知》（署办法【2016】0031号）办，加工贸易专用报关单取消。

二、进出口货物报关单各联的用途

目前，进出口货物报关单通过中国电子口岸向海关申报，实现了进出口报关单在各行政管理部门之间的数据联网检查，进出口货物收发货人或其代理人使用电子口岸平台，在网上直接向海关、商务、外汇、税务等政府管理机关申办各种手续。因此，进出口货物报关单具有"海关作业、加工贸易核销、进口货物付汇、出口货物收汇、出口退税、海关留存、企业留存"的用途，进出口货物收发货人可凭电子数据进行相关作业。

1. 海关作业联

报关单海关作业联是报关单位和报关员配合海关查验、缴纳税费、提取或装运货物的重要单据，也是海关查验货物、征收税费、编制海关统计以及处理其他海关事务的重要凭证。

2. 加工贸易核销

海关接受使用加工贸易电子化手册或账册申报的进出口货物报关单，该报关单是海关办理加工贸易合同核销、结案手续的重要凭证。

3. 收、付汇证明

报关单是海关对已实际进出境的货物所签发的证明文件，是银行和国家外汇管理部门办理售汇、付汇和收汇及核销手续的重要依据之一。需办理进口付汇核销或出口收汇核销的货物，进出口货物收、发货人或其代理人应在海关放行货物或结关后，凭进口货物报关单或出口货物报关单向银行、国家外汇管理部门办理付汇或收汇、核销手续。

4. 出口货物退税

出口货物报关单是国家税务部门办理出口货物退税手续的重要凭证之一。对可办理出口退税的货物，出口货物发货人或其代理人应当在载运货物的运输工具实际离境、海关收到载货清单、办理结关手续后，凭此向国家税务机关申请出口退税手续。

5. 海关留存、企业留存

海关及相关单位各自存查使用。

三、海关对进出口货物报关单填制的一般要求

报关数据是关务活动的基础数据，是一切关务业务和管理系统最根本的基础数据源。规范、统一和准确的报关数据，不仅为国家宏观决策、对外贸易发展以及海关管理工作提供重要的决策参考信息和数据支持服务，也是进出口企业关务和贸易合规工作的信息源头。

进出口货物的收发货人或其代理人应按照《申报管理规定》《报关单填制规范》《统计商品目录》《规范申报目录》等有关规定要求向海关申报，并对申报内容的真实性、规范性和准确性承担相应的法律责任。

1. 真实性

报关单填制的内容必须真实，不得出现差错，更不能伪报、瞒报及虚报，即要做到单证相符和单货相符。也就是说报关单栏目中的各项内容除应该与相关的合同、发票、装箱单、许可证等相符，还应该与涉及的货物实际情况相符。

2. 规范性

报关单填制应符合法规的要求，按要求进行分单、分栏和分行填制。

（1）分单填制。一般情况下，同一批进出口货物应该填制一份进出口货物报关单，但同一批货物中如有不同的备案号、贸易方式（监管方式）、运输工具名称、提运单号、征免性质或许可证号时应该分单填制。同一份报关单上的商品不能同时享受协定税率和减免税。一份原产地证书，只能用于同一批次进口货物。含有原产地证书管理商品的一份报关单，只能对应一份原产地证书；同一批次货物中，实行原产地证书联网管理的，如涉及多份原产地证书或含非原产地证书商品，应分单填报。

（2）分栏填制。商品编号不同的，商品名称不同的，商品编号和名称相同但规格型号和单价不同的，数量及单位栏目不同的，原产国（地区）不同的，均应分栏填制。

（3）分行填制。项号、商品名称、规格型号、数量及单位、标记唛码及备注等栏目都应分行填制。

3. 准确性

填制的内容应该确保准确无误。一方面，在填制报关单时，应尽量避免出现差错，若有差错，应在需更正的项目上加盖校对章，在电子数据预录入时，报关员应仔细检查和核对，一旦发现错误，应该重新录入。另一方面，已经申报的报关单，如果事后由于某些原因，出现原来填报的内容与实际进出口货物不一致的情形而又有正当理由的，申报人应向海关递交更正申请，经海关核准后，对原来填报的内容进行更改或撤销。

第二节　进出口货物报关单填制规范

2018年3月17日，第十三届全国人民代表大会第一次会议表决通过国务院机构改革方案，决定将出入境检验检疫管理职责和队伍划入海关总署。海关总署为认真贯彻执行《深化党和国家机构改革方案》，制定了《全国通关一体化关检业务全面融合框架方案》。根据该《框架方案》要求，2018年实行关检业务全面融合，确保流程优化、系统整合、单证统一、代码规范等融合措施落实到位。

为规范进出口货物收发货人的申报行为，统一进出口报关单填制要求，2018年6月21日，海关总署发布第60号公告，对原《中华人民共和国海关进出口货物报关单填制规范》进行修订，自2018年8月1日起执行。2019年1月22日，海关总署发布了2019年第18号公告，对2018年的报关单填制规范进行了部分修整。

新版报关单对预录入编号、海关编号、境内收发货人、备案号、运输方式、运输工具名称及航次号、消费使用单位/生产销售单位、征免性质、包装种类、标记唛头及备注、项号、商品名称及规格型号、境内目的地/境内货源地、申报单位等栏目的填制要求做了相应调整和修改。新增了境外收发货人、货物存放地点、启运港、入境口岸/离境口岸和自报自缴等

5个栏目的填制要求，修改了境内收发货人、进境关别/出境关别、经停港/指运港和随附单证及编号等4个栏目的名称。新版报关单整合了报关报检申报要素，布局结构也更加优化，版式由竖版改为横版。此外，纸质单证将全部采用普通打印方式，取消套打，也不再印制空白格式单证。新进出口报关单模板见附录C和附录D。

根据修订后的《报关单填制规范》，报关单各栏目的填制规范如下：

一、预录入编号

预录入编号是指预录入报关单的编号，一份报关单对应一个预录入编号，由系统自动生成。

报关单预录入编号为18位，其中第1~4位为接受申报海关的代码（海关规定的《关区代码表》中相应海关代码），第5~8位为录入时的公历年份，第9位为进出口标志（"1"为进口，"0"为出口；集中申报清单"I"为进口，"E"为出口），后9位为顺序编号。

预录入编号的规则：由接受申报的海关决定编号规则。报关单录入凭单的编号规则由申报单位自行决定。

二、海关编号

海关编号是指海关接受申报时给予报关单的编号，一份报关单对应一个海关编号，由系统自动生成。

报关单海关编号为18位，其中第1~4位为接受申报海关的代码（海关规定的《关区代码表》中相应海关代码），第5~8位为海关接受申报的公历年份，第9位为进出口标志（"1"为进口，"0"为出口；集中申报清单"I"为进口，"E"为出口），后9位为顺序编号。

例如：

2200	2018	0	275892332
海关代码	年份	进出口标志	报关单顺序编码

三、境内收发货人

境内收发货人是指在海关注册的对外签订并执行进出口贸易合同的中国境内法人、其他组织或个人的名称及编码。本栏目应填报在海关备案的对外签订并执行进出口贸易合同的中国境内法人、其他组织名称及编码。编码填报18位法人和其他组织的统一社会信用代码，没有统一社会信用代码的，填报其在海关的备案编码。

《法人和其他组织统一社会信用代码编号规则》：统一社会信用代码用18位的阿拉伯数字或大写英文字母表示，由登记管理部门代码（第1位）、机构类别代码（第2位）、登记管理机关行政区划代码（第3~8位）、主体标记码（组织机构代码）（第9~17位）和校验码（第18位）五个部分组成。具体可参考国标GB 32100-2015《法人和其他组织统一社会信用代码编号规则》。

特殊情况下填报要求如下：

（1）进出口货物合同的签订者和执行者非同一企业的，填报执行合同的企业。

（2）外商投资企业委托进出口企业进口投资设备、物品的，填报外商投资企业，并在标记唛码及备注栏注明"委托某进出口企业进口"，同时注明被委托企业的18位法人和其他组织的统一社会信用代码。

（3）有代理报关资格的报关企业代理其他进出口企业办理进出口报关手续时，填报委托的进出口企业。

（4）海关特殊监管区域收发货人填报该货物的实际经营单位或海关特殊监管区域内经营企业。

（5）免税品经营单位经营出口退税国产商品的，填报免税品经营单位名称。

四、进出境关别

根据货物实际进出境的口岸海关，填报海关规定的《关区代码表》中相应口岸海关的名称及代码。

特殊情况填报要求如下：

进口转关运输货物填报货物进境地海关名称及代码。出口转关运输货物填报货物出境地海关名称及代码。按转关运输方式监管的跨关区深加工结转货物，出口报关单填报转出地海关名称及代码，进口报关单填报转入地海关名称及代码。

在不同海关特殊监管区域或保税监管场所之间调拨、转让的货物，填报对方海关特殊监管区域或保税监管场所所在的海关名称及代码。

其他无实际进出境的货物，填报接受申报的海关名称及代码。

五、进出口日期

进口日期填报运载进口货物的运输工具申报进境的日期。出口日期是指运载出口货物的运输工具办结出境手续的日期，在申报时免予填报。无实际进出境的货物，填报海关接受申报的日期。

进出口日期为8位数字，顺序为年（4位）、月（2位）、日（2位）。例如，2018年10月20日出口一批货物，运输工具申报出境的日期为10月20日，"出口日期"栏填报"20181020"。

六、申报日期

申报日期是指海关接受进出口货物收发货人、受委托的报关企业申报数据的日期。以电子数据报关单方式申报的，申报日期为海关计算机系统接受申报数据时记录的日期。以纸质报关单方式申报的，申报日期为海关接受纸质报关单并对报关单进行登记处理的日期。本栏在申报时免予填报。

申报日期为8位数字，顺序为年（4位）、月（2位）、日（2位）。

七、备案号

备案号是指填报进出口货物收发货人、消费使用单位、生产销售单位在海关办理加工贸易合同备案或征、减、免税审核确认等手续时，海关核发的《加工贸易手册》、海关特殊监管区域和保税监管场所保税账册、《征免税证明》或其他备案审批文件的编号。

"备案号"栏为12位字符,其中第1位是标记代码(见表10-1),第2~5位为关区代码,第6位为年份,第7~12位为序列号。

一份报关单只允许填报一个备案号。具体填报要求如下:

(1)加工贸易项下货物,除少量低值辅料按规定不使用《加工贸易手册》及以后续补税监管方式办理内销征税的外,填报《加工贸易手册》编号。

使用异地直接报关分册和异地深加工结转出口分册在异地口岸报关的,填报分册号;本地直接报关分册和本地深加工结转分册限制在本地报关,填报总册号。

表10-1 备案手册代码表

备案手册标记码	备案审批文件	备案手册标记码	备案审批文件
B	加工贸易手册(来料加工)	H	出入出口加工区电子账册
C	加工贸易手册(进料加工)	J	保税仓库记账式电子账册
D	加工贸易不作价设备	K	保税仓库备案式电子账册
E	加工贸易电子账册	Q	汽车零部件电子账册
F	加工贸易异地报关分册	Y	原产地证书
G	加工贸易深加工结转异地报关分册	Z	征免税证明

加工贸易成品凭《征免税证明》转为减免税进口货物的,进口报关单填报《征免税证明》编号,出口报关单填报《加工贸易手册》编号。

对加工贸易设备、使用账册管理的海关特殊监管区域内减免税设备之间的结转,转入和转出企业分别填制进、出口报关单,在报关单"备案号"栏填报《加工贸易手册》编号。

(2)涉及征、减、免税审核确认的报关单,填报《征免税证明》编号。

(3)减免税货物退运出口,填报《中华人民共和国海关进口减免税货物准予退运证明》的编号;减免税货物补税进口,填报《减免税货物补税通知书》的编号;减免税货物进口或结转进口(转入),填报《征免税证明》的编号;相应的结转出口(转出),填报《中华人民共和国海关进口减免税货物结转联系函》的编号。

(4)免税品经营单位经营出口退税国产商品的,免予填报。

八、境外收发货人

境外收货人通常是指签订并执行出口贸易合同中的买方或合同指定的收货人,境外发货人通常是指签订并执行进口贸易合同中的卖方。

填报境外收发货人的名称及编码。名称一般填报英文名称,检验检疫要求填报其他外文名称的,在英文名称后填报,以半角括号分隔;对于AEO⊖互认国家(地区)企业的,编码填报AEO编码,填报样式为:"国别(地区)代码+海关企业编码",例如:新加坡AEO企业SG123456789012(新加坡国别代码+12位企业编码);非互认国家(地区)AEO企业

⊖ AEO,经认证的经营者(Authorized Economic Operator)。

等其他情形，编码免予填报。

特殊情况下无境外收发货人的，名称及编码填报"NO"。

九、运输方式

运输方式包括实际运输方式和海关规定的特殊运输方式，前者是指货物实际进出境的运输方式，按进出境所使用的运输工具分类；后者是指货物无实际进出境的运输方式，按货物在境内的流向分类。

根据货物实际进出境的运输方式或货物在境内流向的类别，按照海关规定的《运输方式代码表》选择填报相应的运输方式。

（一）特殊情况填报要求

（1）非邮件方式进出境的快递货物，按实际运输方式填报。

（2）进口转关运输货物，按载运货物抵达进境地的运输工具填报；出口转关运输货物，按载运货物驶离出境地的运输工具填报。

（3）不复运出（入）境而留在境内（外）销售的进出境展览品、留赠转卖物品等，填报"其他运输"（代码9）。

（4）进出境旅客随身携带的货物，填报"旅客携带"（代码L）。

（5）以固定设施（包括输油、输水管道和输电网等）运输货物的，填报"固定设施运输"（代码G）。

（二）无实际进出境货物在境内流转时填报要求

（1）境内非保税区运入保税区货物和保税区退区货物，填报"非保税区"（代码0）。

（2）保税区运往境内非保税区货物，填报"保税区"（代码7）。

（3）境内存入出口监管仓库和出口监管仓库退仓货物，填报"监管仓库"（代码1）。

（4）保税仓库转内销货物或转加工贸易货物，填报"保税仓库"（代码8）。

（5）从境内保税物流中心外运入中心或从中心运往境内中心外的货物，填报"物流中心"（代码W）。

（6）从境内保税物流园区外运入园区或从园区内运往境内园区外的货物，填报"物流园区"（代码X）。

（7）保税港区、综合保税区与境内（区外）（非海关特殊监管区域、保税监管场所）之间进出的货物，填报"保税港区/综合保税区"（代码Y）。

（8）出口加工区、珠澳跨境工业区（珠海园区）、中哈霍尔果斯边境合作中心（中方配套区）与境内（区外）（非海关特殊监管区域、保税监管场所）之间进出的货物，填报"出口加工区"（代码Z）。

（9）境内运入深港西部通道港方口岸区的货物以及境内进出中哈霍尔果斯边境合作中心中方区域的货物，填报"边境特殊海关作业区"（代码H）。

（10）经横琴新区和平潭综合实验区（以下简称综合试验区）二线指定申报通道运往境内区外或从境内经二线指定申报通道进入综合试验区的货物，以及综合试验区内按选择性征收关税申报的货物，填报"综合试验区"（代码T）。

（11）海关特殊监管区域内的流转、调拨货物，海关特殊监管区域、保税监管场所之间的流转货物，海关特殊监管区域与境内区外之间进出的货物，海关特殊监管区域外的加工贸易余料结转、深加工结转、内销货物，以及其他境内流转货物，填报"其他运输"（代码9）。

十、运输工具名称及航次号

本栏填报载运货物进出境的运输工具名称或编号及航次号。填报内容应与运输部门向海关申报的舱单（载货清单）所列相应内容一致。

（一）运输工具名称具体填报要求

1. 直接在进出境地或采用全国通关一体化通关模式办理报关手续的报关单填报要求

（1）水路运输：填报船舶编号（来往港澳小型船舶为监管簿编号）或者船舶英文名称。

（2）公路运输：启用公路舱单前，填报该跨境运输车辆的国内行驶车牌号，深圳提前报关模式的报关单填报国内行驶车牌号+"/"+"提前报关"。启用公路舱单后，免予填报。

（3）铁路运输：填报车厢编号或交接单号。

（4）航空运输：填报航班号。

（5）邮件运输：填报邮政包裹单号。

（6）其他运输：填报具体运输方式名称，如管道、驮畜等。

2. 转关运输货物的报关单填报要求

（1）进口。

1）水路运输：直转、提前报关填报"@"+16位转关申报单预录入号（或13位载货清单号）；中转填报进境英文船名。

2）铁路运输：直转、提前报关填报"@"+16位转关申报单预录入号；中转填报车厢编号。

3）航空运输：直转、提前报关填报"@"+16位转关申报单预录入号（或13位载货清单号）；中转填报"@"。

4）公路及其他运输：填报"@"+16位转关申报单预录入号（或13位载货清单号）。

5）以上各种运输方式使用广东地区载货清单转关的提前报关货物填报"@"+13位载货清单号。

（2）出口。

1）水路运输：非中转填报"@"+16位转关申报单预录入号（或13位载货清单号）。如果多张报关单需要通过一张转关单转关的，运输工具名称字段填报"@"。

中转货物，境内水路运输填报驳船船名；境内铁路运输填报车名（主管海关4位关区代码+"TRAIN"）；境内公路运输填报车名（主管海关4位关区代码+"TRUCK"）。

2）铁路运输：填报"@"+16位转关申报单预录入号（或13位载货清单号），如果多张报关单需要通过一张转关单转关的，填报"@"。

3）航空运输：填报"@"+16位转关申报单预录入号（或13位载货清单号），如果多张报关单需要通过一张转关单转关的，填报"@"。

4）其他运输方式：填报"@"+16位转关申报单预录入号（或13位载货清单号）。

3. 其他

（1）采用"集中申报"通关方式办理报关手续的，报关单填报"集中申报"。

（2）免税品经营单位经营出口退税国产商品的，免予填报。

(3) 无实际进出境的货物，免予填报。

(二) 航次号具体填报要求

1. 直接在进出境地或采用全国通关一体化通关模式办理报关手续的报关单

(1) 水路运输：填报船舶的航次号。

(2) 公路运输：启用公路舱单前，填报运输车辆的 8 位进出境日期〔顺序为年（4 位）、月（2 位）、日（2 位），下同〕。启用公路舱单后，填报货物运输批次号。

(3) 铁路运输：填报列车的进出境日期。

(4) 航空运输：免予填报。

(5) 邮件运输：填报运输工具的进出境日期。

(6) 其他运输方式：免予填报。

2. 转关运输货物的报关单

(1) 进口。

1）水路运输：中转转关方式填报 "@" + 进境干线船舶航次。直转、提前报关免予填报。

2）公路运输：免予填报。

3）铁路运输：填报 "@" + 8 位进境日期。

4）航空运输：免予填报。

5）其他运输方式：免予填报。

(2) 出口。

1）水路运输：非中转货物免予填报。中转货物境内水路运输填报驳船航次号；中转货物境内铁路、公路运输填报 6 位启运日期，顺序为年（2 位）、月（2 位）、日（2 位）。

2）铁路拼车拼箱捆绑出口：免予填报。

3）航空运输：免予填报。

4）其他运输方式：免予填报。

3. 其他

(1) 免税品经营单位经营出口退税国产商品的，免予填报。

(2) 无实际进出境的货物，免予填报。

十一、提运单号

本栏填报进出口货物提单或运单的编号。一份报关单只允许填报一个提单或运单号，一票货物对应多个提单或运单时，应分单填报。

具体填报要求如下：

1. 直接在进出境地或采用全国通关一体化通关模式办理报关手续的

(1) 水路运输：填报进出口提单号。如有分提单的，填报进出口提单号 + " * " + 分提单号。

(2) 公路运输：启用公路舱单前，免予填报；启用公路舱单后，填报进出口总运单号。

(3) 铁路运输：填报运单号。

(4) 航空运输：填报总运单号 + " _ " + 分运单号，无分运单的填报总运单号。

(5) 邮件运输：填报邮运包裹单号。

2. 转关运输货物的报关单

(1) 进口。

1）水路运输：直转、中转填报提单号。提前报关免予填报。

2）铁路运输：直转、中转填报铁路运单号。提前报关免予填报。

3）航空运输：直转、中转货物填报总运单号+"_"+分运单号。提前报关免予填报。

4）其他运输方式：免予填报。

5）以上运输方式进境货物，在广东省内用公路运输转关的，填报车牌号。

(2) 出口。

1）水路运输：中转货物填报提单号；非中转货物免予填报；广东省内汽车运输提前报关的转关货物，填报承运车辆的车牌号。

2）其他运输方式：免予填报。广东省内汽车运输提前报关的转关货物，填报承运车辆的车牌号。

3. 其他

(1) 采用"集中申报"通关方式办理报关手续的，报关单填报归并的集中申报清单的进出口起止日期，顺序为年（4位）、月（2位）、日（2位）、年（4位）、月（2位）、日（2位）。

(2) 无实际进出境的货物，免予填报。

十二、货物存放地点

本栏填报货物进境后存放的场所或地点，包括海关监管作业场所、分拨仓库、定点加工厂、隔离检疫场、企业自有仓库等。

十三、消费使用单位/生产销售单位

消费使用单位填报已知的进口货物在境内的最终消费、使用单位的名称，包括：

(1) 自行进口货物的单位。

(2) 委托进出口企业进口货物的单位。

生产销售单位填报出口货物在境内的生产或销售单位的名称，包括：

(1) 自行出口货物的单位。

(2) 委托进出口企业出口货物的单位。

(3) 免税品经营单位经营出口退税国产商品的，填报该免税品经营单位统一管理的免税店。

减免税货物报关单的消费使用单位/生产销售单位应与《征免税证明》的"减免税申请人"一致；保税监管场所与境外之间的进出境货物，消费使用单位/生产销售单位填报保税监管场所的名称（保税物流中心（B型）填报中心内企业名称）。

海关特殊监管区域的消费使用单位/生产销售单位填报区域内经营企业（"加工单位"或"仓库"）。

编码填报要求：

(1) 填报 18 位法人和其他组织的统一社会信用代码。

(2) 无 18 位统一社会信用代码的，填报"NO"。

进口货物在境内的最终消费或使用以及出口货物在境内的生产或销售的对象为自然人的，填报身份证号、护照号、台胞证号等有效证件号码及姓名。

十四、监管方式

监管方式是以国际贸易中进出口货物的交易方式为基础，结合海关对进出口货物的征税、统计及监管条件综合设定的海关对进出口货物的管理方式。其代码由 4 位数字构成，前两位是按照海关监管要求和计算机管理需要划分的分类代码，后两位是参照国际标准编制的贸易方式代码。

根据实际对外贸易情况按海关规定的《监管方式代码表》选择填报相应的监管方式简称及代码。一份报关单只允许填报一种监管方式。常见监管方式代码表见表 10-2。

表 10-2 常见监管方式代码表

代码	简称	全称
0110	一般贸易	一般贸易
0214	来料加工	来料加工装备贸易进口料件或进料加工料件
0255	来料深加工	来料深加工结转贸易
0615	进料加工	来料加工
0654	进料深加工	来料深加工结转货物
2025	合资合作设备	合资合作企业作为投资进口的设备物品
2225	外资设备物品	外资企业作为投资进口的设备物品
2600	暂时进出货物	暂时进出口货物
3100	无代价抵偿	无代价抵偿进出口货物
4500	直接退运	直接退运
4561	退运货物	因质量不符、延误交货等原因退运进出境货物

特殊情况下加工贸易货物监管方式填报要求如下：

(1) 进口少量低值辅料（即 5000 美元以下，78 种以内的低值辅料）按规定不使用《加工贸易手册》的，填报"低值辅料"。使用《加工贸易手册》的，按《加工贸易手册》上的监管方式填报。

(2) 加工贸易料件转内销货物以及按料件办理进口手续的转内销制成品、残次品、未完成品，填制进口报关单，填报"来料料件内销"或"进料料件内销"；加工贸易成品凭《征免税证明》转为减免税进口货物的，分别填制进、出口报关单，出口报关单填报"来料成品减免"或"进料成品减免"，进口报关单按照实际监管方式填报。

(3) 加工贸易出口成品因故退运进口及复运出口的，填报"来料成品退换"或"进料成品退换"；加工贸易进口料件因换料退运出口及复运进口的，填报"来料料件退换"或"进料料件退换"；加工贸易过程中产生的剩余料件、边角料退运出口，以及进口料件因品质、规格等原因退运出口且不再更换同类货物进口的，分别填报"来料料件复出""来料边角料复出""进料料件复出""进料边角料复出"。

（4）加工贸易边角料内销和副产品内销，填制进口报关单，填报"来料边角料内销"或"进料边角料内销"。

（5）企业销毁处置加工贸易货物未获得收入，销毁处置货物为料件、残次品的，填报"料件销毁"；销毁处置货物为边角料、副产品的，填报"边角料销毁"。企业销毁处置加工贸易货物获得收入的，填报为"进料边角料内销"或"来料边角料内销"。

（6）免税品经营单位经营出口退税国产商品的，填报"其他"。

十五、征免性质

征免性质是指海关根据《海关法》《进出口关税条例》及国家有关政策对进出口货物实施的征、减、免税管理的性质类别。征免性质是海关对进出口货物征、减、免税进行分类统计分析的重要基础。

本栏应根据实际情况按海关规定的《征免性质代码表》选择填报相应的征免性质简称及代码，持有海关核发的《征免税证明》的，按照《征免税证明》中批注的征免性质填报。一份报关单只允许填报一种征免性质。

常见征免性质代码表见表10-3。

表10-3 常见征免性质代码表

代码	简称	全称
101	一般征税	一般征税进出口货物
299	其他法定	其他法定减免税进出口货物
307	保税区	保税区进口自用物资
401	科教用品	大专院校及科研机构进口科教用品
501	加工设备	加工贸易外商提供的不作价进口设备
502	来料加工	来料加工装配和补偿贸易进口料件及出口成品
503	进料加工	进料加工贸易进口料件及出口成品
601	中外合资	中外合资经营企业进出口货物
602	中外合作	中外合作经营企业进出口货物
603	外资企业	外商独资企业进出口货物
789	鼓励项目	国家鼓励发展得内外资项目进口设备
799	自有资金	外商投资额度外利用自有资金进口设备、配件

加工贸易货物报关单按照海关核发的《加工贸易手册》中批注的征免性质简称及代码填报。

特殊情况填报要求如下：

（1）加工贸易转内销货物，按实际情况填报（如一般征税、科教用品、其他法定等）。

(2) 料件退运出口、成品退运进口货物填报"其他法定"。
(3) 加工贸易结转货物，免予填报。
(4) 免税品经营单位经营出口退税国产商品的，填报"其他法定"。

十六、许可证号

本栏填报进（出）口许可证、两用物项和技术进（出）口许可证、两用物项和技术出口许可证（定向）、纺织品临时出口许可证、出口许可证（加工贸易）、出口许可证（边境小额贸易）的编号。

免税品经营单位经营出口退税国产商品的，免予填报。

一份报关单只允许填报一个许可证号。

十七、启运港

本栏填报进口货物在运抵我国关境前的第一个境外装运港。

根据实际情况，按海关规定的《港口代码表》填报相应的港口名称及代码，未在《港口代码表》列明的，填报相应的国家名称及代码。货物从海关特殊监管区域或保税监管场所运至境内区外的，填报《港口代码表》中相应海关特殊监管区域或保税监管场所的名称及代码，未在《港口代码表》中列明的，填报"未列出的特殊监管区"及代码。

其他无实际进境的货物，填报"中国境内"及代码。

十八、合同协议号

本栏填报进出口货物合同（包括协议或订单）编号。未发生商业性交易的免予填报。

免税品经营单位经营出口退税国产商品的，免予填报。

十九、贸易国（地区）

本栏发生商业性交易的，进口填报购自国（地区），出口填报售予国（地区）；未发生商业性交易的，填报货物所有权拥有者所属的国家（地区）。

按海关规定的《国别（地区）代码表》选择填报相应的贸易国（地区）中文名称及代码。

二十、启运国（地区）/运抵国（地区）

启运国（地区）填报进口货物起始发出直接运抵我国或者在运输中转国（地）未发生任何商业性交易的情况下运抵我国的国家（地区）。

运抵国（地区）填报出口货物离开我国关境直接运抵或者在运输中转国（地区）未发生任何商业性交易的情况下最后运抵的国家（地区）。

不经过第三国（地区）转运的直接运输进出口货物，以进口货物的装货港所在国（地区）为启运国（地区），以出口货物的指运港所在国（地区）为运抵国（地区）。

经过第三国（地区）转运的进出口货物，如在中转国（地区）发生商业性交易，则以中转国（地区）作为启运/运抵国（地区）。

按海关规定的《国别（地区）代码表》选择填报相应的启运国（地区）或运抵国（地区）中文名称及代码。

无实际进出境的货物，填报"中国境内"及代码。

二十一、经停港/指运港

经停港填报进口货物在运抵我国关境前的最后一个境外装运港。

指运港填报出口货物运往境外的最终目的港；最终目的港不可预知的，按尽可能预知的目的港填报。

根据实际情况，按海关规定的《港口代码表》选择填报相应的港口名称及代码。经停港/指运港在《港口代码表》中无港口名称及代码的，可选择填报相应的国家名称及代码。

无实际进出境的货物，填报"中国境内"及代码。

二十二、入境口岸/离境口岸

入境口岸填报进境货物从跨境运输工具卸离的第一个境内口岸的中文名称及代码；采取多式联运跨境运输的，填报多式联运货物最终卸离的境内口岸中文名称及代码；过境货物填报货物进入境内的第一个口岸的中文名称及代码；从海关特殊监管区域或保税监管场所进境的，填报海关特殊监管区域或保税监管场所的中文名称及代码。其他无实际进境的货物，填报货物所在地的城市名称及代码。

离境口岸填报装运出境货物的跨境运输工具离境的第一个境内口岸的中文名称及代码；采取多式联运跨境运输的，填报多式联运货物最初离境的境内口岸中文名称及代码；过境货物填报货物离境的第一个境内口岸的中文名称及代码；从海关特殊监管区域或保税监管场所离境的，填报海关特殊监管区域或保税监管场所的中文名称及代码。其他无实际出境的货物，填报货物所在地的城市名称及代码。

入境口岸/离境口岸类型包括港口、码头、机场、机场货运通道、边境口岸、火车站、车辆装卸点、车检场、陆路港、坐落在口岸的海关特殊监管区域等。按海关规定的《国内口岸编码表》选择填报相应的境内口岸名称及代码。

二十三、包装种类

本栏填报进出口货物的所有包装材料，包括运输包装和其他包装，按海关规定的《包装种类代码表》（见表10-4）选择填报相应的包装种类名称及代码。运输包装是指提运单所列货物件数单位对应的包装，其他包装包括货物的各类包装以及植物性铺垫材料等。

表10-4 包装种类代码表

代 码	包 装 名 称	代 码	包 装 名 称
1	木箱	5	托盘
2	纸箱	6	包
3	桶装	7	其他
4	散装		

二十四、件数

本栏填报进出口货物运输包装的件数（按运输包装计）。特殊情况填报要求如下：
（1）舱单件数为集装箱的，填报集装箱个数。
（2）舱单件数为托盘的，填报托盘数。
不得填报为零，裸装货物填报为"1"。

二十五、毛重（千克）

本栏填报进出口货物及其包装材料的重量之和，计量单位为千克，不足一千克的填报为"1"。

二十六、净重（千克）

本栏填报进出口货物的毛重减去外包装材料后的重量，即货物本身的实际重量，计量单位为千克，不足一千克的填报为"1"。

二十七、成交方式

本栏根据进出口货物实际成交价格条款，按海关规定的《成交方式代码表》（见表10-5）选择填报相应的成交方式代码。

表10-5 成交方式代码表

成交方式代码	成交方式名称	成交方式代码	成交方式名称
1	CIF	4	C&I
2	CFR（C&F/CNF）	5	市场价
3	FOB	6	垫仓

无实际进出境的货物，进口填报CIF，出口填报FOB。

本栏目与"运费""保费""杂费"栏目有直接关系。凡进口成交价不是CIF价，必须按照规定填报运费或保费；凡出口成交价不是FOB价，必须按照规定填报运费和保费。

二十八、运费

本栏填报进口货物运抵我国境内输入地点起卸前的运输费用，出口货物运至我国境内输出地点装载后的运输费用。

运费可按运费单价、总价或运费率三种方式之一填报，注明运费标记（运费标记"1"表示运费率，"2"表示每吨货物的运费单价，"3"表示运费总价），并按海关规定的《货币代码表》选择填报相应的币种代码。

免税品经营单位经营出口退税国产商品的，免予填报。

常见币种代码表见表10-6。

表 10-6 常见币种代码表

货币代码	货币符号	货币名称	货币代码	货币符号	货币名称
110	HKD	港币	326	NOK	挪威克朗
116	JPY	日本元	330	SEK	瑞典克朗
121	MOP	澳门元	331	CHF	瑞士法郎
122	MYR	马来西亚林吉特	398	ASF	清算瑞士法郎
132	SGD	新加坡元	501	CAD	加拿大元
142	CNY	人民币	502	USD	美元
300	EUR	欧元	601	AUD	澳大利亚元
303	GBP	英镑	609	NZD	新西兰元

二十九、保费

本栏填报进口货物运抵我国境内输入地点起卸前的保险费用，出口货物运至我国境内输出地点装载后的保险费用。

保费可按保险费总价或保险费率两种方式之一填报，注明保险费标记（保险费标记"1"表示保险费率，"3"表示保险费总价），并按海关规定的《货币代码表》选择填报相应的币种代码。

免税品经营单位经营出口退税国产商品的，免予填报。

三十、杂费

本栏填报成交价格以外的、按照《进出口关税条例》相关规定应计入完税价格或应从完税价格中扣除的费用。可按杂费总价或杂费率两种方式之一填报，注明杂费标记（杂费标记"1"表示杂费率，"3"表示杂费总价），并按海关规定的《货币代码表》选择填报相应的币种代码。

应计入完税价格的杂费填报为正值或正率，应从完税价格中扣除的杂费填报为负值或负率。

免税品经营单位经营出口退税国产商品的，免予填报。

三十一、随附单证及编号

本栏根据海关规定的《监管证件代码表》和《随附单据代码表》选择填报除第十六条规定的许可证件以外的其他进出口许可证件或监管证件、随附单据代码及编号。

本栏目分为随附单证代码和随附单证编号两栏，其中代码栏按海关规定的《监管证件代码表》和《随附单据代码表》选择填报相应证件代码；随附单证编号栏填报证件编号。

（1）加工贸易内销征税报关单（使用金关工程（二期）加工贸易管理系统的除外），随附单证代码栏填报"c"，随附单证编号栏填报海关审核通过的内销征税联系单号。

（2）一般贸易进出口货物，只能使用原产地证书申请享受协定税率或者特惠税率（以下统称优惠税率）的（无原产地声明模式），"随附单证代码"栏填报原产地证书代码

"Y",在"随附单证编号"栏填报优惠贸易协定代码和原产地证书编号。可以使用原产地证书或者原产地声明申请享受优惠税率的(有原产地声明模式),"随附单证代码"栏填写"Y","随附单证编号"栏填报优惠贸易协定代码、"C"(凭原产地证书申报)或"D"(凭原产地声明申报),以及原产地证书编号(或者原产地声明序列号)。一份报关单对应一份原产地证书或原产地声明。各优惠贸易协定代码见表10-7。

表10-7 各优惠贸易协定代码

01	亚太贸易协定
02	中国—东盟自由贸易协定
03	内地与香港关于建立更紧密经贸关系的安排(香港CEPA)
04	内地与澳门关于建立更紧密经贸关系的安排(澳门CEPA)
06	对台湾地区农产品零关税措施
07	中国—巴基斯坦自由贸易协定
08	中国—智利自由贸易协定
10	中国—新西兰自由贸易协定
11	中国—新加坡自由贸易协定
12	中国—秘鲁自由贸易协定
13	最不发达国家特别优惠关税待遇
14	海峡两岸经济合作框架协议(ECFA)
15	中国—哥斯达黎加自由贸易协定
16	中国—冰岛自由贸易协定
17	中国—瑞士自由贸易协定

海关特殊监管区域和保税监管场所内销货物申请适用优惠税率的,有关货物进出海关特殊监管区域和保税监管场所以及内销时,已通过原产地电子信息交换系统实现电子联网的优惠贸易协定项下货物报关单,按照上述一般贸易要求填报;未实现电子联网的优惠贸易协定项下货物报关单,"随附单证代码"栏填报"Y","随附单证编号"栏填报优惠贸易协定代码和原产地证据文件备案号。原产地证据文件备案号为进出口货物的收发货人或者其代理人录入原产地证据文件电子信息后,系统自动生成的号码。

向香港或者澳门特别行政区出口用于生产香港CEPA或者澳门CEPA项下货物的原材料时,按照上述一般贸易填报要求填制报关单,香港或澳门生产厂商在香港工贸署或者澳门经济局登记备案的有关备案号填报在"关联备案"栏。

"单证对应关系表"中填报报关单上的申报商品项与原产地证书(原产地声明)上的商品项之间的对应关系。报关单上的商品序号与原产地证书(原产地声明)上的项目编号应一一对应,不要求顺序对应。同一批次进口货物可以在同一报关单中申报,不享受优惠税率的货物序号不填报在"单证对应关系表"中。

(3)各优惠贸易协定项下,免提交原产地证据文件的小金额进口货物"随附单证代码"栏填报"Y","随附单证编号"栏填报优惠贸易协定代码XJE00000,"单证对应关系表"享惠报关单项号按实际填报,对应单证项号与享惠报关单项号相同。

三十二、标记唛码及备注

标记唛码是运输标志的俗称。进出口货物报关单上标记唛码专指货物的运输标志。标记唛码英文表示为：Marks，Marking，MKS，Marks&No.，Shipping Marks 等。它通常是由一个简单的几何图形和一些字母、数字及简单的文字组成，一般包括四项内容：①收货人代码；②合同号和发票号等；③目的地、原产地，包括最终目的地、目的港、中转港；④件数号码。

标记唛码的填报要求如下：

（1）标记唛码中除图形以外的文字、数字，无标记唛码的填报"N/M"。

（2）受外商投资企业委托代理其进口投资设备、物品的进出口企业，填报进出口企业名称。

（3）与本报关单有关联关系的，同时在业务管理规范方面又要求填报的备案号，填报在电子数据报关单中"关联备案"栏。

保税间流转货物、加工贸易结转货物及凭《征免税证明》转内销货物，其对应的备案号填报在"关联备案"栏。

减免税货物结转进口（转入），"关联备案"栏填报本次减免税货物结转所申请的《中华人民共和国海关进口减免税货物结转联系函》的编号。减免税货物结转出口（转出），"关联备案"栏填报与其相对应的进口（转入）报关单"备案号"栏中《征免税证明》的编号。

（4）与本报关单有关联关系的，同时在业务管理规范方面又要求填报的报关单号，填报在电子数据报关单中"关联报关单"栏。

保税间流转、加工贸易结转类的报关单，应先办理进口报关，并将进口报关单号填入出口报关单的"关联报关单"栏。

办理进口货物直接退运手续的，除另有规定外，应先填制出口报关单，再填制进口报关单，并将出口报关单号填报在进口报关单的"关联报关单"栏。

减免税货物结转出口（转出），应先办理进口报关，并将进口（转入）报关单号填入出口（转出）报关单的"关联报关单"栏。

（5）办理进口货物直接退运手续的，填报"<ZT"+海关审核联系单号或者《海关责令进口货物直接退运通知书》编号+">"。办理固体废物直接退运手续的，填报固体废物，直接退运表××号/责令直接退运通知书××号。

（6）保税监管场所进出货物，在"保税/监管场所"栏填报本保税监管场所编码（保税物流中心（B型）填报本中心的国内地区代码），其中涉及货物在保税监管场所间流转的，在本栏填报对方保税监管场所代码。

（7）涉及加工贸易货物销毁处置的，填报海关加工贸易货物销毁处置申报表编号。

（8）当监管方式为"暂时进出货物"（代码2600）和"展览品"（代码2700）时，填报要求如下：

1）根据《中华人民共和国海关暂时进出境货物管理办法》（海关总署令第233号，以下简称《管理办法》）第三条第一款所列项目，填报暂时进出境货物类别，如：暂进六，暂出九。

2）根据《管理办法》第十条规定，填报复运出境或者复运进境日期，期限应在货物进出境之日起6个月内，如：20180815前复运进境，20181020前复运出境。

3）根据《管理办法》第七条，向海关申请对有关货物是否属于暂时进出境货物进行审核确认的，填报《中华人民共和国XX海关暂时进出境货物审核确认书》编号，如"ZS海关审核确认书编号"，其中英文为大写字母。无此项目的，无须填报。

上述内容依次填报，项目间用"/"分隔，前后均不加空格。

4）收发货人或其代理人申报货物复运进境或者复运出境的：货物办理过延期的，根据《管理办法》填报货物暂时进/出境延期办理单的海关回执编号，如"ZS海关回执编号"，其中英文为大写字母。无此项目的，无须填报。

（9）跨境电子商务进出口货物，填报"跨境电子商务"。

（10）加工贸易副产品内销，填报"加工贸易副产品内销"。

（11）服务外包货物进口，填报"国际服务外包进口货物"。

（12）公式定价进口货物填报公式定价备案号，格式为："公式定价"+备案编号+"@"。对于同一报关单下有多项商品的，如某项或某几项商品为公式定价备案的，则备注栏内填报为："公式定价"+备案编号+"#"+商品序号+"@"。

（13）进出口与《预裁定决定书》列明情形相同的货物时，按照《预裁定决定书》填报，格式为："预裁定"+《预裁定决定书》编号（例如：某份预裁定决定书编号为R-2-0100-2018-0001，则填报为"预裁定R-2-0100-2018-0001"）。

（14）含归类行政裁定报关单，填报归类行政裁定编号，格式为："c"+四位数字编号，如"c0001"。

（15）已经在进入特殊监管区时完成检验的货物，在出区入境申报时，填报"预检验"字样，同时在"关联报检单"栏填报实施预检验的报关单号。

（16）进口直接退运的货物，填报"直接退运"字样。

（17）企业提供ATA单证册的货物，填报"ATA单证册"字样。

（18）不含动物源性低风险生物制品，填报"不含动物源性"字样。

（19）货物自境外进入境内特殊监管区或者保税仓库的，填报"保税入库"或者"境外入区"字样。

（20）海关特殊监管区域与境内区外之间采用分送集报方式进出的货物，填报"分送集报"字样。

（21）军事装备出入境的，填报"军品"或"军事装备"字样。

（22）申报《协调制度》为3821000000、3002300000的，属于下列情况的，填报要求为：属于培养基的，填报"培养基"字样；属于化学试剂的，填报"化学试剂"字样；不含动物源性成分的，填报"不含动物源性"字样。

（23）属于修理物品的，填报"修理物品"字样。

（24）属于下列情况的，填报"压力容器""成套设备""食品添加剂""成品退换""旧机电产品"等字样。

（25）申报《协调制度》为2903890020（入境六溴环十二烷），用途为"其他（99）"的，填报具体用途。

（26）集装箱体信息填报集装箱号（在集装箱箱体上标示的全球唯一编号）、集装箱规格、集装箱商品项号关系（单个集装箱对应的商品项号，半角逗号分隔）、集装箱货重（集装箱箱体自重＋装载货物重量，千克）。

（27）申报《协调制度》为 3006300000、3504009000、3507909010、3507909090、3822001000、3822009000，不属于"特殊物品"的，填报"非特殊物品"字样。"特殊物品"定义见《出入境特殊物品卫生检疫管理规定》（原国家质量监督检验检疫总局令第160号公布，根据原国家质量监督检验检疫总局令第184号、海关总署令第238号、第240号、第243号修改）。

（28）进出口列入目录的进出口商品及法律、行政法规规定须经出入境检验检疫机构检验的其他进出口商品实施检验的，填报"应检商品"字样。

（29）申报时其他必须说明的事项。

三十三、项号

本栏分两行填报。第一行填报报关单中的商品顺序编号；第二行填报备案序号，专用于加工贸易及保税、减免税等已备案、审批的货物，填报该项货物在《加工贸易手册》或《征免税证明》等备案、审批单证中的顺序编号。有关优惠贸易协定项下报关单填制要求按照海关总署相关规定执行。

其中第二行特殊情况填报要求如下：

（1）深加工结转货物，分别按照《加工贸易手册》中的进口料件项号和出口成品项号填报。

（2）料件结转货物（包括料件、制成品和未完成品折料），出口报关单按照转出《加工贸易手册》中进口料件的项号填报；进口报关单按照转进《加工贸易手册》中进口料件的项号填报。

（3）料件复出货物（包括料件、边角料），出口报关单按照《加工贸易手册》中进口料件的项号填报；如边角料对应一个以上料件项号时，填报主要料件项号。料件退换货物（包括料件、不包括未完成品），进出口报关单按照《加工贸易手册》中进口料件的项号填报。

（4）成品退换货物，退运进境报关单和复运出境报关单按照《加工贸易手册》原出口成品的项号填报。

（5）加工贸易料件转内销货物（以及按料件办理进口手续的转内销制成品、残次品、未完成品）填制进口报关单，填报《加工贸易手册》进口料件的项号；加工贸易边角料、副产品内销，填报《加工贸易手册》中对应的进口料件项号。如边角料或副产品对应一个以上料件项号时，填报主要料件项号。

（6）加工贸易成品凭《征免税证明》转为减免税货物进口的，应先办理进口报关手续。进口报关单填报《征免税证明》中的项号，出口报关单填报《加工贸易手册》原出口成品项号，进、出口报关单货物数量应一致。

（7）加工贸易货物销毁，填报《加工贸易手册》中相应的进口料件项号。

（8）加工贸易副产品退运出口、结转出口，填报《加工贸易手册》中新增成品的出口项号。

（9）经海关批准实行加工贸易联网监管的企业，按海关联网监管要求，企业需申报报关清单的，应在向海关申报进出口（包括形式进出口）报关单前，向海关申报清单。一份报关清单对应一份报关单，报关单上的商品由报关清单归并而得。加工贸易电子账册报关单中项号、品名、规格等栏目的填制规范比照《加工贸易手册》。

三十四、商品编号

本栏填报由 10 位数字组成的商品编号。前 8 位为《海关进出口税则》和《统计商品目录》确定的编码；9、10 位为监管附加编号。

三十五、商品名称及规格型号

本栏分两行填报。第一行填报进出口货物规范的中文商品名称，第二行填报规格型号。具体填报要求如下：

（1）商品名称及规格型号应据实填报，并与进出口货物收发货人或受委托的报关企业所提交的合同、发票等相关单证相符。

（2）商品名称应当规范，规格型号应当足够详细，以能满足海关归类、审价及许可证件管理要求为准，可参照《规范申报目录》中对商品名称、规格型号的要求进行填报。

（3）已备案的加工贸易及保税货物，填报的内容必须与备案登记中同项号下货物的商品名称一致。

（4）对需要海关签发《货物进口证明书》的车辆，商品名称栏填报：车辆品牌＋排气量（注明 cc）＋车型（如越野车、小轿车等）。进口汽车底盘不填报排气量。车辆品牌按照《进口机动车辆制造厂名称和车辆品牌中英文对照表》中"签注名称"一栏的要求填报。规格型号栏可填报"汽油型"等。

（5）由同一运输工具同时运抵同一口岸并且属于同一收货人、使用同一提单的多种进口货物，按照商品归类规则应当归入同一商品编号的，应当将有关商品一并归入该商品编号。商品名称填报一并归类后的商品名称；规格型号填报一并归类后商品的规格型号。

（6）加工贸易边角料和副产品内销、边角料复出口，填报其报验状态的名称和规格型号。

（7）进口货物收货人以一般贸易方式申报进口属于《需要详细列名申报的汽车零部件清单》（海关总署 2006 年第 64 号公告）范围内的汽车生产件的，按以下要求填报：

1）商品名称填报进口汽车零部件的详细中文商品名称和品牌，中文商品名称与品牌之间用"/"相隔，必要时加注英文商业名称；进口的成套散件或者毛坯件应在品牌后加注"成套散件""毛坯"等字样，并与品牌之间用"/"相隔。

2）规格型号填报汽车零部件的完整编号。在零部件编号前应当加注"S"字样，并与零部件编号之间用"/"相隔，零部件编号之后应当依次加注该零部件适用的汽车品牌和车型。汽车零部件属于可以适用于多种汽车车型的通用零部件的，零部件编号后应当加注"TY"字样，并用"/"与零部件编号相隔。与进口汽车零部件规格型号相关的其他需要申报的要素，或者海关规定的其他需要申报的要素，如"功率""排气量"等，应当在车型或"TY"之后填报，并用"/"与之相隔。汽车零部件报验状态是成套散件的，应当在"标记唛码及备注"栏内填报该成套散件装配后的最终完整品的零部件编号。

（8）进口货物收货人以一般贸易方式申报进口属于《需要详细列名申报的汽车零部件

清单》（海关总署 2006 年第 64 号公告）范围内的汽车维修件的，填报规格型号时，应当在零部件编号前加注"W"，并与零部件编号之间用"/"相隔；进口维修件的品牌与该零部件适用的整车厂牌不一致的，应当在零部件编号前加注"WF"，并与零部件编号之间用"/"相隔。其余申报要求同上条执行。

（9）品牌类型。品牌类型为必填项目。可选择无品牌（代码 0）、境内自主品牌（代码 1）、境内收购品牌（代码 2）、境外品牌（贴牌生产）（代码 3）、境外品牌（其他）（代码 4）如实填报。其中，境内自主品牌是指由境内企业自主开发、拥有自主知识产权的品牌；境内收购品牌是指境内企业收购的原境外品牌；境外品牌（贴牌生产）是指境内企业代工贴牌生产中使用的境外品牌；境外品牌（其他）是指除代工贴牌生产以外使用的境外品牌。上述品牌类型中，除境外品牌（贴牌生产）仅用于出口外，其他类型均可用于进口和出口。

（10）出口享惠情况。出口享惠情况为出口报关单必填项目。可选择"出口货物在最终目的国（地区）不享受优惠关税""出口货物在最终目的国（地区）享受优惠关税""出口货物不能确定在最终目的国（地区）享受优惠关税"如实填报。进口货物报关单不填报该申报项。

（11）申报进口已获 3C 认证的机动车辆时，填报以下信息：

1）提运单日期。填报该项货物的提运单签发日期。

2）质量保质期。填报机动车的质量保证期。

3）发动机号或电机号。填报机动车的发动机号或电机号，应与机动车上打刻的发动机号或电机号相符。纯电动汽车、插电式混合动力汽车、燃料电池汽车为电机号，其他机动车为发动机号。

4）车辆识别代码（VIN）。填报机动车车辆识别代码，须符合国家强制性标准《道路车辆 车辆识别代号（VIN）》（GB 16735）的要求。该项目一般与机动车的底盘（车架号）相同。

5）发票所列数量。填报对应发票中所列进口机动车的数量。

6）品名（中文名称）。填报机动车中文品名，按《进口机动车辆制造厂名称和车辆品牌中英文对照表》（原国家质量监督检验检疫总局 2004 年 52 号公告）的要求填报。

7）品名（英文名称）。填报机动车英文品名，按《进口机动车辆制造厂名称和车辆品牌中英文对照表》（原国家质量监督检验检疫总局 2004 年 52 号公告）的要求填报。

8）型号（英文）。填报机动车型号，与机动车产品标牌上"整车型号"一栏相符。

（12）进口货物收货人申报进口属于实施反倾销反补贴措施货物的，填报原厂商中文名称、原厂商英文名称、反倾销税率、反补贴税率和是否符合价格承诺等计税必要信息。

格式要求为："｜＜＞＜＞＜＞＜＞＜＞"。"｜""＜"和"＞"均为英文半角符号。第一个"｜"为在规格型号栏目中已填报的最后一个申报要素后系统自动生成或人工录入的分割符（若相关商品税号无规范申报填报要求，则需要手工录入"｜"），"｜"后面 5 个"＜＞"内容依次为"原厂商中文名称""原厂商英文名称（如无原厂商英文名称，可填报以原厂商所在国或地区文字标注的名称，具体可参照商务部实施贸易救济措施的相关公告中对有关原厂商的外文名称写法、反倾销税率、反补贴税率、是否符合价格承诺的规定。其中，反倾销税率和反补贴税率填写实际值，例如，税率为 30%，填写"0.3"。是否符合价格承诺填写"1"或者"0","1"代表是,"0"代表否。填报时,5个"＜＞"不可缺项,如第3、4、5项"＜＞"中无申报事项,相应的"＜＞"中内容可以为空,但"＜＞"需要保留。

三十六、数量及单位

本栏分三行填报。

（1）第一行按进出口货物的法定第一计量单位填报数量及单位,法定计量单位以《统计商品目录》中的计量单位为准。

（2）凡列明有法定第二计量单位的,在第二行按照法定第二计量单位填报数量及单位。无法定第二计量单位的,第二行为空。

（3）成交计量单位及数量填报在第三行。

（4）法定计量单位为千克的数量填报,特殊情况下填报要求如下：

1）装入可重复使用的包装容器的货物,按货物扣除包装容器后的重量填报,如罐装同位素、罐装氧气及类似品等。

2）使用不可分割包装材料和包装容器的货物,按货物的净重填报（即包括内层直接包装的净重重量）,如采用供零售包装的罐头、药品及类似品等。

3）按照商业惯例以公量重计价的商品,按公量重填报,如未脱脂羊毛、羊毛条等。

4）采用以毛重作为净重计价的货物,可按毛重填报,如粮食、饲料等大宗散装货物。

5）采用零售包装的酒类、饮料、化妆品,按照液体、乳状、膏状、粉状部分的重量填报。

（5）成套设备、减免税货物如需分批进口,货物实际进口时,按照实际报验状态确定数量。

（6）具有完整或制成品基本特征的不完整品、未制成品,根据《协调制度》归类规则按完整品归类的,按照构成完整品的实际数量填报。

（7）已备案的加工贸易及保税货物,成交计量单位必须与《加工贸易手册》中同项号下货物的计量单位一致,加工贸易边角料和副产品内销、边角料复出口,填报其报验状态的计量单位。

（8）优惠贸易协定项下进出口商品的成交计量单位必须与原产地证书上对应商品的计量单位一致。

（9）法定计量单位为立方米的气体货物,折算成标准状况（即0℃及1个标准大气压）下的体积进行填报。

三十七、单价

本栏填报同一项号下进出口货物实际成交的商品单位价格。无实际成交价格的,填报单位货值。

三十八、总价

本栏填报同一项号下进出口货物实际成交的商品总价格。无实际成交价格的,填报货值。

三十九、币制

本栏按海关规定的《货币代码表》选择相应的货币名称及代码填报,如《货币代码表》中无实际成交币种,需将实际成交货币按申报日外汇折算率折算成《货币代码表》列明的货币填报。

四十、原产国(地区)

原产国(地区)依据《中华人民共和国进出口货物原产地条例》《中华人民共和国海关关于执行〈非优惠原产地规则中实质性改变标准〉的规定》以及海关总署关于各项优惠贸易协定原产地管理规章规定的原产地确定标准填报。同一批进出口货物的原产地不同的,分别填报原产国(地区)。进出口货物原产国(地区)无法确定的,填报"国别不详"。

按海关规定的《国别(地区)代码表》选择填报相应的国家(地区)名称及代码。

四十一、最终目的国(地区)

最终目的国(地区)填报已知的进出口货物的最终实际消费、使用或进一步加工制造国家(地区)。不经过第三国(地区)转运的直接运输货物,以运抵国(地区)为最终目的国(地区);经过第三国(地区)转运的货物,以最后运往国(地区)为最终目的国(地区)。同一批进出口货物的最终目的国(地区)不同的,分别填报最终目的国(地区)。进出口货物不能确定最终目的国(地区)时,以尽可能预知的最后运往国(地区)为最终目的国(地区)。

按海关规定的《国别(地区)代码表》选择填报相应的国家(地区)名称及代码。

四十二、境内目的地/境内货源地

境内目的地填报已知的进口货物在国内的消费、使用地或最终运抵地,其中最终运抵地为最终使用单位所在的地区。最终使用单位难以确定的,填报货物进口时预知的最终收货单位所在地。

境内货源地填报出口货物在国内的产地或原始发货地。出口货物产地难以确定的,填报最早发运该出口货物的单位所在地。

海关特殊监管区域、保税物流中心(B型)与境外之间的进出境货物,境内目的地/境内货源地填报本海关特殊监管区域、保税物流中心(B型)所对应的国内地区。

按海关规定的《国内地区代码表》选择填报相应的国内地区名称及代码。境内目的地还需根据《中华人民共和国行政区划代码表》选择填报其对应的县级行政区名称及代码。无下属区县级行政区的,可选择填报地市级行政区。

四十三、征免

本栏按照海关核发的《征免税证明》或有关政策规定,对报关单所列每项商品选择海关规定的《征减免税方式代码表》(见表10-8)中相应的征减免税方式填报。

表 10-8　征减免税方式代码表

代　码	名　　称	代　码	名　　称
1	照章征税	6	保证金
2	折半征税	7	保函
3	全免	8	折半补税
4	特案	9	全额退税
5	随征免性质		

加工贸易货物报关单根据《加工贸易手册》中备案的征免规定填报；《加工贸易手册》中备案的征免规定为"保金"或"保函"的，填报"全免"。

四十四、特殊关系确认

根据《中华人民共和国海关审定进出口货物完税价格办法》（以下简称《审价办法》）第十六条，填报确认进出口行为中买卖双方是否存在特殊关系，有下列情形之一的，应当认为买卖双方存在特殊关系，应填报"是"，反之则填报"否"：

（1）买卖双方为同一家族成员的。
（2）买卖双方互为商业上的高级职员或者董事的。
（3）一方直接或者间接地受另一方控制的。
（4）买卖双方都直接或者间接地受第三方控制的。
（5）买卖双方共同直接或者间接地控制第三方的。
（6）一方直接或者间接地拥有、控制或者持有对方5%以上（含5%）公开发行的有表决权的股票或者股份的。
（7）一方是另一方的雇员、高级职员或者董事的。
（8）买卖双方是同一合伙的成员的。

买卖双方在经营上相互有联系，一方是另一方的独家代理、独家经销或者独家受让人，如果符合前款的规定，也应当视为存在特殊关系。

出口货物免予填报，加工贸易及保税监管货物（内销保税货物除外）免予填报。

四十五、价格影响确认

根据《审价办法》第十七条，填报确认纳税义务人是否可以证明特殊关系未对进口货物的成交价格产生影响，纳税义务人能证明其成交价格与同时或者大约同时发生的下列任何一款价格相近的，应视为特殊关系未对成交价格产生影响，填报"否"，反之则填报"是"：

（1）向境内无特殊关系的买方出售的相同或者类似进口货物的成交价格。
（2）按照《审价办法》第二十三条的规定所确定的相同或者类似进口货物的完税价格。
（3）按照《审价办法》第二十五条的规定所确定的相同或者类似进口货物的完税价格。

出口货物免予填报，加工贸易及保税监管货物（内销保税货物除外）免予填报。

四十六、支付特许权使用费确认

根据《审价办法》第十一条和第十三条，填报确认买方是否存在向卖方或者有关方直接或者间接支付与进口货物有关的特许权使用费，且未包括在进口货物的实付、应付价格中。

买方存在需向卖方或者有关方直接或者间接支付特许权使用费，且未包含在进口货物实付、应付价格中，并且符合《审价办法》第十三条的，在"支付特许权使用费确认"栏目填报"是"。

买方存在需向卖方或者有关方直接或者间接支付特许权使用费，且未包含在进口货物实付、应付价格中，但纳税义务人无法确认是否符合《审价办法》第十三条的，填报"是"。

买方存在需向卖方或者有关方直接或者间接支付特许权使用费且未包含在实付、应付价格中，纳税义务人根据《审价办法》第十三条，可以确认需支付的特许权使用费与进口货物无关的，填报"否"。

买方不存在向卖方或者有关方直接或者间接支付特许权使用费的，或者特许权使用费已经包含在进口货物实付、应付价格中的，填报"否"。

出口货物免予填报，加工贸易及保税监管货物（内销保税货物除外）免予填报。

四十七、自报自缴

进出口企业、单位采用"自主申报、自行缴税"（自报自缴）模式向海关申报时，本栏填报"是"；反之则填报"否"。

四十八、申报单位

自理报关的，本栏填报进出口企业的名称及编码；委托代理报关的，本栏填报报关企业名称及编码，编码填报18位法人和其他组织的统一社会信用代码。

报关人员填报在海关备案的姓名、编码、电话，并加盖申报单位印章。

四十九、海关批注及签章

本栏供海关作业时签注。

五十、其他填制要求

报关单填制规范所述尖括号（＜＞）、逗号（,）、连接符（-）、冒号（:）等标点符号及数字，填报时都必须使用非中文状态下的半角字符。

此外，海关特殊监管区域企业向海关申报货物进出境、进出区，应填制《中华人民共和国海关进（出）境货物备案清单》，海关特殊监管区域与境内（区外）之间进出的货物，区外企业应填制《中华人民共和国海关进（出）口货物报关单》。《中华人民共和国海关进（出）境货物备案清单》比照《报关单填制规范》的要求填制。

第三节 报关单填制技巧及案例分析

一、报关单填制的基本技巧

（一）报关单中相类似的项目

（1）涉及号码的栏目。报关单中涉及号码的栏目不少，但备案号、批准文号和许可证号最容易混淆。"备案号"栏一般填的是"登记手册"或"征免税证明"的编号,如果不需要办理加工贸易合同备案或征、免、减税审批备案等手续时,该栏目为空。"批准文号"栏是在需要办理收汇或付汇核销手续时填写的收付汇核销单的编号。"许可证号"栏是在需要申领进出口许可证时填写的许可证的编号。

(2) 涉及单位的栏目。报关单中涉及单位的栏目有境内收发货人、申报单位和录入单位。"录入单位"栏填报的是录入预录入报关单的单位。而前三个栏目有时填报内容相同,如某外贸公司自行与外商签订并履行合同,且自理报关的,则这三个栏目都填该外贸公司的名称;有时不同,如 A 公司委托 B 外贸公司进口一批设备,并委托 C 报关行报关,则经营单位为"A 公司",收货单位为"B 外贸公司",申报单位为"C 报关行"。

(3) 涉及日期的栏目。报关单中涉及日期的栏目有出(进)口日期、申报日期、填制日期。填制日期比较容易区分,是指填制报关单的日期,这个日期一般是由预录入部门打印的,报关员无须填写。出(进)口日期是指运载申报出口(进口)货物的运输工具办结(申报)出(入)境的日期。申报日期是指海关接受出(进)口货物的收、发货人或其代理人申请办理货物出(进)口手续的日期。

(4) 涉及国家(地区)的栏目。报关单中涉及国家(地区)的有运抵国(地区)/启运国(地区)和贸易国(地区)两个栏目。一般情况下,两者一致。但也有不一致的情形,如出口货物直接运抵的国家不是该货物的最终实际消费国,进口货物起始发出的国家不是该货物的生产、开采或加工制造国等。

(二) 报关单相关内容查找技巧

相关内容见表 10-9。

表 10-9 报关单相关内容查找技巧

可从提供的提运单、装箱单中查找的	可从提供的发票中查找的	可从提供的补充内容里直接查找的	通过逻辑才能推断出来的
1. 进境关别/出境关别 2. 运输方式 3. 运输工具名称 4. 提运单号 5. 启运国(地区)/运抵国(地区) 6. 经停港/指运港 7. 件数 8. 包装种类 9. 毛重(千克) 10. 净重(千克) 11. 集装箱号 12. 标记唛码及备注 13. 境外收发货人 14. 启运港	1. 经营单位 2. 收货单位/发货单位 3. 境内目的地/境内货源地 4. 成交方式 5. 运费 6. 保费 7. 杂费 8. 合同协议号 9. 商品名称、规格型号 10. 数量及单位 11. 原产地(地区)/最终目的国(地区) 12. 单价 13. 总价 14. 币制	1. 备案号 2. 进口日期/出口日期 3. 申报日期 4. 许可证号 5. 批准文号 6. 随附单证及编号 7. 生产厂家及部分备注内容	1. 贸易性质 2. 征免性质 3. 征税比例 4. 用途 5. 部分备注的内容

(三) 报关单的检查

填完报关单后，应从下列几个方面对报关单进行一些必要的检查和修改：
(1) 填报的栏目是否规范。
(2) 填写的栏目内容是否完整。
(3) 填报是否存在空缺。
(4) 填报的栏目逻辑关系是否正确。
(5) 注意加工贸易报关单填制的特殊要求。

二、报关单填制案例分析

请根据所提供的原始单据，按照报关单填制规范的要求，在报关单相对应的选项中选出最合适的答案。

资料一：

厦门美视光学工业有限公司于 2019 年 4 月出口一批太阳眼镜。货物经香港运至最终目的地后，检验发现部分货物不符合质量要求。经协商，美视光学工业有限公司同意退换该部分货物，由香港原收货方安排退回。

资料二：

INVOICE & WEIGHT MEMO

No.： 07060501　　　　　　　　　　　　　　　　Date：05-03-19
Invoice of：　　　　3CTNS SUNGLASSES
For account and risk of Messrs.　　XIAMEN MEI SHI OPTICAL CO., LTD
Shipped By：CHUNG YING INTERNATIONAL LIMITED　Per：　　SEA
Sailing on or about　2019/3/5　From　NEW ZEALAND　　　To　XIAMEN
L/C No.　　　　　　　　　　　　　　Contract No.

Marks. Nos.	Description of Goods	Quantity	N.W.	G.W.	Unit Price	Amount
						FOB AUCKLAND
SUNGLASSES 1PL-14	SUNGLASSES	818.00 PRS	35.00KGS	40.00KGS	USD1.70	FOB USD 1390.60
						SEA FREIGHT&INSURANCE USD150.00

3CTNS　　　　　　　　　　　TOTAL INVOICE VALUE USD 1540.60
　　　　　　　　　　　　　　×××（HONG KONG）CO., LTD.

　　　　　　　　　　　　　　　　　　　Authorized Signature

资料三：

Shipper * * * * * * * * CO. LTD AUCKLAND, NEW ZEALAND		B/L No.　GBINXM20314540_08 GLOBELINK MARINE PTE. LTD BILL OF LADING
Consignee XIAMEN MEISHI OPTICAL CO., LTD. NO. * * * FANGHU EAST ROAD, XIAMEN, CHINA TEL：86-592-* * * * * FAX：86-592-* * * *		
Notify Party INFINITY CARGO LOGISTICS LIMITED XIAMEN BRANCH TEL： 86-592-* * * FAX86-592-* * * * * ATTN：* * * *		Also Notify Party - Routing & Instructions
Pre-carriage By AIRPORT CITY	Place of Receipt HONG KONG CFS	Forwarding Agent References FMC No.
Vessel / VOY OOCLOSAKA V. 106N	Port of Loading HONG KONG CFS	
Port of Discharge XIAMEN CFS	Place of Delivery XIAMEN CFS	Type of Movement

PARTICULARS DECLARED BY SHIPPER BUT NOT ACKNOWLEDGED BY THE CARRIER

Marks &Nos.	Number & Kind of Packages	Description of Goods	Gross Weight（KGS）	Measurement（CBM）
CONTR NO. /SEAL NO. OOLU3739054/OOLH182590 20GP	3 CARTON (S)	SHIPPER'S LOAD & COUNT & SEAL S. T. C FAULTY VISUAL AIDES BEING RETURNED TO THE SHIPPER KINDLY RELEASE D/O TO CNEE WITHOUT PRESENTATION OF ORIGINAL THRU B/L NO：820385-18 EX VSL：PROVIDER/184（CONTR NO. NYKU6972919） ISSUED BY MONDIALE FREIGHT SERVICES LIMITED FROM PORT AUCKLAND TO PORT XIAMEN	40.000	0.2500M3

Total No. of Containers Or Packages（In Words）：	THREE CARTON (S) ONLY	
Forwarding Agent References GLOBELINK-TRANS INT'L FORWARDERS COMPANY ROOM 404-406, HAITIAN LOGISTICS CENTER, NO. 1 HAITIAN ROAD, XIAMEN, CHINA		Date Laden on Board 04/03/2019
		Place and Date of B (S)/L Issue HONG KONG　04/03/2019
		No. of Original B/L Issued TELEX RELEASE
Freight and Charges LOCAL CHARGES AT DESTINATION ARE FOR RECEIVERS ACCOUNT		STAMP AND SIGNATURE OF THE CARRIER OR ITS AGENT GLOBELINK MARINE (CHINA) PTE. LTD

资料四：

中华人民共和国海关出口货物报关单

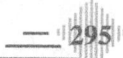

预录入编号：××××××　　海关编号：371620070167971149　　页码/页数：

境内发货人	厦门美视光学工业有限公司3502141××	出境关别	皇岗海关5301	申报日期	20190412	备案号	E3106000014
境外收货人	××××××	运输方式	水路运输	提运单号	@073716900150262 8 PROVIDER/184	××××××	
生产销售单位	××××××	监管方式	来料成品退换	许可证号		离境口岸	中国香港110
合同协议号	××××××	贸易国（地区）	新西兰609	指运港	中国香港110	陶朗加	
包装种类	托盘5	件数	4	毛重（千克）	309	净重（千克）	202	成交方式	3	运费		保费		杂费	

随附单证及编号

标记唛码及备注

项号	商品编号	商品名称及规格型号	数量及单位	单价/总价/币制	原产国（地区）	最终目的国（地区）	境内货源地	征免
01	90041000	太阳眼镜 IPL-1-14	818副	1.33/1087.94/502 美元	中国142	新西兰609	厦门特区	照章征税（1）
16								
02	90041000	太阳眼镜 IPL-6-14	900副	1.36/1224.00/502 美元	中国142	0	厦门特区	照章征税（1）
38								
03	90041000	太阳眼镜 IPL-14	2160副	1.70/3672.00/502 美元	中国142	0	厦门特区	照章征税（1）
28								

报关人员		电话		兹申明对以上各项承担如实申报、依法纳税责任	海关批注及签章
报关人员证号		申报单位	厦门美视光学工业有限公司3502141××	申报单位（签章）	

资料五:

中华人民共和国海关进口货物报关单

预录入编号:　　　　海关编号:　　　　　　　　　　　　　　　　　　　　　页码/页数:

境内收货人		进口日期		申报日期		备案号	
境外发货人		运输方式		运输工具名称及航次号		提运单号	
消费使用单位		监管方式		征免性质		许可证号	
合同协议号		贸易国（地区）		启运国（地区）		经停港		入境口岸	
包装种类		件数		毛重（千克）		净重（千克）		成交方式		运费		保费		杂费	
随附单证							

标记唛码及备注							

项号	商品编号	商品名称及规格型号	数量及单位	单价/总价/币制	原产国（地区）	最终目的国（地区）	境内目的地	征免

报关人员		报关人员证号		电话		兹申明以上内容相如实申报，依法纳税之法律责任	海关批注及签章
申报单位						申报单位（签章）	

请根据以上材料，选择下列栏目的正确选项：

1. "备案号"栏：
   A. 此栏为空 B. 371620070167971149
   C. E37106000014 D. @0737169001502628

   答案：C

   解析：按《报关单填制规范》可知，"备案号"栏目应填报进出口货物收发货人在海关办理加工贸易合同备案或征、减、免税备案审批等手续时，海关核发"加工贸易手册""征免税证明"或其他备案审批文件的编号。本案案例中的中文资料表明所进口"太阳眼镜"属于进料加工成品退还，因此"备案号"栏不应为空，应填报与出口货物报关单一致的备案号，出口货物报关单的备案号为"E37106000014"，故选项C符合要求。选项B是"太阳眼镜"出口时的报关单号，选项D是"太阳眼镜"出口时的运输工具名称。因此，本题C为正确选项。

2. "运输方式"栏：
   A. 汽车运输 B. 航空运输
   C. 江海运输 D. 其他运输

   答案：C

   解析：按《报关单填制规范》可知，"运输方式"栏应填报货物实际进出境的运输方式，按进出境所使用的运输工具选择相应的运输方式或代码填报。本题案例中的进口提单显示所进口"太阳眼镜"的运输方式为江海运输，汽车运输、航空运输及其他运输都不符合要求。进出口货物进出境时的运输方式包括水路运输、铁路运输、公路运输、航空运输及其他运输方式，现水路运输与江海运输统称为水路运输。因此，本题C为正确选项。

3. 厦门美视光学工业有限公司进口太阳镜的航名及航次号是（　　）。
   A. @0737169001502628 B. OOCL OSAKA/106N
   C. PROVIDER/184 D. 此栏为空

   答案：B

   解析：按《报关单填制规范》可知，"运输工具名称"栏目应填报载运货物进出境的运输工具名称或编号及航次号。填报内容应与运输部门向海关申报的舱单所列相应内容一致。本题案例中的进口提单显示所进口"太阳眼镜"的运输方式为江海（水路）运输，航名及航次为"OOCL OSAKA/106N"，根据《报关单填制规范》的要求，选项B符合填制规范要求。选项A是"太阳眼镜"出口时的运输工具名称；选项B是进口"太阳眼镜"的船名及航次；选项C是从中国香港出口"太阳眼镜"的航名及航次；选项D错误，此栏不能为空。因此，本题B为正确选项。

4. "提运单号"栏：
   A. GBINXM20314540_08 B. 820385-18
   C. @0737169001502628 D. GBINXM20314540*08

   答案：A

   解析：本题案例进口提单右上角显示："B/L No. GBINXM20314540_08"，"B/L No."即提单号，故选项A符合要求。选项B是"太阳眼镜"出口时的提单号；选项C是"太阳眼镜"出口时的运输工具名称；选项 D 是"太阳眼镜"进口时提单号的变形，目的是制造假象，扰乱视线。因此，本题 A 为正确选项。

5. "监管方式"栏：

A. 一般贸易　　　　B. 退运贸易　　　　C. 修理物品　　　　D. 进料成品退换

答案：D

解析：根据实际对外贸易情况按海关规定的《监管方式代码表》选择填报相应的监管方式简称及代码。本题案例的中文资料表明所进口"太阳眼镜"属于进料加工成品退换，故选项 D 符合要求。选项 A 是"一般贸易"，一般贸易是指我国境内有进出经营权的企业单边进或单边出的贸易；选项 B 是"退运货物"，退运进出口货物是指原进出口货物因残损、缺少、品质不良、规格不符、延误交货或其他退运出入境的货物，简称退运货物；选项 C 是"修理物品"，修理物品是指运进或运出境维护修理的物品。因此，本题 D 为正确选项。

6. "启运国（地区）"栏：

A. 中国香港　　　　B. 新加坡　　　　C. 新西兰　　　　D. 中国

答案：A

解析："启运国（地区）"栏应填报进口货物起始发出直接运抵我国或者在运输中转国（地区）未发生任何商业性交易的情况下运抵我国的国家（地区）。本题材料表明所进口"太阳眼镜"由香港原收货方安排退回，表明退回的"太阳眼镜"虽然在中转地（香港）没有发生买卖关系，但"太阳眼镜"的法律地位在中转地（香港）已经改变，属于香港原收货方，故选项 A 符合要求，选项 C 不符合要求。选项 B 是"新加坡"，资料显示"太阳眼镜"的进出口都与新加坡无关；选项 D 是"中国"，"太阳眼镜"是中国制造的，进口时的"启运国（地区）"不应该是中国。因此本题 A 为正确选项。

7. "经停港"栏：

A. 香港　　　　B. 新加坡　　　　C. 奥克兰　　　　D. 陶朗加

答案：A

解析："经停港"填报进口货物在运抵我国关境前的最后一个境外装运港。本题案例中的提单表明，该批货物是从新西兰的奥克兰启运经"HONGKONG"（香港）到达厦门，香港是"太阳眼镜"运抵我国关境前的最后一个装运港。选项 B 是"新加坡"，资料显示"太阳眼镜"的进口与新加坡无关；选项 C 是"奥克兰"，是启运港，不是"太阳眼镜"运抵我国关境前的最后一个装运港；选项 D 是"陶朗加"，是货物出口时的指运港。因此，本题 A 是正确选项。

8. "成交方式"栏：

A. 1　　　　B. 2　　　　C. 3　　　　D. 4

答案：C

解析：发票表明"FOB USD 1390.60"。《报关单填制规范》要求"成交方式"栏应根据实际成交价格条款，按海关规定的《成交方式代码表》选择填报相应的成交方式名称或代码。FOB 在《成交方式代码表》中对应的代码为"3"。故选项 C 符合要求。在《成交方式代码表》中，选项 A、B、D 分别代表 CIF、C&F、C&I。因此，本题 C 为正确选项。

9. "运费"栏:

A. 此栏为空　　　　　　　　　　　B. 150

C. 502/150/3　　　　　　　　　　　D. 502/150/2

答案：C

解析："运费"栏应填报进口货物运抵我国境内输入地点起卸前的运输费用。本题案例中所示的进口"成交方式"为"FOB"，故根据《报关单填制规范》的要求，"运费"栏不能为空，运保费合并计算的，运保费填报在"运费"栏中。发票表明，该批货物的运保费总价为 USD150，故选项 A 不符合要求，选项 C 符合要求。选项 B 不符合"运费"栏的填报格式；选项 D 表示"太阳眼镜"的运费单价是"USD150"。因此，本题 C 为正确选项。

10. "件数"栏：

A. 818　　　　B. 4　　　　C. 1　　　　D. 3

答案：D

解析："件数"栏应填报有外包装的进出口货物的实际件数；如果舱单件数为集装箱的，填报集装箱个数；如果舱单件数为托盘的，应填托盘数。本题案例的发票表明"太阳眼镜"为3个纸箱（CTNS），故选项 D 符合要求。选项 A 是指818副"太阳眼镜"；选项 B 是"太阳眼镜"出口时的托盘数；选项 C 的目的是制造假象，扰乱视线。因此，本题 D 是正确选项。值得注意的是，该批货物是装载在集装箱的，如果舱单上列了集装箱个数，那么本题 C 是正确选项。

11. "包装种类"栏：

A. 1　　　　B. 2　　　　C. 5　　　　D. 7

答案：B

解析："包装种类"栏应根据进出口货物的实际外包装种类，填报相应的包装种类的名称或代码。本题案例的发票表明"太阳眼镜"为3个纸箱（CTNS），在《包装种类代码表》中纸箱对应的代码为"2"，故选项 B 符合要求。在《包装种类代码表》中，选项 A、C、D 分别代表木箱、托盘、其他。因此，本题 B 是正确选项。

12. "毛重"栏：

A. 40　　　　B. 35　　　　C. 309　　　　D. 202

答案：A

解析："毛重"栏应填报进出口货物及其包装材料的重量之和。本题案例的发票表明毛重为40kg，故选项 A 符合要求。选项 B 是净重；选项 C 是"太阳眼镜"出口时的毛重；选项 D 是"太阳眼镜"出口时的净重。因此，本题 A 是正确选项。

13. "随附单证及编号"栏：

A. 3716200701679711149

B. 070392703

C. A：××××××××××××××

D. 此栏为空

答案：D

解析：根据海关规定的《监管证件代码表》和《随附单据代码表》选择填报除本规范

第十六条规定的许可证件以外的其他进出口许可证件或监管证件、随附单据代码及编号。本题案例的全部资料表明,进口"太阳眼镜"无须提供任何监管证件,故选项 D 符合要求。选项 A 是"太阳眼镜"出口时的报关单号,选项 B 是"太阳眼镜"出口时的批准文号,选项 C 是入境货物通关单的代码及编号。因此,本题 D 是正确选项。

14. "标记唛码及备注"栏的"备注"项:
   A. 此项为空 B. NYKU6972919/20/××××
   C. OOLU3739054/20/×××× D. 3716200701679711149

   答案: D

   解析: 本案例的中文资料表明所进口"太阳眼镜"属于进料加工成品退换,根据《报关单填制规范》的要求,应在进口报关单填报关联报关单号(即所进口"太阳眼镜"出口时的报关单号:3716200701679711149),故选项 A 不符合要求。选项 B 和选项 C 是集装箱的箱体信息,不需要填报在"标记唛码及备注"栏。因此,本题 D 是正确选项。

15. "项号"栏:
   A. 01 B. 0116 C. 0138 D. 0328

   答案: D

   解析: 本题案例的发票表明,退换的"太阳眼镜"的规格型号是"1PL-14",出口报关单显示该型号的"太阳眼镜"列手册第 28 项。根据《报关单填制规范》关于"项号"栏的填报要求,本栏目分两行填报及打印,第一行填报报关单中的商品顺序编号;第二行专用于加工贸易、减免税等已备案和审批的货物,填报和打印该项货物在"加工贸易手册"或"征免税证明"等备案、审批单证中的顺序编号。成品退运货物,退运进境报关单和复运出境报关单按照"加工贸易手册"原出口成品的项号填报。因此,本题 D 是正确选项。

16. "原产国(地区)"栏:
   A. 新加坡 B. 中国香港 C. 新西兰 D. 中国

   答案: D

   解析: 原产国(地区)依据《中华人民共和国进出口货物原产地条例》、《中华人民共和国海关关于执行〈非优惠原产地规则中实质性改变标准〉的规定》以及海关总署关于各项优惠贸易协定原产地管理规章规定的原产地确定标准填报。本案例的中文资料表明所进口"太阳眼镜"属于进料加工成品退换,"太阳眼镜"原由厦门美视光学工业有限公司加工出口,原产国应为中国,故选项 D 符合要求。因此,本题 D 是正确选项。

17. "单价"栏:
   A. 1.33 B. 1.36 C. 1.70 D. 1.8833

   答案: C

   解析: "单价"栏应填报同一项号下进出口货物实际成交的商品单位价格。本案例的发票表明,规格型号是"1PL-14"的"太阳眼镜"的"Unit Price"为"USD1.70",故选项 C 符合要求。因此,本题 C 是正确选项。

18. "征免"栏：

A. 照章征税　　　　　　　　B. 全免

C. 随征免性质　　　　　　　D. 全额退税

答案：B

解析：按照海关核发的《征免税证明》或有关政策规定，对报关单所列每项商品选择海关规定的《征减免税方式代码表》中相应的征减免税方式填报。本案例的中文资料表明所进口"太阳眼镜"属于进料加工成品退换，没有特别说明的情况下其对应的征免为"全免"，故选项B符合要求。因此，本题B是正确选项。

本章练习题

一、不定项选择题

1. 下列关于申报地点的表述，错误的是：（　　）。

A. 进口货物应当在进境地海关申报

B. 出口货物应当在出境地海关申报

C. 经海关统一，进口货物可以在指运地海关申报，出口货物可以在启运地海关申报

D. 特定减免税货物改变性质转为一般进出口时，应当在货物原进境地海关申报

2. 下列货物不列入海关统计的是：（　　）。

A. 一般贸易进出口货物

B. 加工贸易进出口货物

C. 租赁期在1年及以上的租赁进出口货物

D. 无商业价值的进出口货样或者广告品

3. 关于报关单的修改和撤销，以下表述正确的是：（　　）。

A. 海关发现进出口货物报关单需要进行修改或者撤销的，海关可以直接进行修改或撤销

B. 海关发现进出口货物报关单需要进行修改或者撤销的，收发货人或其代理人应当提交进出口货物报关单修改/撤销申请表

C. 收发货人或其代理人要求修改或者撤销报关单的，应当提交进出口货物报关单修改/撤销确认书

D. 因修改或者撤销进出口货物报关单导致需要变更、补办进出口许可证件的，进出口货物收发货人或者其代理人应当向海关提交相应的进出口许可证件

4. 下列关于进出口货物报关单填制要求的表述，正确的是：（　　）。

A. 同一批货物中贸易方式不同的商品，应分单填报

B. 同一批货物中商品编码不同的商品，应分项填报

C. 同一种商品成交计量单位与海关法定计量单位不一致的，应分行填报

D. 同一批货物中征免性质不同的商品，应分单填报

5. 某企业申报进境的保税加工料件，经海关批准，在放行前全部退运出境，企业在填制出口货物报关单时，"贸易方式"栏填报错误的有：（　　）。

A. 来料料件退换

B. 进料料件退换

C. 直接退运

D. 退运货物

二、判断题

1. 特定减免税货物以外的实际进出口货物都属于一般进出口货物的范围。（　　）

2. 一般进出口货物也称为一般贸易货物，是指在进出境环节缴纳了应征的进出口税费并办结了所有必

要的海关手续，海关放行后不再进行监管，可以直接进入生产和流通领域的进出口货物。（　　）

3. 海关对按照货物实际价格审定的完税价格一次性征收税款的租赁货物现场放行后，不再对其进行监管。（　　）

4. 加工贸易经营企业申请内销的剩余料件，如果金额占该加工贸易合同项下实际进口料件总额 5% 以内（含 5%）且总值在人民币 1 万元以下（含 1 万元），商务主管部门免予审批，属于进口许可证件管理范围的，企业免交许可证件。（　　）

5. 出口货物自出口之日起 3 年内，因品质或者规格原因原状复运进境的，不征收进口关税。（　　）

三、综合实务题

某省纺织品集团公司从 A 国进口粗梳羊毛（税则号列 51051000，适用非优惠原产地规则）一批，该批粗梳羊毛系以 B 国原产的未梳含脂剪羊毛（税则号列 51011100，适用优惠原产地规则）加工而成，发票列明货物价值、包装费、至境内指运地的运费及相关费用、保险费，货物以境内外全程联运方式自上海进境运至该收货人所在的某省会城市。

粗梳羊毛系法定检验检疫及进口关税配额管理商品，但收货人未能足额获得配额数量。

某报关企业受收货人委托向海关报关时，报关员未能对收货人提供的情况进行认真审核，致使电子数据报关单填制不规范，被海关做退单处理。

根据上述案例，解答下列问题：

1. 关于该批货物原产地的表述，正确的是：（　　）。
   A. 适用优惠原产地规则中的"完全获得标准"，并以此认定 B 国为原产国
   B. 适用非优惠原产地原则中的"加工工序标准"，并以此认定 A 国为原产国
   C. 适用非优惠原产地规则中的"税则归类改变标准"，并以此认定 A 国为原产国
   D. 适用优惠原产地规则中的"从价百分比标准"，并以此认定 B 国为原产国

2. 进口粗梳羊毛的完税价格应不包含货物成交价格中的下列部分：（　　）。
   A. 货物价值
   B. 包装费
   C. 运抵境内输入地点起卸后的运费及相关费用
   D. 运抵境内输入地点起卸后的保险费

3. 进口粗梳羊毛向海关申报时，应提交的监管证件是：（　　）。
   A. 优惠贸易协定项下的进口原产地证明书
   B. 关税配额证明
   C. 入境货物通关单
   D. 自动进口许可证

4. 超出关税配额部分的进口粗梳羊毛，可能适用的税率是：（　　）。
   A. 普通税率　B. 最惠国税率
   C. 协定税率　D. 关税配额税率

5. 下列情形中，可能造成海关退单的是：（　　）。
   A. 未在报关单"进境类别"栏填报进境口岸海关名称及代码
   B. 未在报关单"备案号"栏填报原产地证书代码及编号
   C. 未在报关单"随附单证及编号"栏填报监管证件的代码及编号
   D. 未在报关单"标记唛码及备注"栏填报监管证件的代码及编号

附 录

附录 A 中华人民共和国进口许可证申请表

1. 进口商： 代码	3. 进口许可证号：
2. 收货人：	4. 进口许可证有效截止日期： 年　月　日
5. 贸易方式：	8. 出口国（地区）：
6. 外汇来源：	9. 原产地国（地区）：
7. 报关口岸：	10. 商品用途：
11. 商品名称：	商品编码：

12. 规格、型号	13. 单位	14. 数量	15. 单价（币别）	16. 总值（币别）	17. 总值折美元

18. 总　计：					

19. 领证人姓名：	不能获准原因：
联系电话：	1. 公司无权经营；　　　8. 第（　）项须补充说明函； 2. 公司编码有误；　　　9. 第（　）项与批件不符； 3. 到港不妥善；　　　　10. 其他。 4. 品名与编码不符； 5. 单价（高）低；
申请日期：	6. 币别有误； 7. 漏填第（　）项；
下次联系日期：	

中华人民共和国商务部监制　　　　　　　　　　　　第二联（副本）取证凭证

附录 B 中华人民共和国出口许可证申请表

1. 出口商：　　代码：	3. 出口许可证号：
领证人姓名：　　电话：	
2. 收货人：　　代码：	4. 出口许可证有效截止日期： 　　　　　　　　　　年　月　日
5. 贸易方式：	8. 进口国(地区)：
6. 合同号：	9. 付款方式：
7. 报关口岸：	10. 运输方式：

11. 商品名称：			商品编码：		
12. 规格、型号	13. 单位	14. 数量	15. 单价(币别)	16. 总值(币别)	17. 总值折美元
18. 总　计：					

19. 备　注 申请单位盖章 申领日期：	20. 签证机构审批(初审)： 　　　　　　　　　经办人： 终审：

填表说明：1. 本表应用正楷逐项填写清楚，不得涂改、遗漏，否则无效。
　　　　　2. 本表内容需打印多份许可证的，请在备注栏内注明。
　　　　　3. 本表填写一式二份。

附录 C 中华人民共和国海关进口货物报关单

预录入编号：　　　　　　　　　　海关编号：　　　　　　　　　　　　　　　　　　页码/页数：

境内收货人		进境关别		进口日期		申报日期		备案号	
境外发货人		运输方式		运输工具名称及航次号		提运单号		货物存放地点	
消费使用单位		监管方式		征免性质		许可证号		启运港	
合同协议号		贸易国（地区）		启运国（地区）		经停港		入境口岸	
包装种类		件数	毛重（千克）	净重（千克）	成交方式	运费	保费	杂费	

随附单证

标记唛码及备注

项号	商品编号	商品名称及规格型号	数量及单位	单价/总价/币制	原产国（地区）	最终目的国（地区）	境内目的地	征免

报关人员	报关人员证号	电话	兹申明以上内容承担如实申报、依法纳税之法律责任	海关批注及签章
申报单位			申报单位（签章）	

附录 D 中华人民共和国海关出口货物报关单

预录入编号：　　　　　　　　海关编号：　　　　　　　　　　　　　　　　　页码/页数：

境内发货人		出口日期	申报日期		备案号	
境外收货人		运输工具名称及航次号	提运单号			
生产销售单位		监管方式	征免性质		许可证号	
合同协议号		贸易国（地区）	运抵国（地区）		指运港	离境口岸
包装种类	件数	毛重（千克）	净重（千克）	成交方式	运费	保费	杂费

随附单证及编号				
标记唛码及备注				

项号	商品编号	商品名称及规格型号	数量及单位	单价/总价/币制	原产国（地区）	最终目的国（地区）	境内货源地	征免

兹申明以上内容承担如实申报、依法纳税之法律责任	海关批注及签章
报关人员 报关人员证号	
电话	
申报单位 申报单位（签章）	

参 考 文 献

[1] 侯海英，栾红. 国际贸易业务实训［M］. 北京：经济科学出版社，2007.
[2] 胡波. 海关报关实训［M］. 北京：对外经济贸易大学出版社，2006.
[3] 姜维，陈柯妮. 报关业务实战教程［M］. 3版. 上海：立信会计出版社，2015.
[4] 教琳，金鑫. 报关实务［M］. 北京：对外经济贸易大学出版社，2008.
[5] 李平，公衍照，张红霞. 进出口报关教程［M］. 北京：中国财政经济出版社，2005.
[6] 廖力平，廖庆薪. 进出口业务与报关［M］. 广州：中山大学出版社，2007.
[7] 邵铁民. 进出口货物海关通关实务［M］. 上海：上海财经大学出版社，2002.
[8] 孙跃兰. 海关报关实务［M］. 北京：机械工业出版社，2006.
[9] 陶明，杨永康，李元旭. 现代海关实务［M］. 上海：复旦大学出版社，1999.
[10] 王洪亮，杨海芳. 海关报关实务［M］. 3版. 北京：清华大学出版社，2016.
[11] 王意家，等. 中国海关概论［M］. 北京：中国海关出版社，2002.
[12] 王志明，顾建清. 报关综合实务［M］. 2版. 大连：东北财经大学出版社，2011.
[13] 温朝桂. 海关进出口商品归类基础与训练［M］. 北京：中国海关出版社，2004.
[14] 温耀庆. 进出口通关实务［M］. 北京：中国物资出版社，2005.
[15] 左武荣，吴雷. 海关实务［M］. 2版. 北京：北京大学出版社，2011.
[16] 武晋军，等. 报关实务［M］. 3版. 北京：电子工业出版社，2017.
[17] 谢凤燕. 国际贸易货物的报关与通关［M］. 成都：西南财经大学出版社，2009.
[18] 谢国娥. 海关报关实务［M］. 上海：华东理工大学出版社，2004.
[19] 张兵. 进出口报关实务［M］. 3版. 北京：清华大学出版社，2016.
[20] 中国报关协会. 关务基本技能［M］. 北京：中国海关出版社，2018.
[21] 中国报关协会. 关务基础知识［M］. 北京：中国海关出版社，2018.
[22] 徐炜，徐晨. 新报关单填制攻略［M］. 北京：中国海关出版社，2018.
[23] 中国国际贸易单-窗口网，https://www.singlewindow.cn